2021年国家级一流本科专业（体育经济与管理专业）建设点项目资助
2023年江苏省产教融合型品牌专业（体育经济与管理专业）建设点项目资助
2024年江苏高校品牌专业（体育经济与管理专业）建设工程三期项目资助

体育风险管理

张建明　鞠卫平　编著

人民体育出版社

图书在版编目（CIP）数据

体育风险管理 / 张建明，鞠卫平编著. -- 北京：人民体育出版社，2025. -- ISBN 978-7-5009-6517-6

Ⅰ．G808.22

中国国家版本馆CIP数据核字第2024H8Z178号

*

人 民 体 育 出 版 社 出 版 发 行
北京中献拓方科技发展有限公司印刷
新　华　书　店　经　销

*

787×1092　16开本　22印张　564千字
2025年4月第1版　2025年4月第1次印刷

*

ISBN 978-7-5009-6517-6
定价：85.00元

社址：北京市东城区体育馆路8号（天坛公园东门）

电话：67151482（发行部）　　　邮编：100061

传真：67151483　　　　　　　　邮购：67118491

网址：www.psphpress.com

（购买本社图书，如遇有缺损页可与邮购部联系）

前　言

在我国社会经济发展过程中，体育既是社会经济的一个重要部门，也是满足人们美好生活需要不可或缺的一部分。2019年8月国务院发布的《体育强国建设纲要》更是提出了把体育建设成为中华民族伟大复兴的标志事业。体育产业在国家政策的扶持下取得了长足发展，我国体育产业的总规模和增加值均发生巨大变化，分别从2012年的9526亿元和3136亿元增加到2022年的33008亿元和13092亿元。然而，在体育产业飞速发展的另一面，体育风险事件时有报道。例如，2021年5月22日发生的黄河石林山地马拉松事件中21人遇难；2019年7月某地山洪突发，285名户外徒步驴友被困山中，造成4人死亡、23人失联；2018年4月发生的某地龙舟翻覆事件，致60人落水、17人遇难。另外，国内健身俱乐部倒闭的报道几乎每年都有，既有大到全国连锁数千家门店的俱乐部，也有个别小微健身俱乐部，这些俱乐部往往因市场风险管理不善而被市场淘汰。

因此，无论是体育事业还是体育产业，体育行业内的企事业单位在发展过程中，风险管理意识都逐渐增强。风险管理理论起源于20世纪中叶的美国，经过70多年的发展，已经逐步形成了风险源识别、风险评估、风险决策和跟踪监督的理论体系。风险识别、评估和决策的方法也在不断地发展和完善，风险管理也逐渐发展成为管理学的一个分支。体育风险管理理论发展相对较晚，相关研究多是集中于体育赛事活动风险管理和学校体育风险管理，其理论对于快速发展的体育产业略显不足。

本书立足于风险管理的基本原理和方法，结合我国体育产业发展主体的实际，为培养具有风险意识和管理技能的体育经营管理人才服务。本书获得江苏省2020年高等学校重点教材立项建设，可适用于体育人文类专业本科生或研究生。本书分上下两篇共8章，上篇主要阐述体育风险管理理论，分5章；下篇主要阐述体育风险管理实践，共3章。附录部分主要包括体育赛事活动的部分管理文件和江苏省重大体育赛事常见突发事件应急预案，旨在使读者更好地理解体育主体产业的风险管理。

本书由张建明、鞠卫平编著，第一章至第四章由鞠卫平编著，第五章至第八章由张建明编著，每章的前面均设置学习要点，结尾设置思考题，正文中插入了部分案例，旨在帮助学生更好地理解和掌握基本原理和方法。

在编著过程中，作者参考了国内外学者的大量研究成果，并尽量加以注释和说明，在此表示感谢。

限于作者水平，书中难免存在不足，恳请读者指正。

张建明
2023年12月

目 录

上篇 体育风险管理理论篇

第一章 风险与风险管理 ... 3

第一节 风险概述 ... 3
一、风险的定义 ... 3
二、风险的生成机理 ... 4
三、风险的属性 ... 7
四、风险的分类 ... 8
五、风险的特征分析 ... 10
六、风险态度 ... 12

第二节 风险管理概述 ... 12
一、风险管理产生的社会背景 ... 12
二、风险管理的产生 ... 14
三、风险管理的定义 ... 15
四、风险管理的意义 ... 17

第三节 风险管理的核心要素 ... 20
一、风险管理的目标 ... 20
二、风险管理的原则 ... 23
三、风险管理的过程 ... 25
四、风险管理的实施 ... 26

附样：风险管理计划书样件目录 ... 30
思考题 ... 31

第二章 风险识别 ... 32

第一节 风险识别概述 ... 32
一、风险识别的含义 ... 32
二、事故的含义及特征 ... 32
三、风险因素的含义及分类 ... 33
四、风险识别的依据 ... 34
五、风险识别的内容 ... 35

第二节 风险识别的特点与原则 ... 36
一、风险识别的特点 ... 36
二、风险识别的原则 ... 37

第三节　风险识别的流程和关键问题 ………………………………………… 39
一、风险识别的流程 …………………………………………………………… 39
二、风险识别中的关键问题 …………………………………………………… 39

第四节　风险识别的方法 …………………………………………………… 40
一、专家调查法 ………………………………………………………………… 40
二、工作-风险分解法 ………………………………………………………… 43
三、情景分析法 ………………………………………………………………… 46
四、安全检查表法 ……………………………………………………………… 47
五、事故树分析法 ……………………………………………………………… 49
六、事件树分析法 ……………………………………………………………… 51
七、鱼刺图法 …………………………………………………………………… 52
八、财务报表分析法 …………………………………………………………… 53

思考题 …………………………………………………………………………… 54

第三章　风险损失估计与评定方法 …………………………………………… 55

第一节　风险损失估计概述 ………………………………………………… 55
一、风险损失估计的定义 ……………………………………………………… 56
二、风险损失估计的理论基础 ………………………………………………… 56
三、风险损失估计的原则 ……………………………………………………… 58
四、风险损失估计的步骤 ……………………………………………………… 59
五、风险损失估计的内容 ……………………………………………………… 60
六、风险损失估计的综合评定 ………………………………………………… 61

第二节　风险损失的概率分布规律和幅度 ………………………………… 63
一、风险损失概率分布规律 …………………………………………………… 64
二、风险损失幅度 ……………………………………………………………… 66

第三节　风险评定方法 ……………………………………………………… 66
一、风险坐标图法 ……………………………………………………………… 66
二、层次分析法 ………………………………………………………………… 69
三、压力测试法 ………………………………………………………………… 76
四、模糊综合评价法 …………………………………………………………… 77
五、因子分析法 ………………………………………………………………… 86

思考题 …………………………………………………………………………… 89

第四章　风险管理决策 …………………………………………………………… 91

第一节　风险管理决策概述 ………………………………………………… 91
一、风险管理决策的含义与基本内容 ………………………………………… 91
二、风险管理决策策略 ………………………………………………………… 92
三、风险管理决策的特点 ……………………………………………………… 94
四、风险管理决策的原则 ……………………………………………………… 95

第二节 风险管理决策的依据与程序 ··· 96
一、不确定型风险管理决策的依据 ··· 97
二、确定型风险管理决策的依据 ··· 98
三、风险管理决策的程序 ··· 98

第三节 风险管理决策的方法 ··· 99
一、专家调查法 ··· 99
二、危机决策法 ··· 99
三、经验判断法 ··· 100
四、盈亏平衡分析法 ··· 102
五、敏感性分析法 ··· 107
六、损失期望值法 ··· 110
七、期望效用值法 ··· 112
八、贝叶斯法 ··· 118
九、马尔可夫链法 ··· 121

思考题 ··· 127

第五章 风险监控 ··· 129

第一节 风险监控的含义和必要性 ··· 129
一、风险监控的含义 ··· 130
二、风险监控的必要性 ··· 130

第二节 风险监控的原则和依据 ··· 131
一、风险监控的原则 ··· 131
二、风险监控的依据 ··· 132

第三节 风险监控的内容和方法 ··· 133
一、风险监控的内容 ··· 133
二、风险监控的方法 ··· 134

第四节 风险监控的工具 ··· 135
一、鱼刺图 ··· 135
二、直方图 ··· 136
三、帕累托图 ··· 140

第五节 风险监控的信息管理体系、措施与流程 ·························· 142
一、风险监控的信息管理体系 ··· 142
二、风险监控的措施 ··· 143
三、风险监控的流程 ··· 144

思考题 ··· 145

附录 ··· 146

下篇 体育风险管理实践篇

第六章 体育企业风险管理······151

第一节 体育企业风险概述······151
一、体育企业概述······151
二、体育企业风险的类型······157
三、体育企业风险的特点······159

第二节 战略风险······160
一、企业战略概述······160
二、体育企业战略风险概述······162
三、战略环境的不确定性······165
四、战略风险管理的步骤······166
五、战略风险管理的策略······167
六、战略风险分析工具······168
七、战略规划制定······177

第三节 市场风险······181
一、体育市场风险概况······181
二、体育市场风险的内涵······182
三、体育企业市场风险管理策略······187

第四节 财务风险······188
一、财务风险的内涵及分类······188
二、企业财务风险的成因······190
三、财务风险预警······192
四、财务风险的防范举措······192

第五节 财产风险······194
一、企业财产与权益······194
二、企业财产损失及类型······195
三、企业财产损失评估方法······198
四、体育企业财产损失风险管理策略······201

第六节 人力资源管理风险······202
一、人力资源管理风险的内涵和类型······203
二、人力资源管理风险的识别······204
三、人力资源管理风险的防范······207

思考题······208

第七章 体育赛事活动风险管理······209

第一节 体育赛事概述······209
一、体育运动概述······209

二、体育赛事活动的内涵 210
　　三、体育赛事活动的功能 211
　　四、体育赛事活动的分类 212
第二节　体育赛事活动风险管理理论概述 215
　　一、国外体育赛事活动风险管理研究现状 215
　　二、国内体育赛事活动风险管理研究现状 216
　　三、国内外大型体育赛事活动风险管理现状研究经验总结 218
第三节　体育赛事活动的风险识别 220
　　一、体育赛事活动风险识别的基本原则 220
　　二、体育赛事活动时间轴向风险识别 221
　　三、体育赛事活动业务轴向风险识别 225
第四节　案例分析——南京青奥会风险识别 225
　　一、南京青奥会简介 225
　　二、南京青奥会赛事风险识别与评价 228
　　三、南京青奥会赛事风险分析方法 229
　　四、南京青奥会的气候环境风险分析 229
　　五、南京青奥会的生态风险分析 230
　　六、南京青奥会的消防安全风险分析 231
　　七、南京青奥会的交通安全风险分析 231
　　八、南京青奥会的公共卫生安全风险分析 232
　　九、南京青奥会的场馆安全风险分析 233
　　十、南京青奥会的志愿者安全风险分析 234
第五节　体育赛事活动风险防控 234
　　一、体育赛事利益相关者分析 235
　　二、体育赛事活动风险防控原则 235
　　三、体育赛事活动风险管理预警机制 237
　　四、体育赛事活动风险防控措施 237
思考题 257

第八章　体育场馆风险管理 258

第一节　体育场馆风险管理概述 258
　　一、公共体育场馆 259
　　二、大型体育场馆的功能 259
　　三、体育场馆风险管理的内涵 259
第二节　体育场馆风险识别 260
　　一、体育场馆风险因素 260
　　二、体育场馆经营管理风险识别方法 261
　　三、体育场馆风险类型 263
　　四、体育场馆风险识别清单 264

第三节　体育场馆风险评估 ………………………………………………… 269
一、体育场馆风险评估概述 …………………………………………… 269
二、体育场馆风险评估步骤 …………………………………………… 270
三、体育场馆风险管理举措 …………………………………………… 272

第四节　体育场馆风险应对策略 …………………………………………… 274
一、风险规避应对策略 ………………………………………………… 274
二、损失控制应对策略 ………………………………………………… 275
三、技术监控应对策略 ………………………………………………… 275
四、风险转嫁应对策略 ………………………………………………… 276

思考题 ………………………………………………………………………… 277

附录 ……………………………………………………………………………… 278
附录一　体育赛事活动管理办法 …………………………………………… 278
附录二　关于进一步加强体育赛事活动安全监管服务的意见 …………… 286
附录三　大型群众性活动安全管理条例 …………………………………… 289
附录四　江苏省重大体育赛事常见突发事件应急预案 …………………… 293

参考文献 ………………………………………………………………………… 336

上篇 体育风险管理理论篇

《周易·系辞》中写到"仰以观于天文，俯以察于地理，是故知幽明之故"。随着科技进步，社会劳动分工在不断细化，与其他行业一样，体育也逐渐从人们的日常生活中分化成为一个行业。人们在从事体育运动、运营体育赛事的过程中发现，无论是从事形式多样的体育运动项目，还是经营管理一家体育企业；无论是策划大型体育赛事活动，还是运营体育场馆，抑或是经营一家健身俱乐部，都会有各种"险情"伴随在人们身边，给人们带来困惑和不安。这些"险情"不仅源于体育活动预期与实际结果之间的差异，还可能源于人们对经济损失的担忧。人们往往在进行体育活动时，既担心可能的损失，又对未来的收益充满希望，这种矛盾的心理使决策变得复杂。因此，在做出各种选择和决策时，每次决策都可能因预期与结果之间的偏离，或者因不确定性因素的影响，带来一定的风险，这正是我们所说的"风险"。

在日常生活中，我们会发现风险具有普遍性。无论是报刊、网络、电视中，还是在讨论决策方案时，都会频繁提到"风险"这个词。实际上，生活中充满了各种不确定因素，如交通事故、环境污染、疾病、地震、火灾、战争、贸易争端等，这些因素在不同程度上影响着人们的生活质量。因此，从个人到国家，都会谨慎地面对可能出现的各种风险，并在实践中逐渐将风险管理理论化、体系化，形成了一套行之有效的风险管理理论体系。这一体系能够帮助人们识别、评估、控制风险，减少或避免损失，为提升人民的安全感和幸福感、促进社会经济的进步与稳定作出了积极贡献。

第一章 风险与风险管理

【学习要点】 掌握风险的定义。
理解风险管理的定义。
熟悉风险管理的目标与过程。

世事难料，人生无常。意外事故和自然灾害的发生是不以人的意志为转移的，事件发生的时间地点、对何人带来何种损失，是难以预知的，但风险客观存在，事故造成的生命财产损失又与人们的切身利益相关。因此，无论是学术界还是企业界，对于风险管理和控制的理论研究与实践探索都一直没有停止脚步。

本章主要介绍风险、风险管理的基本概念，重点阐述风险因素、风险事故、风险损失三者之间的关系，以及风险事故产生的机理及其风险管理的目标原则等内容。

第一节 风险概述

据说"风险"一词源自渔民，他们在出海捕捞的生活中体会到"风"会带来无法预测的危险，形成了有"风"即意味着有"险"，因此就有了"风险"一词。也有学者认为"风险（Risk）"是外来词语，源于意大利语的"Risque"。现代意义上的"风险"一词已被概念化，并具有社会学、经济学、统计学的含义。

一、风险的定义

国内外学者在风险管理理论研究方面已经取得许多成果，然而对于风险定义的界定，学术界尚未形成共识，多是结合研究对象的实际需要，给出相应的定义或内涵界定。目前，学者们对于"风险"的定义可以分为两种类型：第一种是强调风险事故发生的不确定性；第二种是强调风险损失的不确定性。

风险的不确定性是把风险本身视为不确定事件。美国学者威特雷（Willett）在其著作《风险与保险的经济理论》（*The Economic Theory of Risk and Insurance*）中第一次给出了风险的定义，他认为风险是关于不幸事件发生的不确定性的体现。这里有 3 层含义：一是风险发生会带来不幸事件，其发生具有非主观性意愿特征；二是风险的内在特征具有不确定性；三是风险的存在具有客观性。我国学者朱自忠和彭喜锋认为，风险是在特定客观条件下、特定时期内，某一事件的预期结果和实际结果之间的差异程度，差异程度越大，风险越大；反之，风险越小。陈仕亮认为，风险是在一定条件下、一定时期内可能产生结果的变动程度；没有变动则没有风险，变动越大则不确定性变化越多。显然，预期结果与实际结果之间出现偏移会有 3 种情况：一是预期和实际结果完全一致；二是实际结果比预期结果要坏，出现实际结果反向偏移或者小于预期结果，会带来损失；三是实际结果比预期结果好，会带来收益。1921年，美国经济学家弗兰克·奈特（Frank Knight）在《风险、不确定性和利润》（*Risk, Uncertainty and Profit*）中把风险和不确定性进行了区分，他认为风险的不确定性符合统计学规律，可以用概率测度来描述，并且这种不确定性服从某种概率分布。这个观点开启了保险金融视角的第二种风险定义。

第二种定义是从风险发生的结果出发，强调风险损失的不确定性。美国学者特瑞斯·普雷切特（Travis Pritchett）和陈朝先、刘金章等国内外学者从风险管理与保险关系的角度出发，用概率的方法对风险的不确定性进行描述。风险的不确定性是指结果和预期目标之间的不确定性，不确定性的强弱程度可以用概率大小来描述，通常概率处于0～100%。当风险事件不确定性的概率从0开始向50%变化时，随着概率值的增加，不确定性也随之加大，概率为50%时不确定性最强；当概率处于50%～100%时，随着概率值的增加，不确定性也就不断减弱。显然，事件发生的概率为0或1（即100%）时，此时的不确定事件即转变为确定性事件。这种运用概率的思维给出的定义也为风险损失大小的可测性、风险的可保性奠定了理论基础。

国内对于风险的主流定义是把前面两种定义的观念综合起来，同时强调了风险事件和风险损失结果的不确定性。从风险管理角度，把两种定义结合起来，既便于理解，也能更好地被人们接受，这也是我国风险管理学界对风险定义的主流观点。因此，国内对于风险管理研究学者对风险的定义可以从两个层面来理解：一是风险的本质是一种不确定性，是不以人的意志为转移的一种客观存在；二是风险的外在表现预期结果和实际结果之间的差距是事件发展存在不确定性而导致的结果。对于风险定义的这两个层面，可以运用对应的方法和不同的指标进行测量或衡量，从而为风险管理、风险决策提供依据。

二、风险的生成机理

风险的内涵包括两个层面：一是强调不确定性是风险的本质。其主要是指导致损失出现的随机事件是否发生存在不确定性；损失发生的时间不确定、发生的地点不确定；不确定是可测度的。二是风险事故发生后，其后果的严重程度和损失的大小存在不可预见和不可控制的特点。因此，基于风险管理的角度，需要掌握导致风险事件发生的不确定性因素，这些不确定性因素引发风险事故的内在机理，事故发生后产生经济损失时的征兆。因此，了解风险事故产生的过程，掌握风险事故形成的机理，是风险管理的重要内容，也是分析不同类型风险等级、评估事件后果和损失的重要基础。

（一）风险因素

通常把诱发不确定性事故的因素称为风险因素，是指产生或增加损失频率和损失幅度的要素，是导致风险事故发生的潜在原因，是造成生命财产损失的直接或间接原因。例如，大型体育场馆建筑所使用的建筑材料质量不过关、场馆建筑结构设计不合理，都可能是造成看台倒塌、拥挤踩踏等风险事故发生的潜在因素。再如，大型体育赛事中的开闭幕式，无论是工作人员的疏忽还是设施设备故障，都可能造成开闭幕式活动失败，带来相应的损失。即使在日常生活中，人们所选择的各种常见健身方式如游泳、骑行、跑步、乒乓球、网球等运动项目，由于年龄、身体健康状况不一样，不恰当的运动项目和健身方式也可能给人们带来一定的运动伤害。总之，尽管在不同领域发生的风险各有不同，诱发风险的因素形式各异，但是研究发现，在分析风险因素的性质时，都可以将其归为物理因素和人为因素两大类。

1. 物理因素

顾名思义，物理因素是事物自身物理性功能下降或丧失，导致事物直接产生有形损毁，它属于实质性风险因素。例如，正常行驶的车辆因刹车片磨损过度而刹车失灵诱发车祸；高空塔吊钢丝磨损严重导致断裂诱发高空坠物事故；易燃易爆物品未妥善管制可能会引发火灾或爆炸事故；运动场木质结构看台超负荷承重会导致看台坍塌。这些引发事故的风险因素都与事物自身的物理性能下降或丧失有关，属于自然现象。

2019 年 7 月 8 日 11：28 许，深圳市体育中心改造提升拆除工程工地发生一起坍塌事故，造成 3 人死亡、3 人受伤。

2. 人为因素

人为因素是与个人道德或心理相关的风险因素，属于无形因素。若是与人的道德修养相关的因素，则称为道德因素，如纵火、盗窃、欺诈等行为。若是个人疏忽或过失导致风险事故发生，则称为心理因素，如在森林里乱扔烟头导致火灾，操作工程机械时过度紧张导致操作失误。这两类因素与人相关，是人们在工作生活中有意或无意导致风险事故发生的主要因素。

1982 年，在列宁体育场举行的欧洲冠军杯比赛中，苏联的斯巴达克队与荷兰的哈勒姆队进行了一场比赛。终场前 1 分钟苏联队攻入一球，听到欢呼声后，部分已经退场的观众想回来继续观看，而部分观众认为胜局已定，准备退场。由于体育场管理人员只开了一个出口，通道口发生踩踏事件，导致 340 人死亡。

（二）风险事故

风险事故通常也称为风险事件，一般指造成人身伤亡或财产损失的偶发性事件。只有当导致人员伤亡或财产损失的事件实际发生时，才可以被称为风险事故；如果事件尚未发生，则不能视为风险事故。一般认为，风险事故是造成损失的直接原因，对于同一事件的发生，有可能是造成事故损失的直接原因，事故损失本身就是风险事件；而一定条件下，某一事件的发生可能是造成损失的间接原因，此时事件的发生则属于风险因素。例如，冰雹天气，冰雹砸伤了人，冰雹天气本身就是风险事故；如果突发冰雹天气导致公路上行驶的车辆发生车祸造成车辆损毁和人员伤亡，此时冰雹属于风险因素，而车祸则是风险事故。

（三）损失

在会计学中，损失与利得相对应。损失是指财物或权益的经济价值发生意外减少，通常以货币量衡量。这里强调了两点：一是经济价值减少是非预期性；二是经济价值减少是确定的，而减少的价值量存在不确定性。只有这两个条件同时存在，才能称之为风险损失。例如，企事业单位每年有计划地通过计提折旧的形式收回固定资产，这是有预期，资产的经济价值虽减少了，但不属于损失。若是发生火灾，导致设备损毁，固定资产的价值减损，则称之为风险损失。

从损失的表现形式上来看，损失有直接损失和间接损失两类形态。因风险事件发生导致的人身伤害或财产损失，称之为直接损失，也是实质性损失；而间接损失是风险事件发生后产生的关联损失，一般包括责任损失、收入损失、额外费用损失 3 种。例如，某企业遭受火灾，因火灾造成的财产损失就属于直接损失；因火灾造成企业不能履行供货合同，造成违约，依法应负的赔偿责任，如违约金或罚款等属于责任损失；因设备损毁后，一段时间内企业无法正常生产，无法形成有效销售而带来的利润损失则属于收入损失；因火灾造成设备无法正常生产，需要进行修理或重新置办的支出，属于火灾带来的额外费用支出，属于间接风险。

（四）风险因素、风险事故和风险损失三者的关系

风险三要素为风险因素、风险事故和风险损失，三者之间存在逻辑递进的内在关系。风险因素的出现，导致了风险事故的发生，风险因素是风险事故的根源；而一旦风险事故发生，紧随其后的损失就会发生，事故损失是风险事故的结果。

解释风险因素、风险事故和风险损失三者关系的理论有以下两种。

（1）海因里希（Heinrich）的骨牌理论。美国著名安全工程师海因里希首先提出了风险事故因果连锁论。他认为，风险事故带来的财产损失和人身伤亡，不是孤立事件，即使财产损失和人身伤亡是突然发生的，也如同多米诺骨牌，是一系列事件相继发生而导致的结果。因此，他认为，通过防止人的不安全行为、消除物理性不安全状态，可以中断事故连锁的进程，进而避免财产损失和人身伤亡事故的发生。

（2）哈登（Haddon）的能量释放理论。他认为，风险事故造成人身伤亡或财产损失是破坏性意外能量释放的后果，安全的物质生产环境可以有效控制事故损失。

这两种理论的区别在于侧重点不同。前者认为风险因素、风险事故和风险损失如同 3 张骨牌，是人的错误或者物的因素导致第一张骨牌倾倒，最后导致风险事故损失发生；后者则强调风险损失是因为机械或物质承受了过量能量，是物理因素导致的。

综上所述，我们可以把风险因素、风险事故和风险损失三者的关系组成一条因果逻辑链，即风险因素的产生或增加造成了风险事故的发生，风险事故发生则又是导致损失的直接原因，如图 1-1 所示的风险生成机理图。因此，我们在认识风险发生机理的同时，需要对风险事故发生链条进行管控，从而有效预防风险、降低风险损失，达到风险管理的目的。

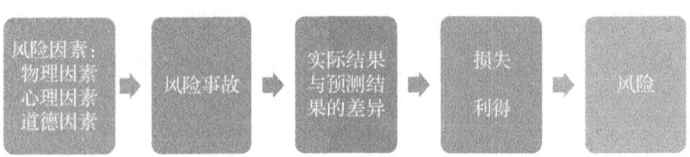

图 1-1　风险生成机理图

三、风险的属性

(一) 自然属性

风险的自然属性是指自然界客观运动规律所固有的特性,不以人的意志为转移。人类几千年的文明史也是探索自然界的历史,自然界的日月星辰、斗转星移,以及春夏秋冬、四季更替,都蕴含着自然规律,自然界的万事万物都遵循着自然法则在做规律性运动,为人类的存在和发展提供了丰富的自然物质资源条件。然而,在自然界各种规则性运动和变化中又蕴含着不规则运动,由于其规则难寻,人类难以预测和躲避,这些短暂的不规则运动却给人类的生命财产带来重大损失。例如,唐山大地震、1998年的大洪水、汶川地震、甘南舟曲泥石流等,这些灾难都是人类赖以生存的地球在规则运动中所蕴含的间歇性不规则运动带来的巨大自然灾害。因其危害巨大、难以预测和防控,人类在面对这些大自然风险时往往束手无策、无能为力,我们常常将其视为灾难。但这些事件也是自然界运动的一部分,在地球上几乎每天都有发生。例如,太平洋海底的地震、大山深处人迹罕至的地方的泥石流也时有发生,但我们并不将其视为灾难。只有当这些自然灾害事件发生与人类生命财产产生联系时,我们才称之为风险。这些自然灾害虽然也遵循一定的运动规律,但人们运用现代科学技术手段很难对这些事件的发生做出准确预测。因此,人们更多的是认为它们发生与否是不可预测、不规则的一种自然现象。由于来自自然界的这些灾难破坏力巨大,即便有朝一日,人类认识了它、了解了它,也无法采取适当的措施来有效控制风险事故的损失程度,这就是风险内在的自然属性。

(二) 社会属性

马克思(Marx)告诉我们随着私有财产的出现,社会开始出现贫富分化,阶级社会随之形成,人则是各类阶级社会关系的总和。风险是伴随着人类而生的,故风险具有天然的社会属性。一方面,人的社会性决定了风险的社会性,人类的社会经济活动、政治运动、宗教信仰冲突、恐怖主义、种族歧视等都会带来风险;另一方面,人的疏忽、故意等行为也会带来风险,如盗窃、纵火、欺瞒、诈骗、判罚有失公正、财产委托代理失德等行为,都会带来风险。虽然有的风险事件产生的损失确实影响到个人家庭或一个单位,但有的风险事件不仅仅是给个人、家庭或企业带来损失,而是会对整个社会造成影响,有的会导致社会道德水准的下滑,有的甚至会引发社会信任危机。这就是风险事件所具有的社会属性特点。例如,2006年南京发生的"彭宇案"。此外,有时有些风险事故带来的巨额损失是个人或单位无力承担的,只能由社会其他成员共同分担,于是出现了保险机构和慈善机构等社会共担风险的组织。有些个人疏忽造成的风险事故损失甚至需要几代人来承担。例如,1986年发生的"切尔诺贝利事件",直到2014年,从无人机航拍的乌克兰切尔诺贝利核事故遗址可以看出,荒废的切尔诺贝利静谧如鬼城。

(三) 经济属性

风险事故的发生可能会导致人身伤害、企业产能丧失和经济价值减少、社会财富流失,也可能会造成环境破坏,这些都是风险事件的经济属性。从损失的定义可知,在事故破坏力的范围之内会造成人们生命财产的损失;若在风险事故破坏力的范围之外,不涉及人们的利益，即使事故的破坏力再大，人们也不认为该事故造成了损失，也不会将这一类事故视为风险事故。例如，在荒无人烟的地方发生地震，没有危及人们的生命财产，因此，这样的地震通常被视为自然现象，而不能认为是地震风险。

四、风险的分类

对风险进行科学分类是对风险进行有效管控的基础，可以从不同视角认识风险，了解不同类型风险的性质和特点，为识别风险和管控风险提供相应思路和对策。一般说来，基于不同视角对风险进行分类，就会得到不同的风险类别。

（一）按风险是否具有收益性分类

按风险是否具有收益性可将风险分为投机风险和纯粹风险。

（1）投机风险是指既有可能带来损失又有机会获得利益的一类风险，通常与人类从事的经济活动密切相关。例如，"股市有风险，投资需谨慎"。这里的风险即指股票市场的变化既可使持股者获得盈利，也可能给持股者带来损失，这就属于投机风险。投机风险一般具有多变和不规律的特点，概率统计和大数定律的原理在这里对它不适用。

（2）纯粹风险是指风险事件发生的结果只存在损失，而没有获利的可能，如车祸、火灾、疾病、被盗、地震、洪水等。一般而言，这一类风险事件可重复出现，有一定规律可循，服从大数定律和统计学规律，可以根据事件服从的概率分布做出预测。

在日常从事的各种体育经营管理活动中，纯粹风险和投机风险可能同时存在。对于体育风险管理而言，需要管控的是纯粹风险，而不是获利和损失并存的投机风险。因此，识别和区分这两种风险对于体育风险管理意义重大。

（二）按诱发风险事故的社会性因素分类

按诱发风险事故的社会性因素可将风险分为静态风险和动态风险。

（1）静态风险是指在社会政治经济运行正常的情况下，由于自然不可抗力或人的过失行为、判断错误导致的风险事故。例如，地震、雷电、台风、冰雹等自然原因产生的风险；火灾、疾病、经营不善等人为疏忽造成的风险；盗窃、纵火、欺骗等不道德行为造成的风险。静态风险一般与社会经济和政治运动无关，在任何社会经济条件下都有可能产生。

（2）动态风险是指由于社会经济结构变动或政治变动而产生的风险。例如，市场需求变动、技术进步、产业政策变化、商业模式变化、运动偏好变化、体育流行项目变化等导致的风险；政治经济体制改革、宏观调控政策变化、国际营商环境变化导致的风险。在动态风险面前，由于风险发生和发展存在一定的趋势性变化，人们可以根据这些变化提前做出判断，因而处在较为主动的地位，因为他们通常有选择的余地。

静态风险和动态风险相比较，有以下几点不同。

（1）静态风险和动态风险均具有不确定性，但静态风险的不确定性考虑的是损失的结果，动态风险的不确定性考虑的则是盈利的结果。

（2）对社会财富总量而言，投资人或经营者在一定程度上承担动态风险，对社会有可能发挥积极作用；而静态风险发生后，只会给社会财富带来损失。

在体育经营管理活动过程中，投资人或经营者都会不可避免地碰到静态风险和动态风险。依据体育风险事件的特点，识别与区分静态风险和动态风险对采取相应的风险管理策略具有一定的导向意义。

（三）按风险因素属性分类

按风险因素属性可将风险分为人为风险和自然风险。

（1）人为风险一般是指人们在从事各种社会经济活动时引起的风险事故。依据人们从事活动的表现形式又分为经济风险、政治风险、行为风险和技术风险。

经济风险既有来自实体经济中因生产经营管理不善和对原材料价格、产品销售价格、销售量的市场走势预测失误而造成的损失，也有来自金融领域，因证券价格、市场利率或汇率的变动导致的经济损失。

政治风险通常是指因政局不稳或宏观政策调整，导致营商环境变差，给投资人、经营者带来损失。

行为风险是由于个人行为或团体组织行为不当、过失及故意行为而造成的风险，如盗窃渎职、故意破坏、集体罢工等行为造成的损失和不良后果。

技术风险是由于科学技术进步，现有设备精神折旧加速带来的损失；技术风险还涉及技术进步给自然资源和社会环境带来的不良影响。

（2）自然风险是指来自自然界不可抗力而引起的自然灾害，如台风、洪水、雷电、泥石流、地震等自然灾害所导致的财产损失和人员伤亡。

（四）按风险事件发生对象的承受能力分类

每个人作为独立的个体，遗传基因及成长经历决定了个体的差异性。面对风险带来的损失，各自的承受能力也就不一样。按风险事件发生对象的承受能力可将风险分为可接受风险和不可接受风险。可接受风险是指经过风险评估后，认为其潜在损失或影响在组织或个人可承受范围内的风险。不可接受风险是指潜在损失或影响超出组织或个人可承受范围的风险。企事业单位在面临风险损失时，最终的应对方式往往受到决策者或决策团队风险偏好差异及风险管理机制的影响。因此，根据不同的风险偏好和管理机制，风险可分为可承受风险与不可承受风险。可承受风险是指预期的风险事故最大损失程度在单位或个人经济能力和心理承受能力的最大限度之内。不可承受风险是指预期的风险事故最大损失程度已经超过单位或个人承受能力的最大限度。

（五）按风险事故危及对象分类

按风险事故危及对象可将风险分为财产风险、人身风险、责任风险和信用风险。

（1）财产风险是指可能导致资产损坏、毁灭与贬值的风险。例如，体育场馆坍塌，厂房失火，设备损毁，住宅家具遭受自然灾害，车辆碰撞，船舶沉没或意外事故所造成的财产贬值、损失、灭失。

（2）人身风险是指人们因生、老、病、死、残等因素给家庭、单位带来的经济损失。例如，疾病、伤残、死亡等事件会导致家庭财产收入的减损。

（3）责任风险是指自然人、法人单位或社会团体的过失行为、侵权行为造成违约，违背了法律、合同规定，给他人造成经济损失或人身伤害的风险。按法律规定，因过失造成他人伤亡和经济损失，过失人需要承担法律规定的损害赔偿责任。

（4）信用风险是指在经济合同行为中，在合同约定条款的双方之间，因一方违约而给另一方带来经济损失的风险。例如，到期债务违约、爽约，合同签署后因意外或者是故意不履行合同条款等。

关于风险的分类，还有的从风险形成的原因分为主观风险和客观风险，从风险影响波及范围分为局部风险和全局风险，从风险控制程度分为可控风险和不可控风险。

五、风险的特征分析

（一）基于风险定义视角的风险特征

1. 风险具有不确定性

在定义风险的过程中，强调了风险的不确定性，其表现形式通常有以下几个方面。

（1）风险因素诱发事故是否发生具有不确定性。例如，在建设大型体育场馆时，若没有相关历史数据借鉴，项目的施工风险、质量管理风险都较大，对于场馆建成后，无法预知将来可能发生什么样的风险事故。

（2）风险事故发生损失的概率大小具有不确定性。在大型体育赛事举办过程中，由于赛事举办成功与否涉及影响因素太多，如自然环境、场馆建设、交通管制、开闭幕式、工作人员和志愿者素质、赛事运营管理水平、各部门之间的协调等，每个因素都可能诱发风险事故，但是无法对每个因素诱发事故的概率做出相对准确的预测。

（3）风险事故造成损失的大小具有不确定性。风险事故危害程度通常用损失大小来表示，损失越大，则认为风险事故就越大。但风险事故损失的大小具有动态性，同一事故发生，若第一时间应急处理得当，则损失可能很小；若是处理不及时，则事故损失会扩大。因此，事故损失大小存在不确定性。

2. 风险事故损失具有多样性和潜伏性

在日常生活中，无论是体育健身、体育场馆管理，还是参加赛事活动，我们可能面临的事故损失都具有多样性和潜伏性。例如，消费者购买了某健身俱乐部的年卡，先不谈健身俱乐部的设施设备、提供的服务质量如何，俱乐部经营管理者可能会在约定期限内不提供健身服务，而且不退款，从而出现信用风险。再如，消费者购买了某场足球比赛的门票，前往观赛，结果却发现赛事存在打假球的情况，给消费者带来了经济和精神上的损失。在各类体育经营管理活动中，风险在购买或消费时就已经存在或潜伏在标的中，在一定条件下，这些风险就会暴露出来。按照风险的定义，这种潜在的损失就是风险，风险损失往往是风险因素在潜伏期积蓄到一定程度才爆发出来的。

（二）风险的属性特征

1. 风险的客观性

风险和灾难一直伴随人类写入历史。无论是来自自然界的台风、地震、山洪、海啸等，还是来自人类社会的国家战争、政权更替、宗教冲突、意外事故、瘟疫疾病等造成的灾害，都是独立客观存在的，不以个人的意志为转移。因为无论是自然界自身运行的规律，还是人类社会的发展规律，都是由事物发展的客观规律所决定的，超越了人类主观意志而存在。

2. 风险的偶然性

风险因素由自然规律和社会发展规律决定，是一种客观存在。但就具体风险事故是否发生而言，又是偶然的、随机的。俗话说"天有不测风云，人有旦夕祸福"，在风险事故发生之前，人们无法准确预测风险何时会发生及发生的后果。通常风险事故的发生是由若干风险因素在特定条件下共同作用而导致的结果。而且，对于诱发风险事故的每一个风险因素，只有在其作用的时间、地点、功能角色等方面都满足特定条件时，风险事故才有可能发生。因此，风险事故发生具有偶然性特点。

3. 风险的必然性

从宏观角度看，一定时期某种风险的发生概率与其造成的经济损失程度之间具有一种必然性。从微观角度看，虽然有些风险事故的发生看似偶然无序，然而在对大量同类风险事故进行统计分析时，可以看出这些风险事件的发生呈现一定的规律。运用统计方法去处理大量相互独立的偶发风险事故资料，一般可以找出其内在的规律。因此，通过对大量独立的同类风险事件进行统计分析，依据大数定律和统计学规律，我们可以相对准确地掌握这一类风险事故的概率分布规律。也正是人们认识到这一类风险事故存在一定规律性，才有了利用这些概率分布规律去计算和分析事故损失的概率。因而大量的随机风险事件的发生表现出某种统计规律，这说明了风险的必然性。

4. 风险的传播性

风险的传播性是指风险事故经过网络、媒体、组织及个人扩散和传播，会产生相应的影响，引起社会各方关注，有的甚至演化为社会性事件。绝大部分风险事故在传播过程中都会转化成一种社会经验，主要是由于风险事故具有社会性特点，每个个体在面对风险事故时，受本能驱使会采取一定措施来保护自己或组织不受损失。这一现象在金融系统领域又被称为金融风险的传染性，而且会表现出更强烈的风险放大效应。

美国学者尼克·皮金（Nick Pidgeon）将风险评估与心理学、社会学联系起来，建立了一个风险系统联系的概念。他认为，风险与心理、社会、制度和文化进程互动，会强化公众对风险或风险事件的反映。研究人员建立了一个风险放大框架（图 1-2），进而使"风险的社会放大"进行结构上的描述成为可能。原因有以下几点：①风险事件的信息容量是风险的放大源。风险事件的强度和幅度会增强信息容量，高信息容量会引起接受者的恐慌，也会强化风险的放大效应。②风险事件引发争论的程度会影响公众对风险的认知程度。例如，风险事故在专家、公众、媒体之间不断引发讨论，这加剧了公众对风险传播的放大效应，有的甚至会削弱政府部门的公信力。③风险信息的公开透明程度。媒体报道的遣词用句会影响风险的扩散面及公众的认知程度。假如有这样一则报道："一旦酿成事故，可使数以百计的人死亡。"那么可想而知如此强大的"信息能量"会让人感到潜在风险的巨大灾难性。

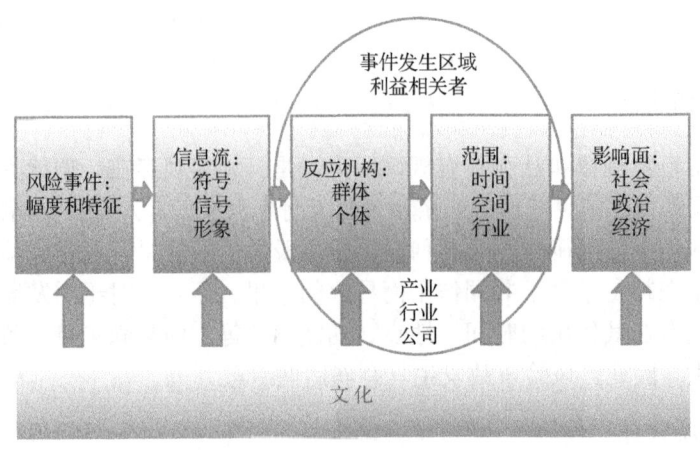

图 1-2 风险放大框架

六、风险态度

风险态度是从心理学角度分析人们在面对风险时的态度和采取的决策行为,一般是指面对风险有正面或负面不确定性影响时采取选择的一种心智状态。风险态度从激励-约束理论或者期望效用视角一般分为风险偏好、风险中性和风险厌恶 3 种。

在从事体育风险管理时,个人或团体面对风险所采取的不同态度,会对风险管理的有效性产生显著影响。对人们所持风险态度的研究,其结果可以明确地解释为什么在相同的情况下获得相同信息的两个人会做出完全不同的决定,这个结果还可用来解释风险分析中的其他问题。

第二节 风险管理概述

风险一直伴随着人类社会的发展而存在,而且我们一直在不断探索风险管理的举措。我国夏朝时期的《逸周书》中就有"天有四殃,水旱饥荒,其至无时,非务积聚,何以备之"的描述,意思是讲:天灾有 4 种,水灾、旱灾、饥荒、田荒,面对这 4 种天灾,若平时没有积聚粮食,是没有能力也没有办法去应对这些灾荒的。这是祖先对风险管理的朴素认识。在古埃及修建金字塔的平民,为避免伤亡事故给家庭带来的灾难,开始建立具有互助性质的风险管理基金组织。

一、风险管理产生的社会背景

伴随工业革命的步伐和现代化的进程,新技术、新材料、新工艺在社会生产中广泛运用,社会财富集中度高,国际贸易和航空、航海运输量空前扩大,风险事故一旦发生,风险损失波及的范围和量级就会不断增加。这也促使人们对从事安全生产的内在需求不断提升,风险管理意识不断增强。系统化、理论化的现代风险管理理论是随着工业文明发展的步伐在 20 世纪 30 年代诞生的。人类社会进入工业文明时代,创造了前所未有的物质财富,使人们在享受高度发达的物质文明的同时,也带来了劳资矛盾、环境污染、生态危机等一系列问题。机器大工业生产和城市化进程意味着大量社会财富在某一区域的高度集中。一旦出现风险事故，损失将惨重。这种集中化带来的潜在风险，成为现代风险管理理论诞生的现实基础。劳资矛盾、种族主义、宗教冲突、地缘政治等会引发区域社会动荡，这些正是现代风险管理理论产生的社会需求。20世纪概率论和数理统计科学不断发展和完善，为风险管理理论的诞生提供了分析工具，而现代科学管理理论则为风险管理理论的诞生提供了相应的理论基础。

（一）风险事故导致巨额损失

随着科学技术的发展，企业在集团化、国际化进程中积累了巨额财富，在从事生产中的任何疏忽大意都可能产生不可估量的巨大经济损失。苏联统治下的乌克兰切尔诺贝利核电站发生核爆炸后的核泄漏事故、日本福岛地震核泄漏事故、"挑战者号"航天飞机坠毁，都尖锐而深刻地提醒人们，非安全生产不仅是物质财富的损失，还会危及人类生存的环境。现代科学技术发展水平高，生产设施设备和装备的结构复杂、投资金额大，具有典型技术密集和资金密集的特点，一旦发生风险事故，带来的损失极其巨大。例如，切尔诺贝利核电站泄漏事故给苏联和欧洲带来的直接损失与间接损失高达20万亿美元。

（二）企业利润最大化驱动

逐利是资本的天性。企业只有在生产经营中获得利润，才能存活和不断发展壮大。在市场经济背景下，风险与收益是一对孪生兄弟，高风险对应高收益，企业为获得高额收益，会投入大量的研发资金，开发新产品、研发新技术、探索新工艺。一旦研发成功，企业往往会获得垄断性的超额利润。相反，研发失败会导致巨额损失。这就促使企业经营管理者主动采取各种积极措施，防止出现不利结果。安全生产是企业利润的基本保障。在实际生产经营中，无论是实质性风险事故，还是人为事故，一旦发生安全生产事故，都会给企业带来损失。有的风险事故会致使一家企业破产，甚至摧毁一个行业。

（三）居民福利意识不断增强

随着我国社会经济的发展水平越来越高，人们对高质量生活水平的要求也越来越高。在一般生产企业，人们在创造物质文明的同时，对生产环境、职工福利水平、养老保险、医疗保险等都提出了相应的需求。一方面，由于风险的存在，人们产生忧虑与恐惧，造成心理上的福利水平下降。另一方面，由于体育消费本身属于高层次消费，带有奢侈品消费特点。居民进行体育消费会增强自身的幸福感，一旦出现体育风险事故，无论是运动伤害，还是一场假球，都会极大地挫伤和打击消费者。因此，为了提升幸福感和获得感，促进社会福利水平不断提升，人们在加强物质财富和精神财富创造的同时，应积极采用合适的措施去预防或消除风险事故造成的损失。

（四）事故损害影响范围大

社会分工是社会化大生产的内在需求，促进了生产效率大幅度提升。同时，由于社会分工越来越细，处于同一产业链上的企业之间的关系十分紧密，即使是不同产业链，身处不同行业的企业之间也可能会存在一定的业务联系。其中一家企业出现风险事故，特别是具有垄断特点的企业，就有可能对其他企业的正常生产造成影响，甚至导致其停产。而且，在全球化发展的大背景下，各国产业链布局往往具有全球性视野，生产的原材料可能来自澳洲，而生产出来的产品可能销往世界各地。一旦这种业务布局关联到世界各国的企业，一旦出现生产安全事故，其影响将是世界性的。当前经济总量前十的国家都有这样的企业存在，它们一旦出现事故，其经济损失和影响范围都是全球性的。例如，2021年，国内上市公司康美药业股价有限公司破产重组。康美药业股份有限公司是生产和销售中药饮片的企业，该企业却在2016—2018年财务造假、虚增营收，最终因暴雷而破产重组。受康美药业股份有限公司破产重组的影响，国内有5家生物药企受牵连、26家企业IPO（Initial Public Offerings，首次公共募股）暂停，在全国造成了很大影响。

除了在实体经济领域，企业一旦发生风险事故，其事故损失往往波及范围广、影响深远；而在金融领域，发生的风险事故往往损失巨大、影响深刻。2007年开始的美国次级债务危机，到2008年演化为世界性的金融危机，使世界经济受到严重影响，损失惨重。

（五）社会矛盾的存续和演化

第二次世界大战后，国际局势总体上进入和平与发展时期。然而，大到国家之间的对立对抗，小到个人之间的利益纷争，就发生在我们的身边，影响着我们的生活。始于2022年2月24日的俄乌战争，至今还未有停止的迹象；美国政府为维护其霸权地位，无端对我国1000多家企业的制裁，至今还在继续；新冠疫情持续3年，给我国社会产生和居民生活造成诸多不良影响。人类社会已迈进21世纪有20多个年头，对于自然探索的足迹已到达了地球最深的马里亚纳海沟；对太空的探索，旅行者1号已经飞行了40多年，距离地球200多亿公里，他们无时不在传递着人类文明的信息。然而来自国家之间、社会不同利益团体之间、不同社会观念之间的偏见和敌意，在这个蓝色星球上也从未停止，似乎还有愈演愈烈的迹象。似乎这些矛盾超出了本书讨论内容的边界，然而，危机和矛盾的本质是相似的，对其进行有效管理的理论和方法也是相通的。

二、风险管理的产生

18世纪，法国管理学家法约尔（Fayol）提出的风险管理职能主要是一种损失控制思想，这也为现代企业风险管理控制对策的发展奠定了历史基础。"风险管理"这个名词是许布纳（Huebner）博士在1930年提出的，但在20世纪50年代以前，企业的风险管理理念和实践一般是通过购买保险来处理风险的，而且对于风险的认识主要是凭借经验判断和直觉，其分析和处理风险的方法还停留在定性层面，并没有运用概率和数理统计的理论。风险管理在美国的发展如表1-1所示。

表1-1 风险管理在美国的发展

年份	事件
1931	美国管理协会（American Management Association，AMA）保险分会成立，主要是实现其成员间交换信息并向企业保险采购员发布有关新闻和信息，以及提供风险管理研究和咨询活动
1956	美国的加拉格尔（Gallagher）在9月发表的论文 Risk Management: A New Phase of Cost Control（《风险管理：费用控制的新时期》），被公认为最早提出现代风险管理理念的文献之一

续表

年份	事件
1960	美国保险管理协会（American Society of Insurance Management，ASIM）纽约分社与乌普萨拉大学（Uppsala University）合作首次试验开设为期 12 周的风险管理课程
1961	美国风险与保险学会（American Risk and Insurance Association，ARIA）的期刊 *Journal of Insurance* 于 1964 年更名为 *Journal of Risk and Insurance*，"风险经理"的称呼逐步取代了"保险经理"的称呼
1963	梅尔（Mehr）和郝奇斯（Hedges）合著 *Risk Management in the Bussiness Enterprise*（《企业的风险管理》），此书后来成为风险管理学科领域影响深远的历史文献
1975	美国 ASIM 更名为"风险和保险管理协会（Risk and Insurance Management Society，RIMS）"，并开始出版在实务操作方面著名的"风险管理"杂志
1983	美国 RIMS（Risk and Insurance Management Society，美国风险与保险管理协会）年会上，世界各国专家学者共同讨论并通过了"101 条风险管理准则"，并以此作为各国风险管理的一般准则（其内容主要包括风险识别与衡量、风险控制、风险财务处理、索赔管理、职工福利、退休年金等）

我国风险管理理念古已有之，百经之首《易经》讲的就是"易"，就是探索变化和不确定性，在其不确定中找到确定的规律；"凡事预则立，不预则废""宜未雨而绸缪，毋临渴而掘井""居安思危，有备无患"……都反映了我国先贤对于风险管理的认识和实践。将西方现代风险管理理论引入国内则始于 20 世纪 80 年代末。当时经过 10 多年的改革开放，在从事社会经济建设的过程中，不少企业在学习国外先进经验的同时，开始学习、介绍和引进西方安全生产管理理论。对生产建设过程中遇到的风险问题，开始通过风险识别、评估和评价，以及风险管理等步骤进行管控，并取得了较好效果。这个时期，国内国企改革尚未开始，现代企业制度还未建立，企业更没有专门的风险管理机构和人员。从发展的角度看，国内现代风险管理处于起步阶段。

20 世纪 90 年代初，随着我国国有企业改革，现代企业制度和中国特色社会主义市场经济体系的建立，现代风险管理理论在指导企业安全生产和发展方面的作用也日益增强。到 20 世纪 90 年代末，经历了 1997 年亚洲金融风暴和 1998 年抗洪抢险，这一段时间国内现代风险管理理论处于快速发展阶段。进入 21 世纪，2003 年的 SARS 事件促使我国政府、企业的危机管理意识开始普遍形成。2004 年，具有标志性的事件"中国风险管理网"成立，我国政府管理部门、学界、企业界对于风险管理的理论和实践趋向成熟。2008 年国际金融危机对我国造成极大冲击的同时，在国内发生了严重的低温雨雪冰冻灾害和汶川大地震等重大自然灾害，我国处理风险事故的实践检验和验证了我国风险管理机制和体制的逐渐成熟。

三、风险管理的定义

风险管理属于管理学范畴，是随着社会经济发展和现代科学管理理论发展而产生的。不同学者因风险管理的具体对象和实践领域具有差异性，各自的出发点、落脚点及其应用领域需要强调的侧重点就存在较大的差异性。因而，国内外学者提出的风险管理定义就有了相应的变化，而且随着社会技术的进步和其他学科的发展，风险管理的内涵也在不断演化和丰富。

如表 1-1 所示，早期美国的学者们把风险管理看成是一种方法、一门技术或是管理过程，并没有上升到管理学范畴的学科分支层面。直到 1964 年美国学者威廉姆斯（Williams）和汉斯（Heins）合著出版了《风险管理与保险》（*Risk Management and Lsurance*），文中相对全面确切地对风险管理的定义做出阐述。威廉姆斯和汉斯认为，风险管理是通过对风险因素的识别，衡量风险发生的概率，进而以最小的成本控制风险，以期风险事故所致损失达到最低限度的一种管理方法。这一定义在后来的学者从事风险管理研究时被广泛认可，尽管如此，随着技术进步，在 20 世纪 70 年代后，依然有众多学者基于各自领域的实际业务，有针对性地提出了许多有益补充，或者结合实践对其中的观点做了适当补充或修正。

梅尔和赫奇斯在 1974 年合著出版的《风险管理：概念与应用》（*Risk Management: Concept and Appli cations*）中，提出了风险管理与企业经营管理的目的是一致的观点。他们认为，企业生产经营的愿景和目标一般有两个：一是就企业自身主要目的而言，是为了企业的利润，为了企业的生存和发展；二是就企业需要承担的社会责任而言，企业是社会财富的创造单元，需要履行相应的社会责任，需要对环境、消费者承担一定责任，要不断创造社会财富。企业进行风险管理的目标就是减少风险事故的发生，控制风险事故带来的实际损失。无论是从企业自身发展还是从承担的社会责任出发，目标都是一致的。

巴格利尼（Baglini）在其 1976 年出版的著作 *Risk Management in International Corporations*《跨国公司的风险管理》中提出，国际企业风险管理应着眼于企业财务，尽量在减少因各种风险事故损失所产生的相关费用支出的同时保持企业财务稳定性。巴格利尼从另一角度对风险管理做出了诠释，他认为风险管理人员的主要职责是减少转嫁纯粹风险所需的支出费用，把每年纯粹风险所需的风险费用设定一个变动区间，风险管理人员要把纯粹风险的支出费用控制在设定的限额以内。他这种目标导向式的管理理念，带有一定风险管理的经济理性思维，在保护人们生命和财产不受损失的同时，能够有效地防止国际型企业既得利益受到侵害。

1978 年，格林（Greene）和塞宾（Serbin）在其著作《风险管理：教案与案例》（*Risk Management: Text and Cases*）中认为，风险管理的主要目的应该是在企业风险事故发生意外损失后能够尽快恢复企业财务上的稳定性和营业资金的流动性，能够及时调动和有效利用企业生产所需的资源，实现以固定费用来减少长期风险的损失，且使损失降到最低。

1992 年，《日内瓦风险与保险论文集》的一篇论文中，弗农·莱斯利·格罗斯（Vernon Leslie Grose）博士通过回顾"可靠性"理论在航空航天领域的应用，提出了过度依靠概率、事故树、决策树模型设计出来的"系统安全"管理技术，忽视了制度设计和人的因素；同时引用了 1967 年阿波罗 1 号大火导致 3 名宇航员丧生的案例，以及艾滋病防治制度等实例进行了深入剖析。论述风险管理需要在组织范围内系统地对风险管理组织理论进行重大的重组，将所有未得到认可的学科（政治、文化、社会、行为、环境、法律、历史）整合在一起，作为在风险管理中促进参与人员行为改变的多项要素。

1998 年，美国斯基珀（Skipper）教授在《国际风险与保险：环境-管理分析》（*International Risk and Insurance: An Environmental-Managerial Approach*）中，从经济、政治、科学技术和文化等多个角度论述了风险管理人员在当今社会可能面临的风险类型，并给出了处理风险的方法。斯基珀教授还给出风险管理的定义，他指出风险管理是指各个经济主体通过对风险因素识别、风险评估、风险评价和风险处理，能够实现最小管理成本获得最大安全保障的管理活动。这个定义与威廉姆斯和汉斯在1965年的论述具有相似性，也吻合当前国际社会经济活动的实际状况。

目前，国内学者的主流观点是接受斯基珀教授所给的风险管理的定义。一般认为，风险管理是一门研究风险事故发生概率，控制并降低风险事故发生的管理学科。经济单位通过识别风险、评估风险、评价风险损失，进行风险决策和管控，对应各类风险采取相应的风险管理技术，妥善监控风险因素，有效化解或转移风险，确保社会生产活动能够安全有序地进行。

从国内风险管理学界的主流观点可以看出以下几点：第一，风险管理是管理学科的新兴学科。第二，风险管理是通过观察、实验、统计分析，以概率论和数理统计为工具，研究风险因素诱发风险事故所发生的概率分布、风险事故所致的期望损失大小、风险监控技术和风险决策系统运行规律等。第三，风险管理是一门交叉性、复合性边缘学科，它与行为系统论、科学、管理学、数理统计学、财务分析等有着密切的联系。第四，我们从定义中可以看出风险管理的基本内容、基本程序和方法，关键是选择最优风险管理方案，能以较小的风险管理成本获得最佳的安全保障。

知识拓展

风 险 定 律

（1）大数定律（Law of Large Numbers）：在试验条件不变的情况下，对随机事件进行重复试验，当试验次数足够多时，随机事件发生的频率就无穷接近于它的概率。

（2）哈维尔定律（Harvels Law）：随着损益绝对值的增加，风险将增加。

（3）哈姆列维定律（Hamleveys Law）：随着财富的增长，决策者的风险规避倾向会递减。

（4）克雷定律（Clays Law）：保守型决策者的数量要多于冒险型决策者的数量。

（5）卡尼曼定律（Kahnemans Law）：它是由美国经济学家卡尼曼（Kahneman）与特沃斯基（Tversky）提出的，指一般人在面临获得时总是尽可能规避风险，而在面临损失时又喜欢冒险的非理性心理因素。第一定律，幸福是主观感受，人们的幸福程度与比较的参照有关；第二定律，人们失去利益的痛苦远远大于得到同等利益的快乐；第三定律，面对损失人们偏好风险，而面对收益则会规避风险。

四、风险管理的意义

（一）现代社会经济体系离不开风险管理

风险管理是人类社会进入机器大工业时代，从管理学中形成的分支学科，这是社会经济发展的必然，绝非偶然。风险管理不仅仅是当风险来临时被动应对，而是在风险发生之前就积极识别和评估潜在风险因素，以一种积极防控的管理理念应对风险。在当今社会，由于生产领域采用大规模集中生产模式、人口向高度集中的城市化方向发展，以及资本市场每天海量的资金交易等，稍有不慎就会导致难以估量的生命和财产损失。因此，从宏观视角来看，无论是从实体经济到虚拟经济，还是从日常生活到航天飞行，风险管理对各领域发展都发挥着积极作用。

（1）从稀缺的社会经济资源配置视角来看，当前经济资源的流向是受政策和资金驱动的，由于风险的存在，在客观上会影响社会投资，可能会导致资源配置错位。主动实施风险管理，由于提前识别风险因素，可以在很大程度上降低风险损失，从而促使稀缺的经济资源流向社会经济效益更高的部门，避免不必要的损失。这对整个社会而言，提高了经济资源的利用效率。

（2）现代经济系统通过一条条产业链架构，形成了复杂的社会生产系统，一旦产业链中某一环节出现风险事故，将会带来一系列的连锁反应，给经济运行的稳定性带来破坏。在日常生产经营过程中、企业生产流程中严抓风险管理，能够消除或化解企业自身的生产风险，避免损失发生。从产业链视角来看，风险的管控对整个经济社会的稳定发展也起到积极作用。从成本控制角度来看，全面实施风险管理有助于降低安全生产事故率，降低生产的社会成本，增进社会福利。因此，风险管理为现代社会经济发展、社会福利水平提升提供了保障。

（3）人民的幸福生活离不开安定祥和的社会环境，离不开稳定发展的社会经济。风险管理能够为人民提供良好的安全生产环境，推动社会经济发展，为人民带来丰富的物质财富。风险管理能够为人民化解各类风险，创造一个安定团结的社会环境。任何一次风险事故的发生，都是生命财产的损失，每一件事故背后都会有不幸者去承担。科学的风险管理理论和方法能够有效降低风险事故发生的概率，有效降低事故损失，从而减轻不幸者的痛苦。因此，风险管理不仅有助于人民生活安定和社会稳定，还能为人民带来安全感和幸福感。

（二）现代风险管理不断发展

自然灾害或意外事故会给人类带来生命和财产的损失，这种损失何时何地会出现，具有高度的不确定性。一旦出现风险事故，有时就意味着灾难的降临。因此，这种风险事故的不确定性自然会给人们带来心理上的紧张和焦虑。为了应对风险，减轻心理上的紧张和焦虑情绪，古人便开始采用风险共担的方式，分担风险损失，缓解或释放相应的心理压力。随着劳动生产力的发展，现代社会化大生产的出现，生产的高度社会化和生产技术的精密化及复杂化，使得各经济单位或者个体所面临的外部环境，除自然风险外，各种经济的、政治的、社会的、技术的风险层出不穷。经济单位或者个人会通过购买保险的形式来转嫁风险，风险事故带来的损失由保险公司补偿。然而，由于竞争加剧，企业的利润率不断下降，企业生产运营资金不足，原材料价格、用人成本的上升，使得企业经营成本增加，通过传统的保险方式转嫁风险已经不能适应当今社会经济发展的需要，需要寻求一种经济性、安全性、科学性都兼顾的新型风险管理模式来处置相关风险。于是，现代风险管理在这种背景下不断发展壮大，成为管理学领域的一门学科分支。在现代经济生活中，风险管理的必要性体现在以下两个方面。

（1）现代风险管理理论为系统全面地识别风险因素、评估风险、评价风险提供了理论依据。风险管理建立在对风险的识别与分析的科学的基础之上，现代风险管理为风险识别和处理风险提供了系统而科学的方法。一方面，它能够依据风险识别的结果，对每个可能出现的风险损失进行科学测度和计算，这是有效识别与衡量风险、评价风险的基础；另一方面，借助现代管理学和经济学理论方法，通过分析比较，测算出每个风险应对策略成本效益比，为寻求各种对策的最佳组合提供依据，也是风险管理提供科学决策的依据。

（2）风险管理理论其实是一种综合处理风险的理论方法，它是对各种措施与手段加以综合利用，从而达到控制风险的管理方法。风险管理人员在运用风险管理工具时，既应注重损失前的控制转嫁与预防，也应注重损失后的损失补偿。风险管理的工具或方式一般有风险规避、风险转嫁、风险自担、保险及损失控制等几种，实际运用时可以根据不同的情形选择不同的工具组合，以期获得风险管理最大的成本效益比。因而，现代风险管理可以克服过去依靠单一工具防控风险所存在的局限性。此外，虽然人们在长期与风险的斗争中已总结出一些治理风险的措施与手段，但在采取不同的措施时，因缺乏统一的协调、比较和综合治理，往往会产生重复或相互抵消，从而造成成本增加与浪费。因此，实施风险管理既可弥补传统的单一方式的不足，又有助于减少或消除浪费。

（三）企业的健康发展离不开风险管理

企业是现代社会经济的生产单元，在追求效益的同时，也在为社会创造财富。无论是新成立的企业，还是企业新建项目，风险管理都是必不可少的环节。风险管理能够保障企业以最低的成本获得最大的收益，实现其经营目标，为社会创造财富和价值，为家庭带来收益。企业的健康发展离不开风险管理，主要体现在以下几个方面。

（1）企业通过控制风险，降低风险事故发生概率，保障了生产经营目标的顺利实现。一般而言，企业的经营目标首先是利润，只有有了利润，企业才能有资本积累用于新产品的研发、承担更多的社会责任，从而能够更好地发展。众所周知，企业核算利润是一般营业收入减去生产成本。显然，增加利润有两种方式：一是增加营业收入，二是降低生产成本。企业对外实施市场销售的风险管理，对内实施安全生产管理的风险管理，对企业增收减支均能产生直接或间接的效应。

（2）企业对于新建项目的风险管理，把风险管理纳入科学决策中，使项目的决策更加科学合理，能够减少或化解项目投资中的风险，优化项目的经济和财务的决策指标。项目的科学合理决策包含了从市场调查到技术分析、从人力资源到成本控制、从财务分析到经济评价，每个环节都隐含风险管理的理念，即在系统运用科学方法进行测试和测算的基础上，预见和处置可能出现的各种风险，尽可能地减少市场调查研判失误。充分论证技术成熟度、扩大融资渠道、降低融资成本、提高资金使用效率、分析市场风险敏感性因素，这些前期研判工作都是科学决策的基础，目的就是降低风险，避免决策失误，为新项目建设、为企业发展保驾护航。

（3）风险管理的思维理念是在风险识别的基础上，以最小的成本获得最大化的风险管理效果。这一理念与一般企业管理中的成本控制理念相一致，有助于整体提升企业的管理水平。在进行风险管理的过程中，能够把风险事故可能发生的原因及其相应的应急举措都体现在日常的管理活动中。因此，风险管理可以促使企业的职能部门提高经营和管理效率，减小风险损失。同时，也有助于为企业提供一个安全稳定的生产经营环境，消除企业工人的后顾之忧，使工人积极投入生产经营活动。

通过风险管理，企业能够将面临的风险损失降低到最低限度，有助于生产力的提高和生产经营活动的顺利进行。

第三节　风险管理的核心要素

风险管理既是现代企业管理的重要组成部分，也是政府公共危机管理的核心内容。从其诞生之日起，就以管控风险为主要目标，其本质是减少生命财产和社会财富的损失。因此，风险管理的目标与管理主体的目标是一致的。一是管理的理念一致，都是以较小的成本投入获得最大的收益；二是风险管理是通过有效管理，避免风险事故损失的发展，从而减少损失，增加收益，一般企业管理则是增进收益、减少支出；三是风险管理是一般管理的内容之一，从属于企业经营管理或政府公共管理，目标趋同具有天然一致性。为了清晰地了解风险管理的目标，有必要熟悉风险管理的原则及理解整个风险管理的过程。

一、风险管理的目标

风险管理是社会组织或者个人用以降低风险和减少消极结果的决策过程，通过识别风险、评估风险、评价风险的流程，选择与优化组合各种风险管理技术，对风险实施有效控制并妥善处理风险带来的损失，从而以最小的成本收获最大的安全保障。风险管理的目标就是以最低的成本来处理风险和控制风险，防止和减少损失，以保障社会生产及各项活动的顺利进行，达到最大的风险管理效益。从企业管理角度而言，风险管理不仅仅包括识别、评估、处理风险，还涉及财务风险、安全生产风险、设备故障、物流安全、技术淘汰等多个方面。它是一套完整的方案，也是一个系统工程。因此，企业风险管理的宏观目标可以分为 6 个层次：①减少风险事故，防止企业意外损失；②保障企业安全生产，避免生产事故；③营造良好营商环境，稳定市场份额；④促进企业持续发展，获得利润；⑤塑造企业文化，培养员工的认同感；⑥塑造企业形象，成就企业社会价值。

（一）确定企业风险管理目标的基本条件

（1）风险管理目标与风险管理主体（如生产企业或在建项目工程的业主）总目标具有高度的一致性。

（2）风险管理目标应具有现实性，即确定目标需要结合实际情况，充分考虑客观条件，制订的目标具有客观可能性。

（3）风险管理目标应具有明确性，即设定风险管理的目标能够运用适当的方式或方法对其效果或绩效进行客观评价。

（4）风险管理目标应具有层次性，其设定可以根据重要程度区分目标的主次，便于提高风险管理的效率。

前面 3 点对于企业而言，相对简单明了，而风险管理目标的层次性是区分主次、差别对待风险因素的依据。从不同视角划分层次的主次，往往会出现不同的结果。从事故发生的时序出发，按照风险事故发生前后的损失情况，可以将目标分为损失前目标和损失后目标两种。事故发生前后需要实现的目标具有本质上的差异。

(二)损失前目标

显而易见,损失前目标就是指风险事故尚未发生之前,从风险管理的企业财务成本、能够达到的安全系数、承担相应的社会责任这几个角度设定目标。

1. 财务成本合理性目标

在风险事故损失发生之前,设定的风险管理成本合理性目标通常是风险管理人员在风险识别、评价、评估的基础上,根据相关信息对风险做出比较分析后得出的对各种风险选择的规避措施所需的费用进行全面财务分析,选择财务成本最合理的风险处置方式,能够获得最大的安全效益。

风险管理的财务成本合理性目标一般是损失发生之前的风险管理首先需要考虑的内容。所谓成本合理,通俗地讲,就是以最小的风险管理财务成本支出获得最大的安全保障。然而,要保证风险管理成本的合理性,就需要确定费用支出项中在获得同等安全保障水平的基础上哪些款项是必须支出、哪些款项属于不必要支出。如何使费用和安全保障水平达到平衡是关键。因此,这需要在风险管理的实践过程中不断总结和借鉴同类风险的处理经验,在实践中尽可能减少和避免不必要的费用支出,尽可能选择成本低又能保证风险处理效果的举措。

2. 安全系数目标

安全系数是工科领域常接触的一个概念,一般是指在土木、机械等工程中为防止施工偏差、材料缺陷、外力突增等因素所引起的不良后果,在工程设计时就要求受力部分的理论设计必须大于其实际受力。对于风险管理而言,安全系数就是风险主体可以承受的风险损失必须大于风险事故带来的实际损失,这也是风险管理的安全系数目标。

众所周知,由于风险的不确定性,没有人能够事先预知风险事故是否发生,但是可以肯定一旦事故发生就会造成严重损失,不仅会导致财物损毁,还会造成人身伤害。这种给人们带来忧虑和恐惧的风险隐患,会影响到人们日常工作和生活。风险管理安全系数目标正是通过分析和评估事故损失,确定损失的大小,并与风险主体对象所能承受损失的大小进行比较,从而根据不同主体对象的风险承受能力及预估的损失大小来设定的。在实施风险管理举措的过程中,结合安全系数目标选择相应的风险管理方案和措施。这一目标设定可以在一定程度上减少风险主体在心理上对风险事故损失的恐惧和忧虑,让人产生一定的安全感。

3. 社会责任目标

企业组织的社会责任就是指一个企业组织应以一种有利于社会治理、社会进步的方式进行经营和管理,是组织对社会应该承担的责任,一般包括安全生产责任、环境保护责任、公共利益责任及社会道德责任等内容。社会责任既有法律强制性质,又有道德规范要求。具有法律强制性质的社会责任有两类:一类是指分内应做的事,如安全生产、环境保护需要企业尽职尽责;一类是因履行角色义务而应承担的法律责任,如违约责任、侵权责任等。具有道德规范要求的社会责任主要是指公共利益责任,一般指公司经营管理需要满足社会治理的规范和准则,体现社会价值观、传递正能量,用实际行动回报社会。

风险管理作为企业管理的内容之一，它与其他管理一样，在实施风险管理的过程中必须承担相应的社会责任。在当今社会化大生产时代，每个风险管理的主体都与社会经济组织或个人之间存在广泛的联系，一旦发生风险事故，通常受损的除了风险主体自身，其供货商、消费者、债权人、劳动者都会受损，损失严重时还会给国家或社会带来损害，如2015年8月12日发生的天津港特大爆炸、2019年3月21日发生的盐城响水特大爆炸。在风险管理过程中实施的举措必须受到政府和主管部门有关政策和法规的制约、社会公共责任的约束。因此，风险管理全面实施防灾防损计划，尽可能消除风险损失，既是对社会的贡献，也是自身风险管理的目标之一。

（三）损失后目标

在分析风险的特性时，我们认识到风险的不确定性是其特性之一。即使风险管理人员通过风险识别、风险评价与风险评估，制订了比较完善可行的风险管理计划和实施方案，也不可能完全避免风险事故的发生。因此，为了防止风险事故发生之后失去目标导向，确定事故发生后的管理目标同等重要。事故发生前与事故发生后设定的目标不同，前者的目标是管理成本合理、设定安全系数和承担相应的社会责任；而后者的目标则主要集中在减少事故损失和控制事故的不良影响。从事故损失的波及和影响的范围看，管理过程中设定的目标应该包括以下几个方面。

1. 生存目标

风险事件一旦发生，便会造成损失，有的损失可能会给个人、家庭、企业等经济主体带来灭顶之灾，部分重大事故甚至会引发社会动荡和生态灾难。因此，风险事故发生后的第一个风险管理目标就是维持生存，对生命而言，是减少生命财产的损失，让生命存活，让家庭完整；对企业而言，是能够存续。这是事故发生后最基本、最主要的风险管理目标。

要实现事故发生后的生存目标，就要通过风险管理人员的种种努力，调动财力、物力等资源，使个人、家庭、企业能够经受得住损失的打击，在遭受损失之后能够维持生存。生存目标的实现也是实现其他目标的基础。只有在维持经济单位的存续的基础上，才能谈论将来的恢复和发展。达到生存目标，就需要处理事故发生后带来的各种损失、连带责任，这与承担社会责任具有相关性和一致性。

2. 正常经营目标

在风险事故发生后，经济单位应维持正常的生产经营活动，并尽快走出危机。这是风险管理在风险事故发生后希望实现的第二个目标。经济主体的正常生产经营目标是指不能因风险事故的发生而使生产经营活动中断。

对企业而言，任何一件风险事故的发生都会给企业带来一定程度的经济损失，影响企业正常的生产经营。正常的生产经营活动是企业存续的基础。一般而言，风险事故的发生导致正常生产经营中断，在短期内并不一定会导致企业破产，前提是企业能在较短的时间内处理好风险事故，恢复正常的生产经营活动。当然，企业除了恢复生产经营，还需要进一步通过危机公关，消除事故对自身的不利影响，从而留住消费者、保住市场份额。这就需要风险管理人员给予事故受害方一定的经济补偿，为恢复生产秩序提供便利条件，从而使企业迅速恢复生产和正常经营活动。在风险管理实践中，经济主体在存续和恢复生产的基础上，还需要尽快实现在事故之前原有的稳定收益。风险管理的目的是使企业拥有较好的营商环境，获得稳定的收益和利润。不论是企业管理者最关心的经营业绩，还是股东关心的利润，抑或是员工希望提高的薪酬待遇，最终都与企业的获利能力相关。因此，企业风险管理人员应该尽快使企业在求存的同时迅速恢复生产能力，尽快使企业恢复到原有的收益水平，消除事故造成的不利影响。

3. 履行社会职责目标

风险事故发生后造成的损失，不仅限于事故主体单位承担，还会波及员工、消费者、供货商、债权人、股东及工商税务等利益相关者。在现代商业社会体系中，每个经济主体都不可避免地与利益相关者发生经济联系，这也构成了经济主体承担社会责任的主要内容。因此，切实履行社会职责是现代经济主体应负的现实担当，也是风险管理人员在设定风险事故发生后的目标之一。

如果说在风险事故发生前的目标中，强调风险主体承担社会责任和履行义务是一种职责，需要对社会、环境负责；那么，风险事故发生后的社会责任则更多地考虑把风险事故损失所带来的严重后果降到最低水平。这一方面可以减轻事故对经济主体造成的不利影响，保护利益相关者的权益；另一方面更多的是要减轻事故对社会经济、社会环境造成的不利影响。风险事故发生后的社会责任目标实际也是经济单位危机公关的主体内容，是风险主体向社会展现自己如何主动积极地承担社会责任、履行应尽的义务、树立良好的社会形象、建立忠诚度，实现进一步发展的基础。

上述风险管理目标之间存在相互联系、相互促进的作用。不同风险管理目标层次也体现了风险管理水平的高低，只是以维持风险主体生存和稳定收益为目标的风险管理计划，与实现社会持续发展为目标的风险管理计划相比，前者表现为"保守"和"谨慎"，而后者则更倾向于"积极"和"冒险"。

二、风险管理的原则

原则是指经过长期经验总结所得出的规律性、合理化的结论，具有很强的原理性和指导性。风险管理作为应用型学科，风险管理人员为达到预设目标应遵循相应的基本原则。

（一）全面性原则

企业运营管理或项目投资风险管理的目标显然是为了生命安全，减少财产的损失。任何一项细微的疏忽都可能引发风险事故，因此必须全面识别风险因素，了解各种风险因素诱发事故的概率、事故损失的大小及其严重程度，这是实施风险管理的重要基础。其中，风险因素诱发事故的概率率和事故损失的大小及其严重程度会直接影响人们风险估计和风险评价的结果，进而会影响风险管理人员如何选择政策工具和具体实施效果的优劣。

风险管理全面性原则是指风险因素识别要全面，风险评估和评价要全面，风险管理的计划和安排要全面，以及可供选择的风险管理工具要尽可能全面。因为局部的疏忽往往会对全局产生影响，甚至影响风险管理目标的实现。全面周详地实施风险管理计划并不断根据实际情形进行调整是实现风险管理目标的可靠保证和必备前提。因此，全面性原则是风险管理的基本原则。

（二）利弊权衡原则

风险管理方法及工具的选择必须遵守利弊权衡的原则。作为识别风险、处理风险、管控风险的理论工具，风险管理理论是在人们防控风险的经验基础上不断总结形成的理论体系，能够为人们减少风险损失提供系统的工具和方法。随着现代科技的发展，目前任何企事业单位或者个人，从理论上都可以做到有效实施风险管理，达到管控风险、减少损失的目标。然而，在识别和处理所有风险因素的过程中，需要耗费人力、物力、财力，简而言之，就是需要付出相应的成本。因此，风险管理主体在实施风险管理的过程中，需要分析自身的情况，量力而行、权衡利弊。通过权衡相应风险损失大小及管理成本大小，根据自身的财务承受能力来决定风险处理方式，即风险转嫁、风险分散、风险自留、风险规避等。如果预测到风险事故发生后会给经济主体带来巨大的经济损失，甚至可能会导致破产，这是一般经济主体无法接受的。当风险损失超出主体自身承受能力时，就需要通过保险转嫁风险损失或者是直接选择放弃的方式来处理风险。因此，经济单位主体需要根据风险损失的大小并结合自身的实际，在权衡利弊原则的基础上量力而行。

（三）成本效益原则

成本效益原则表达的内涵是一项活动的收益必须大于其成本。风险管理活动必须分析风险管理成本和收益，而不仅仅是提供一套系统科学的处理风险的方法，风险管理理念一样强调以最小的成本费用支出来获得最大的风险管理效益。在市场经济中，经济主体经营管理的首要目标是获得经济效益。因此，在风险管理工作中，必须确立成本效益的管理原则。特别是在我国市场经济体制日趋完善的背景下，经济主体在实施风险管理过程中，合理有效地选择最佳的风险处理方法，理应把风险管理成本和整体的经济效益结合起来，围绕以最小的费用支出获得最大的风险管理效益。无论是风险转嫁，还是风险自留，在选择相应举措控制损失风险时，都应选择成本最小、管控效果最佳的方案。

从狭义视角来看，风险管理成本一般是指风险预防的管理成本和风险事故发生后的风险损失处理费用，包括风险事故带来的直接损失和间接损失。例如，火灾造成生产车间损毁，使得正常营业被迫中断，企业的营业收入下降和无法继续开展工作造成合同无法履约带来的责任赔偿费用等。假如为了控制火灾发生，在企业的生产车间都安装自动火灾报警系统和自动灭火系统，因安装自动火灾报警系统和自动灭火系统所支付的费用即直接成本。间接成本是指整个社会为预防和控制风险发生所支付的全部费用。例如，为了预防和扑灭高层建筑的火灾，投入研制自动火灾报警系统和高梯灭火救援车的费用等，通常预防和处理风险的直接成本小于间接成本。

从广义视角来看，风险管理成本除了狭义上的管理实际成本和风险的处理费用，还包括了风险损失的隐形成本。风险损失的隐形成本又称为无形成本，是指风险事故的发生对整改行业、产业链带来的伤害和影响，对整个社会生产率、社会再生产、社会认同感、社会经济福利等诸方面造成的破坏后果。例如，2008年的三鹿集团遭遇三聚氰胺事件，直接的损失是企业破产倒闭，间接损失是国内众多奶制品企业整体业绩不景气，而隐形成本则是公众对于中国食品安全问题的疑虑。由于风险的不确定性和风险事件的灾难性后果，人们对我国奶制品一直存在某种疑虑，对整个国内奶制品持不信任态度延续了很长一段时间，对我国奶制品行业造成了很大伤害。对社会而言，一是大量奶制品消费资金流向境外,减少了社会资本增值的机会,造成社会经济整体福利的减少;二是三聚氰胺事件的风险损失对国内奶业的发展和生产力水平的提升形成了打击。

从经济学角度来看,这里的边际替代效应是适用的,也就是风险管理在初始阶段付出的成本是小于风险管理的收益的,但随着风险管理目标越高,支付的成本也相应提升,理论上在风险管理支付的成本与防控收益相等时,风险管理的成本是最经济投入,其后由于边际收益递减,而成本递增,就进入风险管理不经济区域。例如,购买灭火器可以有效减少火灾损失,但自动火灾报警系统和自动灭火系统的安装费用远远高于火灾损失。只有实现以最小的成本获得最大的风险效用之后,才能真正实现风险管理的宗旨和目标。如果风险的处置与控制是以付出高昂的费用成本为代价,就无法真正体现风险管理作为现代科学管理方法的优越性。

三、风险管理的过程

风险管理是指企业或者项目在一个充满不确定性的风险环境中,通过组织和管理调配资源,并以合理的成本尽可能减小风险损失,把负面影响减至最低的管理过程。一般而言,风险管理的流程有 5 步,如图 1-3 所示。

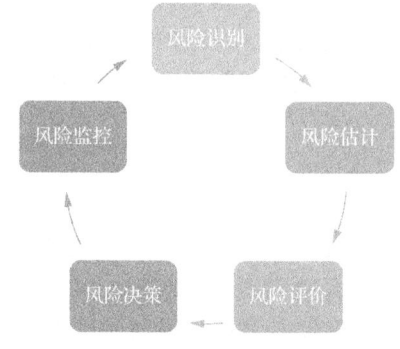

图 1-3　风险管理流程图

(一)风险识别

风险识别(Risk Identification)是风险管理的基础,也是风险管理过程的第一步,同样也是风险管理人员最重要和最具挑战性的一项工作。风险管理人员只有在正确识别项目或企业所面临的风险之后,才能够主动选择风险规避工具进行恰当的处理。风险识别的任务是辨识和分析以下问题:项目或企业可能面临哪些风险?可能发生的风险具有哪些特性?损失是什么?风险损失所处的具体部门有哪些?可能涉及的人员有哪些?辨识和分析上述问题的意义主要在于明确项目实施或企业运营可能面临的风险,能够在风险来临之前较好地化解或处理风险。反之,如果风险没有经过科学合理的识别,就会失去提前处理相关风险的机会,一旦风险来临事故发生,就会处于被动应对的状态,风险管理人员就难以有效地对相关风险进行管控和处理。

(二)风险估计

风险估计(Risk Estimation)也称风险衡量,是一个定量估算过程,一般是指在分析特定风险事故所导致生命财产损失的相关统计资料的基础上，运用概率统计方法对特定风险事故发生的概率及其特定风险事故发生所造成的损失做出定量估计的过程。通常风险估计的内容包括两部分：一是相应风险因素导致的特定事故发生的频率分析（Frequency Analysis），即特定风险因素发生的频率分析，运用概率统计方法估算风险因素诱发事故的概率；二是分析特定风险事故后果（Consequence Analysis），即分析某类风险因素在特定环境条件下可能诱发各种风险事故的后果，以及事故可能造成的财产损失。前者被称为情景分析（Scenario Analysis），后者被称为损失分析（Loss Analysis）。

（三）风险评价

风险评价（Risk Evaluation）是建立在风险估计的基础之上，在对项目或企业经营过程中的特定系统中所有风险因素诱发风险的概率及其相应的风险事故带来的经济损失做出科学合理的估计之后，进一步根据风险管理设计的风险标准，对每一风险因素诱发的期望损失做出判断，确认该风险因素带来的风险事故是否可以被接受的过程。通常而言，风险估计可与风险评价同时进行。

（四）风险决策

风险决策（Risk Decision）是根据风险评价和评估的结果，依据成本与收益的关系，一般以最低成本最大限度地降低系统风险为判断依据，选择处理特定风险举措的动态分析处理过程。

（五）风险监控

风险监控（Risk Control）涵盖了两层意思：第一层是风险的监管，第二层是控制风险。它是指在风险管理过程中对风险因素进行监管，监视已识别的风险和识别时疏漏的风险，以及事件发展进程中新的风险；同时需及时发现正在实施的风险防控方案可能出现的偏差，并及时反馈纠偏，进行风险应对举措的动态控制。

综上所述，我们可以清晰地看到一般企业或项目的风险管理的主要思路。虽然不同项目或企业具有各自的特点，但不论风险管理主体单位的差异性有多大，风险管理的这5个基本过程都是必不可少的。

四、风险管理的实施

从风险管理过程中可以看出，风险管理的实施过程其实是一个动态的管理过程，对于风险识别、风险估计和风险评价可以理解为是对风险的理论认识阶段。风险决策是根据风险的特性而制订的风险管理计划；风险管理的实施是对风险管理计划的执行和落实；风险监控是对执行风险管理计划的跟踪监督，并能根据风险发展的动态及时调整风险管理举措，达到风险管理最佳效果。风险管理的具体流程可以用图1-4表示。

为了更好地理解风险管理的实施举措，下面将从风险管理计划的制订、实施及调整3部分分别详细阐述。

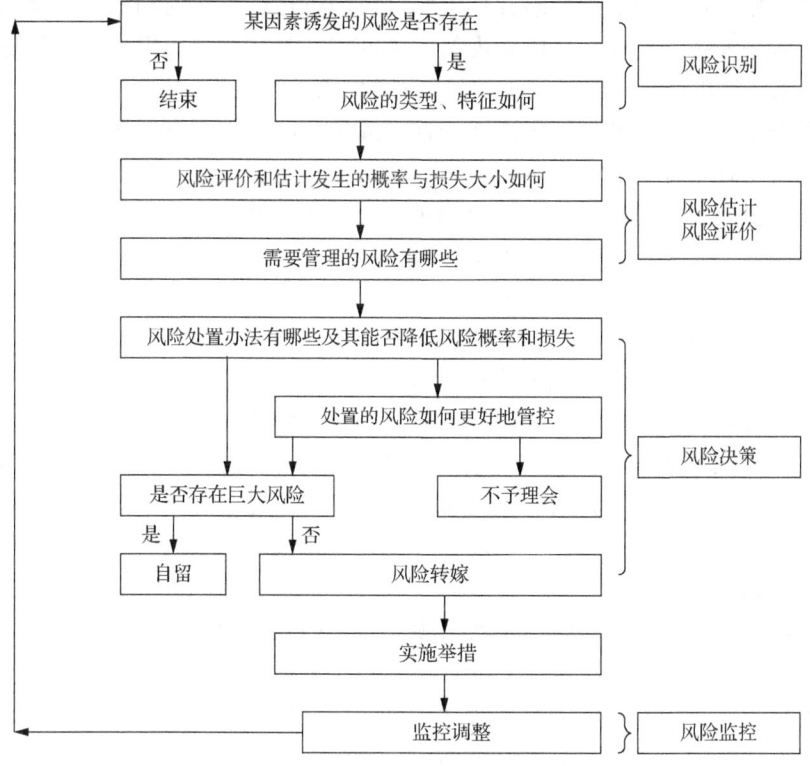

图 1-4 风险管理的具体流程

（一）风险管理计划的制订

就计划的含义而言，它包含了两层意思：一是指管理文件，是以文字和图表等形式呈现相关工作人员或团队在未来某一时期的行动目标、行动内容和工作方式的管理性文件；二是指具体的行动方案，是通过分析组织所面临的外部环境与内部条件，提出在未来某一时期内实现某一目标的具体方案途径。风险管理计划是风险管理人员提交的文件，属于第一类。本书中的风险管理计划是一种行动方案，是风险管理人员通过风险管理组织架构依据风险识别、风险估计与风险评价而对相应的风险选择的处置方案和安排。它也是进行风险管理的重要工具。

1. 风险管理组织

任何周密详细的计划在实施时都离不开组织架构，良好的组织设计是执行计划强有力的保障。风险管理也一样，从广义的角度讲，风险管理组织是指风险主体为实现风险管理目标而设置的内部管理机构，包括相关的风险管理组织、风险管理活动及风险管理规章制度。风险管理组织是在风险管理目标定位、管理流程、层级设置等因素的影响下，代表风险管理主体组织风险管理资源、搭建业务流程、开展风险管理活动的部门。风险管理活动则是风险管理组织制订和执行风险管理计划的全过程，包括为制订风险管理目标，并为实现目标而进行的风险的识别、衡量、处理及效果评价等活动。风险管理规章制度包括风险主体风险管理的指导思想、政策纲要、方针策略，以及有关的管理、监督条例和规定。从狭义的角度讲，风险管理组织主要是指为实现风险管理目标而开展风险管理的风险识别、风险评价、风险评估、制订风险管理计划等活动的组织架构，是一种机构设置和人员安排，是执行风险管理的职能部门，具体包括组织机构、管理体制和领导机构。本书采用的就是这种狭义上的风险管理组织。

风险管理组织形态与其他组织形式一样，通常情况下主要有直线制、矩阵制两种形式，部分风险管理主体单位会根据自身组织架构的特征和行业特点设有事业部制、职能制、分权制的风险组织形式，这一类单位主要是金融领域、事业单位和大型企业。体育风险管理组织在俱乐部经营管理、大型体育赛事运营、体育用品制造业的风险管理活动中则主要有直线制、矩阵制两种形式。

（1）直线制体育风险管理组织是通过权限设计，由上级统一对下属下达命令，每个下属只接受一个上级的指挥，组织的责任和权限完全是直线式的。其优点：管理组织结构比较简单，责权明确，指令一致。其缺点：要求风险管理组织的负责人通晓风险管理的专业知识和专业技能，能够亲自处理各种风险事故。因此，直线制体育风险管理组织适用于规模较小的体育企业、培训机构和小型体育赛事运营公司；对于大型集团化的体育企业，因公司涉及的业务范围和生产技术的差异性较大，直线式的风险管理组织在这些复杂的大型企业中并不适宜。

（2）矩阵制体育风险管理组织是既有根据按职能划分的垂直层级体系，又有按活动项目划分的横向层级关系的结构。它改进了直线制的横向联系差、缺乏弹性的缺点，非常适合大型体育赛事项目之间的横向协作。其优点：机动、灵活，可随赛事项目的策划与结束而解构或解散风险管理组织；这种风险管理组织制的结构多是依据赛事项目而设，任务清楚，目的明确，组织内部的人员具备相应技术专长，在新的风险管理小组里能较好地沟通、融合，人员之间具有较高的信任感、荣誉感；这种组织架构还加强了不同部门之间的配合和信息交流，克服了直线制中各部门互相脱节的现象。其缺点：项目负责人的责权不对等，一般是责任大于权力。项目负责人的管理难度大，特别是大型赛事风险管理组织的人员，本身赛事组委会就是由各部门抽调出来临时成立的组织机构，赛事结束，组委会也就随之解散。因此，矩阵制的风险管理组织会因人事管理权限的双重特点而带有先天缺陷。然而，无论是大型体育赛事运营管理还是大型体育用品制造业企业管理，由于涉及项目较多，矩阵制体育风险管理组织既有直线制的垂直领导，又具备职能制的横向指挥和协调，使用较多，具有较强的适应性。

体育风险管理是一门实用型理论学科，是在实践中管理好、组织好相应的风险管理资源的一门艺术。一方面，它为体育企业、俱乐部、赛事运营等体育类的生产活动提供了科学合理的管理方法，为风险管理的科学决策提供了方法和技术手段；另一方面，由于体育作为新的产业分支部门，或者是作为大的业态门类，尚处于发展的初级阶段，是一个新的行业。因此，体育风险管理在科学管理、科学决策、合理选择实施举措方面还有许多不足，需要风险管理人员不断在实践中总结经验和方法，让体育风险管理学科日臻完善。

2. 风险识别

风险识别就是选取适当的风险识别方法来认识风险管理的对象。按照一定原则识别可能诱发风险事故的若干风险因素，是风险管理的起点。风险管理水平的高低在很大程度上取决于风险识别。体育风险识别的具体内容和方法详见第二章。

3. 风险评价与评估

在识别出可能诱发风险事故的若干因素之后，需要进一步对各因素导致的风险进行评价和评估，即通过估算风险事故可能发生的期望损失大小，进而衡量这一损失与风险管理总体目标的差距；并依据风险属性将其定级，以不同的风险级别区分风险的大小及其对风险管理目标的影响。这里需要强调的是衡量事故造成的损失有两种情况：一种是不采取任何风险管理举措的情况下事故所发生的损失，被称为最大可能损失；另一种是采取风险管理举措后，发生在既定风险管理条件下的最不利事故损失，被称为最大可信损失。通常前者要大于后者。需要强调的是对损失程度和损失频率的估计，在估计损失程度时，一般用货币资金衡量，但在衡量时精神损失和社会效益损失都不包括在内。对于损失频率的估计，一般是指在一定时间内最直观的风险事件发生的次数。但评估衡量时是估计风险因素导致事故发生的概率，而不是事故发生的频率。风险估计与评估的具体内容详见第三章。

4. 拟订风险处置方案

在明确了风险标的项目所有可能存在的风险，并在估计风险损失发生概率和损失程度大小之后，进而评价对风险标的的影响程度，最后拟订风险应对策略的处理方案。处理风险的方法主要有 3 类：风险规避、风险自留和风险转嫁。根据风险标的的实际，对每类风险选择合适的处置方法，具体处置措施是不同的，拟订的风险处置方案也是不同的。

（二）风险管理计划的实施

一般而言，风险管理的目标计划制订完毕后，接下来就需要组织机构积极执行计划，通过落实计划达到风险管理的目标。例如，某体育馆建设工程项目中，风险管理人员已识别出项目选址存在问题，地面存在一定程度的沉降，打桩施工对地基的冲击力有可能损害附近的居民住宅，可能造成事故损失。现在考虑通过投保第三者责任险将风险转嫁，但是没有及时办理保险，结果事故发生了，造成的损失只能由业主自己或工程施工方承担。这就说明计划不执行、不落地就是空话，需要有风险管理组织人员来督促执行计划。

在风险管理计划的落实过程中，管理人员应做好指导、监督、检查和信息反馈或决策等工作。对于现代风险管理来说，风险管理是全员参加的生命周期内全过程的、动态监控的复杂管理系统，某一个细微的环节出现问题都可能导致风险事故的发生。因此，只有全员参与风险的防范和处置，才能更有效地降低风险。风险管理计划实施过程中的指导和组织协调是非常重要的。风险管理组织人员应向所有风险事件相关人员详细讲述风险管理计划的具体内容，要求每位风险事件相关的工作人员明确自己在风险防控中的职责和应急操作预案。同时，在实施风险管理计划的过程中，风险管理人员应对风险计划落实的具体情况进行跟踪管理，做好有效督查，并根据风险事件发展的实际做到动态调整计划，既要保证风险计划实施的操作性，又要保持风险计划的全面性和动态性特点。如果发现风险计划存在不足，就需要及时调整计划。

（三）风险管理计划的调整

动态管理的理念要求风险管理人员根据风险环境的变化不断地调整风险管理策略。若出现风险管理计划不适应实际风险管理要求的情况，应调整计划。在调整计划时，一般采取局部修补的方式，需要注意调整的部分与其他未调整部分的协调关系。

对于调整风险管理计划，主要有以下几个环节：一是人员和组织调整，这种在风险管理计划实施过程中一般较少发生，通常是在计划实施时发现前期的风险管理组织设计和人员配备不合理，不能进行有效的风险防控；二是因为风险事件发生的实际环境有了变化，原先的组织设计和人员配备不能较好地适应新的风险环境，所以需要对风险组织和管理人员做出调整或重新安排。第二种调整是对风险管理计划内容的调整，是常见的一种调整，也体现了风险管理计划所具有的动态性特点。一般在风险计划实施过程中，发现新的风险因素，可能诱发新的风险，此时需要对这一类新型风险因素诱发事故概率的大小和事故损失大小重新评估，并依据评估结果对风险管理计划做出调整。

附样：风险管理计划书样件目录

一、项目概况

（一）概述

1. 项目背景
2. 风险管理目标

（二）风险管理的范围、目的和意义

（三）风险管理组织

1. 风险管理对象及风险管理人员
2. 责任
3. 权力

（四）风险管理的内容说明

1. 进度管理
2. 主要时间节点和检查
3. 经费预算

二、风险识别

1. 感知风险
2. 风险分析（风险源、风险性质、风险分类等）

三、风险分析与评价

（一）风险分析

1. 风险概率估计
2. 风险损失估算
3. 风险分析标准

4．分析误差的可能来源、大小

（二）风险评价

1．风险评价方法

2．风险评价方法的假设前提和局限性

3．风险评价标准

4．风险评价结果

四、风险决策

1．根据风险评价结果提出建议

2．可行的风险防范与处理方法

3．风险管理成本收益分析、方案选择

4．风险管理实施的监督

5．风险管理绩效评价

（1）绩效评价指标和方法。

（2）绩效评价结果标准。

思 考 题

1．风险的定义是什么？你是如何理解风险的生成机理的？
2．风险因素、风险事故和风险损失三者的关系是怎样的？
3．风险的属性是什么？风险的类型有哪些？
4．试述风险管理的过程及各环节之间的相互关系。
5．风险管理的原则是什么？
6．风险管理的成本包括哪些？
7．风险管理的流程是怎样的？

第二章 风险识别

> 【学习要点】 掌握风险识别的含义。
> 理解风险识别的流程。
> 熟悉风险识别的特点与原则。
> 掌握专家调查方法的应用。
> 熟悉工作-风险分解法的过程。
> 掌握情景分析法的应用。
> 熟悉安全检查表法的应用。
> 掌握事件树分析法的应用。
> 理解财务报表分析法的应用。

在生产经营过程中,风险无处不在,随时可能发生。大多数企业所面临的风险类型是存在差异性的。因此,在进行风险管理的相关决策之前,风险识别是风险管理的第一步,即在风险事故发生之前,就需要运用系统、科学的识别方法,识别从事的项目可能面临的风险损失有哪些,诱发风险事故发生的因素有哪些。

本章介绍风险识别的基本内容,重点阐述专家调查法、工作-风险分解法、情景分析法、安全检查表法、事故树分析法等风险识别方法,为分析和识别风险因素提供理论方法工具。

第一节 风险识别概述

一般认为,识别风险事故发生的因素是风险管理的首要环节。风险识别阶段建立风险因素数据库,把各类分析因素进行归类,为后期的风险评价和管控奠定基础。

一、风险识别的含义

风险识别是风险管理的首要环节,是在风险事故发生之前,感知各种风险事故,分析导致事故发生的潜在原因,运用风险识别方法,查找可能导致事故发生的风险源,并建立相应的风险因素数据库的过程。

二、事故的含义及特征

事故是指经济活动主体在达到某种目标、实现某种意图而进行实践活动的过程中,因不确定性因素干扰,突然发生与经济主体的主观意愿相反的事件,迫使实践活动暂时或永久停止,具有突然性、非主观性的特征。

三、风险因素的含义及分类

风险因素又称风险源,是指可能导致事故的潜在因素。现实中各种社会生产活动都不可避免地存在一些可能诱发事故的不安全因素,这类因素就是风险源。根据风险因素在事故本身的发展中所起的作用可以分为客观风险因素和主观风险因素两类。

(一)客观风险因素

1. 自然因素

自然因素是最基本的风险因素,也是不可避免的风险因素。例如,台风带来的灾害性天气对农业生产造成的不利影响;大陆板块飘移形成的地震带造成地震风险影响。2020年新型冠状病毒引发的疫情,致使原计划在日本东京举办的第 32 届夏季奥运会延迟到 2021 年举办。同样,疫情还使得国内各种体育赛事停办或延办。

2. 人为因素

人为因素是较为复杂的风险因素,由于涉及人的行为,就与社会经济、人际关系、道德素养密切相关。趋利避害是人的天性,人们会根据当前的社会、政策、经济、法律、工作等环境,判断利害,进而采取相应的应对策略,从而带来与预期结果不一致的不确定性,风险就会发生。

(1)社会环境因素。对于风险因素而言,社会环境是一个宽泛的概念,这里主要是指对人们人生观、世界观、价值观产生影响和导向作用的社会道德、法律规范、管理制度体系等,能够对人的行为方式产生深远的影响。当社会价值取向、社会道德规范发生偏移,致使人们对正常的社会互助行为产生怀疑,必然使人没有安全感,为了自我保护,就会放弃善举行为。典型案例就是"彭宇案"曾经造成了"扶不起"这一社会现象。

(2)政策环境因素。政策环境一般是领导人更替、国际经济环境变化、金融市场等各种因素的变化导致政府出台的相关政策的改变,必然会影响到相关产业的发展,从而对企业的项目产生影响。例如,我国的国办发〔2004〕1 号文的出台,使得高尔夫运动项目用地的审批停止;国发〔2014〕46 号文的出台,取消商业性赛事审批制度,使得马拉松等商业性赛事飞速发展。

(3)经济环境因素。论及经济因素,必然与国际环境相关联。我国改革开放 40 多年取得了举世瞩目的伟大成就,对每一位个体或者社会经济主体产生的深远影响,超过了以往任何一个时代。在经济全球化的背景下,美国主导着逆全球化,贸易战、关税壁垒等国际贸易的不确定性因素,必然会对我国企业的生存和发展产生影响。例如,美国制裁华为、中兴等多家中国企业。

(4)法律环境因素。我国是世界第二大经济体,随着我国社会经济结构的转轨,《体育强国建设纲要》作为我国未来体育发展纲领性文件,明确提出了 3 个阶段的发展目标。到 2020 年,建立与全面建成小康社会相适应的体育发展新机制;到 2035 年,形成政府主导有力、社会规范有序、市场充满活力、人民积极参与、社会组织健康发展、公共服务完善、与基本实现现代化相适应的体育发展新格局,体育治理体系和治理能力实现现代化;到 2050 年,全面建成社会主义现代化体育强国,体育成为中华民族伟大复兴的一个标志性事业。2022 年《中华人民共和国体育法》修订，赋予体教融合法律地位，明确将体育产业发展写入体育法。

（5）工作环境因素。当然，人为因素除了前面所说的社会环境、政策环境、经济环境等宏观环境，还有人们日常工作的微观环境，主要是工作环境。例如，不安全的工作环境使工伤事故发生的概率大大提升。

（二）主观风险因素

主观风险因素是指人的主观意识导致的风险因素。在识别风险因素的过程中，当风险识别者、风险管理人的主观判断与实际结果之间出现差别时，来自人的主观判断而导致的风险因素就出现了。一般包括随机不确定性和模糊不确定性。

（1）随机不确定性是一种客观存在，是在统计学意义上的一种不确定性，是一种偶然形式，是由大量的经历或者试验所揭示的一种性质；即某一事件集合中，各种事件可能出现的概率是可知可测的，但实际表现出的结果是哪一事件则具有不确定性。

（2）模糊不确定性可以理解为结果具有多元性特点，而且随着结果的变化，事件发生的概率也具有不确定性，而且这种不确定性是由于对系统的动态发展机制缺乏深刻的认识而形成的。例如，股市的不确定性所带来的风险。

通常查找风险源时，首先采用分解法把风险对象事件分成若干子项，对逐个子项进行分析和识别，查找可能导致风险事故的各种因素；其次，了解风险管理对象的风险生成机理，为风险管理对象的风险识别提供思路。在查找出风险源后，找出风险因素向风险事故转化的条件是非常重要的。弄清楚转化条件，在转化的过程中加以干预，控制风险的转化，降低风险事故发生的概率和损失程度，这是进行风险管理尤其是工程风险管理工作的主旨所在。

四、风险识别的依据

风险是由于事物在发展过程中不确定性因素的出现，导致实际结果与预期之间的损失偏差。一般而言，无论是经济主体还是微观个体，在人们正常的主观意识中，都不愿意看到损失发生，趋利避害的天性使人们内心存在这种不愿意结果与预期之间的损失偏差发生的主观愿望。因此，基于这样的观点，风险识别可以以控制风险损失作为出发点，通过逻辑推理、经验判断和借鉴学习来进行。

通常人们对正常的生产活动会做出预估或预测，这种前期的预期信息会作为与后期实际结果比较的参照标准，从而判断预期和实际结果之间的偏差。因此，识别风险需要这样的预期信息，并以此作为风险识别的依据之一。既然风险是实际结果和预期之间出现的偏差，在风险识别过程中，通过假设推理的事件结果就成为判断偏差大小的一个重要参照。因此，掌握事件发生的过程和结果是风险识别的一个重要依据。例如，本章第四节中讲解的各种风险识别方法，实际就是在预设条件下，依据安全生产活动的工作流程，将目标事件逐一分解，把需要完成的目标事件涉及的过程按照操作流程或时间进程进行分解，并对最终结果和预期进行比较，从而判断风险的大小，确定排查和监控的重点。"以铜为鉴，可以正衣冠；以人为鉴，可以明得失；以史为鉴，可以知兴替。"我们知道，人类的很多生产活动具有高度相似性，因此，风险识别的另一个重要依据就是同类事件出现风险损失的历史资料。历史资料不仅仅是对某一事件的记载和总结，更是为后来者提供了丰富的可借鉴的历史经验，是生产管理中不可或缺的，也为识别风险因素提供了部分线索和识别思路。

五、风险识别的内容

在界定风险识别的内涵和给出识别的依据之后，需要进一步探究其具体内容，这是做好风险识别工作的重要基础。从识别的依据出发，风险识别的内容就是在预设条件下，由风险管理人员来感知风险和分析风险。

（一）感知风险

感知是感觉过程和知觉过程的简称，这个过程不仅受到个体生理状态和心理状态的影响，也受到外部环境的影响。因此，作为风险识别的重要内容之一，感知风险即风险识别人员运用自己掌握的信息和自身的感官系统，在学习、调查、分析的基础上去感受哪些风险可能会出现。例如，风险管理人员通过调查，结合自身所掌握的知识体系和相关信息，了解到一场大型体育赛事运营所面临的资金风险、责任风险、场馆风险、竞赛风险、人身风险和城市运营协同风险。资金风险又包括资金不足、财产损失、物资风险及设备设施损失等。在责任风险中，产生风险可能的原因有赞助爽约、物资质量不达标、第三方违约等。

（二）分析风险

分析风险即在感知风险的基础上分析各种已知风险，了解并掌握已知风险产生的原因、诱发事故的条件、风险自身所具有的性质，并将其归类的过程。例如，分析造成运输公司财产损失、责任负担和人身伤害等风险的原因和条件是什么，这些风险具有什么样的性质和特点。再如，引起存货仓库火灾的风险因素很多，如电、化学反应、自燃、邻近建筑物的火灾蔓延等；而引起水损的风险因素有洪水、暴雨、水管或其他设备破裂等。以人为例，可能面临的风险有死亡、疾病意外伤害、财产损失、责任等，而导致死亡的风险事故有自然灾害、意外事故、疾病等。

（三）感知风险和分析风险的关系

感知风险和分析风险构成风险识别的基本内容，且两者相辅相成、互相联系。这种联系表现在：只有感知风险的存在，才能进一步有意识、有目的地分析风险，掌握风险存在导致风险事故发生的原因和条件。同时，了解风险的存在后，也必须进一步明确风险存在的条件及导致风险事故发生的原因。因为风险管理的根本目的在于对客观存在的风险采取行之有效的应对措施，消除不利因素，克服不利影响，减少风险带来的损害。

因此，感知风险与分析风险是风险识别的两个阶段。感知风险是风险识别的基础，分析风险是风险识别的关键。只有通过感知风险，才能进一步分析风险。只有通过风险分析，才能寻找到可能导致风险事故发生的各种因素，为拟订风险处理方案和进行风险决策服务。

> **知识拓展**
>
> **分析奥运会的风险**
>
> 奥运会的收入主要来自门票销售、电视转播权、商业赞助和特许商品销售。识别其中的风险一直是一个重要的课题。思考：奥运会的风险有哪些？
>
> 分析：人员风险——运动员、裁判员、观众、嘉宾的人身伤害；技术类风险——设施设备、运动器材；场馆风险——赛程交叉、场馆不达标；财务风险——资金短缺、融资不畅；市场风险——违约风险、利率风险、汇率风险；自然风险——恶劣天气、地震；社会风险——政治风险等。

第二节 风险识别的特点与原则

风险识别是在风险事故发生之前，依据预估预测、逻辑推理、历史经验等感知各种风险事故，进而分析导致事故发生的潜在原因。为了更好地分析和识别风险，需要了解风险识别的特点并遵循风险识别的原则。

一、风险识别的特点

（一）系统性和动态性

风险识别的系统性是把事件的风险管理视为一个层次性、时序性、程序性的整体，并根据风险管理事件的层次性、时序性、程序性在各个维度、各个层级对相应时序和操作流程的逻辑关系进行感知风险和分析风险。在风险识别的过程中，不能选择性地识别风险，不能局限于某个维度、某个层级的某个具体风险，而是需要把风险事件主体作为一个完整的系统，掌握这个系统中可能存在的全部风险。同时，风险事件随着时间的推移，事件总是处于变化和发展之中，因此，诱发风险事故发展的因素和环境条件会随着事件变化而变化，此时新的风险就会出现，这就需要风险管理人员根据事件的变化和发展动态跟踪，不断进行风险识别。这就是风险识别的动态性特点。正因为风险识别具有动态性特点，风险管理的难度加大，通常需要设计管理制度与之相适应、相匹配。

（二）复杂性

众所周知，风险因素需要识别的内在原因是风险具有隐蔽性，风险管理人员识别这些隐蔽的风险需要有较高的风险管理专业素养，具备风险意识、风险知识，有风险感知力和洞察力，这样才能保证风险管理人员在风险识别过程中识别出风险管理事件系统中隐蔽的风险和动态变化的风险。这就给风险识别带来了难度，使得风险识别具有较高的复杂性。

在实践中，一个具有较强的风险感知能力和风险意识且系统掌握了风险管理知识的风险管理人员会具有较强的风险识别能力，相比较而言，他更容易察觉到风险的存在。相反，如果专业知识相对欠缺且风险意识淡薄，就可能使风险识别出现疏漏，依此而制订的风险管理方案就存在一定隐患。

（三）重要性

风险管理的流程分为风险识别、风险估计、风险评价、风险决策和风险监控等几个阶段。显然，风险识别成功与否直接影响和决定了风险管理的水平和质量。从风险识别的两大内容来看，感知客观存在的风险、分析风险产生的原因和性质，其目的不是为了感知而感知，不是为了分析而分析，而是为了选择科学、合理、有效的管控方法。因此，风险识别既是风险管理的起点又是风险管理的基础。一旦感知风险和分析风险出现偏差，就会导致后期在选择风险管理的举措方面出现偏差甚至错误，导致风险管理功亏一篑。

二、风险识别的原则

从经济学视角来看，风险管理的目的实际是以支付较低的风险管理成本，以期达到最大限度地降低风险发生概率和损失的动态过程。风险识别是实现这一管理目标的基础，在分析风险识别的特点时，我们了解到风险识别具有系统性、动态性、复杂性、重要性的特点。因此，要有效识别风险，就必须遵循完整性原则、系统性原则和重要性原则。

（一）完整性原则

风险识别的完整性原则是对风险目标事件全面完整地进行风险因素分析，一般依据目标事件的发展时间序列或事件涉及的具体业务模块进行分析和识别风险因素。风险识别的完整性事关风险管理计划制订的规范性和科学性，是风险防控成功的第一步。为了保证风险识别的完整性，可以采用多种风险识别方法，从多个角度进行分析和识别。风险识别的方法很多，各种方法之间具有相互补充的作用，可以根据活动的具体情况选取其中的几种配合使用，多角度的风险识别可以避免遗漏风险。

风险识别可以选取的角度包括时间角度和空间角度等。风险识别的时间角度是指按照活动各个阶段的风险环境、工作特点等因素进行风险的识别。从时间角度来看，风险识别主要分为两个阶段：第一阶段是活动准备中的风险识别；第二阶段是活动进行中的风险识别。风险识别的空间角度是指从不同的活动结果、不同的工作内容识别风险。不同的活动结果的风险环境是有所区别的，可以通过把工作目标分解、工作内容分解的途径获得活动的分解结构，针对分解结构的各个工作单元逐个进行风险识别，以确保识别结果的全面性。

（二）系统性原则

风险识别的系统性原则就是要求在风险识别阶段，应从风险事件全局角度出发，考虑事件发展的时序特点和工作流程的程序特点，实现多维度、多层次的系统性风险识别。系统性主要表现为按照活动的内在流程、顺序、内在结构关系识别风险。

（三）重要性原则

风险识别的重要性原则是指风险识别应有所侧重。侧重点应放在两个方面：一是风险属性，着力把一些重要的风险即期望风险损失较大的风险识别出来，对于影响较小的风险可以忽略，不必花费太多的时间和人力物力进行风险分析，这样有利于节约成本，保证风险识别的效率；二是风险载体，那些对整个活动目标都有重要影响的工作结构单元，必然是风险识别的重点。对民用房屋建筑结构来说，基础工程和主体工程是全部工程中的重要结构，若这些部分出现风险问题，将对整个项目造成很大影响，因此是风险识别的重要管理对象。

❋ 知识拓展

事故致因——能量意外释放

事故的发生有其自身的规律和特点，了解事故的发生、发展和形成过程对于辨识、评价和控制风险源具有重要意义。只有掌握事故发生的规律，才能保证生产系统处于安全状态。事故致因理论是帮助人们认识事故整个过程的重要理论依据。

1961年吉布森（Gibson）提出：事故是一种不正常的或不希望的能量释放，意外释放的各种形式的能量是构成伤害的直接原因。因此，应该通过控制能量或控制能量载体（能量达及人体的媒介）来预防伤害事故。在吉布森的研究基础上，1966年美国运输部安全局局长哈登完善了能量意外释放理论，提出"人受伤害的原因只能是某种能量的转移"，并提出了能量逆流于人体造成伤害的分类方法，将伤害分为两类：第一类伤害是由施加了超过局部或全身性损伤阈值的能量引起的；第二类伤害是由影响了局部或全身性能量交换引起的，主要指中毒窒息和冻伤。

能量在生产过程中是不可缺少的，人类利用能量做功以实现生产目的。人类为了利用能量做功，必须控制能量。在正常生产过程中，能量受到种种约束和限制，按照人们的意志流动转换和做功。如果由于某种原因，能量失去了控制，超越了人们设置的约束或限制而意外地逸出或释放，就会造成事故。如果失去控制的、意外释放的能量达及人体，并且能量的作用超过了人们的承受能力，人体就会受到伤害。

根据能量意外释放理论，发生伤害事故的原因是：①接触了超过机体组织（或结构）抵抗力的某种形式的过量的能量；②有机体与周围环境的正常能量交换受到了干扰（如窒息、淹溺等）。

因而，各种形式的能量是构成伤害的直接原因。同时，常常通过控制能源或控制达及人体媒介的能量载体来预防伤害事故。机械能（动能和势能统称为机械能）、电能、热能、化学能、电离及非电离辐射、声能和生物能等形式的能量，都可能导致人员伤害，其中前4种形式的能量引起的伤害最为常见。意外释放的机械能是造成工业伤害事故的主要能量形式。处于高处的人员或物体具有较高的势能，当人员具有的势能意外释放时，将发生坠落或跌落事故；当物体具有的势能意外释放时，将发生物体打击等事故。除了势能，动能是另一种形式的机械能。各种运输车辆和各种机械设备的运动部分都具有较大的动能，工作人员一旦与之接触，将发生车辆伤害或机械伤害事故。现代化工业生产中广泛利用电能，当人们意外地接近或接触带电体时，可能发生触电事故而受到伤害。工业生产中广泛利用热能，生产中利用的电能、机械能或化学能可以转变为热能，可燃物燃烧时释放出大量的热能，人体在热能的作用下，可能遭受烧灼或发生烫伤。有毒有害的化学物质可能导致人员中毒，这是化学能引起的典型伤害事故。

（资料来源：佚名. 能量意外释放理论[EB/OL]. （2014-01-22）[2024-01-02].
http://blog.sina.com.cn/s/blog_5388e2830101h16g.html.）

第三节 风险识别的流程和关键问题

风险识别是整个风险管理过程中的一个重要环节，同时也是需要花费一定人力物力的过程，而且是风险管理需要尽快完成的一项工作，否则就会延误其他环节的工作。为了能够顺利进行风险识别工作，我们可以借鉴项目管理的思想对风险识别活动进行管理，以保证风险识别活动的效益和效率。

一、风险识别的流程

风险识别的流程如下。

第一步，了解并掌握企业风险管理的目标计划。企业风险管理目标计划是风险识别工作开展的总体依据，该计划包括企业背景、风险管理目标、风险标准、决策标准及对风险识别的总体要求等。

第二步，确定风险识别的对象和范围。风险识别的对象和范围包括确定必须开展风险识别的企业生产或业务活动的过程、计划、目标、具体的风险标准等，以获得风险识别对象的信息。

第三步，制订风险识别计划。风险识别计划包括识别方法的选择，在此基础上确定识别人员能力需求、识别工作时间、识别深度、识别费用、识别成果形式等。

第四步，准备识别工具。根据所选的具体识别方法，准备相应的识别工具，如风险识别对象的结构分解、风险因素调查、情景分析、风险的历史资料、风险登记表等。

第五步，开展调查。开展调查即通过调查进行风险因素、相应风险事件和可能结果的描述及分类。

第六步，提交识别成果。

二、风险识别中的关键问题

（一）风险识别方法的选择

风险管理是管理学学科领域的一门学科分支，发展已相对成熟。作为一门应用型学科，经过长期的实践和发展，风险识别的方法和措施也很多，这些方法和措施的主要任务就是定性分析和判断是否存在一定风险，并初步判断风险的属性是什么。我们常用的风险识别方法一般属于定性分析方法，但是各种风险识别的定性分析方法之间，其分析和识别的角度、路线及侧重点等是不一样的。因此，在进行风险识别时，我们应该根据具体风险对象所处的风险环境因素、风险特点和可用的风险管理资源等，选择合适的风险识别方法。例如，对新开一家健身俱乐部的项目进行风险分析，由于项目还没开始，健身俱乐部的运营环境是可变的，选择不同的区域，面临的经营环境是不一样的，而且项目尚处于分析论证阶段，具体经营可能遇到的很多风险并未出现。因此，我们可以选择文献资料法、专家调查法等进行风险识别。

（二）风险识别路线的选择

风险识别是一件复杂细致的工作，同样的风险事件由同一组人员进行识别，由于选择识别的方法不同、识别路径不同，最后的识别结果也可能不同。风险识别的路线有很多条，按照生产流程进行风险识别，以每个工序作为风险识别单位进行风险识别；按照风险性质进行风险识别，预测风险源和风险事件及其转化的条件，以相对独立的子部分为识别单位，识别其动态风险管理过程存在的风险等。

（三）风险系统的预测和以往资料的利用

通常在风险识别时，风险事件尚未发生或仅有发生的迹象，风险系统尚未完全形成，风险管理人员必须事先预测这些风险，制订风险管理计划。因此风险管理人员必须通过适当的途径，预测风险系统，查找风险源，判断风险属性。风险系统的预测可以借助以往的类似资料，预测或模拟目标的风险系统。不但可以借鉴其他部门或本部门以前的风险管理经验，而且可以通过调研或访谈专家的意见预测目标工程的风险系统。

> **知识拓展**
>
> **高校后勤服务社会化的风险识别**
>
> 一家学校的负责人考虑将学校食堂服务采取服务外包的形式承包给服务商，就是由私人企业接管现有的饮食服务，承担学校学生餐饮服务的责任。在评价这一建议时，学校领导班子成员集体考虑了采取餐饮外包的几个主要风险因素。
> （1）承包商的财务状况不稳定。
> （2）承包商为学生提供餐饮的品质会下降，食品卫生标准能否达标不确定。
> （3）学校难以控制绩效，食堂工作人员不一定肯接纳指导意见。
> （4）食品卫生情况与学生生病和感染疾病之间是否会有关联性。
> （5）家长会对餐饮外包表示质疑和不满。

第四节　风险识别的方法

借助有效的识别方法，进行系统、全面、科学的风险识别和风险归类，对可能发生的风险事件的诱发因素和损失结果进行定性分析，可以有效地为下一步风险评价和风险管理决策奠定基础。在经过风险管理人员的长期实践和学者们的研究总结后，风险识别常见方法有如下几类：专家调查法、工作-风险分解法、情景分析法、安全检查表法、事故树分析法、事件树分析法、鱼刺图法、财务报表分析法8种方法。

一、专家调查法

专家调查法又称专家咨询法、专家意见法、专家分析法，是常见的调查方法之一，调查只限于专家这一层次，主要是通过咨询和调查业内专家或者权威人士的意见，依靠专家的知识和经验，由专家通过调查研究对问题做出判断、评估和预测的一种方法。专家调查法有德尔菲法和头脑风暴法两类。

专家调查法的实施步骤：首先围绕风险管理事件，通过咨询权威人士和业内专家意见，确定影响风险事件的各类风险因素，并制成风险因素调查表；其次由专家和相关工作人员对各种风险因素在风险管理事件主体中出现的可能性，以及风险因素出现后对事故损失程度和后期的影响程度进行定性分析；最后统计整理调查表的结果并对数据进行量化分析处理，从而获知风险事件主体中各类诱发事故的风险因素的概率分布和损失结果。

（一）德尔菲法

1. 德尔菲法简介

德尔菲（Delphi）也译为德尔斐，传说中的 Delphi 是古希腊阿波罗神殿所在地。阿波罗是古希腊神话中的预言之神，是消灾解难之神，是光明、音乐和医药之神，是人类文明的保护神。1946 年，素有美国政府智库之称的兰德（Land）公司在专家个人判断和专家会议方法的基础上发展了一种直观预测方法，将其命名为德尔菲法。

德尔菲法本质上是一种反馈式匿名问卷调查法。大致流程是对所需预测的问题通过设计问卷或调查函向专家们征得意见，并对各位专家的首轮意见进行统计整理和归纳，并将首轮总结的专家意见再进行第二轮的匿名反馈给各专家，再次征求各位专家的意见，再统计整理和归纳，再匿名反馈。如此经过 3～4 轮操作，专家们的意见会逐渐收敛并趋于一致。这种方法较为广泛地使用在客观资料或者统计数据缺乏的情况下。

2. 德尔菲法用于风险识别的实施步骤

德尔菲法用于风险识别的实施步骤如下。

第一步，确定需要风险识别的项目和内容，拟订调查提纲和调查表，准备好向专家提供所需调查的相关资料及其他准备工作（如目的、期限、填写方法等）。

第二步，选择专家，确定专家组成员。按照风险识别所需的知识范围，在行业内选择这一领域从事研究的专家和权威人士，人数一般控制在 20 人以内。

第三步，向专家发送调查表和相关背景资料，并提出风险识别的具体要求，同时征询专家意见，满足专家需要提供的相关其他材料。

第四步，每位专家根据自己的经验和专业知识，结合材料提出自己的风险识别结果，并对风险识别的结果做简要说明。

第五步，将所有专家第一次风险识别的结果和说明进行汇总统计，并将统计结果再一次发送给专家，请各位专家比较出现不同结果的说明，调整自己的判断。

第六步，将所有专家第二次修正后的风险识别结果和说明进行汇总统计，并将统计结果再一次发送给专家，请专家做第二次修正。

第七步，如此经过 3～4 轮的往返重复征询，直到每一个专家不再改变自己的意见为止，最后对专家们的风险识别结果进行综合处理。

（注意：在向专家进行风险识别结果和说明的反馈时，只给出各种结果和说明，不透露专家姓名。）

3. 德尔菲法用于风险识别的优缺点

德尔菲法用于风险识别的优点：一是专家独立给出风险识别结果，不受权威专家左右和同行影响。每位专家都会充分发挥自己风险因素鉴别的洞察力，识别的结果准确性高。二是德尔菲法具有匿名性的特点，每位专家在感知和识别风险过程中，能够把更多的风险点充分展现出来，风险因素识别的结果会显得更加全面。德尔菲法用于风险识别的缺点：执行周期长，过程比较复杂，耗费时间较长，风险识别的成本会偏高。

（二）头脑风暴法

1. 头脑风暴法简介

相对于德尔菲法，同样是专家调查法的头脑风暴法（Brain Storming）就比较简单，一般采用气氛融洽、不受限制的小组会议的形式进行。通常由五六个人进行座谈和讨论，畅所欲言，积极思考，打破常规，激发每一位参会专家的创造性思维，尽可能多地提出可能发生的风险事故、风险点和风险诱发因素。

头脑风暴法最初是由美国 BBDO 广告公司的奥斯本（Osborn）在 1939 年提出、1953 年正式发表的，是一种常用的思维激发方法。这一方法经过各个国家的实践与发展，形成了如奥斯本智力激励法、卡片智力激励法、默写式智力激励法。我国在改革开放初期引入头脑风暴法，该方法操作简单易行，见效快，已经被应用于各个领域。

头脑风暴法属于一种群体决策方法，集中 5~6 位专家召开风险识别会议，主持者向所有参会专家阐明风险管理事件主体的背景资料和相关问题，说明本次风险识别会议的规则和目的，并且创造出融洽轻松的会议讨论气氛。主持专家会议的主持人一般自己不发表意见，但要求在会议开始时的发言能激起专家们的思维灵感，促使专家们感到急需回答会议提出的问题，通过专家之间的信息交流和相互启发，引导专家们产生思维共振，以达到互相补充并产生组合效应获取更多的信息，使预测和识别的结果更准确。

2. 头脑风暴法用于风险识别的实施步骤

头脑风暴法用于风险识别的实施步骤如下。

第一步，选择风险识别参会人员。参会人员主要是风险分析专家、风险管理专家和相关专业领域的专家，主持人应该具有较强的逻辑思维能力、归纳能力和综合能力。

第二步，明确风险识别的事件。由会议主持人介绍会议的主题，让参会人员了解风险识别的主体事件。

第三步，参会人员轮流发言并记录。无条件接纳任何意见，不加以评论。主持人应尽量原话记录每条意见，并可以将其展示出来。

第四步，发言过程可以循环进行。通过函询收集专家意见，然后加以综合整理。如果专家们的意见不收敛、不一致，就反复函询、收集、整理他们的意见，逐步使他们的意见趋向一致。

第五步，组员在轮流发言停止后，共同评价每条意见。最后由主持人总结出几条重要结论。

3. 头脑风暴法用于风险识别的评价

头脑风暴法对风险识别的事件,通过客观、连续的分析,以及参会专家或者业内权威人士的自由激发,在风险因素识别过程中,对需要重点管控的风险因素的确定准确性相对较高。头脑风暴法的时间成本相对较高,对于参会人员的要求较高,需要有较高的专业素质。

专家调查法是常用的定性的风险识别方法。在进行赛事运营、场馆管理风险识别时,组织专家讨论,进行初步识别,在此基础上,再辅助其他如安全检查表等风险识别方法,进行更详细深入的风险识别,客观地得出符合风险状况原貌的风险识别结论,为后续的风险分析奠定基础。

二、工作–风险分解法

(一)工作–风险分解法简介

工作任务风险分解法是人们工作中常用的一种管理方法,它依据目标—任务—工作—行动的思路,对需要达到的识别风险目标进行工作分解,在具体工作中识别风险因素。

工作–风险分解法是将工作分解构成 WBS(Work Breakdown Structure,工作分解结构)图,进而分析风险因素,也对应地形成 RBS(Risk Breakdown Structure,风险分解结构)图,然后以 WBS 图和 RBS 图交叉构成的 WBS-RBS 矩阵进行风险识别的方法。

(二)工作–风险分解法用于风险识别的实施步骤

运用工作–风险分解法进行风险识别主要分为 3 个步骤:第一步,解构工作,把工作分解为若干分支;第二步,解构风险,根据工作分解结构图分析解构相应的风险;第三步,用 WBS-RBS 矩阵判断风险是否存在。

(1)在解构工作形成工作分解树(图 2-1)时,主要根据风险主体与子部分及子部分之间的结构关系和工作流程进行工作分解。

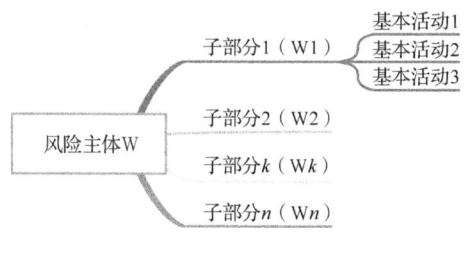

图 2-1 工作分解树

(2)根据工作分解需要进一步解构风险,形成风险分解树(图 2-2)。风险识别的目的是找到诱发风险事故发生的每一个风险因素,风险分解树就是找到风险事故与风险因素之间存在的因果联系。风险分解的第一步是把总风险事件分为内部风险事件和外部风险事件两类,内部风险产生于项目内部,而外部风险源于项目环境因素。风险分解的第二步是将内、外两类风险事件中每一种风险按照一定层级往下细分,每层风险都按照其影响因素构成进行分解,最终分解到基本的风险事件,把各层风险分解组合形成风险分解树。

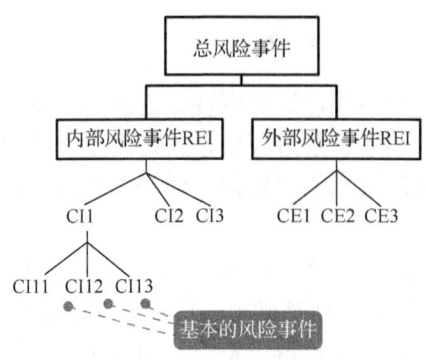

图 2-2 风险分解树

在工作分解与风险分解完成之后,将工作分解树与风险分解树交叉,构建风险识别矩阵。WBS-RBS 矩阵的行向量是工作分解到底层形成的基本工作包,矩阵的列向量是风险分解到底层形成的基本子因素。风险识别过程是按照矩阵元素逐一判断某一工作是否存在该矩阵元素横向所对应的风险。

(三) 工作-风险分解法用于风险识别的优缺点

1. 工作-风险分解法用于风险识别的优点

工作-风险分解法是一种比较实用的方法,它可以帮助风险管理人员设计风险识别路径和选择识别对象。工作-风险分解法可以清晰地表示各风险因素与工作之间的联系和结构,可以用图片形式展现风险管理的全貌,详细说明完成的各项工作的计划工具,能够有效地实施风险管理工作,也可以作为向上级领导或者其他风险管理部门报告风险识别完成情况的汇报工具。

2. 工作-风险分解法用于风险识别的缺点

工作-风险分解法在风险管理实践中也存在一些缺点:一是在实施过程中依赖于工作人员对任务的理解和分解能力,以及对潜在风险的识别能力。因此,不同的工作人员可能会因为经验、知识水平和风险意识等方面的差异,导致对同一任务的风险识别结果存在较大的差异。这种主观性可能会影响风险识别的准确性和全面性。二是将工作任务分解为若干子任务并进行风险识别需要投入大量的人力和时间,增加了风险管理的成本。三是在实际操作中可能因为分解不够细致或分析不够深入而遗漏某些潜在风险。特别是当风险源比较复杂或隐蔽时,这种方法的局限性就更加明显。

(四) 工作-风险分解法用于风险识别的应用案例

(1) 对某大型场馆建设工程进行工作分解。大型场馆建设工程是多个领域交叉的综合性项目,需要识别的风险领域很多,因此,需要根据工作任务进行工作分解,进而有选择地确定工作层次及其需要细化的程度。该大型场馆建设工程是需要满足大量人群集聚的功能,包括了主体建筑、外围辅助建筑、通信、消防、电路网络、通信线路等。将工程建设工作分解为 5 级,其中第一级分解成 4 个子工作包:土建工程、通信工程、消防安全工程和供电工程,如图 2-3 所示。

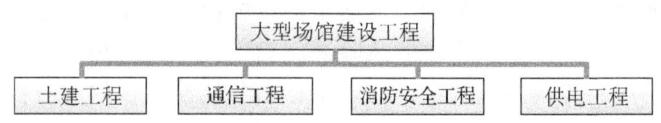

图2-3 某大型场馆建设工程分解图

（2）在分解风险的过程中，必须以某一工作包为对象分解它所潜伏的风险。该工程风险源通常来自4个环节：施工企业的技术水平和资质、施工现场管理、各专业施工的接口衔接和施工图设计。这些风险源又可以进一步细分，通过逐级细分风险，最终形成风险分解树。表2-1不是典型的WBS-RBS风险分解矩阵，但它呈现了线路桥梁工程中可能存在的风险。

表2-1 某大型场馆建设工程中可能存在的风险

作业包	风险状态和风险转化条件的描述
W1	无
⋮	
Wk	风险存在，在工人违反操作规程时，容易出现忘记预留线槽等问题
Wn	无

（3）依据WBS-RBS矩阵进行该工程的风险识别。从该工程工作分解和风险分解的情况来看，工作分解树的底层的工作包比较多，把它们作为矩阵的列比较合适，而风险分解树的底层的风险作为矩阵的行，这样WBS-RBS矩阵就构建出来了。接下来应判断每一矩阵元素的风险状态和风险转化条件，主要通过两种途径获取有关信息：一是通过访谈有关的设计人员、施工现场技术管理人员、施工人员等，听取他们对风险是否存在和风险转化条件的意见，再参考类似项目风险情况的历史资料，综合评判风险状态，分析风险转化的条件；二是填写WBS-RBS矩阵表，这项工作和上步的风险访问与调查同时进行。WBS-RBS矩阵表需依据工作分解形成的列，把所有工作包列示出来，再按照访谈的结果列示风险。被调查者除了要判断风险是否存在，对于存在的风险，还要判断其转化的条件。这里的风险状态分成"有"和"无"两种。若WBS-RBS矩阵元素第i项工作的风险不存在或者其影响很小，则取值为"0"，表示可以忽略；若第i项工作的风险存在，则取值为"1"，表示需要关注。WBS-RBS风险矩阵最终是以"0"或"1"表示的矩阵。经过WBS-RBS矩阵判断，最终该工程的一级工作分解的风险识别矩阵如表2-2所示。

表2-2 某大型场馆建设工程的一级工作分解的风险识别矩阵

工作包	风险							
	R11	R12	R21	R22	R31	R32	R41	R42
W1	1	1	1	1	0	0	1	0
W2	1	1	1	1	1	0	1	0
W3	0	1	0	0	0	1	1	1
W4	1	1	1	1	1	0	0	0

从工作-风险分解法风险识别的原理中可以看出，同其他风险识别方法比较，其优势表现在3个方面：第一，该方法符合风险识别的系统性原则。要按照各项工作在施工工

艺和工程结构上的关系逐级进行分解，形成工作分解树，这样风险源逐级地呈现在工作分解树上，从而不容易漏掉某些重要的风险源。第二，该方法满足风险识别的重要性原则。在工作分解形成决策树的过程中，可以估计出各层次工作的相对权重，这样可以根据各层次工作的权重，判断其重要程度，有所侧重地识别风险。因而工作-风险分解法用于风险识别符合风险识别的重要性原则。第三，与其他风险识别方法相比，工作-风险分解法使得定性分析过程更加细化，更加接近量化分析的模式。WBS-RBS矩阵纵向（或横向）的工作分解树和横向（或纵向）的风险分解树，经过分解把工作和风险的初始状态细化了，在一定程度上规避了其他方法笼统地凭借主观判断识别风险的弊端。迄今为止，工作-风险分解法是既能把握风险主体的全局，又能深入到风险管理的具体细节的风险识别方法。工作-风险分解法虽然是一种定性的风险识别方法，却以定量的思路将工作层层分解细化，使得风险识别变得非常简单，比较容易全面地识别风险。该方法适用于比较复杂的风险识别系统。

三、情景分析法

（一）情景分析法简介

情景分析法是由壳牌公司1971年提出的，是根据事件发展趋势的多样性，通过对风险事件相关问题的系统分析，假设可能出现的多种未来情景，然后用类似于撰写影视剧本的手法，对风险事件发展的情景或场景进行描述的一种方法。

情景分析法是在构造出多种情景的背景下，假定关键因素诱发事故发生，此时可能出现哪些结果，并针对可能的结果采取适当的措施防患于未然。一般而言，情景构造由最终结果、事件过程、驱动因素和事实逻辑4个要素构成。其中，最终结果是指预设情景发展到最终阶段的状态或结果；事件过程是到达最终状态需要经历的过程；驱动因素是推动事件发展的具体因素，如目标、竞争力、文化等；事实逻辑是解释事件发展到最终状态的一种必然。

（二）情景分析法用于风险识别的实施步骤

情景分析法用于风险识别的实施步骤如下。

第一步，情景过程的构建和主要影响因素确定。首先明确情景分析法用于风险识别的任务和目标，包括需要识别的风险主体所涉及的时间、空间、对象、区域、事件等。初步创建情景演化推进团队，确定情景过程的主要影响因素，主要影响因素的变动会改变和影响情景事件的发展趋势和方向。例如，2020年新冠疫情对中国未来10年体育产业发展的影响，显然可以假设主要影响因素有疫情持续的时间、疫苗研发进度、居民收入水平、政府政策导向、居民健身意愿、居民体育竞赛表演业的参与度、国际市场竞争等。

第二步，背景设置和模拟演习。背景设置是通过调查和了解风险主体的特征，分析背景设置需要的专业特点和知识体系，邀请业内资深人士参加并与公司的管理人员进入描述的情景中，面对情景中出现的状况或问题做出应对策略的过程，以帮助情景团队质疑常规的方法和态度。模拟演习是通过逻辑推理来发现各种驱动因素，检验各驱动因素引发的后果，分析后果涉及的利益相关者，并处理由此产生的风险隐患，提出和筛选方案的过程。

第三步，制订策略和建立预警系统。在分析演习模拟的记录信息时，初步制订情景之下的可选策略,确定每个情景中涉及的场景策略和动态的真实性与准确性。在肯定了每个情景中的策略之后,所有风险管理人员要形成一个总体风险管理策略,这也是风险预警决策的重要内容之一。在考虑各类因素驱动产生事件重要性和发生的概率的基础上建立风险预警系统,尽早发现风险隐患。

情景分析法在本质上是采用一种前展和后推的手法,即通过预设构造,依据风险事件的内外部环境向前展望,预先假设出多种不同的情景,然后确定未来可能出现的各种情景与当前所处的环境,倒后推理两者之间须经历哪些关键的事件。采用情景分析法进行风险识别,可以相对有效地把企业未来所面临的错综复杂的战略风险聚焦到有限的几个情景中,继而运用倒推法寻找从现在到未来各种情景路径上的风险因素或风险特征路标,即可对风险做出早期预警。

四、安全检查表法

(一)安全检查表法简介

安全检查表法(Safety Checklist Analysis,SCA)是伴随工业化发展而诞生的产物。在20世纪30年代,由于安全系统工程尚未形成,面对生产中遇到的日益增多的事故,安全工作者开始编制检验安全与否的表格。安全检查表的编制逐步走向理论阶段,使得安全检查表的编制越来越科学、全面和完善。

安全检查表法是依据已有的行业标准、企业规范、操作流程、工作程序等,对需要识别的风险主体中已知的危险类别、潜在危险性和有害性进行判别检查。安全检查表法是系统安全工程的一种基础、简便、广泛应用的系统危险性评价方法,通常用于检查各种规范和标准的执行情况。

(二)安全检查表法用于风险识别的实施步骤

安全检查表法是借鉴系统分析方法,在对风险管理主体进行系统分析的基础上,根据已有的规范、标准、程序、流程等资料,找出所有可能存在的风险因素,然后以问题的形式将上述的风险因素罗列在表中,形成一份规范可用的安全检查表。安全检查表一般依据以下4个步骤产生。

第一步,将风险管理主体看成一个整体系统,并将这一系统分解为若干子系统。

第二步,查阅有关规范、标准、程序、流程等,查阅国内外同类风险主体已有的风险管理经验,查阅国内外同类风险事故案例。

第三步,详细列出引起上述风险事故的若干风险因素,以此作为安全检查表的基本项目,并依次列出问题清单。

第四步,初步拟订风险管理主体系统的危险部位及其防范措施。

一张简单的安全检查表如表2-3所示。

表2-3 安全检查表

序号	检查问题清单	检查结果	备注
1	了解检查目的,设计检查清单		参照说明
2	……		

(三)安全检查表法用于风险识别的优缺点

1. 安全检查表法用于风险识别的优点

安全检查表属于程式化表格,它可以基于系统、科学的原则提前编制完成,并利用已有的标准和经验对可能导致事故的风险因素进行识别,显得相对全面。

风险管理人员可以根据已有的规范、标准、程序、流程执行检查,这样容易做出相对准确的判断和识别。

安全检查表的编制理论与实践经验相结合,检查表内的大量内容都是来源于生产一线实践,按照工作实践的重要顺序排列,有问有答,通俗易懂,能使人们清楚地知道哪些原因事件最重要,能够使人充分理解和认识诱发风险事故因素的重要性。

安全检查表内的模块可与相应生产部门相匹配,表内清单内容简单易学,容易掌握,对于风险事故的管控易于分清责任,责任人根据表内要求可以及时改进并进行检验。

2. 安全检查表法用于风险识别的缺点

安全检查表法属于定性分析方法,只能对已经存在的风险主体进行风险识别的定性判断,不能进行量化分析。

虽然安全检查表的使用简单,但是对于编制安全检查表而言,由于内容既要求有专业水准又要求具有实践经验,因此,编制难度大、工作量大。

在编制安全检查表之前要有事先编制的各类检查表,且有赋分、评级标准。

(四)安全检查表法用于风险识别的应用案例

某轻轨工程项目自 2021 年 6 月开工建设。轨道全长 49 km。工程途经闹市区、居民区、农田等不同的地理环境。全部施工任务包括路基工程,桥涵工程,轨道工程,车站、电力及牵引供电、通信系统,信号系统等 15 类工程。

在路基工程、桥涵工程、轨道工程等工程施工风险管理中,设计了表 2-4 的安全检查表。该安全检查表的检查项目是根据同类或类似工程施工中容易出现事故或可能存在事故隐患的环节设计的。根据该表逐项核对,检查主要的风险源。表 2-4 是比较简略的安全检查表,在使用安全检查表进行风险识别时,可以根据工程的具体情况,进一步细化检查项目。

表 2-4 某轻轨工程项目安全检查表

序号	安全检查项目	判断(是或否)	备注
1	建筑工人有很强的风险防范意识吗	是	
2	现场施工人员和管理人员是否戴安全帽	是	
3	采购来的建筑材料是否经过严格的验收	是	
4	施工现场布置安全合理吗	是	无
5	龙门架有专业人员装拆吗	是	
6	施工现场有安全防护设施吗	是	
7	建立健全施工安全责任制了吗	是	

安全检查表法分析弹性很大，既可用于简单的快速分析，也可用于更深层次的分析，是识别已知危险的有效方法。安全检查表法可以用于工程施工过程中对影响工程施工安全的风险因素的调查，其既可以用来判断风险是否存在，也可以在发生事故后帮助查找事故原因。

五、事故树分析法

（一）事故树分析法简介

事故树分析法（Fault Tree Analysis，FTA）又称故障树分析法，是一种自上而下的演绎分析方法，最早由美国贝尔实验室在1962年公布使用这一方法分析和研究洲际弹道导弹的发射控制安全系统。随后，在1966年，波音公司把这一方法应用到民航飞机的设计上。到20世纪70年代，事故树分析法已经得到航空航天业和核能产业的认可，并广泛使用。20世纪80年代，印度的博帕尔事件和阿尔法钻井平台爆炸事件之后，美国劳工部职业安全与健康管理局认为事故树分析法是分析流程危害的一种可行方法。我国对事故树分析法的应用研究是伴随我国核工业的发展而诞生的，始于20世纪70年代初。目前，在工程领域中这一方法也得到了广泛使用。

事故树分析法主要是采用树状图的形式，自上而下地采用演绎分析的方法，标出所有可能引起风险事故的主要事件及导致主要事件发生的次要事件，从而辨析风险因素的聚集过程，以及系列风险事件形成的组合可能导致潜在风险事件的发生。

（二）事故树分析法用于风险识别的实施步骤

一个事故树只能分析一个不想发生的事件（或是最上方事件），其结果可以连接到其他的事故树法，成为基本事件组合。虽然不希望发生的事件在形式上可能有很大的差异，如化工厂的意外泄漏、潜艇鱼雷的意外爆炸、洲际导弹随机的意外发射等，但其本质共性点是不想要这类事件发生。因此，使用事故树分析法的目的是一致的，自然其分析程序就是相似或相同的。为降低使用成本，在实际运用时，通常只对严重的不想发生的事件进行事故树分析。事故树分析有许多方式，最常见、使用最多的有以下5个步骤。

第一步，确定风险事件。事故树分析的目标事件就是不想发生的事件，一个事故树分析只能对应一个目标事件。因此，对于目标事件的确定非常困难，需要充分了解系统设计的工程师或是有工程背景的系统分析师最适合定义及列举所需管控的目标事件。

第二步，掌握目标事件的系统资讯。在确定目标事件后，只有掌握所有影响目标事件发生关联事件的原因及其发生概率，才能较好地管控目标事件。因此，需要了解和掌握系统相关的所有关联知识，这些知识相当重要，避免遗漏任何一个风险因素。最后要将所有关联事件及概率列出，以便绘制事故树。

第三步，绘制事故树。在确定目标事件和系统关联信息、掌握了所有会引发此目标事件的原因后，便可以开始绘制事故树了。

第四步，评估事故树。目标事件事故树绘制后，需要进一步评估关联事件发生的概率（频率），这是改进系统、管控风险的重要步骤。

第五步，控制所识别的风险。此步骤会随系统不同而不同，但重点是在识别所有风险后，确认有使用所有可行的方案降低事件的发生率。

（三）事故树分析法用于风险识别的过程

首先把确定的目标事件即不想发生的事件置于顶端，作为"顶层事件"，通常称第一层事件；其次分析导致"顶层事件"发生的所有直接原因事件，作为第二层事件，再找出导致第二层各事件发生的所有直接原因列为第三层，以此类推，直至找出底层的基本原因事件为止。

在构造事故树时，被分析的风险事件在树的顶端，树的分支是考虑到的所有可能的风险原因，同一层次的风险因素用"门"与上一层次的风险事件相连接。"门"存在"与门（and）"和"或门（or）"两种逻辑关系。"与门"表示同一层次的风险因素之间是"与"的关系，只有这一层次的所有风险因素都发生，它们的上一级的风险事件才能发生。"或门"表示同一层次的风险因素之间是"或"的关系，只要其中的一个风险因素发生，它们的上一级的风险事件就能发生。这里以一幢办公楼的北墙体出现裂缝为例，用事故树分析法分析这个风险事件产生的可能原因，如图2-4所示。

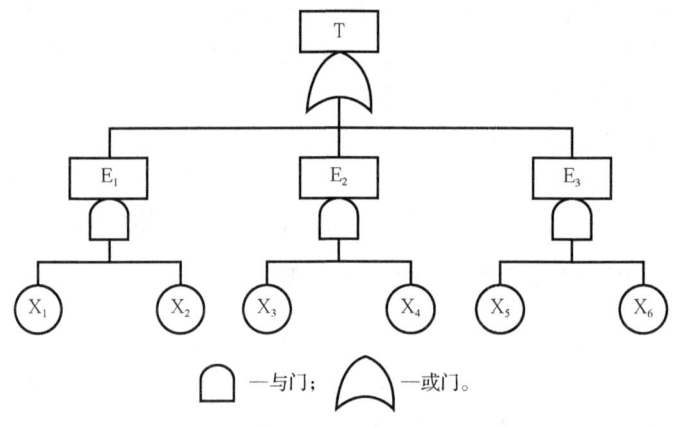

图2-4　风险事故树

根据图2-4的风险事故树分析可以看出，X_1与X_2两个风险因素同时发生会导致E_1发生；E_1或E_2或E_3 3个事件中任意一个风险事件发生，均会导致第一层事件T这一最不想要事件发生。

（四）事故树分析法用于风险识别的应用案例

假设架子工在第十层进行脚手架作业，以施工现场"钢筋坠落致使人员死亡"为顶层事件，如图2-5所示。只有A1（钢筋坠落）和A2（安全防护设施未起作用）同时发生，且满足X1（未戴安全帽或安全帽过期未更换）时，顶层事件T（钢筋坠落致使人员死亡）才会发生，故T下面用"与门"。X2（行为失误）和A3（违章作业）中任何一个事件发生，都会造成A1（钢筋坠落）发生，故A1下面用"或门"。只有A4（竖向封闭防护设施未起作用）与A5（地面上的防护棚未起作用）同时发生，才会造成A2（安全防护设施未起作用）发生，故A2下面用"与门"。X3（无证上岗）和X4（安全意识淡漠）中任何一个事件发生，都会造成A3（违章作业）发生，故A3下面用"或门"。X5（未设置竖向防护）、X6（搭设不严实）和X7（所用安全网、竹篱笆质量不合格）中任何一个事件发生，都会造成A4（竖向封闭防护设施未起作用）发生，故A4下面用"或门"。

X8（未搭设防护棚）、X9（防护棚宽度不够）、X6（搭设不严实）、X7（所用安全网、竹篱笆质量不合格）中任何一个事件发生，都会造成 A5（地面上的防护棚未起作用）发生，故 A5 下面用"或门"。

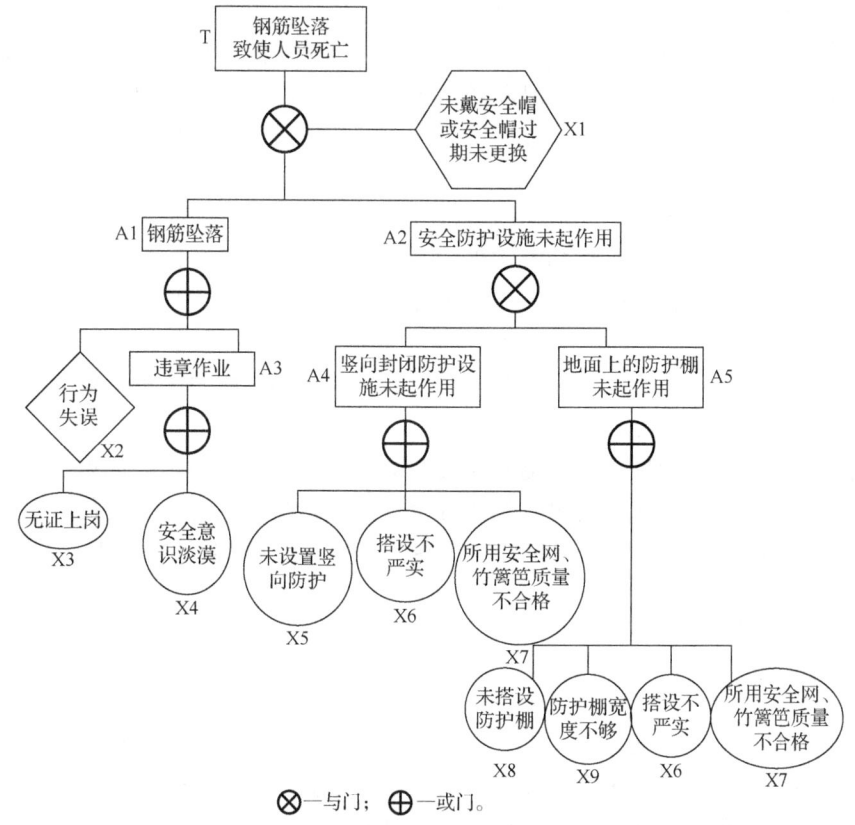

图 2-5　钢筋坠落致使人员死亡事故的事故树

在建立系统之前，事故树分析可以帮助选择安全可靠的方案。在建立系统以后，可以通过事故树分析掌握建筑施工事故的发生规律，针对最小割集分别采取预防措施。事故树有助于编制全面的安全技术措施方案、安全检查表，识别系统中的危险因素。

六、事件树分析法

（一）事件树分析法简介

事件树分析法（Event Tree Analysis，ETA）是系统可靠性分析常用的一种方法，是从原因到结果的分析过程，属于归纳推理的分析方法。其基本原理是：将系统可能导致某种事故发生的各种原因间的逻辑关系绘制成事件树状图，定性与定量分析事件树并找出事故发生的主要原因，为确定安全对策提供可靠依据，以达到猜测与预防事故发生的目的。

一般而言，在工作系统内发生事故时，往往会发现事故的发生似乎具有一定戏剧性，经常是多个风险因素在某一瞬间都发生管控失败，此时事故才能发生。因此，我们可以利用事件树很直观地对事故发生过程进行判断和分析，这不但可以帮我们了解事故发展

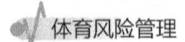

的轨迹，也可以帮我们识别风险源。

（二）事件树分析法用于风险识别的实施步骤

事件树分析法用于风险识别的实施步骤如下。

第一步，确定初始事件。事件树分析是从原因推结果的归纳推理过程，因此，正确选择风险源作为初始事件，并按照时序逻辑关系，推演最终导致事故发生的整个过程对于事件树分析法的应用十分重要。故而确定可能导致系统严重后果的初始事件是事件树分析法应用的第一步。

第二步，需要绘制事件树。从初始事件开始，按自左向右的时序进展绘制事件发展过程的事件树，用分枝代表事件功能实现的发展方向。通常将可以发挥功能的状态画在上面的分枝，将不能发挥功能的状态画在下面的分支。由此构造功能事件树，然后构造系统事件树。

第三步，对事件树进行简化和分析。在绘制事件树的过程中，不可避免地会产生一些与事故不直接相关的功能分支，或是存在相互矛盾、逻辑不协调的功能分支。为了提高事件树的有效性和可读性，我们需要从这些众多的功能分支中精准地识别并剔除这些不必要的或冲突的部分，从而对事件树进行合理简化。与此同时，在简化后事件树的各个分支上清晰、准确地分析和描述事件的内容与特征，以便直观地理解事件的发展脉络。

七、鱼刺图法

（一）鱼刺图法简介

鱼刺图也叫鱼骨图，又称石川图，由日本石川馨先生所创。如果说事故树和事件树分析方法是系统可靠性理论的重要分析方法，用于发现危及系统安全性的若干风险因素，那么鱼刺图则是在企业管理中用于发现危及目标实现的原因的一种方法。

在企业经营管理过程中，企业面临的问题总是受到系列相关因素的影响，鱼刺图是运用专业知识或者头脑风暴法把相关因素找出来，并将它们与目标问题联系在一起，按相互关联性整理而成的层次分明、条理清楚，并标出重要因素的图形。鱼刺图法是一种透过现象看本质的分析方法，又叫因果分析法。

（二）鱼刺图法用于风险识别的实施步骤

鱼刺图法用于风险识别的实施步骤如下。

第一步，明确目标问题。鱼刺图法采取的是由问题推原因的思路，因此，首先需要明确目标问题。在明确问题后，即可召集对目标问题了解有一定深度的相关人员组建工作组。

第二步，原因分析。风险分析负责人主持并召开工作组会议，分析讨论问题的原因，并将找出的问题原因列明，做好记录。

第三步，绘制鱼刺图。在三角形的鱼刺头内写明目标问题，自右向左绘制一条水平直线，该线称为鱼脊。在鱼脊上画出与鱼脊呈45°角的直线，并在其上标出引起问题的主要原因，这些呈45°角的直线称为大骨。对引起问题的原因进一步细化，画出中骨、小骨等，尽可能列出所有原因，如图2-6所示。

第四步,整理优化鱼刺图。鱼刺图表达的是因果关系,能很好地做出定性分析。若列明的原因较多,则需要进一步做优化整理,把部分不重要的原因从图中剔除,提高鱼刺图分析的质量。

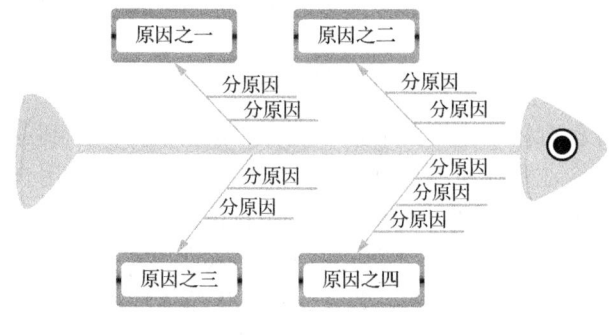

图 2-6　鱼刺图

(三)鱼刺图法用于风险识别的优缺点

鱼刺图法用于风险识别的优点:具有逻辑层次鲜明的特点,能够清晰地表达各种原因与目标问题之间的主次关系,能够很好地做出逻辑推理和定性分析。

鱼刺图法用于风险识别的缺点:一是要求工作组成员有丰富的经验,整个过程中要求工作组成员的意见都能完全表达,负责人不对问题发表任何看法,也不能对工作组成员进行任何诱导;二是鱼刺图法提高精度还需要进一步地做定量分析。

八、财务报表分析法

(一)财务报表分析法简介

企业所有涉及资金往来的生产经营活动最终都会在企业的资产负债表、利润表、现金流量表中留下记录和痕迹,通过分析财务报表,我们既可以了解企业生产经营的基本状况,也可以发现潜在的风险和危机。

财务报表分析法即以企业财务报表和财产目录等财务资料为基本依据,运用财务比率分析法,对企业在不同时期所具备的偿债能力、经营效率、盈利能力、现金保障能力进行比较分析,根据财务指标及其企业的固定资产和流动资产等情况,管理人员能够依据财务报表中集中反映出来的财务状况和企业经营成果发现风险因素,能够比较快捷地分析出企业即将面临的困境和风险。财务报表分析法已经成为企业识别风险的重要方法之一。

(二)财务报表分析法用于风险识别的实施步骤

财务报表分析是一门技术,对于同一企业的财务报表,若同一个人出于不同的目的,则分析的内容和结果会出现差异性。由于目的、分析人员、涉及的数据范围不同,在进行风险因素识别时,选择的财务指标也会有所不同,因此识别出的风险因素可能存在较大的差异,关注的问题也不一样。但是就其分析思路和分析方法,财务分析具体步骤和程序具有一定的共性特征,一般有以下几个步骤。

第一步,明确财务报表分析的目的,并收集企业有关的财务数据信息。

第二步，根据财务分析的目的，需要把财务报表中的部分目标关联数据遴选出来，使数据符合相应财务指标的计算需要。

第三步，比较分析财务指标，研究指标背后的经营实际，为解决问题提供相关基础信息。

（三）财务报表分析法用于风险因素识别的机理

通过财务报表分析可以看出企业的偿债能力、运营能力、盈利能力及发展能力。企业的这四大能力需要企业资金来源合理、资金构成合理、资金使用合理；如果企业资金来源及其构成混乱、使用不合理，企业就可能面临各种风险。例如，企业的运营资金周转速度缓慢，会使大量资金以存货、应收账款等形式滞留在生产领域。若流动资金得不到补充，则可能导致运营资金链中断，致使企业发生偿债危机和违约风险。

财务报表分析法在用于企业风险分析方面方便有效，但也存在局限性。主要是它不能反映以非货币形式存在的问题，如人员素质、创新能力、体制改革和其他经济因素的变化等。因此，财务报表分析法需要辅以其他识别方法和手段。

思 考 题

1. 风险识别的含义和内容是什么？
2. 风险识别的特点是什么？你是如何理解的？
3. 风险识别的原则是什么？这与风险识别的特点有什么关系？
4. 什么是专家调查法？专家调查法的适用范围是什么？
5. 什么是安全检查表法？安全检查表法用于风险识别的实施步骤是什么？
6. WBS-RBS 的含义是什么？工作-风险分解法用于风险识别的实施步骤是什么？
7. 情景分析法用于风险识别的实施步骤是什么？情景分析法的优缺点是什么？
8. 什么是事故树分析法？
9. 事故树有几种逻辑关系？分别是什么？
10. 财务报表分析法的分析依据是什么？
11. 财务报表分析的主要内容是什么？
12. 事件树分析法是一种过程分析方法，它的基本原理是什么？
13. 事件树分析法用于风险识别的实施步骤是什么？

第三章 风险损失估计与评定方法

【学习要点】 掌握风险损失估计的定义。
理解风险损失估计的原则。
掌握风险损失估计的步骤。
了解风险损失概率分布与损失幅度的内涵。
掌握风险坐标方法的应用。
熟悉层次分析法的应用。
掌握压力测试法的应用。
掌握模糊综合评价法的应用。
了解因子分析法的应用。

风险管理人员将风险因素识别出来只是完成了风险管理工作的第一步，也是风险管理的基础性工作。但是，在进行风险管理决策时，仅仅凭借这种定性的风险因素识别是不够的。不仅需要选择正确的风险管理举措，还需要进一步对风险因素可能诱发的事故，从发生的可能性和造成损失的大小、对项目系统的危害程度等方面，运用相应的评估方法对各类风险进行排序，这就是本章需要解决的问题。如果说风险识别是对诱发事故的风险因素进行定性分析，那么风险损失估计就是对可能发生的风险事故的概率高低和损失大小进行定量分析，为确定风险因素的优先级和风险评估提供了量化的基础。因此，风险识别是风险损失定量或定性估计的基础，而对风险事故等级的评估是风险管理决策的基础。

本章介绍风险评估中对风险事故损失进行定性或定量估计分析的相关内容，主要阐述风险损失估计的理论基础，以及在风险损失估计基础上，介绍常见的风险评定的风险坐标法、层次分析法、压力测试法、模糊综合评价法等方法，为确定风险等级提供分析工具。

第一节 风险损失估计概述

风险损失估计是风险评估的重要基础，它运用概率统计理论知识来研究风险事故的"不确定性"，在对过去损失资料分析的基础上，对某一风险事故发生的概率，以及风险事故发生后可能产生的损失做出定量或定性分析。风险损失估计的目的就是通过量化分析或定性描述，为风险管理决策提供理论依据。

一、风险损失估计的定义

国内外许多学者在研究不同学科领域的风险管理理论时,都有对风险损失估计进行研究和总结,主要有以下几种观点。

第一种观点认为,风险损失估计就是危险性评价,即对系统存在的危险性进行定性和定量分析,得出系统发生危险的可能性及其风险程度的评价,以寻求最低的事故率、最小的损失和最优的安全效益。

第二种观点认为,风险损失估计就是安全性评价,即风险损失估计以安全为目的,按照科学的程序和方法,对目标事件中存在的危险因素、发生事故的可能性及损失与伤害程度进行调查研究和分析论证,从而评估系统的安全性及为制订事故预防和防护措施提供科学的依据。它的着眼点是危险因素产生的负效应,主要从损失和伤害的可能性、影响范围、严重程度及应对措施等方面进行分析评估。

第三种观点认为,风险损失估计就是综合运用合适的理论方法对目标事件中的风险程度进行预测和度量。它不同于安全评价,也不同于安全检查,是为企业宏观的安全管理抓住重点,进行分类指导;也可为微观管理提供可靠的基础数据,从而实现科学管理。

第四种观点认为,风险损失估计就是采用系统科学的方法确认系统存在的危险性,并根据其风险大小采取相应的安全措施,以达到系统安全的过程。

以上定义虽然因侧重点不同而有所差别,但其本质特征是一致的。归纳起来,风险评价主要包括以下几个要点:一是风险损失估计需要采用系统科学的理论和方法;二是风险损失估计是对标的时间的安全进行预测和分析,从定性、定量角度认识风险;三是风险损失估计是为了寻求最佳的对策达到安全管理的目的。综上所述,我们认为风险损失估计是指在某一风险事件还未发生或者事件已经发生但还没有结束时,对这种风险事件给人们的生命和财产等各个方面造成的影响与损失的可能性进行定性或定量评估,评估风险事件所带来的影响或损失大小。

二、风险损失估计的理论基础

风险事件的发生主要是由于风险源和不安全因素的存在。然而,来自自然界或者人类自身的风险因素是一种客观存在,不以人的意志为转移,何时、何地出现具有高度不确定性。因此,风险损失估计是对"不确定性"的研究和分析,研究风险事件发生的概率高低、损失大小,从而决定是否可将风险排除或转移。风险损失估计包括风险估计和风险评价两个阶段的工作。风险损失估计借助的量化分析工具主要是大数定律、类比分析原理、相关分析原理、惯性原理。

(一)大数定律

大数定律是概率论中的极限定理。通俗地说,大数定律是指在试验条件不变的情况下,重复试验次数足够多,随机事件发生的频率近似于它发生的概率。这一定律阐述了大量重复试验的随机事件结果呈现出频率具有稳定性的规律,收敛于随机事件发生的概率。例如,重复硬币投掷试验,当投掷次数 n 越来越大时,出现正面的频率将接近于 1/2。

在风险管理中,诱发风险事故的风险因素只要被观察的数量足够多,就可以根据事件的频率，运用大数定律来测度事件发生的概率。被观察的同类风险事故次数越多，事件发生的估测频率与实际概率值就越接近。例如，就大型体育场馆建筑工程项目本身而言，施工人员在施工过程中从高空坠落的风险有多高是难以确定的，项目在施工过程中发生坍塌等风险事故也是不确定的。但是，我们可以根据以往类似建筑工程项目中已经发生的建筑安全事故的统计数据，计算事故频率、事故平均损失额及总损失额等。以这些平均值作为参照值，估计大型体育场馆建筑工程项目中安全事故的频率和损失额等，为风险管理决策提供依据。因此，大数定律就是测算风险事件发生的概率和期望损失的理论基础。

（二）类比分析原理

人类社会和自然界的事物千姿百态，但在分析事物的本质过程中，我们发现事物之间是有联系的。形态各异的万事万物往往遵循相同的哲理。类比分析原理正是利用相似性原则，将风险评估项目与已有项目的设计数据和运营状况进行比较分析。

在工程施工、策划项目、赛事活动、经营企业等领域的风险分析、数据推理都会经常使用类比分析原理。此原理也是在现有同类事物充分认识的基础上，对评估项目进行定量分析的原理之一。运用这一原理的时候，我们需要充分考虑风险分析对象与类比对象之间具有相似性。例如，场馆建设工程的相似性，包括建设项目的性质、建设规模、场馆结构、功能区域、原材料、建设周期、人员设置、建设资金等。虽然场馆建设地点不同，但是项目工程建设流程是一致的，具有高度相似性。新建场馆项目中发生的风险事件是不确定的，有随机性；一旦事故发生，就会出现财产损失，但是损失的大小是不确定的。我们依据相似性原则，采用类比分析，借助已有的项目统计数据，估测事故发生的频率、事故损失大小的平均值，在类比分析的基础上，把调整后的事故频率和平均损失作为这一新建场馆项目的评估数据，并以此进行相应的风险决策。

（三）相关分析原理

事物是普遍联系的，对风险事件的评估，我们依据事物具有普遍联系的规律，通过分析事件的特征变量和事故的因果关系，探究因变量和自变量之间的相关性，从而得出两种或多种变量之间的数量关系。这种探究因变量与自变量的依存关系的分析就是相关分析原理。

通过相关分析，可以借助统计数据测定两个变量或者多个变量之间的相关程度，透过复杂表象揭示内在联系。有时对于目标系统的风险评估，由于系统中客观存在的风险因素不可能通过试验进行分析，但可以利用系统与子系统、子系统与构成要素、要素与要素之间的相关关系，在假设条件下，建立相关模型，运用数学模型找出它们之间的相关关系，进而对系统中的危险因素做出客观、正确的评价。相关分析原理对于深入研究评价对象与相关事物的关系，以及对评估对象所处环境进行全面分析具有指导意义。

（四）惯性原理

惯性是运动力学的概念，最初用来描述运动的物体在没有外力作用的情况下会保持原来的运动稳定性特征。同样，在我们日常生活中，对目标事物进行风险损失估计时，事物在没有受外界影响的情况下，事物的初始状态不仅影响事物的现在，在惯性原理的作用下，还会影响事物的将来。因此，我们可以依据系统的相对稳定性，保持其基本的发展趋势，从而利用事物发展的惯性特征进行风险损失估计。虽然依据惯性原理，可以利用以往的风险资料估测未来的风险状态，但在实际应用时，不仅要抓住事物发展的惯性趋势，还要考虑在预测时的环境因素的变化可能使预测结果出现偏差。只有这样，才能在风险损失估计时既可以参照历史数据，又可以依据环境因素的变化，修正风险因素出现的偏差程度，提高风险损失估计的精度。

三、风险损失估计的原则

在风险损失估计的过程中，如果面临的行业或者估计的事件不同，涉及具体估计的内容就会有很大的差异性，在使用估计原理和方法上就会有不同的选择。同样，在执行风险管理的过程中，由于具体实施对象和风险管理人员的不同，在风险估计时选择的原理和方法也会产生差异。但是，不同事件、不同对象、不同执行人在风险评估时都需要遵循以下几个原则，确保风险评估的结果相对全面准确地反映实际风险。

（一）全面性原则

风险损失估计应该遵循全面性原则。对风险事件进行评价是为了更好地管理和防范风险，任何疏漏都可能使风险管理的决策失误，从而导致生命财产的损失。因此，风险损失估计是对所有可能导致事故发生的风险因素进行逐一评估，分析和估测每个风险因素发生的概率、损失的大小，这是风险管理决策的基本依据。不仅需要考虑被评估事件自身情况，在实际分析和估计过程中，还应该充分将周边环境、行业地位、经济因素、不可控因素等纳入评估的变量因素进行考虑。

（二）系统性原则

风险损失估计的基础是风险识别，对风险事件进行评价遵循系统性原则主要体现在评价程序上、评价指标的设计和选择上的系统性。首先，评价风险因素的程序需要具有系统性，系统性原则可以避免风险评价过程中出现遗漏。其次，系统科学地设计和选择风险评价指标，对保障风险损失估计结果的正确显得至关重要。不同行业、不同项目、不同评价事件具有不同的特点，但评价指标的选择和评价体系的构建既需要反映风险因素，又需要全面系统地反映行业特点及事件自身的特征。

（三）科学性原则

风险损失估计遵循科学性原则，主要体现在以下几个方面。

（1）风险损失估计的信息来源具有科学性。对风险事件的评价，需要采集第一手的信息数据，风险估计所依据的数据不是凭空想象的，而是需要真实来源的，是通过实地调研考察分析得来的数据，是根据行业资料的统计数据得来的。只有这样，才能保证风险估计的结果具有真实性，才能真正作为风险决策的依据。否则，风险决策就可能变成无源之水、无本之木。

（2）风险损失估计选择的方法具有科学性。无论是本章阐述的风险损失估计所涉及的原理，还是风险评定方法，都是针对不同行业、不同事件进行风险评价时可以采纳的。

这些原理和方法都是利用概率和数理统计学的基本知识发展而来的，这些方法的科学性已经在许多行业的风险评价中得到了验证，可以用于体育风险评价中。

（3）风险损失评定指标体系的设计和权重确定具有科学性。评价指标体系的规模必须大小适宜。指标体系如果指标幅度过宽、层级过多、指标过细，那么指标的权重确定会影响准确性，会带来指标体系应用的实际操作困难。相反，如果指标体系幅度过窄、层级过少及指标过粗糙，就难以充分反映事件的风险概况。只有科学合理地设计评价指标体系、确定权重，才能使评价工作顺利进行，才能使风险损失估计结果更准确。

（四）可操作性原则

风险损失估计是以定量分析为主的风险管理过程，无论是针对评价事件设计的指标体系还是数学模型，对于指标体系中的指标的数据来源都应该具有可操作性，能够在获得数据的基础上对结果进行验证。这不仅体现了指标体系或数学模型设计的科学性，还体现了风险评价过程的科学性和灵活性。建立风险评价指标体系或数学模型，要具有一定的实用性以减少实际操作中的困难，力求数据取得简单易行。风险估计中所用的方法必须与现有的风险资料相适应。如果某种方法非常适合，所需的数据资料却无法获得，就不能采用该方法进行风险评价。

（五）动态性原则

事物是相互联系的，也是不断运动和发展的。衡量与估计的风险事件也是一样，各构成部分不仅在事件内部相互联系，而且与事件外部也是相互联系的，它们之间会随着事件的发展而不断变化，因此，我们对风险事件的评价必须考虑风险因素的相关性和动态性。

动态性原则是指任何事件不仅要受到自身条件的限制和制约，还要受到其他相关系统的影响和制约，随着时间的推移而不断发生变化。因此，风险事件更是如此，无论是风险管理决策还是风险评价，都需要考虑风险因素与风险事故之间的动态相关性特征。随着风险事件的发展，对应的风险评价也需要动态调整，不仅要考虑事件的现状，还要考虑事件随着时间和环境的变化带来的风险事件发展的趋势与结果的演变。

四、风险损失估计的步骤

风险损失估计实际是对识别出的风险因素进一步量化分析或者详细描述的过程，是分析各种风险因素对目标事件可能产生的影响。对于可能导致某种风险事故发生的风险因素，只有清楚导致目标事件发生风险的概率大小、对目标管理事件产生的损失程度，才能据此进一步选择正确的风险处理办法。因此，就风险估测的具体内容而言，包括两个方面的内容：一是估计风险因素在评估期间可能诱发风险事故的概率是多大；二是需要估算一旦风险因素导致风险事件发生后，对风险管理的目标事件会造成多少财富损失。

显然，为了做好这两项工作，需要有相应的基础数据和合适的方法，总体看来有以下几个步骤。

第一步，收集数据。风险损失估计需要完成的第一项工作就是收集与已经识别的风险因素相关的数据和资料。数据和资料的获取可以从过去的类似风险管理项目的历史资料中取得，也可以参照已有的相关研究成果获取。例如，某些风险因素服从泊松分布，可以直接引用公式计算出相应的概率，也可以在风险识别的过程中通过实地调查取得基础数据，或者从相关的历史资料中取得。总之，用于风险估测所收集的数据和资料必须客观真实。

在数据收集过程中，风险管理人员除了收集与目标事件直接相关的数据和资料，不仅要考虑到风险因素的相关性、风险分析的动态性，还要注意收集同类风险损失的统计内部资料及其公开发布的损失统计资料，并注意国际性动态资料。这些资料不仅有助于风险管理人员发现企业本身所面临的风险，而且可帮助风险管理人员分析企业所面临的风险变化，并推测过去未发生的损失在未来发生的可能性。

第二步，数据整理。原始资料和数据获取之后，还需进一步对数据资料进行整理，这是使用量化分析方法的基本程序。一般根据风险估测的任务需要，按初步设计和选择的估测模型进行数据整理。部分数据需要根据模型的要求进行简单加工：有的需要去量纲化，有的需要测算比率，有的需要减震处理。数据加工的主要目的就是使收集来的数据资料既能满足模型使用的需要，又能充分反映风险估测事件的总体特征。

第三步，建立风险估测数学模型。在取得有关风险因素的数据资料后，风险管理人员需要对诱发风险事故的风险因素和可能出现的结果进行分析，为选择风险分析模型的自变量和因变量奠定基础。根据已经获得的数据资料选择与风险因素相适应的不确定性分析模型和损失评估模型，可以选择已有数学模型或者是构建数学模型，用以估测不确定性风险因素发生的概率与可能产生损失的大小。

第四步，风险事故发生的可能性估计和影响估计。在确定风险估测模型后，风险管理人员就可以运用相应的模型去估算该风险因素诱发事故的概率和事故损失的大小，为评定风险因素的重要性奠定数理基础和判断依据。风险事故发生的可能性及其后果影响看似是两个不同的内容，但在风险管理中只有将两个内容综合起来，才能对风险因素做出正确的评价。损失很大，但风险因素诱发事故的概率非常小，通常不会重视该风险因素。例如，在平地上走路摔了一跤，恰好头部撞到硬物，不幸身亡，这种事故的损失很大，但概率很小，不能因噎废食。

五、风险损失估计的内容

风险管理工作中的风险识别、风险评估都是为了最后的风险决策，为了选择合适的风险管理举措。因此，在阐述了风险估计和风险评价后，还需从定性和定量两个角度对每个风险进行分析。一般而言，风险损失估计的定性和定量分析的具体内容包括以下 3 个方面。

（一）风险因素诱发风险事故概率分布

在风险损失估计中，并不是所有的风险因素诱发风险事故和导致损失的情况都相似，不同的风险因素在目标事件的发展过程中诱发风险事故的概率大小是不同的。因此，风险管理人员需要通过判断风险因素诱发事故的概率，了解和掌握风险分布的规律。在风险评估时，通常可采用专家调查法、观察法等适当的方法来估计目标风险的概率分布。有的风险因素可以直接根据随机事件的概率分布得出客观的概率分布，有的风险因素则需要专家或风险管理人员依据实地观察和专业素养给出具有经验判断的主观概率分布。

（二）风险的损失程度分析

在评估实践中，仅仅分析风险因素诱发事故的概率大小是不够的。例如，某一风险因素导致事故发生的概率很高，然而事故发生带来的损失却很小，对于这样的风险没必要采取复杂的处置措施。显然，风险管理人员在分析风险事故发生的概率后，还需考虑风险损失程度的高低，最后通过测度风险事故的期望损失制订相应的风险管理策略。在估计了目标风险的概率分布，了解其发生的可能性之后，还要估计单一风险可能造成的损失程度。风险损失可以依据风险载体状况、风险波及范围和可能造成的损坏程度来估计。

（三）所有风险单位的损失期望值和标准差分析

风险管理人员在制订风险计划时，一般关心在特定的风险管理子系统中承担的风险损失期望值，因此有必要从某一风险单位整体的角度，分析多种风险可能造成的损失总和及发生风险事故的概率。

为了掌握风险管理系统总体风险状况，应该先估计风险管理系统中的每个风险单位的损失期望值和标准差，再将所有风险单位的风险因素诱发损失的期望值叠加，并以这个叠加的损失期望值表达系统可能的损失值。这里用系统中风险单位的最大标准差来衡量这个偏差程度。

风险评估是在风险损失估计和损失大小的基础上确定风险等级，是安排风险管控先后次序的基础。风险评估的具体工作是对每一风险进行概率估测和损失评估量化后，寻找风险管理的宽度和幅度信息；是对单个风险进行综合分析，衡量风险管理事件在各个特定阶段所处风险之间的相互影响程度，判断风险主体对相应风险的承受能力的基础。

六、风险损失估计的综合评定

风险管理是一项系统工程，是在多维风险因素范畴中寻求最优解，这就需要测度每个风险发生的概率大小、评估每个风险损失的宽度和幅度，并在单个风险因素进行的风险估计的基础上评估每个风险的等级。这是安排风险管理先后次序的基础。

（一）确定风险等级

风险等级评定是根据前期风险识别所列出的现实和潜在的风险清单，结合风险估测的结果，利用科学工具和量化结果，确定风险的等级程度。风险的估计和量化是风险管理流程中难度最大、任务最重的工作，有了风险的估测和量化结果后，可以结合风险事故发生的概率及其风险损失的大小，通过计算风险期望损失的大小对可能发生的风险事故进行分组评级。图 3-1 为风险评估等级划分示意图。

	风险矩阵	中等风险（Ⅲ级）	重大风险（Ⅳ级）		特别重大风险（Ⅴ级）		有效类别	赋值	可能造成的损失		
									人员伤害程度及范围	由于伤害估算的损失/元	非伤亡铁路交通事故、设备故障
一般风险（Ⅱ级）	6	12	18	24	30	36	A	6	多人伤亡	500万以上	较大及以上事故
一般风险（Ⅱ级）	5	10	15	20	25	30	B	5	一人死亡	100万～500万	一般A类
一般风险（Ⅱ级）	4	8	12	16	20	24	C	4	多人受重伤害	4万～100万	一般B类
一般风险（Ⅱ级）	3	6	9	12	15	18	D	3	一人受重伤害	1万～4万	一般C类
低风险（Ⅰ级）	2	4	6	8	10	12	E	2	一人受到伤害，需要急救时；多人受轻微伤害	2000～1万	一般D类
低风险（Ⅰ级）	1	2	3	4	5	6	F	1	一人受轻微伤害	0～2000	设备事故
	1	2	3	4	5	6	赋值				
	L	K	J	I	H	G	有效类别				
	不可能	很少	低可能	可能发生	能发生	有时发生	发生的可能性				
	估计从不发生	10年以上可能发生一次	10年内可能发生一次	5年内可能发生一次	每年内可能发生一次	1年内可能发生10次或以上	发生的可能性的衡量（发生频率）				
	1次/100年	1次/40年	1次/10年	1次/5年	1次/1年	大于等于10/次1年	发生频率量化				

说明：

（1）事故经济损失赋值：当一项危险源导致的非伤亡铁路交通事故类别不易确定时，按最高级别赋值。

（2）发生事故可能性赋值：当一项危险源导致实际发生的事故多于1次时，按累加次数计算事故发生频率并赋值。

（3）发生事故可能性赋值：当无实际事故发生时，综合考虑经验值和国铁事故案例，按“经验赋值×0.5+国铁事故赋值×0.2”，得数向上取整数

风险等级划分表

风险值	风险等级	备注
30～36	特别重大风险	Ⅴ级
18～25	重大风险	Ⅳ级
9～16	中等风险	Ⅲ级
3～8	一般风险	Ⅱ级
1～2	低风险	Ⅰ级

图 3-1　风险评估等级划分示意图

（二）进行风险评定排序

根据风险事故影响对风险因素进行先后排序，是风险管理确定优先管理级别的依据。风险等级最高的风险因素，其风险管理级别最高。如图3-1所示：如果风险等级在Ⅰ级，风险值是1～2，则应该是优先级别排在最后的风险；如果风险等级在Ⅴ级，风险值是30～36，则应该是优先级别排在最前面的风险。

在体育风险管理领域中，除了考虑财务方面的影响，还应该考虑风险事故对社会和企业带来的潜在影响。我们应该认识到并非所有的风险都需要纳入重大风险管理的范畴，也并非所有的微小风险就可以不重视、不管控。我们需要采取动态管理的理念，对各类风险定期复核，在外部环境发生变化时，尤其需要及时复核，调整风险管理策略。

（三）风险损失评价的综合评价实施步骤

风险管理人员在依据风险事件的特点及目标要求选择与每一风险因素相适应的评价方法后，需要进一步确定评价指标体系及各项指标的权数。在完成上述工作后，对风险损失评价的综合评价实施步骤归纳如下。

第一步，收集数据资料。根据目标风险事件，收集国内外同类事件的风险管理数据资料，为量化分析奠定基础。

第二步，确定风险评定标准。风险评定标准是指依据风险因素诱发事故的概率、频次和损失主体针对每种风险后果确定的可接受的风险水平。在确定风险评定标准时，需要兼顾单个风险和整体风险的评价基准。风险的可接受水平可以是绝对的，也可以是相对的。

第三步，确定目标事件的整体风险水平。项目整体风险水平是在设定的风险评价指标体系中综合了所有的个别风险之后确定的。

第四步，进行风险等级评定。参照风险评级矩阵，从风险发生的概率大小和损失的大小两个维度，对所有风险进行等级的判别。

第五步，评价结果的检验。对评价结果进行评估与检验，以判别所选评价模型、有关标准、有关权值，甚至指标体系的合理与否。若不符合要求，则需要进行一些修改，甚至返回到前面4个步骤中的某一步，视具体修改内容而定。

第六步，评价结果分析与报告。该步骤包括评价结果的书面分析、评价报告的撰写、评价结果的提供与发布、资料的储备与后续开发利用。

至此，风险管理人员通过风险评定至少完成了4项工作：一是在对风险识别清单中的风险进行评价后对它们进行了风险排序；二是厘清了每个风险事故与风险因素之间的因果关系；三是考虑了各种不同风险之间相互转化的条件，研究如何才能化威胁为机会；四是进一步量化了已识别风险的发生概率和后果，减少风险发生概率和后果估计中的不确定性，必要时根据项目形势的变化重新分析风险的发生概率和可能的后果。

第二节　风险损失的概率分布规律和幅度

在概率论和数理统计的学习中，我们知道正态分布、二项分布和泊松分布是常见的随机事件概率分布的形态。在评估风险因素诱发风险损失的概率分布时，我们提及风险事故发生的概率估计具有主观估计和客观估计。主观估计是风险管理人员及其相关领域的专家依据多年的工作经验给出的经验性判断,也是对事故发生概率的预测,具有主观性。客观估计是风险因素诱发事故概率分析的重要内容。正态分布、二项分布和泊松分布也是风险管理人员在风险评估过程中最常见的 3 种概率分布形态。下面简单介绍这 3 种概率分布的基本知识。

一、风险损失概率分布规律

(一)正态分布

根据概率论原理可知:如果不同风险单位的损失分布是相互独立的,那么随着试验次数的增加,二项分布逐渐逼近正态分布。在风险管理过程中,很多随机事件受到许多互不干扰的随机因素的影响,而每个个别因素的影响都不起决定性作用,但影响是可以叠加的。例如,场馆建设的某分项工程的质量受设计合理性、施工工人的操作技能、建筑材料质量、施工现场的监督管理等因素的影响,虽然这些因素在正常状态下是互不干扰的,每个因素对工程质量的影响不起决定性作用,但是这些因素的影响可以叠加。若随机变量符合 3 项特征,即随机事件受到许多互不干扰的随机因素的影响,每个因素的影响都不起决定性作用,影响是可以叠加的,则该随机变量服从正态分布,且根据概率论的极限理论可以证明。二项分布要求的变量是离散型的,而正态分布变量是连续型的,因而正态分布的应用范围更普遍,比二项分布更具现实性。正态分布函数为

$$P(x) = \frac{1}{\sqrt{2\pi}\sigma} e^{\frac{(x-\mu)^2}{2\sigma^2}}$$

式中,μ 表示数学期望;σ 表示方差。

随机变量越接近期望值,则其出现的可能性越大。

在风险损失分布逼近正态分布的过程中,把损失分布假设为正态分布的分析方法存在 3 个主要局限。一是正态分布假设建立在中心极限定理的基础上,而此定理只是简单描述风险单位数量趋于无穷大时的趋势。实际上,保险公司的风险单位数量是有限的,这时总损失的真实概率分布会表现出正偏度,导致保险公司低估严重的潜在破坏性损失的概率。二是在很多情况下,风险单位的损失并不是相互独立的,如一次地震可能造成多项工程坏损,或者一次意外事故可能导致很多员工人身伤亡。于是风险单位损失之间的正相关性增大了总损失的标准差,倾向于低估严重损失发生的概率。三是逼近正态分布不利于分析每一事故的免赔额和保单限额,因为该分布只能提供总损失分布的概率估计,并不提供个别损失概率分布,所以在设定每一事故免赔额时主要根据公司每年的总自留限额(保险公司按照规定最多能够自行承保的保单总金额)来决定。上述 3 点是正态分布运用的局限,但这并不妨碍正态分布规律在风险管理中的普遍应用。大量的风险事实已经证明,在众多的风险分布中,正态分布最恰当地反映了风险事件造成的损失金额的随机分布规律。

(二)二项分布

二项分布是重复 n 次独立的伯努利试验。在每次试验中只有两种可能的结果,而且两种结果发生与否互相对立,并且相互独立,与其他各次试验结果无关,事件发生与否的概率在每一次独立试验中都保持不变。假设任何一个时点上风险事故 A 发生的概率为

P，那么该事故 A 不发生的概率为 q（$q=1-P$），这样的随机事件就属于二项分布。可以通过二项分布概率公式来计算事故 A 发生的概率。二项分布概率公式表示 n 次重复试验中，事故 A 出现 r 次的概率：

$$P(r) = \frac{n!}{r!(n-r)!} p^r q^{n-r}$$

由计算公式可以看出，事故 A 发生的概率和试验次数取值相关，实验次数 n 和 r 取值不同则分布图就不同。当随机事件的试验次数趋向于无穷大（$n+\infty$），而事件 A 发生的概率趋向于无穷小（P 趋向于 0）时，二项分布趋向于以 λ 为参数的泊松分布。

由此可见，在风险评估时发现某一风险事故发生的概率分布符合二项分布规律时，便可以利用二项分布概率公式来计算风险事故发生的概率。例如，为承办某大型体育赛事而新建的体育场馆：为确保场馆建设的工期不耽误，需要 5 类大型建筑机械施工，任意一种机械出现故障都会导致工期延误，最后可能导致赛事举办延期。假设这些机械的运转是相互独立的，从施工机械历年出现故障的经验数据来看，其概率分布如表 3-1 所示。

表 3-1 施工机械出险的概率

机械损失情况	概率
0 台机械出险	0.37
1 台机械出险	0.37
2 台机械出险	0.19
3 台机械出险	0.06
4 台或 4 台以上机械出险	0.01

由此可见，每一类大型建筑机械有 4 台的情况下，工期延误的概率可以降到 0.01。因此，为确保场馆建设的工期不延误，建设场馆的承建方只有保证施工需要的 5 类大型建筑机械的拥有量在 4 台或 4 台以上，才能将工期延误的概率降到 0.01。

（三）泊松分布

泊松分布是概率与数理统计学中常见的离散型随机分布，是以法国数学家西莫恩·德尼·泊松（Siméon-Denis Poisson）名字命名的。它通常用来描述单位时间（或单位面积）λ 内的某随机事件发生的次数。

在二项分布中，随着风险暴露单元数量的增加和损失概率的降低，二项分布将逐渐趋向于泊松分布，并且以泊松分布为极限。在体育风险管理中，通常可用于描述如某一健身场馆在一定时间内到达的人数，大型赛事通信设施的交换机接到交换信息的次数，场馆内设施设备出现的故障数等。泊松分布是风险管理中有用的理论概率分布，服从泊松分布的风险事故 A 发生的概率按下列公式计算：

$$P(r) = \frac{m^r e^{-m}}{r!}$$

式中，p 表示事故 A 发生的概率；r 表示事故 A 出现的次数；m 表示期望损失频率；e 表示自然对数的底。

从风险管理的角度看，当相互独立的风险暴露单元的存在数量超过 50 个，且任何一项风险暴露单元的损失概率不超过 0.1 时，泊松分布达到理想状态。当风险暴露单元的

存在数量未超过 50 个时，泊松分布规律仍然是有效的。

二、风险损失幅度

风险损失幅度是指对某一风险事件进行评估时，该风险事故发生后带来的最大损失，通常用于衡量事故损失的严重程度。风险管理人员在制订风险管理计划时，会根据风险损失幅度的大小，优先防控可能导致最大风险损失的风险因素。风险损失幅度估测通常需要考虑以下几点。

（一）风险损失幅度估测的时间因素

风险损失的时间分布不同，损失最终对风险承担者的影响程度也是不同的，这就是风险损失的时间效应。在对风险损失幅度进行估计时，损失幅度的估测通常有两种：一是某一风险事故中最大的潜在损失。这实际涉及风险管理的周期，在体育风险管理中，一般是指某一需要风险管理的事件的存在周期。二是风险事件在年度中最大可能损失，即一个或多个风险单位可能遭受的最大损失总额。例如，一项风险事故的损失为 20 万元，其损失分布有两种情况：一种是这 20 万元的损失是 10 年内陆续发生的，假设每年损失 2 万元；另一种是一次性损失 20 万元。很显然，后者的损失影响程度要大得多。

（二）同一风险事故的各种损失形态和数目

风险事故的损失形态不仅包括直接经济损失，也包括潜在的间接损失。潜在的间接损失既要考虑财产损失，还要考虑潜在的责任损失和人身伤亡损失。

一项风险致损的风险单位数目越多，往往损失幅度就越大。例如，一场火灾蔓延到几幢建筑往往比只有一幢建筑发生火灾的损失程度要大。如果承包商承揽的项目工程包括多幢关联的建筑，那么在面临地震风险时，受到损坏的程度通常要比单独一幢建筑的损失程度大。有时工程风险的致损范围仅仅涉及关联的风险单位。例如，地基软硬分布不均匀或外界应力扩展等风险因素导致地基沉降差过大超过允许值，造成地上建筑的墙体出现裂缝，这种风险仅在独立的建筑结构内部发生，不会在相对独立的建筑之间蔓延。但是像海啸、地震、洪水这些风险也能在多个相对独立的风险单位之间传播和蔓延。

第三节 风险评定方法

风险评定是在风险源识别的基础上，对可能发生的风险事故或者是已经发生但还没有结束的风险事故，运用各种评定方法进行分析判断，评定各类风险事故给人们的生活、生命、财产等造成危害的等级次序。

一、风险坐标图法

（一）风险坐标图法简介

风险评定是依据风险因素导致事故发生的可能性高低和损失大小进行排序的，能够为风险决策提供科学依据。为直观可见，可以把风险因素诱发风险事故的可能性（概率）及其风险事故发生后对风险管理目标事件的损失作为两个维度，在一个平面上绘制风险评估的坐标系。把每一风险因素发生事故概率和事故视为坐标上的点，最后通过图像的形式来描述和评估风险的等级高低。

通常根据风险事故发生可能性的高低、风险事故发生带来的损失对风险管理的目标事件的影响程度的大小的评估，可以分为有描述性的定性分析和数学模型式的定量分析两类方法。定性分析是重点考察风险事故发生的"质"的方面，是研究风险事故构成要素之间的相互联系程度，一般直接采用描述性语句，如用极高、高、中等、低、极低等字样来形容风险事故发生可能性的高低、风险事故发生带来的损失对风险管理的目标事件的影响程度的大小。定量分析则是运用数学模型来表征事物之间的关系和联系，在测度和计量风险发生可能性时通常用概率大小与发生频次表述，而对于风险事故损失的测度通常用损失金额的多少来表示。

（二）风险坐标图法的应用步骤

风险坐标图法的应用步骤如下。

第一步，列出风险事故发生可能的定量分析和定性分析结果，如表 3-2 所示。

表 3-2　目标事件风险事故发生的可能性

方法	风险事故发生的可能性	赋值				
		1	2	3	4	5
定量分析	概率大小	10%以下	10%～30%	31%～70%	71%～90%	90%以上
定性分析	定性描述一	极低	低	中等	高	极高
	定性描述二	10年内可能发生少于1次	5～10年可能发生1次	2～5年可能发生1次	今后1年内可能发生1次	今后1年内可能至少发生1次
	定性描述三	一般情况下不发生	极少情况下才发生	某些情况下发生	较多情况下发生	经常会发生

第二步，列出风险事故发生后产生影响的定量分析和定性分析结果，如表 3-3 所示。

表 3-3　目标事件风险事故损失大小

方法	风险损失衡量状态描述	赋值				
		1	2	3	4	5
定量分析	损失占税前利润的百分比	1%以下	1%～5%	6%～10%	11%～20%	20%以上
定性分析	定性描述一	极低	低	中等	高	极高
	定性描述二	极轻微损失	轻微损失	中等损失	重大损失	灾难性损失
	定性描述三（影响运营）	不受影响	轻度影响（轻微的人身伤害，情况立刻受到控制）	中度影响（造成一定人身伤害，只有外部支持才能控制）	严重影响（造成严重人身伤害，企业失去部分运营能力，失控但无致命影响）	重大影响（重大人身伤亡，重大业务能力丧失，失控且有致命影响）

续表

方法	风险损失衡量状态描述	赋值				
		1	2	3	4	5
定性分析	定性描述四（财务损失）	很低的财务损失	轻微的财务损失	中等的财务损失	重大的财务损失	极大的财务损失
	定性描述五（企业声誉）	负面消息在企业内部流传，对企业声誉没有损害	负面消息在当地局部流传，对企业声誉造成轻微损害	负面消息在某区域流传，对企业声誉造成中等损害	负面消息在全国各地流传，对企业声誉造成重大损害	负面消息在世界各地流传，公众广泛关注，对企业声誉造成无法弥补的损害

（三）风险坐标图法的应用案例

1. 风险定性分析举例

对风险事故发生可能性的高低和风险事故发生带来的损失对风险管理的目标事件的影响程度的大小进行定性分析和评估后，依据评估结果绘制风险坐标图。例如，某大型体育场馆建设对多项风险进行了定性评估后制定了风险定性分析坐标图（图 3-2）。风险因素 A 诱发事故发生的可能性低，且事故发生对目标事件的影响程度也极低；风险因素 G 诱发事故发生的可能性极高，而且事故一旦发生对目标事件的影响程度也属于高等级。

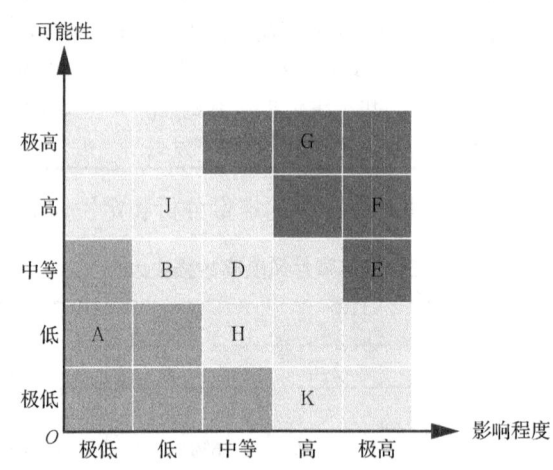

图 3-2 风险定性分析坐标图

2. 风险定量分析举例

对风险事故发生可能性的高低和风险事故发生带来的损失对风险管理的目标事件的影响程度的大小进行定量评估后，依据定量评估结果绘制风险坐标图。同样，以某大型体育场馆建设项目的风险管理为例，现已经对 A、B、D、E、F、G、H、J、K 九大风险因素进行了定量评估，分别已经测算出每个风险因素诱发事故可能性的概率大小，以及相应事故损失的大小（以亿元为顶级），根据评估的结果把 9 个因素构成的点绘制到风险定量分析坐标图（图 3-3）中。风险因素 A 诱发事故发生的概率为 30%，且事故发生对目标事件造成的事故损失小于 1000 万元；风险因素 G 诱发事故发生的概率高达 90%，而且事故一旦发生对目标事件造成的事故损失接近 8000 万元。

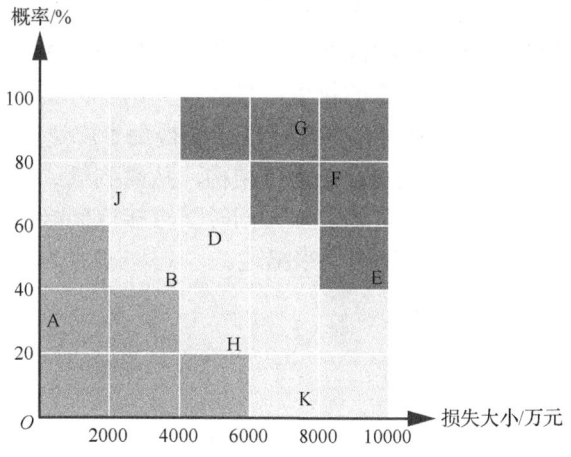

图 3-3　风险定量分析坐标图

3. 确定管控次序

根据绘制的定性或定量风险坐标图，比较分析每个风险因素所处的区域，进而确定风险管理的先后次序和管控等级。通常按照坐标图的左上角到右下角的对角线，可以分成 9 个等级。风险分析坐标图等级区域如图 3-4 所示。

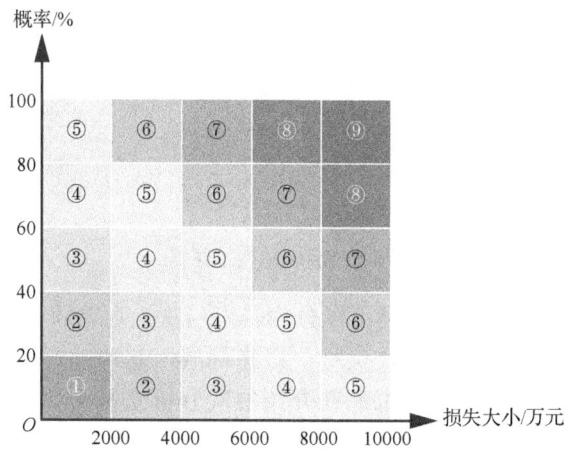

图 3-4　风险分析坐标图等级区域

显然，在图 3-4 中，位于⑧⑨区域的风险因素的管控等级和选择防控的举措要远远高于①②区域的风险因素。

二、层次分析法

（一）层次分析法简介

层次分析法（Analytic Hierarchy Process，AHP）是美国运筹学家匹兹堡大学的萨蒂

（Saatty）在20世纪70年代提出的一种定性分析和定量分析相结合的方法，是运用专家调查法通过选择和构建可以量化的解释指标将难以直接量化的目标进行量化分析的一种方法。该方法将决策总目标有关的元素分解成单元目标、指标方案等层次，在最低层次通过两两对比，根据比较结果，依据因素的重要程度对每个因素进行赋值，然后构建数据矩阵，按照一定算法计算出各因素的权重，最后计算出各方案对总目标的权数，为决策者提供决策依据。层次分析法在经济学和管理学中得到了广泛应用。

层次分析法的基本假设是层次间存在递阶结构，从高到低或从低到高递进。当复杂系统中某一层次直接或间接地影响其他层次，同时又直接或间接接受其他层次影响时，就不属于层次分析范围，而应用网络模型来描述。

（二）层次分析法的应用步骤

层次分析法的应用步骤如下。

1. 根据风险评价目标，构建阶梯层次结构模型

根据风险评价目标和评价准则构建阶梯层次结构模型，这实际是一个定性分析的过程，可以认识和分析风险评价总目标涉及哪些具体分目标、各分目标受哪些准则约束、各约束准则可以分为哪些衡量的指标。这一步骤的实施，实际是通过定性分析将风险评价的总目标分解为层次化结构的过程，如图3-5所示。

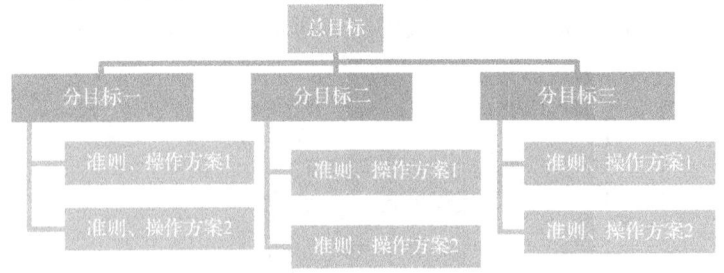

图3-5　层次结构示意图

根据风险评价总目标的实际内涵可以分为若干层次，通常将其分为3个层次：第一层是需要进行评价的风险总目标层，又称一级指标层，是风险评价需要判断的总目标；第二层是风险评价分目标层（部分书籍在介绍层次分析法时又称这一层为准则层、约束层等），又称为二级指标层，是判断风险等级构成的因素层；第三层是方案指标解释层，也是层次分析法中的最低层，又称三级指标层，是对风险评价的二级指标因素的进一步解释和细化，具备可操作、可度量的特点。

在上述定性分析的基础上形成的层次诸要素之间的联系用线段表示，同层次要素之间是相互独立的事件，两两之间没有连线，但是上层目标与下层指标之间属于包含关系，因为下层指标和上层目标存在解释和被解释的关系。

运用层次分析法在构建风险评价目标层和方案指标解释层所形成的层次结构时，按照上下层次之间的相关性又分为3种类型的层次结构。第一种是上下层之间具有完全相关性的结构，即上层目标与下层指标之间属于完全相关，每个下层指标与上层目标之间都存在解释和被解释的关系。第二种是上下层之间具有完全独立性的结构，即下级层次

与上级层次指标之间是独立的解释和被解释的关系,目标层与方案指标解释层之间只有上下层级的逻辑关系,与其他目标层的方案层之间不存在关系。第三种是混合结构,是兼有上述两种结构的混合型结构,既非完全相关又非完全独立的结构。在风险评价过程中,这3种层次结构有可能都会产生,但为了能够较好地判别风险的等级,实际应用时建议在定性分析构建层次指标时,避免出现第一种和第三种。也就是说,在风险评价的实际应用时,构建完全独立的层次指标体系对于分析和判断风险的等级具有较好的操作性。

2. 构造比较判断矩阵

构造比较判断矩阵关系到层次分析法的应用质量,这也被认为是层次分析法的核心步骤,是专家调查法在层次分析法中的应用。比较判断矩阵,显而易见,矩阵是通过比较得出来的。在第一步已经对风险评价的总目标进行了分解,构建了完全独立的层次指标体系,这些评价指标中哪个指标更重要、对总目标或者分目标的贡献度更大,是需要进行判断和比较分析的。因此,比较判断矩阵实际是依据重要程度或贡献度的大小对各指标进行比较排序的过程。在实际操作过程中,通常请业内专家将这些指标进行两两比较。

假设 $X = \{X_1, X_2, X_3, \cdots, X_{n-1}, X_n\}$ 是同一层次的指标因素对目标要素 M 的方案指标解释层,在对这一层的指标因素 X_i 和 X_j 之间进行比较时构成矩阵判断值 a_{ij},这就需要确定目标元素之间的比较标度,便于专家在对各指标因素两两比较时可以给出判断结果,如表3-4所示。

表3-4 指标因素两两比较判断标度

a_{ij} 赋值	两目标相比
1	i 因素与 j 因素同样重要
3	i 因素比 j 因素稍微重要
5	i 因素比 j 因素明显重要
7	i 因素比 j 因素重要得多
9	i 因素比 j 因素绝对重要
2,4,6,8	i 与 j 两因素重要性介于上述两个相邻判断标度之间
以上各数的倒数	两目标反过来比较

以上是 X 层解释指标对某一目标要素 M 的判断标度,对 X 层次各因素间进行两两比较确定矩阵判断值 a_{ij}。例如,在 M 目标要素下 X 层有 n 个指标因素,则对于 M 目标要素可得到 n 阶的比较判断矩阵 $A = [a_{ij}]_{n \times n}$,该矩阵是一个正互反矩阵,如表3-5所示。

表3-5 n 阶比较判断矩阵示意图

M	X_1	X_2	...	X_n
X_1	a_{11}	a_{12}	...	a_{1n}
X_2	a_{21}	a_{22}	...	a_{2n}
⋮	⋮	⋮		⋮
X_n	a_{n1}	a_{n2}	...	a_{nn}

比较判断矩阵中的元素 a_{ij} 表示的是在解释指标 X_i 因素与 X_j 因素两两比较的相对重要性时，依据指标因素两两比较判断标度所得到的赋值，满足 $a_{ij}>0$；$a_{ii}=1$；$a_{ij}=\dfrac{1}{a_{ij}}$。判断矩阵中的元素 a_{ij} 是专家利用自己（或决策者）的知识和经验通过比较因素 X_i 与 X_j，确定了因素指标间的重要程度，根据表 3-5 中两两比较判断标度相应地给予赋值得出来的，也为量化各因素间的两两比较结果提供了依据。萨蒂根据心理学家对于人们在区分信息等级时的研究成果，引入 1～9 个标度。因此，采用 1～9 标度作为判断矩阵中因素的判断标度，如表 3-5 所示。为了较好地理解层次分析法判断矩阵的形成，下面举一个例子来说明。

【例 3-1】 某赛事承办方对赛事因自然气候因素导致赛事延误的风险进行分析，这一风险评价的目标经过分析后有 3 个评价指标，依据 3 个指标的重要性判断，发现指标 1 比指标 2 稍微重要，比指标 3 明显重要；指标 2 与指标 3 相比，介于同等重要和稍微重要之间，即赋予 $a_{11}=1$，$a_{12}=3$，$a_{13}=5$，$a_{23}=2$，则比较判断矩阵为

$$A=\begin{bmatrix} 1 & 3 & 5 \\ 1/3 & 1 & 2 \\ 1/5 & 1/2 & 1 \end{bmatrix}$$

3. 各指标权重的确定

应用层次分析法进行风险评价与决策时，我们虽然已经得到比较判断矩阵 A，但是各因素各自的重要程度需要通过确定权重来进一步量化判别。

$$A=\begin{bmatrix} a_{11} & \cdots & a_{1n} \\ \vdots & & \vdots \\ a_{n1} & \cdots & a_{nn} \end{bmatrix} \tag{3-1}$$

采用层次分析法计算权重系数时一般采用和积法和方根法两种近似算法简便地计算各因素的权重 W_n。

方法一：和积法计算步骤

（1）对矩阵 A 按列进行归一化处理：

$$\overline{a_{ij}}=\dfrac{a_{ij}}{\sum\limits_{j=1}^{n}a_{ij}} \quad i,j=1,2,3,\cdots,n \tag{3-2}$$

（2）按行相加得和数：

$$\overline{w_i}=\sum_{j=1}^{n}\overline{a_{ij}} \tag{3-3}$$

（3）归一化计算即得权重系数：

$$w_i=\dfrac{\overline{w_i}}{\sum\limits_{i=1}^{n}\overline{w_i}} \tag{3-4}$$

方法二：方根的计算步骤
(1) 按行元素求积，再求 $1/n$ 次幂，得：

$$\overline{w_i} = \sqrt[n]{\prod_{ij=1}^{n} a_{ij}} \quad i,j = 1,2,\cdots,n \tag{3-5}$$

(2) 规范化，即得权重系数：

$$w_i = \frac{\overline{w_i}}{\sum_{i=1}^{n} \overline{w_i}} \tag{3-6}$$

下面介绍特征向量法中的和积法，具体步骤如下。

【例 3-2】 对于例题 3-1 中的比较判断矩阵，运用和积法求出各指标的权重。

解：首先求解矩阵 $A = \begin{bmatrix} 1 & 3 & 5 \\ 1/3 & 1 & 2 \\ 1/5 & 1/2 & 1 \end{bmatrix}$，对矩阵 A 进行归一化处理，得到权重向量 $\overline{a_{ij}}$

$$\sum_{k=1}^{3} a_{k1} = 1 + \frac{1}{3} + \frac{1}{5} = \frac{23}{15}$$

$$\overline{a_{11}} = \frac{a_{11}}{\sum_{k=1}^{3} a_{k1}} = \frac{1}{\frac{23}{15}} = 0.625$$

$$\overline{a_{21}} = \frac{a_{21}}{\sum_{k=1}^{3} a_{k1}} = \frac{\frac{1}{3}}{\frac{23}{15}} = 0.2174$$

$$\overline{a_{31}} = \frac{a_{31}}{\sum_{k=1}^{3} a_{k1}} = \frac{\frac{1}{5}}{\frac{23}{15}} = 0.1304$$

计算 a_{k2} 和 a_{k3}，得：

$$\sum_{k=1}^{3} a_{k2} = 3 + 1 + \frac{1}{2} = \frac{9}{2}$$

$$\sum_{k=1}^{3} a_{k3} = 5 + 2 + 1 = 8$$

同理，可计算出下列元素：

$$\overline{a_{12}} = 0.6667 \,;\, \overline{a_{22}} = 0.2222 \,;\, \overline{a_{32}} = 0.1111$$
$$\overline{a_{13}} = 0.625 \,;\, \overline{a_{23}} = 0.25 \,;\, \overline{a_{33}} = 0.125$$

则

$$\overline{w_i} = \begin{bmatrix} 0.625 & 0.6667 & 0.625 \\ 0.2174 & 0.2222 & 0.25 \\ 0.1304 & 0.1111 & 0.125 \end{bmatrix}$$

再归一化计算，运用权重系数 $w_i = \dfrac{\overline{w_i}}{\sum_{i=1}^{n}\overline{w_i}}$ 计算，即得：

$$w_i = [0.65, 0.23, 0.12]$$

因此，可以确定指标 1、指标 2、指标 3 的权重分别为 0.65、0.23、0.12。

4. 对计算结果进行一致性检验

比较判断矩阵是根据专家比较分析的结果给予的赋值，属于估计性质的数据矩阵，有时随着因素的增加，数据矩阵的阶数增加，此时并不能确保比较判断矩阵每个要素满足 $a_{ij} = a_{ik} \cdot a_{kj}$，因此，需要对计算的结果进行一致性检验。一致性检验是通过计算一致性指标和一致性比率进行的，计算公式分别如下。

$$CI = \dfrac{\lambda_{\max} - n}{n - 1}$$

$$CR = \dfrac{CI}{RI}$$

式中，CI 表示一致性指标；CR 表示一致性比率；RI 表示随机性指标；$\lambda_{\max}$ 表示矩阵的最大特征值。

萨蒂构造了最不一致的情况，就是对不同 n 的比较矩阵中的元素，采取 $1/9, 1/7, \cdots 1, \cdots 7, 9$ 随机取数的方式赋值，并且对不同 n 采用了 100~500 个字样，计算其一致性指标，再求得平均值，作为随机性指标，记为 RI。具体结果如表 3-6 所示。

表 3-6 RI 数值

n	RI
1	0
2	0
3	0.58
4	0.90
5	1.12
6	1.24
7	1.32
8	1.41
9	1.45
10	1.49
11	1.51

估计时，评价者（决策者）的估计不是很精确，因此，利用估计的判断矩阵进行决策前，必须进行一致性检验。

若 $CR < 0.10$，则认为比较判断矩阵的一致性可以接受，权重向量 W 可以接受。

【例 3-3】接例 3-2，进行一致性检验。

解：首先计算比较判断矩阵的最大特征值：

$$AW = \begin{bmatrix} 1 & 3 & 5 \\ 1/3 & 1 & 2 \\ 1/5 & 1/2 & 1 \end{bmatrix} \begin{bmatrix} 0.65 \\ 0.23 \\ 0.12 \end{bmatrix} = \begin{bmatrix} 1.94 \\ 0.69 \\ 0.365 \end{bmatrix}$$

则

$$\lambda_{\max} = \frac{1}{3} \sum_{i=1}^{3} \frac{(AW)_i}{W_i} = \frac{1}{3}\left(\frac{1.94}{0.65} + \frac{0.69}{0.23} + \frac{0.365}{0.12} \right) = 3.004$$

$$CI = \frac{\lambda_{\max} - n}{n-1} = \frac{3.004 - 3}{3-1} = 0.002$$

$$CR = \frac{CI}{RI} = \frac{0.002}{0.58} = 0.0034 < 0.1$$

5. 风险因素赋权值

在经过一致性检验后，在能够接受层次分析法计算结果的条件下，便可开始从各分目标层对指标因素赋予权值。通常是从最上层开始，由上而下地从一级指标、二级指标、三级指标赋予权值，求出各层次要素对风险管理总目标的综合重要度，进而对所有可能诱发风险事故的风险因素按照指标的权重值由高到低地进行优先排序，即可完成风险评估的等级排序工作。

（三）层次分析法的优缺点

层次分析法的案例分析在推演这一方法的过程中，就已经将案例穿插在其中，如例 3-1、例 3-2、例 3-3 都是层次分析法的具体应用。从该方法使用的整个步骤中也可以看出，这一方法实际也是一种多因素目标评价法，是既有专家参与又有定性和定量相结合的方法。对于部分难以直接定量分析、内涵较为复杂的评价目标来说，层次分析法是常用的方法之一。

1. 层次分析法的优点

（1）层次分析法具有整体性和系统性的特点。该方法是把风险管理事件作为一个整体，采用系统分析思路，按照事件内部逻辑关系进行因素分解，运用比较判断、综合推理的方式决策。将风险管理的目标事件视为整体，系统分析各风险因素对风险结果的影响，而且对每个层次中的每个因素对结果的影响程度都实现了量化分析，尤其是对内涵比较复杂的目标事件的评价较为适宜。

（2）层次分析法的结果简洁明了。该方法运用比较判断、逻辑推理，把定性分析与定量分析有机结合，将复杂事件系统分解为若干指标，把难以全部量化的复杂事件转化为多层次单目标问题，并通过两两比较，给出比较判断矩阵，再进行简单的数学运算，测算出风险指标因素的权重。分析思路清晰、结果简单明了，风险管理人员可以直接使用结果进行风险评价。

（3）层次分析法需要的定量数据少。该方法主要是将风险管理事件视为整体，由风险评价人员从风险事件的内在逻辑关系出发，通过分解影响因素，请专家运用经验知识判断比较各因素的重要性，根据比较判断的结果赋值，达到量化分析的效果。层次分析法比一般的定量分析需要的数据要少，改变了复杂事件需要定量数据才能定量分析的传统模式。

2. 层次分析法的缺点

（1）结果的稳定性与事件发展的动态性之间存在矛盾。层次分析法能够将复杂事件分解为若干简单因素指标，并能达到量化分析的效果，但运用该方法构建的分析模型具有动态调整能力不足的局限性。一般定量分析的数学模型，当某一变量发生变动时，分析结果也会随之改变。运用层次分析法得出的各因素指标的权重确定后，由于事件的发展具有动态性特征，一旦指标因素随着事件的变化而需要调整因素之间的逻辑判断关系时，原来的权重结果就不能准确描述各指标因素对事件产生影响的结果。

（2）风险管理目标事件的影响因素较多时，可能无法通过一致性检验。从层次分析法的应用步骤中可以看出，该方法是通过分析比较若干因素指标的重要性而构建比较判断矩阵的。当面对复杂的目标事件时，需要分解和选取的指标数量会随着目标事件的复杂程度而增加。这就意味着构造的比较判断矩阵的阶数会随着指标数量的增加而增加。由于层次分析法中指标因素两两比较重要程度仅仅使用了 1~9 的赋值数据来表达各指标间的相对重要性，当同一层选取的指标超过 9 个时，指标间两两比较重要程度的判断会变得很难。同时随着矩阵阶数的增加，计算矩阵最大的特征值就很难，使得对于结果的一致性检验不能通过。

三、压力测试法

（一）压力测试法简介

压力测试法是指在极端情景下，分析评价风险管理模型或内部风险管理流程的有效性，极早发现问题，制订改进措施的方法，防止出现重大损失事件。

压力测试通常在金融领域或者软件测试中使用。在风险评价中，项目风险因素评价也可根据风险因素在设计的情景下能够承受的压力大小来进行排序。例如，假设某金融机构的资产组合处于设定的极端情况下，利率骤升 100 个基本点，某一股票突然连续下跌 30%，突发贸易战，导致国际市场急剧紧缩等市场因素变化，然后测试该金融机构所持有的资产组合在市场变量发生上述极限变化时，金融机构突然遭受巨额损失压力下，金融机构能够承受哪些市场变量？承受不了的突发市场变量有哪些？根据结果对某些因素实施重点关注和防控。

常用的压力测试包括敏感性测试和情景测试两大类，其中情景测试又分为历史情景分析和假设情景分析两种。敏感性测试在企业生产经营管理中也经常使用，旨在测算敏感性因子的变化对企业利润、资金回收的影响情况。通过敏感性因子分析，可以了解企业生产经营过程中各因子变化后，对应的盈亏平衡点在哪里。

历史情景分析是利用过去导致市场剧烈变动的事件，假设事件再现，分析金融机构的资产投资组合会产生什么影响。例如，2020 年的新冠疫情、2009 年的欧债危机、1997 年的亚洲金融风暴，上述事件常常是金融机构用来进行风险压力测试时的首选历史事件。这种方法的优点是具有客观性，利用历史事件及其实际风险因子波动情形，在进行结构化的风险值计算上较有说服力，且风险因子间的相关变化情形也可以以历史数据为依据，使模型假设性的情形减少。

假设情景分析是在历史情景分析受到使用限制时使用的。例如，没有相应适合的历史事件，此时的历史情景分析就不适用，历史情景分析受到限制，需要采用假设情景分析。金融机构根据自行设计的分析模型，通过假设某些情景因素发生极端变化，如假设各种原材料价格的波动、市场份额、市场售价、市场利率、市场汇率及市场相关因素发生极限变动等的情景，进而利用自行设计的模型，在上述若干因素发生极端变化时，分析企业或金融机构持有的资产组合所能承受的损失压力大小。

（二）压力测试法的应用步骤

压力测试法的应用步骤如下。

1. 定义和估计模型

针对某一风险管理模型或者内部风险管理流程，假设可能发生极端情景。首先定义一个压力测试模型，根据风险管理目标设计自变量和因变量。模型可以选择已有的同类风险分析模型，也可以根据目标事件适当修正现有模型，初步测试和估计模型与风险管理目标的匹配性和适用性。

2. 模型估计结果分析

根据自变量已有的公开数据，输入模型后测算结果，分析结果与已经发生的事实数据之间的差异性。若差异较大，则需要修正模型，包括修正模型中的参数变量，使计算结果与实际结果之间具有一定的一致性。

3. 设计冲击场景或选用敏感因子测试

在确定了估计模型后，设定极端情况，并假设这些极端情况发生。将这些极端情景下的自变量数据输入模型中，然后分析在不同概率条件下，当自变量数据被输入假设情景后，因变量产生的结果；或者调整敏感因子的变化幅度，分析敏感因子不同幅度的变化对风险管理目标事件产生的影响。

4. 测算和分析影响结果

通过对测算结果的分析，给出各自变量变化的压力测试结果，从而对风险因素的管控等级进行决策。

四、模糊综合评价法

（一）模糊综合评价法简介

模糊综合评价法是根据数学的模糊集和隶属度的相关理论把定性分析转化为定量分析，即运用模糊集来描述模糊性概念的模糊性数学，对受多因素制约的目标事件进行判断、推理和总体评价的方法。这一方法具有系统性、整体性的特点，能较好地将模糊和难以量化的概念呈现出清晰的结果，是解决不确定性问题中模糊概念评价的方法。

我们在对风险管理目标时间进行评价时会发现，有的描述目标事件概念是准确的，可以用经典数学理论解决；有的描述目标事件概念的界限是不清晰的，同时又不属于统计学范畴的随机事件，具有很强的模糊性，因此，采用模糊综合评价法对这类界限模糊的目标事件进行风险评价。

1. 模糊事件

在分析某些事件时，我们通常将其分为确定性事件和不确定性事件两大类。确定性事件的量化分析是采用经典数学理论分析，而不确定事件又分为随机性事件和模糊性事件。随机性事件的分析属于概率统计的范畴，模糊性事件的分析属于模糊数学的范畴。在客观世界中，存在着许多亦此亦彼的模糊现象。在风险评价的实践中，有许多风险管理目标事件的风险程度属于模糊性描述。例如，风险水平高、风险水平低，以及其他类似于轻、重、快、慢、强、弱、高、低、长、短、年轻、暖和等描述词语，这种实际中没有明确的界限或外延不够清晰的概念称为模糊概念。诸如此类的概念或事件，既难以有界限或边界给予确切界定，也难以用数字精确表达，这类风险管理目标事件就属于模糊事件。

2. 模糊集合

普通集合可以表达概念，如$\{1,2,\cdots,n\}$表示自然数概念。这种属性所表达的概念应该是清晰的，每个元素和集合之间的隶属关系是非常明确的。但现实中存在许多模糊概念，彼此之间的界限不明确。1965年，美国加利福尼亚大学控制论专家扎德（Zadeh）提出了模糊集合的概念，并将此概念用于描述全体具有模糊属性的对象。运用模糊集合概念，开启了运用数学思维和数学方法去处理模糊性事件的大门，并形成了模糊集合论（国内通称为模糊性数学）的基础。

设X为一基本集，若对每个$x \in X$，从X到区间$[0,1]$的一个映射$\mu_A(X) \to [0,1]$，则定义模糊子集[1]：

$$A = \left\{ \frac{\mu_A(x)}{x} \bigg| x \in X \right\}$$

映射（函数）$\mu_A(x)$或简记为$A(\cdot)$，叫作模糊集A的隶属函数。对于每个$x \in U$，$\mu_A(x)$叫作元素x对模糊集A的隶属度[2]。

隶属函数$\mu_A(x) \in [0,1]$，即$0 \ll \mu_A(x) \ll 1$。

当X是可数集合，$X = \{x_1, x_2, \cdots, x_n\}$时，则

$$A = \sum_{i=1}^{n} \frac{\mu_A(x_i)}{x_i}$$

注意：此处Σ和+不是求和的意思，只是概括集合诸元素的记号；$\frac{\mu_A(x_i)}{x_i}$也不是分数，表示点x_i对应模糊集A的隶属度函数$\mu_A(x_i)$。

例如，设论域X为有限集，记$X = \{x_1(140), x_2(150), \cdots, x_6(190)\}$，则$X$上的模糊集"高个子"（$A$）的隶属度函数$\mu_A(x)$定义为

$$\mu_A(x) = \frac{x - 140}{190 - 140}$$

用Zadeh表示法表示为

---

[1] 陈水利，李敬功，王向公. 模糊集理论及其应用[M]. 北京：科学出版社，2005.
[2] KERRE E E，黄崇福，阮达. 模糊集理论与近似推理[M]. 武汉：武汉大学出版社，2004.

$$A = \frac{0}{x_1} + \frac{0.2}{x_2} + \frac{0.4}{x_3} + \frac{0.6}{x_4} + \frac{0.8}{x_5} + \frac{1}{x_6}$$

用向量表示法表示为

$$A = (0, 0.2, 0.4, 0.6, 0.8, 1)$$

3. 隶属函数的确定

x 在 X 中变动时，$A(x) = \left\{ \frac{\mu_A(x)}{x} \middle| x \in X \right\}$ 就是一个函数，称为模糊集 A 的隶属函数。用取值于区间(0,1)的隶属函数 $A(x)$ 表征 x 属于 A 的程度高低，$A(x)$ 越接近 1，表示 x 属于 A 的程度越高；$A(x)$ 越接近 0，表示 x 属于 A 的程度越低。隶属度函数的确定是用好模糊综合评价法的关键之一。从理论上说，确定隶属度函数的过程是一个客观过程，然而，由于个体的差异性，对于模糊概念的认识和理解在个体之间是同样存在差异性的，即使是对同一模糊概念也会有偏差。因此，确定隶属度函数的过程就不可避免地带有主观性。确定隶属函数的方法有模糊统计法、专家经验法等多种方法。

（1）模糊统计法。模糊统计法确定隶属函数的基本思路是先选取一个基本集 U，然后取其中任一元素 x，再考虑元素 x 是否属于基本集上的可变动的清晰集合 $A\varepsilon$。对于不同的试验者，清晰集合 $A\varepsilon$ 可以有不同的边界，但它们都对应于同一个模糊集合 A。在每次统计中，元素 x 是固定的，$A\varepsilon$ 的边界是可变的，重复试验 n 次后，其模糊统计可按下式进行计算：

$$\mu(x) = \lim_{n \to \infty} \frac{x \in A \text{的次数}}{n}$$

式中，n 表示参加评判总人数，试验次数只要充分大，$\mu(x)$ 就会趋向[0,1]中的某一个稳定数值，这一数值即隶属度。

（2）专家经验法。运用专家经验法确定隶属度，则是依据专家的经验，由专家给出处理模糊信息的算式来确定隶属函数，或者专家直接对权系数赋值确定隶属函数。在多数情况下，利用专家经验法确定的隶属函数是较为粗略的，需要对隶属函数进行"训练和学习"，在实践中进一步修改和完善。

4. 模糊矩阵及其算法

（1）模糊矩阵。假设矩阵 $\boldsymbol{R} = \{r_{ij}\}_{m \times n} o$，且对于任意的 $i \ll n$ 及 $j \ll m$，都有 $r_{ij} \in [0, 1]$，则称矩阵 $\boldsymbol{R}$ 为模糊矩阵。

当 r_{ij} 只取 0 或 1 时，称 $\boldsymbol{R}$ 为布尔（Boole）矩阵；当 r_{ij} 只取 0 时，称 $\boldsymbol{R}$ 为零矩阵，记为 0；当 r_{ij} 只取 1 时，称 $\boldsymbol{R}$ 为全矩阵，记为 $\boldsymbol{E}$。

（2）模糊矩阵的算法。模糊集合的逻辑运算实质上就是隶属函数的运算过程。采用隶属度函数的取大（Max）、取小（Min）进行模糊集合的并、交逻辑运算是目前最常用的方法。但还有其他公式，这些公式统称为"模糊算子"。

一个 n 行 m 列的模糊矩阵 $\boldsymbol{Q} = \{q_{ij}\}_{m \times n}$ 与一个 m 行 1 列的模糊矩阵 $\boldsymbol{R} = \{r_{ij}\}_{m \times n}$ 合成 QR，QR 为一个 n 行 1 列的模糊矩阵 $\boldsymbol{S}$，$\boldsymbol{S}$ 的第 i 行第 k 列的元素等于 $\boldsymbol{Q}$ 的第 i 行元素与 $\boldsymbol{R}$ 的第 k 列元素的合成，也称模糊矩阵的乘积。按照合成的不同原则，模糊矩阵合成有以下 4

种模型。

第一种：

$$M(\wedge,\vee): S_{ik} = \bigvee_{j=1}^{m}(q_{ij} \wedge r_{jk}), \begin{pmatrix} 1 \leq i \leq n \\ 1 \leq k \leq 1 \end{pmatrix}$$

式中，"∨""∧"均表示 Zadeh 算子，"∨"表示取大，"∧"表示取小。

第二种：

$$M(\cdot,\vee): S_{ik} = \bigvee_{j=1}^{m}(q_{ij} \cdot r_{jk}), \begin{pmatrix} 1 \leq i \leq n \\ 1 \leq k \leq 1 \end{pmatrix}$$

式中，"·"表示两个元素相乘。

第三种：

$$M(\wedge,\oplus): S_{ik} = \sum_{j=1}^{m}(q_{ij} \wedge r_{jk}), \begin{pmatrix} 1 \leq i \leq n \\ 1 \leq k \leq 1 \end{pmatrix}$$

式中，"⊕"表示求和。

第四种：

$$M(\cdot,\oplus): S_{ik} = \sum_{j=1}^{m}(q_{ij} \wedge r_{jk}), \begin{pmatrix} 1 \leq i \leq n \\ 1 \leq k \leq 1 \end{pmatrix}$$

这种算法与普通矩阵的运算一致。

这 4 种算法各有优缺点，比较常用的是第一种算法，即将对应元素两两比较先取小的，然后在所得的结果中取较大者。

（二）模糊综合评价法的应用步骤

采用模糊综合评价法进行风险评价的基本思路：综合考虑所有风险因素的影响程度，并设置权重以区别各因素的重要性，通过构建数学模型，推算出风险的各种可能性程度，其中可能性程度高者为风险水平的最终确定值。

1. 一级模型

利用一级模型进行模糊综合评价的步骤如下。

（1）确定评价对象的因素集。因素集是影响评价对象的各种因素所组成的一个普通集合。

$$U = \{u_1, u_2, \cdots, u_n\}$$

式中，U 表示因素集；$u_i(i=1,2,\cdots,n)$ 表示各影响因素。

例如，对牛仔服进行评价时，可以考虑从舒适性、耐磨性、美观性和价格 4 个方面进行，这 4 个方面就是评价的影响因素，构成因素集，即 U = {舒适性,耐磨性,美观性,价格}。

（2）建立评价集。评价集（也称备择集）是专家利用自己的经验和知识对项目因素对象可能做出的各种总的评判结果所组成的集合。

$$V = \{v_1, v_2, \cdots, v_m\}$$

式中，$v_i(i=1,2,\cdots,m)$ 表示各种可能的评价结果。

例如，专家在对牛仔服的 4 个单因素进行评价时，评判结果可分为很好、好、一般、不好,构成因素集,即 V = {很好,好,一般,不好}。

(3)建立模糊关系矩阵。模糊关系矩阵即建立从 U 到 V 的模糊关系 R。利用模糊统计法,由若干专家对各因素 r_{ij} 进行评价,则

$$r_{ij} = \frac{\text{对}V\text{中某一因素,专家划分为某一档次的人数}}{\text{评审专家人数}}$$

得到模糊关系矩阵:

$$R = \begin{pmatrix} r_{11} & r_{12} & \cdots & r_{1m} \\ r_{21} & r_{22} & & r_{2m} \\ \vdots & \vdots & & \vdots \\ r_{n1} & r_{n2} & \cdots & r_{nm} \end{pmatrix}$$

在上例中,就牛仔服的舒适性而言,假设有 30% 的顾客认为很好,60% 的顾客认为好,10% 的顾客认为一般,没有顾客认为不好。因此,对单因素"舒适性"的评价为 {0.3,0.6,0.1,0}。同样,对"耐磨性"的评价为 {0.1,0.4,0.2,0.3};对美观性的评价为 {0.1,0.4,0.2,0.3};对"价格"的评价为 {0.2,0.5,0.1,0.2}。模糊矩阵为

$$R = \begin{bmatrix} 0.3 & 0.6 & 0.1 & 0 \\ 0.1 & 0.4 & 0.2 & 0.3 \\ 0.1 & 0.4 & 0.2 & 0.3 \\ 0.2 & 0.5 & 0.1 & 0.2 \end{bmatrix}$$

(4)确定权重集。权重集反映了因素集中各因素的重要程度,一般通过对各个因素 $U_i(i=1,2,\cdots,n)$ 赋予相应的权数 $a_i(i=1,2,\cdots,n)$,这些权数所组成的集合被称为因素权重集,简称权重集。

$$A = \{a_1, a_2, \cdots, a_n\}$$

权重的确定在项目风险综合评价中是一项非常重要的工作。同样的因素,如果取不同的权重,那么最终的评判结果将会不一样。例如,对牛仔服的评价中,由于顾客背景(年龄、职业、性别、经济状况等)不同,他们对服装的舒适性、耐磨性、美观性和价格的重视程度也不一样,不同的人会对这 4 个因素赋予不同的权重。权重的确定一般由人们根据实际问题的需要主观确定,也可按确定隶属度的方法加以确定。设顾客对舒适性、耐磨性、美观性和价格 4 个因素赋予的权重分别为 0.3、0.1、0.4、0.2,则权重集 $A = \{0.3, 0.1, 0.4, 0.2\}$。

(5)模糊综合评判。根据模糊综合评价数学模型进行模合成,就可得出综合评价结果:

$$B = RA = (a_1, a_2, \cdots, a_n) \begin{bmatrix} r_{11} & r_{12} & \cdots & r_{1m} \\ r_{21} & r_{22} & \cdots & r_{2m} \\ \vdots & \vdots & & \vdots \\ r_{n1} & r_{n2} & \cdots & r_{nm} \end{bmatrix}$$

式中,B 表示模糊综合评价集。

若 B 中各元素的总和不等于 1,需对 B 进行归一化处理,即将 B 中的每个元素分别除以各元素的总和,得到归一化的矩阵 B,作为综合评价的结果。

例如,对牛仔服的模糊综合评价,采用 $M(\wedge,\vee)$ 合成算法,结果为

$$B = RA = (0.3, 0.1, 0.4, 0.2) \begin{bmatrix} 0.3 & 0.6 & 0.1 & 0 \\ 0.1 & 0.4 & 0.2 & 0.3 \\ 0.1 & 0.4 & 0.2 & 0.3 \\ 0.2 & 0.5 & 0.1 & 0.2 \end{bmatrix}$$

$$B = (0.3, 0.4, 0.2, 0.3)$$

因为 $0.3+0.4+0.2+0.3=1.2$，所以需进行归一化处理，将 B 的各项除以 1.2，得出归一化的矩阵 $B = (0.25, 0.33, 0.17, 0.25)$。

计算结果表明，牛仔服隶属很好、好、一般和不好的程度分别为 0.25、0.33、0.17 和 0.25。根据最大隶属度原则，对牛仔服的综合评价是"好"。

2. 多级模糊综合评价模型

风险评价是个复杂的过程，同一问题由不同的人评价或者同一个人从不同的视角评价时，必然会包含诸多评价因素。此时，前面介绍的一级模型显然是解决不了问题的，需要使用多级模糊综合评价模型。例如，对大型体育场馆的建筑体系安全性进行评价，一般从设计、施工和使用 3 个方面考虑。这显然是从场馆建设和使用的时间轴考虑其安全性，可以依据 3 个时段建立评价指标体系。

体育场馆安全评价体系由设计、施工、使用 3 个板块的安全构成，因此对其安全的评价就涉及设计单位、施工单位、使用单位。具体 3 个单位安全因素的构成如下。

设计单位：{建设工期,材料消耗量,人工用量,施工机械消耗量,设计使用年限,工程造价,外形美观,功能布局}。

施工单位：{建设工期,施工难易程度,人工用量,工程造价}。

使用单位：{建筑面积,舒适程度,功能实现}。

这样的例子属于多级模型。利用多级模型进行模糊综合评价的一般步骤如下。

（1）将因素集分成若干子集。因素集 U 按所需评价的因素属性分成 s 个子集，记作 "$U_1, U_2, \cdots, U_s$"，且需满足 "$\bigcup_{i=1}^{s} U_i = U, U_i \cap U_j = \emptyset (i \neq j)$"。∪、∩ 为集合运算中的"并"和"交"的运算符号，$\emptyset$ 表示空集。

设每个子集 $U_I = (U_{i1}, U_{i2}, \cdots, U_{in})$ $U_i (i=1,2,\cdots,s)$。

$$\sum_{i=1}^{s} n_i = n$$

式中，n 表示元素集中全部元素的数目。

（2）对每个子集 U_i 利用一级模型分别进行模糊综合评价。假定评价集 $V = (V_1, V_2, \cdots, V_m)$，$U_i$ 中的各指标的权重分配为 $A_i = (a_{i1}, a_{i2}, \cdots, a_{in})$，这里要求 $\sum_{j=1}^{n_j} a_{ij} = 1$。$U_i$ 的单因素模糊评价矩阵为 R_i，于是第一级模糊综合评价 $B_i = A_i R_i = (b_{i1}, b_{i2}, \cdots, b_{im}) (i=1,2,\cdots,s)$。

（3）进行多级模糊综合评价。将每个 U_i 当作一个因素对待，用 $R = \begin{bmatrix} B_1 \\ B_2 \\ \vdots \\ B_s \end{bmatrix}$ 作为

$\{U_1, U_2, \cdots, U_s\}$ 的单因素模糊评价矩阵,而每个 U_i 作为 U 中的一部分,反映 U 的某种属性,并按相对重要性给出权重分配 $A = \{A_1, A_2, \cdots, A_s\}$,于是二级模糊综合评价 $B = A \cdot R$。

对于三级、四级以致更多的模糊综合评价,均是在 R_i 的基础上再细分完成的。此时可将指标利用模糊聚类分析,首先进行分类,然后从最低一级评价逐步做到最高一级评价,从而得出结论。

(4)计算综合隶属度。综合隶属度 $P = B \times V^T$,按此得出的结果确定项目风险的大小程度。

(三)模糊综合评价法的应用案例

某市体育服务综合体项目建设之所以采用了 BOT(Build-Operate-Transfer,建设-经营-转让)模式,是因为该项目具有投资额高、建设期限长、快速变现能力较差的特点,因此邀请包括基建项目建设专家、项目管理专家、法律专家、金融专家、风险评估师等在内的一组评判人员,采用模糊综合评价对该项目进行了风险评价。

1. 体育服务综合体项目 BOT 模式的风险分析

体育服务综合体项目采用 BOT 模式,其主要风险可归纳为政治风险、法律风险、经济风险、建设风险和运营风险 5 个方面,如图 3-6 所示。

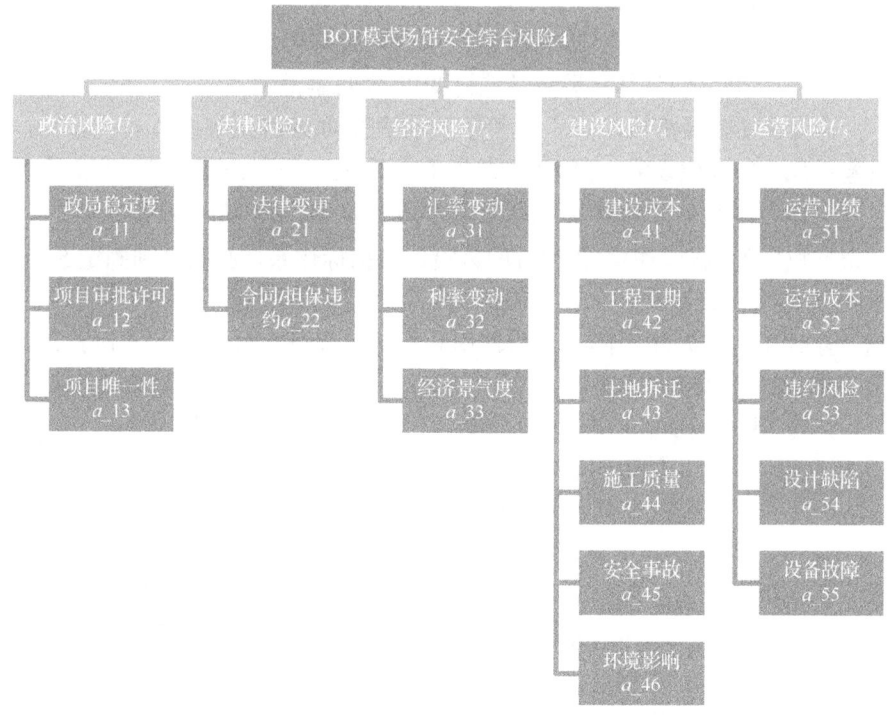

图 3-6 体育服务综合体项目 BOT 模式风险评价指标体系

(1)政治风险是指由于某些事件和因素受政府控制,而不受基础设施项目的发起方和贷款方控制,从而使项目的发起方和贷款方遭受损失的风险。导致政治风险的因素主要包括政局稳定度、项目审批许可、项目唯一性等。

（2）法律风险反映了合同和支持投资的法律框架在 BOT 模式中的重要性。项目发起人和债权人的风险体现在与 BOT 模式相关的法律法规在项目实施后的变更，得不到相应的补偿，将影响项目未来的发展。导致法律风险的因素主要包括法律变更、合同/担保违约等。

（3）经济风险是由于未来经济状况和项目真实需求的不确定性而使项目发起者与放贷人所面对的风险。导致经济风险的因素主要包括汇率变动、利率变动、经济景气度等。

（4）建设风险是指在建设工程项目过程中可能遇到的各种不确定性和潜在损失。这些风险可能来自多个方面，我们可以从两个角度来分析导致建设风险的因素。从项目发起者的角度看，导致建设风险的因素主要包括建设成本、工程工期、土地拆迁等。从承包商角度看，导致建设风险的因素主要包括施工质量、安全事故、环境影响等。

（5）运营风险是指因项目无法达到预期运营效果而危及发起人的偿还信誉及再次融资的能力的风险。导致运营风险的因素主要包括运营业绩、运营成本、违约风险、设计缺陷、设备故障等。

2. 体育服务综合体项目的模糊综合评价

（1）因素集的分解。从图 3-6 中可以看出，该体育服务综合体项目的模糊综合评价属于二级模糊评价。将所有的影响因素分为 5 个子集 $U = \{U_1(政治风险), U_2(法律风险), U_3(经济风险), U_4(建设风险), U_5(运营风险)\}$，其中：

U_1(政治风险) = {政局稳定度, 项目审批许可, 项目唯一性}

U_2(法律风险) = {法律变更, 合同/担保违约}

U_3(经济风险) = {汇率变动, 利率变动, 经济景气度}

U_4(建设风险) = {建设成本, 工程工期, 土地拆迁, 施工质量, 安全事故, 环境影响}

U_5(运营风险) = {运营业绩, 运营成本, 违约风险, 设计缺陷, 设备故障}

（2）指标权重的确定。根据该项目的风险评价指标体系，必须分别确定 5 个风险源、19 个指标各自的权重，用来评价体育服务综合体项目的风险程度。

依据专家评价构建判断矩阵，然后使用和积法计算各指标权重，并检验其一致性，最终确定权重集（计算过程省略）。

$$A = (U_1, U_2, U_3, U_4, U_5) = (0.280, 0.328, 0.231, 0.057, 0.104)$$

$$U_1 = (a_{11}, a_{12}, a_{13}) = (0.470, 0.260, 0.270)$$

$$U_2 = (a_{21}, a_{22}) = (0.500, 0.500)$$

$$U_3 = (a_{31}, a_{32}, a_{33}) = (0.225, 0.376, 0.399)$$

$$U_4 = (a_{41}, a_{42}, a_{43}, a_{44}, a_{45}, a_{46}) = (0.091, 0.258, 0.190, 0.205, 0.164, 0.092)$$

$$U_5 = (a_{51}, a_{52}, a_{53}, a_{54}, a_{55}) = (0.382, 0.358, 0.118, 0.098, 0.044)$$

（3）因素的评价集。利用层次分析法获得所列风险因素的权重后，必须确定各风险因素的评价尺度。评价尺度根据所列出因素对体育服务综合体项目收益和风险的影响程度分为 5 个等级，分别为很大（0.9）、较大（0.7）、一般（0.5）、较小（0.3）和很小（0.1）。即

评价集 V = (很大, 较大, 一般, 较小, 很小)

评价集的标准隶属度 V = (0.9, 0.7, 0.5, 0.3, 0.1)

（4）确定各评价指标的隶属度和模糊矩阵。邀请专家评价小组对该 BOT 模式的体育

服务综合体项目的每种风险因素的各个评价指标进行模糊评价，得出各评价指标的隶属度如下：

① 政治风险的隶属度：
$$R_{11} = (0.33, 0.67, 0, 0, 0) \quad R_{12} = (0, 0.83, 0.17, 0, 0) \quad R_{13} = (0, 0.5, 0.33, 0.17, 0)$$

② 法律风险的隶属度：
$$R_{21} = (0, 0.5, 0.5, 0, 0) \quad R_{22} = (0, 0.83, 0.17, 0, 0)$$

③ 经济风险的隶属度：
$$R_{31} = (0, 0, 0, 0.17, 0.83) \quad R_{32} = (0, 0, 0.83, 0.17, 0) \quad R_{33} = (0.17, 0.17, 0.16, 0.5, 0)$$

④ 建设风险的隶属度：
$$R_{41}(0, 0.17, 0.83, 0, 0) \quad R_{42} = (0, 0.5, 0.5, 0, 0) \quad R_{43} = \{0, 0.17, 0.83, 0, 0\} \quad R_{44} = (0.17, 0.83, 0, 0, 0)$$
$$R_{45} = (0, 0.83, 0.17, 0, 0) \quad R_{46} = (0, 0, 0.33, 0.5, 0.17)$$

⑤ 运营风险的隶属度：
$$R_{51} = (0.5, 0.33, 0.17, 0, 0) \quad R_{52} = (0, 0.5, 0.5, 0, 0) \quad R_{53} = (0, 0.5, 0.5, 0, 0)$$
$$R_{54} = (0, 0, 0.33, 0.33, 0.34) \quad R_{55} = (0, 0, 0.5, 0.5, 0)$$

各子集的模糊矩阵：

$$\boldsymbol{R}_1 = \begin{bmatrix} 0.33 & 0.67 & 0 & 0 & 0 \\ 0 & 0.83 & 0.17 & 0 & 0 \\ 0 & 0.5 & 0.33 & 0.17 & 0 \end{bmatrix} \quad \boldsymbol{R}_2 = \begin{bmatrix} 0 & 0.5 & 0.5 & 0 & 0 \\ 0 & 0.83 & 0.17 & 0 & 0 \end{bmatrix}$$

$$\boldsymbol{R}_3 = \begin{bmatrix} 0 & 0 & 0 & 0.17 & 0.83 \\ 0 & 0 & 0.83 & 0.17 & 0 \\ 0.17 & 0.17 & 0.16 & 0.5 & 0 \end{bmatrix} \quad \boldsymbol{R}_4 = \begin{bmatrix} 0 & 0.17 & 0.83 & 0 & 0 \\ 0 & 0.5 & 0.5 & 0 & 0 \\ 0 & 0.17 & 0.83 & 0 & 0 \\ 0.17 & 0.83 & 0 & 0 & 0 \\ 0 & 0.83 & 0.17 & 0 & 0 \\ 0 & 0 & 0.33 & 0.5 & 0.17 \end{bmatrix}$$

$$\boldsymbol{R}_5 = \begin{bmatrix} 0.5 & 0.33 & 0.17 & 0 & 0 \\ 0 & 0.5 & 0.5 & 0 & 0 \\ 0 & 0.5 & 0.5 & 0 & 0 \\ 0 & 0 & 0.33 & 0.33 & 0.34 \\ 0 & 0 & 0.5 & 0.5 & 0 \end{bmatrix}$$

（5）一级模糊评价。采用 $M(\cdot, \oplus)$，利用公式 $\boldsymbol{B}_i = \boldsymbol{A}_i \cdot \boldsymbol{R}_i = (b_{i1}, b_{i2}, \cdots, b_{im})(i = 1, 2, \cdots, s)$ 分别对 5 个风险因素进行评价。

$$\boldsymbol{B}_1 = \boldsymbol{A}_1 \cdot \boldsymbol{R}_1 = (0.470, 0.260, 0.270) \cdot \begin{bmatrix} 0.33 & 0.67 & 0 & 0 & 0 \\ 0 & 0.83 & 0.17 & 0 & 0 \\ 0 & 0.5 & 0.33 & 0.17 & 0 \end{bmatrix}$$
$$= (0.155, 0.666, 0.133, 0.046, 0)$$

同理，可计算出 $\boldsymbol{B}_2$、$\boldsymbol{B}_3$、$\boldsymbol{B}_4$ 和 $\boldsymbol{B}_5$：

$$\boldsymbol{B}_2 = \boldsymbol{A}_2 \cdot \boldsymbol{R}_2 = (0, 0.665, 0.335, 0, 0)$$
$$\boldsymbol{B}_3 = \boldsymbol{A}_3 \cdot \boldsymbol{R}_3 = (0.067, 0.067, 0.379, 0.301, 0.186)$$
$$\boldsymbol{B}_4 = \boldsymbol{A}_4 \cdot \boldsymbol{R}_4 = (0.035, 0.483, 0.420, 0.046, 0.017)$$

$$B_5 = A_5 \cdot R_5 = (0.191, 0.365, 0.358, 0.054, 0.032)$$

（6）二级模糊评价。

$$模糊矩阵\ R = \begin{bmatrix} B_1 \\ B_2 \\ \vdots \\ B_s \end{bmatrix} = \begin{bmatrix} 0.155 & 0.666 & 0.133 & 0.046 & 0 \\ 0 & 0.665 & 0.335 & 0 & 0 \\ 0.067 & 0.067 & 0.379 & 0.301 & 0.186 \\ 0.035 & 0.483 & 0.420 & 0.046 & 0.017 \\ 0.191 & 0.365 & 0.358 & 0.054 & 0.032 \end{bmatrix}$$

评价矩阵 $B = A \cdot R$

$$= (0.280, 0.328, 0.231, 0.057, 0.104) \cdot \begin{bmatrix} 0.155 & 0.666 & 0.133 & 0.046 & 0 \\ 0 & 0.665 & 0.335 & 0 & 0 \\ 0.067 & 0.067 & 0.379 & 0.301 & 0.186 \\ 0.035 & 0.483 & 0.420 & 0.046 & 0.017 \\ 0.191 & 0.265 & 0.358 & 0.054 & 0.032 \end{bmatrix}$$

$$= (0.081, 0.486, 0.295, 0.091, 0.047)$$

按照最大隶属度原则，该BOT模式的体育服务综合体项目的法律风险是最大的，然后依次是经济风险、建设风险、政治风险、运营风险。

（7）计算综合隶属度。

$$P = B \cdot V^{\mathrm{T}}$$
$$= (0.081, 0.486, 0.295, 0.091, 0.047) \cdot (0.9, 0.7, 0.5, 0.3, 0.1)^{\mathrm{T}}$$
$$= 0.592$$

综合隶属度为0.592，总的来说，项目的风险属于中等偏大。

模糊评价主要应用于概念的内涵是明确的但外延是模糊的事项评估。在风险评估实践中，有许多事件的风险程度是不可能精确描述的，可以利用模糊数学的知识进行风险衡量和评价。模糊评价可以把边界不清楚的模糊概念用量化的方法表示出来，为决策提供支撑，是一种应用广泛的评价方法。其缺陷主要在于评价要素及其权重的确定具有主观性。

五、因子分析法

（一）因子分析法简介

因子分析是指研究从变量群中提取共性因子的统计技术，最早由英国心理学家斯皮尔曼（Spearman）提出。斯皮尔曼发现学生的各科成绩之间存在着一定的相关性，某一科成绩好的学生，往往其他成绩也比较好，从而推想是否存在某些潜在的共性因子，或称某些一般智力条件影响着学生的学习成绩。因子分析可在许多变量中找出隐藏的具有代表性的因子，将相同本质的变量归入一个因子可减少变量的数目，还可检验变量间关系的假设。

因子分析法的形成和发展有相当长的历史，最早用于研究解决心理学和教育学方面的问题，由于计算量大，又缺少高速计算的设备，因子分析的应用和发展受到很大的限制，甚至停滞了很长时间。由于电子计算机的出现，因子分析的理论研究和计算有了很大的进展。目前这一方法的应用范围已十分广泛。

(二)因子分析法的原理

因子分析法是将具有错综复杂关系的变量(或样品)综合为数量较少的几个因子,以再现原始变量与因子之间的相互关系,根据不同因子还可以对变量进行分类的方法。它也属于多元分析中处理降维的一种统计方法。

因子分析的任务:一是构造一个因子模型,确定模型中的参数,然后根据分析结果进行因子解释;二是对公共因子进行估计,并做出进一步分析。

因子的一般模型为

$$\begin{cases} x_1 = a_{11}Z_1 + a_{12}Z_2 + \cdots + a_{1n}Z_n + \varepsilon_1 \\ x_2 = a_{21}Z_1 + a_{22}Z_2 + \cdots + a_{2n}Z_n + \varepsilon_2 \\ \cdots\cdots \\ x_m = a_{m1}Z_1 + a_{m2}Z_2 + \cdots + a_{mn}Z_n + \varepsilon_m \end{cases}$$

式中,$x_1, x_2, \cdots, x_m$ 表示原始变量;a_{ij} ($i=1,2,\cdots,m$;$j=1,2,\cdots,n$)表示因子载荷;Z_i ($i=1,2,\cdots,n$)表示公共因子;ε_i ($i=1,2,\cdots,m$)表示特殊因子。

因子载荷 a_{ij} 是第 i 个变量在第 j 个因子上的载荷,或者说,第 i 个变量与第 j 个因子的相关系数。若载荷较大,则说明第 i 个变量与第 j 个因子的关系密切;若载荷较小,则说明第 i 个变量与第 j 个因子的关系疏远。因子载荷矩阵中各行数值的平方和称为各变量对应的共同度。公共因子是在各个变量中共同出现的因子,特殊因子实际上就是实测变量与估计值之间的残差值。如果特殊因子为零,则称为主成分分析。

为了更易于解释找到的主因子,往往需要对因子载荷矩阵进行旋转。旋转的方法有很多,最常用的是最大方差旋转法。进行矩阵旋转的目的是要使因子载荷矩阵中因子载荷的平方指向 0 和 1 两个方向分化,使大的载荷更大,使小的载荷更小。将因子表示为变量的线性组合时,所得到的计算结果称为因子得分,它是对公共因子的估计值。

(三)因子分析法的应用步骤

1. 建立评价矩阵,进行因子分析显著性检验

将建立的评价指标体系对不同目标分别赋值,建立评价矩阵。若对 n 个目标进行评估,则有如下评价矩阵:

$$\boldsymbol{J} = \begin{pmatrix} J_{11} & J_{12} & \cdots & J_{1p} \\ J_{21} & J_{22} & \cdots & J_{2p} \\ \vdots & \vdots & & \vdots \\ J_{n1} & J_{n2} & \cdots & J_{np} \end{pmatrix}$$

式中,n 表示样本数;p 表示该评价体系所选取的指标数。

建立评价矩阵后,分析变量之间的相关性,进行因子分析的显著性检验。

2. 原始数据标准化

由于评价指标通常是有度量单位的,由这些指标的观测数据所计算的协方差矩阵或相关矩阵必然会受到指标量纲的影响,不同的量纲和数量级将得到不同的协方差矩阵或相关矩阵。为了避免计算结果受指标量纲和数量级的影响，保证其客观性和科学性，在进行其他运算之前，必须对原始数据进行标准化处理。其标准化计算公式为

$$x_{ij} = \frac{X_{ij} - \overline{X}_j}{S_j}$$

式中，x_{ij} 表示标准化后的数据；X_{ij} 表示原始数据；$\overline{X}_j$ 表示第 j 个指标的平均数；S_j 表示标准差。

3. 计算相关系数矩阵及其特征根和特征向量

对由初级指标体系构成的相关系数矩阵 R，求特征方程 $|R - \lambda E| = 0$ 的全部非负特征根，共 K 个（另外 $P - K$ 个指标的特征根均为零），并依大小顺序排列成 $\lambda_1 \geq \lambda_2 \geq \cdots \geq \lambda_k > 0$，显然，$\lambda_k$ 是第 k 个主成分的方差，它反映了第 k 个主成分在描述被评价对象上所起的作用的大小。第一个主成分的特征向量表明了当前的发展趋势。根据特征向量的计算结果，可知各评价指标 x_i 在各主成分中的系数 a_{ij}，其绝对值表明该指标所起的作用大小。

$$(R_{ij})_{p \times p} = \begin{pmatrix} 1 & R_{12} & \cdots & R_{1p} \\ R_{21} & 1 & \cdots & R_{2p} \\ \vdots & \vdots & & \vdots \\ R_{p1} & R_{p2} & \cdots & 1 \end{pmatrix}$$

式中，$R_{ij} = R_{ji}$。

相应的标准正交特征向量为 $h_1, h_2, \cdots, h_p$，其中：

$$h_j = (h_{j1}, h_{j2}, \cdots, h_{jp}) \quad (j = 1, 2, \cdots, p)$$

4. 提取公因子

计算各主成分的方差贡献率 a_k 及累计方差贡献率 a_q，公式为

$$a_k = \frac{\lambda_k}{\sum_{k=1}^{p} \lambda_k}$$

$$a_q = \sum_{k=1}^{q} a_k$$

式中，a_k 表示第 k 个主成分提取的原始 p 个指标的信息量；a_q 表示前 q 个主成分提取的原始 p 个指标的信息量。

当 $a_q > 85\%$ 时，前 q 个主成分即为所需主成分，提取公因子：

$$\begin{cases} Z_1 = h_{11} X_1 + h_{12} X_2 + \cdots + h_{1p} X_p \\ Z_2 = h_{21} X_1 + h_{22} X_2 + \cdots + h_{2p} X_p \\ \cdots \cdots \\ Z_q = h_{q1} X_1 + h_{q2} X_2 + \cdots + h_{qp} X_p \end{cases}$$

在这 q 个公因子中，Z_1 是一切线性组合中方差最大者，即反映原有指标的信息最多，故称之为第一公因子。它在评价研究对象时所起的作用最大。Z_2、Z_3、…、Z_q 作用递减，重要性依次减轻。

5. 因子旋转

因子旋转是因子分析中的一个重要步骤。当原始因子上的载荷值不太好解释时，因子旋转是将原始因子旋转到一个更容易解释和理解的状态，以便更好地解释数据的结构。这通常涉及对因子载荷矩阵进行变换，使得旋转后的因子载荷矩阵中的元素更容易解释。

6. 因子解释

根据各原始指标作用在每一主成分因子的载荷，结合各原始指标的客观情况及所反映的事实，对各公因子进行分析解释。

7. 因子得分及分析

计算因子得分和因子综合得分，对样本进行对比排序分析和评价，进而依据综合得分给出相应的风险影响评定。

思 考 题

1. 风险损失估计的原则是什么？
2. 试述风险损失估计的步骤。
3. 层次分析法的应用步骤是什么？
4. 应用层次分析法时，为何要进行一致性检验？
5. 某项目利用银行贷款建设，银行欲对此借款项目的风险进行评价。已知其风险递阶结构如图 3-7 所示，各比较判断矩阵如表 3-7～表 3-10 所示。试用层次分析法对该项目的风险进行评价。

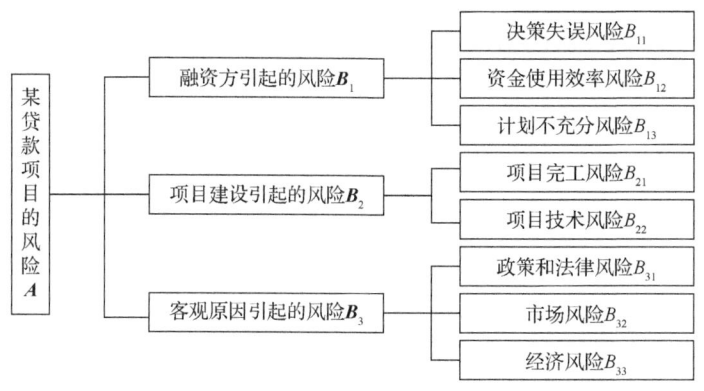

图 3-7　风险递阶结构

表 3-7 A 判断矩阵

A	B_1	B_2	B_3
B_1	1	3	5
B_2	1/3	1	4
B_2	1/5	1/4	1

表 3-8 B_1 判断矩阵

B_1	B_{11}	B_{12}	B_{13}
B_{11}	1	1/3	1/5
B_{12}	3	1	1/2
B_{13}	5	2	1

表 3-9 B_2 判断矩阵

B_2	B_{21}	B_{22}
B_{21}	1	3
B_{22}	1/3	1

表 3-10 B_3 判断矩阵

B_3	B_{31}	B_{32}	B_{33}
B_{31}	1	5	3
B_{32}	1/5	1	1/2
B_{33}	1/3	2	1

6. 如何理解模糊性？
7. 模糊矩阵运算的方法有哪些？
8. 一级模糊评价的步骤是什么？
9. 如何进行二级模糊评价？

第四章 风险管理决策

【学习要点】 理解风险管理决策的含义。
理解风险管理决策的特点和原则。
掌握风险管理决策的程序。
掌握风险管理决策的方法。
熟悉确定型风险管理决策的依据。
熟悉损失期望值法的应用。
熟悉期望效用值法的应用。
掌握盈亏平衡分析法的应用。
了解贝叶斯法的应用。
了解马尔可夫链法的应用。

西蒙(Simon)认为,管理就是决策。风险管理决策显然是风险管理的重要内容之一,该决策依据风险识别和风险评价的结果,从若干风险管理方案中选择最佳方案,以实现风险管理成本最小化、风险管理收益最大化。从风险管理决策的层次和内容来看,包括了战略层决策、运营层决策、业务操作层决策,每一层面的决策都存在决策风险,通常高层决策影响深远、持久,底层决策影响面小。从风险管理的流程看,风险管理决策属于风险管理流程中的重点,是风险管理举措的选择和确定,直接影响风险管理的效果。

风险管理决策理论是风险管理理论的一个重要内容。本章主要阐述风险管理决策策略、特点,不同类型风险的决策依据、决策程序,以及如何在不确定性和风险环境下做出最优决策的方法。

第一节 风险管理决策概述

一、风险管理决策的含义与基本内容

(一)风险管理决策的含义

风险管理决策是在科学运用风险识别方法,在有效识别企业或大型活动等主体存在的风险,并分析各类风险因素诱发风险事故的概率及其影响程度的基础上,根据风险性质和主体对风险的承受能力,合理制订规避风险、自担或分担风险、转嫁风险等管理决策策略和风险管理防范措施的过程。从以下两点能够更好地理解风险管理决策的内涵:一是决策的经济性,即所选方案必须遵循以最少的费用支出获得最大的风险管理效果或安全保障效益;二是风险管理决策是对风险管理各项工具的优化组合和综合运用,对可

规避性、可转移性、可接受性的决策有具体实施举措和方案。

（二）风险管理决策的基本内容

风险管理是将风险降至可接受范围的管理过程，风险管理决策过程体现了管理的经济性和管理举措的操作性。需要依据风险管理的目标、风险事故影响的程度，综合选择各种风险目标管理技术，以最低的风险管理成本制订总体方案或总体计划。从一般意义上讲，风险管理决策达到上述基本管理目标通常包括以下4个过程。

1. 决策信息分析过程

在经过风险识别、风险评价后，已经获得风险管理目标事件可能出现各种风险性质特征、发生概率、风险事故影响大小等相关风险决策信息，需要对这些信息进行系统分析判断，针对不同风险确定所要采取的策略是风险规避、风险自留还是风险转嫁。

2. 依据选择的决策策略制订风险管理方案

针对每个可能出现的具体风险，拟订多种相应的风险处理方案，并根据经济性原则，选择适合相应风险的最佳风险管理方案。

3. 执行风险管理方案

根据决策的目标和原则，按照书面风险管理行动计划，报告应对风险的进展，明确并沟通相关信息，进而执行管理方案。

4. 风险管理方案纠偏过程

由于风险的不确定性，有时具体的方案执行的结果不能令人满意，需要根据实际对方案进行评价和修正，并将修正的相关内容做好记录。

二、风险管理决策策略

在风险管理中，具体的风险处置方法很多。按照各种方法处理风险的方式不同，一般将其分为4类：风险规避、风险自留、损失控制和风险转嫁。

（一）风险规避

风险规避是指对风险管理目标事件进行风险识别和评价后，发现目标事件发生风险的概率很高，一旦发生风险事故，损失就会很大，超出目标事件主体的风险承受能力。同时，没有其他有效措施降低风险，从而选择放弃执行目标事件，避免可能产生的损失。

（二）风险自留

风险自留是指对风险管理目标事件进行风险识别和评价后，风险项目主体能够承受相应风险损失，选择将风险留在内部。风险自留又分为有计划的风险自留和无计划的风险自留。

有计划的风险自留是指风险项目主体在不改变目标事件的风险性质、风险发生概率，也不改变目标事件发生风险损失的大小的基础上，采取内部控制措施来主动化解风险；也可以通过评估确认风险事故影响程度较小，对这类风险不采取任何管理举措。选择将风险主动自留应综合考虑以下因素。

（1）风险项目主体最大潜在损失或最大期望损失较小。

（2）风险管理的目标可以承受年度损失的重大差异。

（3）风险项目主体有承受最大潜在损失或最大期望损失的经济能力。

（4）费用和损失支付分布于很长时间里，因而导致很大的机会成本。

（5）风险主体内部运行流程和管理成本较低，或内部非保险人服务优良。

如实际情况与上述条件存在较大的偏差，无疑应放弃主动自留风险的决策。

无计划的风险自留主要是因某种危险发生的概率极小而被忽视、风险识别时没有发现风险，或者是原本想以非保险方式转移风险。

（三）损失控制

损失控制有防损和减损两层含义。严格意义上说，风险管理的目的就是防损，是指采取各种预防措施，杜绝风险发生的可能；而减损是事故发生后通过采取有力措施控制风险损失的蔓延和扩大，降低损失的程度。

（四）风险转嫁

风险决策策略的另一个重要的方式就是风险转嫁，是指风险承担者通过有效方式将风险转嫁给第三方。有效转移的途径通常有购买保险、责任担保或设置保护性合同条款等。和其他行业一样，在风险管理中也会广泛使用上述 3 种方式进行风险转嫁。从本质上来分析，这 3 种方式都是借助合同形成的一种经济契约，只是保险合同是由专门的具有从业资格的保险机构从事的保险业务，而担保或者保护性合同条款是在自主自愿的基础上，通过与第三方签订担保合同，或者是在经济合同中设置保护条款，达到风险转嫁的效果。

1. 购买保险

保险是金融范畴的一项重要业务，从法律角度看，保险是当事人双方签订的合同，投保人在向承保人支付保险费后，承保人愿意承担保险合同约定的事故损失。从经济学角度看，保险是分摊风险损失的一种经济制度安排。从风险管理角度看，保险是人们在风险管理过程中处理风险的一种方法，是通过保险合同向第三方转移风险的方法。

在风险管理中，购买保险是一种有效转嫁风险的举措。对于风险管理主体而言，支付的保险费即是风险转嫁的成本，是显性的成本费用支出。因此，在选择购买保险进行风险转嫁时，需要考虑两点：一是承保人测算的风险事故期望损失应该小于风险管理主体自我测算的期望损失；二是保险所需支付的保险费应该低于采取风险自留的管控费用。

一般而言，对于风险管理主体而言，在遵循保险法规的前提下由保险双方商定，购买保险可以向保险公司转移大量的可保风险，最终以双方签订的保险合同所列的保险项目和保险责任为准。

2. 责任担保

担保也是一种契约合同，是指风险管理主体一般是企业或项目公司在从事资金借贷、货物买卖、劳动服务等经济活动时，权益人为确保权益得到实现，要求责任人会同第三方担保公司（或者是其他担保法人，如商业银行）向其提供担保的合同。显然，通过签订担保合同，风险管理主体便是将风险转嫁给第三方担保公司或者其他担保法人。根据现行法律，担保有保证、抵押、质押、留置、定金这 5 种形式。与商业担保相对应的则是信用担保，不需要具体的物权质押或留置，完全凭借担保人的信誉和信用向责任方提供相应担保。

3. 设置保护性合同条款

保护性合同条款通常会出现在融资贷款、私募股权等投资活动中，是投资人向融资方提出的有助于按时足额保证投资收益的条款。在实际经济活动中，一般性合同保护性条款包括：要求融资方定期提供财务报表；要求资产的流动性指标、偿债能力指标、经营发展能力指标等，需符合保持在一定合理水平等方面的要求。如果在此基础上，又设定其他条款，就会变成对赌协议。例如，江苏某体育文化发展有限公司是专业从事国内各类商业性体育赛事的运营公司。公司自成立以来，业务稳健发展，平均每年的投资收益率在 10% 左右。为了拓展市场业务，该公司想通过某私募股权投资基金投资 5000 万元。双方在洽谈过程中，私募股权投资基金要求江苏某体育文化发展有限公司每年的投资收益率保持在 8% 以上，达不到 8%，则需出让公司一定股权或者由公司法人自行垫资填补 8% 的收益率所需缺口资金。从投资方角度看，在投资江苏某体育文化发展有限公司时，就形成了具有对赌性质的合同保护条款。

从转嫁风险的成本来看，保险和担保需要支付的风险转嫁成本高于保护性合同条款。

三、风险管理决策的特点

风险管理决策也是为了实现风险管理的目标而进行的决策。风险管理的过程包含了风险识别、风险评估、风险决策，主要目的就是降低不确定性导致的结果与预期之间的偏移水平。同时，还需要考虑风险管理采取相应管理举措的经济成本和有效性。因此，风险管理目标具有多元性特征，需要在决策过程中充分考虑所使用的各种风险管理工具能否有机结合起来，取长补短，以最低的费用获得最大的效益。

风险管理决策与其他一般管理决策有很多共通之处。组织的风险管理决策是根据风险管理总目标而进行的决策，而风险管理目标与组织经营管理的总目标是一致的。从这个意义上说，风险管理决策与其他一般管理决策没有高度相似性。但是，由于企业经营活动项目、服务活动组织的风险具有自身的特征，不同业态领域的风险管理决策具有自身的特点。

（一）多样性

风险管理决策基于风险识别、风险估计和风险评价，将风险识别、风险估计和风险评估的信息资料作为决策依据。不同类型的体育风险，其决策信息是不一样的，采取的决策方法和决策方案也是不一样的。因此，风险决策具有多样性的特征。

（二）科学性

在进行风险识别、风险评估的过程中，采用了大量的科学方法来判断和衡量风险。从风险因素识别到事故发生概率及风险等级的评判，借助有效的管理方法和数理统计方法获得与风险决策相关的信息，从而为风险管理决策提供客观依据。因此，风险管理决策是基于客观依据做出的决策，具有科学性。

（三）经济性

风险管理决策是基于成本效益分析做出的决策，即风险管理决策应根据成本-效益比较原则，选择成本最低而安全保障效益最大的风险处理方案，或者是风险决策产生的管控成本固定，而获得的风险管理收益最大。因此，风险管理具有经济性。

（四）动态调整

风险管理决策信息虽然是通过科学方法获得的，但由于风险因素的不确定性和随机性，以及决策人员的判断力和理解力、经验态度都会直接影响到决策方案的选择和执行，在执行决策方案时不可避免地会出现新情况和新问题。因此，风险管理决策需要风险管理人员根据新情况、新问题，对决策方案进行相应调整。

（五）非显性

风险管理决策的目标是避免风险事故和损失的发生。显然，决策所选择的方案若是有效管控了风险，没有发生任何风险事故，是看不出风险决策效应的。只有在风险事故发生、风险损失实际已经形成时，才能彰显出风险管理决策的重要性，这就形成了一对悖论。因此，除了实施风险管理的过程具有复杂性，风险管理决策所产生的效应也具有非显性。

四、风险管理决策的原则

风险管理决策是为实现风险管理目标，依据风险识别、风险评估及其风险等级等信息而进行的不确定性决策。因此，为确保决策的正确性、风险管理方案的有效性，在进行风险决策时应该坚持以下几个原则。

（一）目标导向一致性原则

风险管理决策是多目标决策，各目标之间既有统一性又有差异性，但是风险管理总目标应该与组织的总体战略目标保持一致。针对各种风险因素制订的决策目标要与风险管理总目标保持一致性。决策目标决定了方案的选择，方案实施是实现目标的具体举措。因此，风险决策目标实际是风险管理总目标实现的基础，而风险管理目标则是组织战略目标实现的保障。当然，在实际风险管理过程中，由于实际情况会因随机因素而发生变化，原方案需要根据实际情况进行调整，相应的风险管理决策目标也要随之进行适当调整。

（二）可操作性原则

风险管理决策是选择风险管理成本最小、取得风险管理经济效益最好的经济决策理念。在实践中，风险管理经济效益通常是根据期望损失来衡量的，显然同一个风险的期望损失理论上是一致的，这就确定了选择方案时应选择成本最低的管控方案。然而，有时成本最低的管控方案在操作时会存在局限性。例如，在体育场馆内安装智能化消防监控系统是预防火灾的有效举措，成本却比安排人员值班巡逻监控要高出很多倍。但是，从实际的防控效果来看，显然是安装智能化消防监控系统具有更好的效果和操作性。

（三）满意性原则

风险管理决策是在不确定情况下进行的决策，很多不确定的风险变量限制了决策的准确性。在很多情况下，对于风险利益相关者而言，因风险管理方案会损坏部分相关者的利益，这就会出现部分利益相关者对方案不满意的情况，进而给风险管理举措的实施带来隐患。因此风险管理决策应该充分考虑各利益相关方的满意度，力求各方均能满意。

> **知识拓展**
>
> **B 公司风险管理决策变迁**
>
> B 公司由只为原机场提供服务扩展至兼向其他机场提供服务，由于公司业务范围与规模的变化，公司员工规模有了很大的提升，从几十人的团队扩展至上百人。
>
> B 公司的这一变化使公司的风险分布重新洗牌，曾经"风险水平"评级为低的竞争对手，其风险、资金风险、人力资源风险在新的评估中骤升为高风险，而一个新的风险——公司战略风险被纳入了风险评估考量。如果该公司只是按照以前的风险评估结果实施风险管理工作，很明显，风险决策措施就会跟不上企业的发展，甚至会制约企业的扩张。
>
> 企业是一个不断成长的有机实体，它所面临的风险不是一成不变的。可以相信，内因和外因的变化都会导致企业风险发生变化。业务规模、业务范围、法律法规、规章制度等的变化都会导致风险类别、风险分布、风险评级发生变化。相对地，风险识别、风险评估及有效的风险都需要进行更新安排。这也是为什么不少企业会年度性地开展风险研讨会、更新风险清单和应对方案等。
>
> （资料来源：孙立新．风险管理：原理、方法与应用[M]．北京：经济管理出版社．）

第二节　风险管理决策的依据与程序

在风险管理实践中，我们通常会遇到以下两种情况：第一种是风险事故发生的概率无法确定；第二种是风险事故发生的概率可以确定。针对这两种情况，在制订决策目标过程中遵循的原则具有差异性，下面将就两种情况下的决策目标进行阐述。

一、不确定型风险管理决策的依据

在风险事故发生的概率无法测定的情形下做出的风险管理决策被归类为不确定性风险管理决策。针对不确定性风险管理决策的不同目标，遵循的决策理念和决策原则是不同的，可以简单概括为"大中取小"原则、"小中最小"原则和最小后悔原则。

（一）"大中取小"原则

"大中取小"原则，即在识别和评估风险的基础上，风险管理决策者筛选最佳方案的标准是在一系列最大风险事故的潜在损失中选择损失额最小的方案。由于风险事故发生的概率无法确定，通过分析风险事故发生后带来的最坏的结果，其损失也是最大的潜在损失。为了能够把潜在损失降低到最低限度，就需要将管控和处理风险的各种方案中可能出现的最大潜在损失估计出来，进而比较风险管理的各个方案的最大潜在损失，潜在损失额最小的方案即是最佳方案。

应该注意，在风险管理实践中，对于风险事故带来的直接和间接损失，其损失金额肯定高于保费总额。因此，采取"大中取小"原则选择最佳方案的结果就是购买保险，将风险转嫁给第三方。采用"大中取小"原则的风险管理人员被戏称为悲观主义者。

（二）"小中最小"原则

"小中最小"原则，即风险管理决策者以风险事故管控方案的最小潜在损失中的最小者为最佳方案。"小中最小"中第一个"小"实际是对应于"大中取小"中的"大"。"大中取小"是估测各个方案的最大潜在损失，而"小中最小"则是估测各个方案的最小潜在损失，两个原则都以选择最小潜在损失额为最佳方案。

需要注意的是，采用"小中最小"原则进行风险管理决策，常常会倾向于风险自留方案。采用"小中最小"原则进行决策的风险管理人员常常被称为乐观主义者。

因此，针对风险事故发生概率不确定的风险决策目标的确定，以"大中取小"或者"小中取小"确定最佳风险管理方案存在很大的局限性。因为单纯采用这两种原则确定目标都是只考虑极端情况：一种偏向于风险事故发生带来了最坏结果，从而选择购买保险；一种偏向于风险事故不会发生，损失很小，从而选择风险自留的管控方案。然而，世界是丰富多彩的，在现实生活中，较少发生极端情况，更多的情形是介于两种极端之间。因此，这两种目标确定原则所选择的方案往往与实际情况不太吻合，这使它们在应用中存在很大的局限性。

（三）最小后悔原则

最小后悔原则是指把决策所带来的后悔或遗憾降低到最低程度的决策方法。最小后悔值的决策原理：首先比较各个决策方案的最大损失值或最小收益值，然后在这些最大损失值中挑选出最小损失值的决策方案，或者在最小收益值中挑选收益最大的方案，并将此决策方案作为最优决策方案。最小后悔原则实际是基于机会成本的角度进行决策的，即选择的决策方案的机会成本最小，在出现决策失误的时候，其后悔值或遗憾值是最小的。

根据这一原则的分析思路，利用最小后悔原则进行决策的步骤如下。

第一步，计算各个备选方案各种情况下的损益值。

第二步，找出各个备选方案的最大损益值，以此作为决策参考值。

第三步，从所有备选方案的决策参考值中选择最小的损益值，对应的方案即为最优方案。

二、确定型风险管理决策的依据

在损失概率能够确定或者有较大把握估计时，风险管理人员可将风险事件可能出现的损失结果与其相应的概率结合起来，以选择适当的决策原则。确定型风险管理决策包括以下两种原则。

（一）最可能发生的损失最小者为最优原则

知道发生风险事故损失的可能性大于不发生损失的可能性，风险管理人员一般会选择购买保险，否则就选择自留。然而，绝大多数情形下，可保损失发生的概率不会超过 0.5。当适用这个原则时，人们往往会选择风险自留策略。但是，有的损失虽然发生可能性很小，但是风险事故一旦发生，其损失造成的后果可能是灾难性的，因此，采纳这个原则时需要慎重。

（二）损失期望值最小者为最优原则

损失期望值最小者为最优原则在风险管理中是最为常用的决策原则之一。在这一原则下，风险管理人员谋求损失期望值最小，即风险管理决策者首先计算每个方案在各种不同的损失概率下的预期损失总额，然后比较其大小，预期损失总额最小者为最佳方案。例如，方案 1 的预期损失总额为 $105\times3\%+0\times97\%=3.15$（万元），方案 2 的预期损失总额为 $106\times1\%+1\times99\%=2.05$（万元），方案 3 的预期损失总额为 $3\times3\%+3\times97\%=3$（万元）。因此，方案 2 为最佳方案。

三、风险管理决策的程序

风险管理决策的程序包括以下几点。

（1）确定风险需要管控的问题边界，确认风险偏好程度。

（2）识别风险，确定目标。运用风险识别方法对风险信息进行系统的诱因分析，确定风险的类型、等级程度，确认风险管理类目标。

（3）风险分析和评价。分析风险的影响范围、风险的性质特征、发生的概率，评估现有的风险管理水平，根据重要性进行排序。

（4）拟订风险处理备选方案。风险处理备选方案是结合风险管理目标设定的风险处理手段（包括策略和措施）。风险处理手段一般可分为技术控制和财务补偿。在风险处理手段中，技术控制具有独特的地位和作用，尤其是在风险自留困难很大时，就显得更为重要。总之，在制订备选方案的过程中，应该尽可能地保证备选方案的多样性，需要从不同视角精心设计若干具有可操作性的可行方案。

（5）测算方案成本效益比。测算各方案的成本效益比实际是为便捷地实现风险管理的经济性目标，即以最小的成本获得最大的安全保障。这是风险管理决策的特征，也是决策需要遵循的基本原则。

（6）选择风险处理最佳方案。在风险管理决策中，按照满意性、客观性、科学性、经济性原则，对每个风险备选方案进行分析和评价。结合特定情况和风险管理主体的风险承受能力选定风险处理方案，对每个备选方案的优劣进行综合评价，从中选择最佳方案和达到管控目的的最佳处理手段的组合。

（7）建立风险管理方案执行与监督、反馈与修正改进机制。考虑到在风险管理方案执行的时候，由于风险的不确定性和随机性，风险管理人员进行分析和决策具有一定的主观性，风险管理方案在执行过程中难免会出现偏差，需要进行必要的监督，建立信息反馈与方案纠偏机制，不断改进决策方案，达到风险管理最佳效果。

第三节　风险管理决策的方法

定性分析的决策方法在很多领域使用，主要是因为决策者难以获得决策事件的量化分析资料，只能是基于可获得的实践经验和事实资料及其相关的理论知识，运用自己的思维洞察力、逻辑推理能力和直观判断力对所需决策的问题进行定性分析，并给出决策方案。在风险管理领域中，常见的定性决策方法有以下几种。

一、专家调查法

在面对较为复杂的危机事件时，做出较高水平的决策有一定难度，此时可以考虑采用专家调查法。专家调查法有头脑风暴法、德尔菲法等。这些方法在第二章已经有了详细的阐述，在此不再赘述。

二、危机决策法

（一）危机决策法简介

危机决策法又称危机领导法，是非程序化决策的一种。通常是在决策时间有限、资源条件有限的危急时刻，决策者利用自己的领导权威，在很短的时间内，利用有限的信息结合自己的判断理解和经验，立即确定应对危机的行动方案。危机决策是危机管理的核心。在面对企业危机或者公共危机事件时，由于事发突然，决策环境复杂，难以按照常规进行程序化决策，特别是在公共危机管理中，危机决策是应对公共危机事件常用的决策方法。

（二）危机决策法的分类

常用的危机决策方法有：先斩后奏法、把握时机法、辩证综合法、各个击破法。

1. 先斩后奏法

先斩后奏法是指危机事件来得太突然，按照常规的程序决策会贻误战机，导致损失扩大，处于危机现场的领导在未获得上级批示情况下实施的决策方法，是先做后汇报或者边做边汇报的决策方法。采取这种方法需要在时间紧迫的情况下，遵循以大局为重的原则，决策方案要对全局有利。

2. 把握时机法

把握时机法是指危机出现时，对于处理危机事件的客观条件还不满足，这时应该耐心等待时机成熟，等到客观条件具备了，把握好时机，实施危机决策的方法。

3. 辩证综合法

辩证综合法是指危机全面且长期阻碍事物发展的情况下，一种方法无法解决所有问题，就需要对各方进行辩证分析，并采取综合治理的决策方法。辩证综合法在现代决策中的运用已经越来越广泛，市场经济中多种多样的复杂问题、新生事物，要求各级决策者从多角度、多方面辩证地分析和解决问题。

4. 各个击破法

"各个击破"最初是一个军事术语，是指利用优势兵力逐个击败被分割的敌军部分。这里是指在面对多种风险时，通过快速寻找风险的关键薄弱点作为解决风险的突破口，逐个解决风险危机。高素质的决策者懂得寻找危机的薄弱环节，容易突破事件。通过解决一个薄弱环节打开整个局面，鼓舞士气、激励民心，寻找下一个突破口。

三、经验判断法

（一）经验判断法简介

经验判断法又称为直观判断法，是风险管理决策人员根据长期积累的知识和经验结合过去的教训，做出判断和决策的方法。尽管目前出现了很多现代化的手段和方法来帮助决策，但是这些手段和方法并不能完全替代经验判断法。对于一些简单决策、应急决策，经验判断法仍不失为一种有效的方法。利用经验判断法做出的方案评价里，决策者的素质、经验、个性、思维方式等起着直接的决定性作用，但应避免经验主义错误。

经验判断法适用于以下 3 种情形：第一，决策问题不复杂，备选方案不多，方案的优劣可以明显地辨别时；第二，备选方案很多，虽然各有利弊，但都可行，综合差别不大，不能明显判断孰优孰劣时；第三，决策问题有多个目标，备选方案都可行，但是各个目标的达成度不一样，要选出以达到主要目标要求为主的方案时。

（二）经验判断法的分类

常用的经验判断法有分类法、排队法、环比法、淘汰法、综合法、直觉法。

1. 分类法

分类法是先把备选方案按照几个主要特点分成几类，然后采用评估择优的方式，从若干方案中选出最佳方案；或者是采用对比分析法，确定哪一类方案最好，这样淘汰所有其他的类别，只选出一类中的最佳方案。

2. 排队法

排队法是根据一定的条件和标准，按照各方案的优劣程度进行按序排队，排在前面的就是相对较优的方案。若出现排序循环现象，如方案 A 优于方案 B，方案 B 优于方案 C，方案 C 又优于方案 A，则需要对位于循环中的每个方案进行打分。

3. 环比法

环比法是根据一定的条件和标准将所有方案两两比较，优者记 1 分，劣者不计分，最后根据各方案得分进行方案选择。

4. 淘汰法

淘汰法是依据事先设定的标准和条件，对全部备选方案筛选一遍，将达不到要求的方案淘汰掉，以达到缩小选择范围的目的。

5. 综合法

综合法是考虑到最佳方案也不一定是十全十美的，只是通过比较选出来的方案，淘汰的方案也不一定就一无是处。有时需要综合两类方案的各自优点，重新组合形成新的最佳方案。

6. 直觉法

直觉法是管理者运用直觉来决策的方法。这是一种发自潜意识的决策过程，基于决策者的经验教训、判断力、洞察力。

（三）经验判断法的优缺点

1. 经验判断法的优点

在量化数据信息不足或者是面对难以量化的情况时，利用经验判断法能够做出决策。经验判断法是根据决策者的经验、理论知识基础、逻辑推理力、洞察力和判断力做出决策的方法，决策方案是主观性和客观性并存的，在实际操作中简便易行、可靠。经验判断法具有决策时间周期短、决策效率高、决策成本较低的优点。

2. 经验判断法的缺点

对于复杂的数量变动关系，单凭人脑记忆和判断容易出现疏漏与失误；定量分析不够精确，经验判断容易受决策者的心理、情绪、知识结构、个人素质等因素的影响，会产生主观片面性。

然而，在实际企业经营管理中，也有一部分所谓的风险是确定的；尤其是在进行项目投资决策时，市场的价格、销售量、成本等导致收入变化的因素是会随市场发生变化的，因此在企业生产经营中，价格、销售量、成本等因素导致的利润发生变化的风险是确定的。对于这种确定型风险，可以通过计算进行决策，依据这些因素的可靠资料估算出确切的风险后果。这种类型的风险评价被称为确定型风险评价。盈亏平衡分析、敏感性分析是常用于确定型风险评价的方法，下面重点介绍这两种方法的使用。

四、盈亏平衡分析法

(一) 盈亏平衡分析法简介

盈亏平衡分析法又称为量本利分析法、保本点分析法,其基本原理是在预估的市场需求量、设计的一定生产能力及销售价格条件下,测算成本与收益平衡时的销售量。盈亏平衡分析法是将总成本分为与产量无关的不变成本及与产量相关的可变成本,根据销量、售价、收益与成本之间的逻辑关系,进行预测分析的技术方法。

盈亏平衡分析法通常应用于项目投资决策中的风险量化分析。在进行投资决策风险分析时,依据成本、利润、价格、销量之间的关系,主要分析投资项目风险中的盈亏平衡点,根据盈亏平衡的原理,在假设其他因素不变时,分别估测项目产品的产量、价格、成本所处的盈亏临界点,依据风险决策主体的风险承受能力来进行决策,从而决定项目是否可以投资。企业在进行项目投资时可以使用该方法,判断项目所处的盈亏平衡点。若盈亏平衡点的水平越低,则表明投资项目的适应能力越强,承受风险的能力越大。为了较好地理解和运用盈亏平衡分析法,下面主要阐述其应用步骤。

(二) 盈亏平衡分析法的应用步骤

盈亏平衡分析通常是依据项目投资估算的正常生产年份的设计产能或销售量、总成本、销售价格等数据资料,在假设其他参数不变的情况下,分别计算销售量和价格的平衡点。考虑量、本、利三者之间的线性和非线性两种可能的情况,这也是通常所见的线性盈亏平衡分析和非线性盈亏平衡分析。

1. 线性盈亏平衡分析

线性盈亏平衡分析隐含了以下几个假设条件:第一个假设是销售量就是设计产能,理由是设计产能是依据前期的市场调研从市场容量与现有产品供给中推算出来的,因此,可以认为所有产出的产品都销售一空;第二个假设是产量或销售量与固定成本之间不存在函数关系,这是基于固定成本由固定资产折旧、摊销费用、维修费等构成,产量的多少不影响固定成本;第三个假设是销售量的多少不会影响原材料价格。基于上述 3 个潜在假设,线性盈亏平衡分析是指销售收入与销售量、销售成本与销售量之间的关系为线性关系情况下的盈亏平衡分析。这种关系可表示如下。

年销售总收入函数表达式:
$$T_r = p \cdot Q \tag{4-1}$$

年销售总成本函数表达式:
$$T_c = \omega \cdot Q + F \tag{4-2}$$

年销售总利润函数表达式:
$$P_t = T_r - T_c \tag{4-3}$$

式中,T_r 表示年销售总收入;T_c 表示年销售总成本;P_t 表示年销售总利润;Q 表示年生产和销售量;p 表示产品销售价格(单价);F 表示年固定成本;ω 表示单位产品变动成本。

线性盈亏平衡点的确定方法一般有两种:一种是图表法;另一种是公式解析法。

(1) 图表法。利用图表法将投资项目销售收入函数图形和销售成本函数图形在同一坐标系上描绘出来,就可以得到盈亏平衡图(图 4-1),图中 T_r 和 T_c 两条直线的交点 BEP

点就是要找的盈亏平衡点。

图 4-1 中的纵坐标表示年销售总成本或年销售总收入，横坐标表示年销售量。图中 BEP_x 为盈亏平衡点 BEP 所对应的盈亏平衡年销售量（或称盈亏界限）。在盈亏平衡点 BEP_x 的右边，年销售量大于盈亏界限 BEP_x，年销售总收入大于年销售总成本，风险主体盈利；在盈亏平衡点 BEP_x 的左边，年销售量小于盈亏界限 BEP_x，年销售总收入小于年销售总成本，风险主体亏损；在盈亏平衡点 BEP 上年销售总收入等于年销售总成本，此时，项目不亏不盈。因此，盈亏平衡点 BEP 就构成了风险主体盈利和亏损的临界点，该临界点越靠近纵坐标，盈利的机会就越大，亏损的风险就越小。从风险管理的角度来看，管理者应设法确保产出达到甚至超过产量盈亏界限。盈亏平衡点是由收入和成本共同作用的结果，因此，要改善盈利机会，还必须尽量降低固定成本和可变成本。

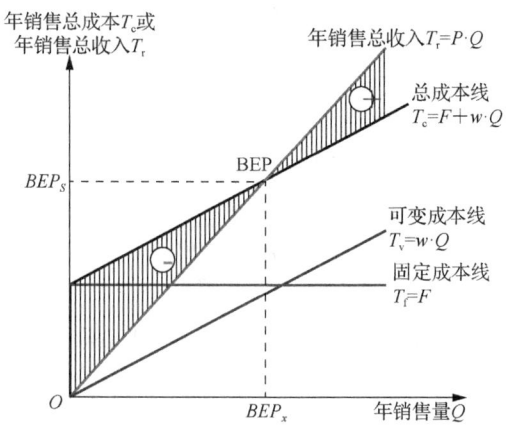

图 4-1　盈亏平衡图

（2）公式解析法。公式解析法是指通过求解方程来确定盈亏平衡点。根据盈亏平衡原理，在盈亏平衡点上年销售总收入与年销售总成本相等。由式（4-1）和式（4-2）有

$$T_r = T_c$$
$$p \cdot Q = \omega \cdot Q + F \tag{4-4}$$

即

$$P_t = 0$$

由此可得：

① 用实际年产量（或年销售量）表示的盈亏平衡点（BEP_Q）为

$$BEP_Q = \frac{F}{P - \omega} \tag{4-5}$$

② 用年销售总收入表示的盈亏平衡点（BEP_s）为

$$BEP_s = P \cdot BEP_Q = P \cdot \frac{F}{P - \omega} \tag{4-6}$$

式中，各符号含义同前。

③ 生产负荷率的计算。设计产出能力为 Q_t，则定义 Q_b 与其比值为生产负荷率，即

$$BEP(Q) = \frac{Q_b}{Q_t} = \frac{F}{(P - \omega)Q_t} \times 100\% \tag{4-7}$$

生产负荷率是衡量生产负荷状况的重要指标。在多种方案比较中，生产负荷率越低

越好。一般认为，当生产负荷率不超过 0.7 时，系统可承受较大风险。

④ 盈亏平衡点价格为

$$P^* = \omega + \frac{F}{Q_t} \tag{4-8}$$

⑤ 盈亏平衡点单位产品变动成本为

$$\omega^* = P - \frac{F}{Q_t} \tag{4-9}$$

以上各式对盈亏平衡点的分析计算都是以假设式中的其他因素不变为前提条件的，因此有一定的局限性，而且未考虑销售税金等因素。在实际分析中，对应于定额税 r 则式（4-4）变为

$$(p-r)Q = \omega \cdot Q + F \tag{4-10}$$

式中，单位产品价格中包含的税金 r 若是比例税，则需要重新计算。

其余各式也应做相应的变化：

$$Q_b = \frac{F}{p - r - \omega} \tag{4-11}$$

$$T_r^* = \frac{F}{P - \dfrac{r-\omega}{p}} \tag{4-12}$$

$$BEP(Q) = \frac{F}{(P-r-\omega)Q_t} \times 100\% \tag{4-13}$$

$$p^* = r + \omega + \frac{F}{Q_t} \tag{4-14}$$

$$\omega^* = p - r - \frac{F}{Q_t} \tag{4-15}$$

利用上述各式计算得到的结果与预测值进行比较，即可判断风险的承受能力。同时还可以发现：固定成本越高，盈亏平衡产量越高，盈亏平衡单位变动成本越低。高的盈亏平衡产量和低的盈亏平衡变动成本意味着经营风险较大，因此，固定成本有扩大风险的效应，在实际的管理决策及设备、工艺等的选择中应给予足够的重视。

盈亏平衡分析法在投资项目决策中常用于估算产能设计的起始量，实际计算步骤相对比较简单，这里不做进一步的案例讲解。盈亏平衡法的决策思维有时会应用于对两个项目的优劣程度进行比较分析决策。下面通过具体的案例分析，详细阐述盈亏平衡法的项目比较决策应用。

【例 4-1】为保证某大型体育场馆的地下积水顺利抽排，现有以下两种方案可供选择。

方案 1：新建一条动力线，需购置依托 2.5 千瓦的电动机并线运转，其投资需要 1400 元，第四年年末更新，残值为 200 元，点攻击每小时运行的成本是 0.84 元，每年预计维护费用为 120 元，设备属于全自动，无须人工看管。

方案 2：购置一台 3.86 千万元的柴油机，购置费用为 550 元，实验寿命为 4 年，设备无残值。每小时运行的燃料费为 0.42 元，平均每小时维护费为 0.15 元，每小时人工成本为 0.8 元。

若使用寿命都为 4 年，基准折现率为 10%，请比较两个方案孰优孰劣。

解：根据题意，两个方案的成本费用都与使用时间相关，这里的盈亏平衡点就是开机时间。假设开机时间为 t，则方案 1 的成本函数和方案 2 的成本函数表达如下。

方案 1 的成本函数：
$$T_{c_1} = 1400(A/P,10\%,4) - 200(A/F,10\%,4) + 120 + 0.84t$$
$$= 518.56 + 0.84t$$

方案 2 的成本函数：
$$T_{c_2} = 550(A/P,100\%,4) + (0.42 + 0.15 + 0.8)t$$
$$= 175.51 + 1.37t$$

依据盈亏平衡，这里的平衡点是两个方案在什么时间点上运行的成本刚好一致，因此，就可以设 $T_{c_1} = T_{c_2}$，即 $518.56 + 0.84t = 175.51 + 1.37t$。从而可解得：$t = 651$。

显然，当开机时间小于 651 小时时，方案 2 优于方案 1；当年开机时间大于 651 小时时，方案 1 优于方案 2。

2. 非线性盈亏平衡分析

在实际项目投资中，线性盈亏平衡分析常用于产品原材料市场和应用市场，单个厂商的投资不会带来原材料和销售价格的变动。但是在实际项目投资的风险决策中，除了项目会因政策变化、利率等市场因素的变化，投资项目的实际落地肯定会带来市场供给量增加、原材料需求增加，这两个因素本身会使销售价格和可变成本发生变化。因此，销售收入和价格、销售量之间不是简单的线性关系，总成本与销售量也不是简单的线性关系，它们之间更多的是因产量或销售量的变化而呈现出的非线性关系。因此，在投资项目的确定性风险决策中，还需要掌握非线性盈亏平衡分析方法，学会利用非线性盈亏平衡分析来确定盈亏平衡点。

假设销售收入与销售量、销售价格，以及产品总成本和产量之间的非线性关系可以用一元二次函数表示。

销售收入函数：
$$R(Q) = aQ + bQ^2 \tag{4-16}$$

销售成本函数：
$$C(Q) = c + dQ + eQ^2 \tag{4-17}$$

式中，a、b、c、d、e 表示与市场变量相关的参数，一般为常数；Q 表示产量。

根据盈亏平衡原理，在平衡点有 $R(Q) = C(Q)$，可以得出
$$(e-b)Q^2 + (d-a)Q + c = 0$$

解此二次方程，得盈亏平衡界限为
$$Q_b^* = -\frac{d-a}{2(e-d)} \pm \frac{\sqrt{(d-a)^2 - 4(e-b)c}}{2(e-b)} \tag{4-18}$$

由式（4-18）可得，销售收入曲线与销售成本曲线产生两个交点，因此有两个盈亏平衡点 $Q_{b_1}^*$ 和 $Q_{b_2}^*$。产量或销售量只有在 $Q_{b_1}^*$ 和 $Q_{b_2}^*$ 限定的区间内才能保证生产不亏损，可以盈利。如果超出这一区间，则产生亏损。盈利为
$$B = R(Q) - C(Q) = (b-e)Q^2 + (a-d)Q - c \tag{4-19}$$

在最大的利润点上，边际利润为零，因此，对式（4-19）求导，可求得最大利润点为 $Q_{\max B}$。

$$\frac{dB}{dQ}=2(b-e)Q+(a-d)=0 \text{；} \quad Q_{\max B}=\frac{d-a}{2(b-e)} \quad (4\text{-}20)$$

在最大利润点左侧，利润率是上升的；在最大利润点右侧，利润率是下降的。以下用例题进行分析说明。

【例4-2】 有一工业产品项目，根据历史资料预测其单位产品价格 $p=21000Q^{-\frac{1}{2}}$，单位产品变动成本 $\omega=1000$ 元，固定成本 $F=10$ 万元，拟定生产规模为年产 130 万件，试对该项目进行盈亏平衡分析。

解：

（1）确定销售收入和销售成本函数：

$$R(Q)=pQ=21000Q^{-\frac{1}{2}}\times Q=21000Q^{\frac{1}{2}}$$

$$C(Q)=F+\omega Q=100000+1000Q$$

（2）根据盈亏平衡原理，销售收入等于生产成本，列出平衡方程式，求解平衡点。由 $R(Q)=C(Q)$，得：

$$21000Q^{\frac{1}{2}}=100000+1000Q$$

求解该方程得平衡点产量 Q_b^*。

设 $x=Q^{\frac{1}{2}}$，则 $x^2=Q$，所以

$$21000x=100000+1000x^2$$
$$x_1=13.7, \quad x_2=7.3$$

得：

$$Q_{b_1}^*=53 \text{（万件）} \quad Q_{b_2}^*=188 \text{（万件）}$$

（3）求解利润最大点的产量 $Q_{\max B}$，得：

$$\frac{dB}{dQ}=\frac{d(R-C)}{dQ}=\frac{d(21000Q^{\frac{1}{2}}-1000Q-100000)}{dQ}=0$$

解得 $Q=110$（件）。

在该点上的利润为 $B_{\max}=21000\times\sqrt{110}-1000\times110-100000=10250$（元）

根据上述的分析计算结果，该系统存在两个盈亏平衡点 53 和 188。如果销售量在 53 万件和 188 万件之间，则系统盈利，该系统最大利润的销售量为 110 万件。根据原设计产量为 130 万件，其处在盈利区，但是处在利润率的下降区域。如果适当削减一些产量，则可以获取更多的利润。综合来看，该系统的盈利前景光明，风险承受能力强。

（三）盈亏平衡分析法的适用范围

盈亏平衡分析法没有考虑参数变化的概率，虽然可以回答参数变化范围的问题，甚至可以进一步说明哪些参数的影响大，但不能回答哪些参数变化或假设最有可能发生变化及这种变化的概率。这是它在风险估计方面的不足，也说明这种方法应用范围的局限。

将盈亏平衡分析法应用于风险量化，是根据盈亏平衡分析的基本原理和基本方法，假定与系统相关的各种风险因素不发生变化，在此基础上进行的平衡点分析。该方法一般适用于系统的费用分析或收益分析。

五、敏感性分析法

（一）敏感性分析法简介

从严格意义上说，敏感性分析法和盈亏平衡分析法都是项目投资评估中为项目风险决策提供参考依据的分析方法。敏感性分析法是对产量、成本、利润等因素存在的不确定性进行分析，从而了解各种因素的变化对于利润或者收益的敏感性。从分析过程来看，敏感性分析法不仅是对销售价格、可变成本、销售量这几个变量的分析范围具有设计性和可控性，相对于风险因素所具备的随机性和结果的不确定性而言又具有一定的可控性，故而将其纳入确定型风险分析的范畴。

项目投资评估是通过估算项目在整个生命周期内，项目产品所带来的现金流、财务净现值、投资利润率、内部收益率，分析项目的流动比率、速动比率、投资回收期的指标，依据估算的结果和相关的行业参数进行比较，从而确定项目是否具有投资价值或者哪个项目更具投资价值。然而，在现实中，随着项目建设落地，有可能存在各种不确定性因素，如产量、销售量、销售价格、生产成本会发生变化，而且这些因素对整个项目的影响程度具有差异性。有的因素变化很小的幅度就可能带来部分决策指标较大的变化，甚至会直接影响并改变决策结果；有的因素则相反，变化较大的幅度不会对结果产生太大影响，这就是由这些因素相对于决策指标的敏感关系所决定的，影响较大的因素通常被称为敏感性因素。

敏感性分析法是项目投资决策中常用的一种方法，用于分析变量因素变化对结果的影响，其目的是了解各种不确定因素的敏感性，从而依据因素的敏感性为正确决策提供依据。其作用主要体现在以下几个方面。

（1）了解投资项目的风险水平。
（2）找出影响项目投资决策指标的主要因素。
（3）揭示敏感性因素可承受的变动幅度。
（4）比较分析各备选方案的风险水平，实现方案优选。
（5）预测系统变化的临界条件或临界数值，确定控制措施或寻求可替代方案。

（二）敏感性分析法的应用步骤

敏感性分析是针对产量、价格、成本等因素的变化，对投资项目的财务净现值、内部收益率、投资利润率等若干决策指标产生的影响程度进行分析，从而依据影响程度分析敏感性因素对投资项目产生的影响程度。通常情况下，风险因素的敏感性对于决策指标的影响具有一致性，但是进行敏感性分析时，需要针对主要的决策指标进行逐项分析。

1. 选择合适的评价指标

敏感性分析的决策指标有多个，对于多个决策指标的选择，通常遵循两个原则：一是在前期投资项目评估分析中估算的决策指标比较多时，通常依据重要性原则选择敏感性分析指标。例如，若项目投资看重的是现金流量，则可以选择财务净现值；若依据收益率来决策，则可以选择内部收益率指标作为敏感性分析的对象。二是敏感性分析的指标应与决策分析的指标相一致，不应超出确定性分析所用指标的范围另立指标。

2. 选择敏感性因素

影响决策指标的敏感性因素可能有多个，几乎所有的敏感性因素都会带来一定程度的影响,但由于计算工作量较大,不必对所有的因素都进行敏感性分析。当然,借助Excel表格编制计算程序,计算工作效率将大幅度提升,可以做到逐一分析。另外,部分风险因素虽有不确定性,但对决策指标的影响很小,可以不做考虑,只有那些对风险影响较大的因素才需敏感性分析。

3. 计算分析敏感性因素的敏感程度

投资项目决策指标对敏感因素的风险敏感程度可以表示为某种因素或多种因素同时变化时导致决策指标变化的敏感程度。通常计算思路是假设其他因素不变,所选择的敏感因素发生变化,一般按照正向和反向5%、10%、15%、20%的变化幅度调整敏感因素的数据,按照每次调整后的数据重新计算决策指标,将新计算的决策指标结果与初始决策指标的结果进行比较,得出决策指标的变动程度,这样即可得出该指标对该风险因素的敏感程度。根据各敏感性因素在可能的变动范围内不同幅度的变动,得出系统目标相应的变化率,建立起一一对应的数据关系,并用图或表的形式表示。

4. 找出最敏感因素,做出风险评价

依据计算分析结果,对每种敏感性因素在同一变化幅度下引起的同一决策指标的不同变化幅度进行比较,其中导致变化幅度最大的因素,即为最敏感因素;导致变化幅度较小的因素,即为不敏感因素。然后根据最敏感因素的多少即对系统目标的影响程度,判别风险的大小。

(三) 敏感性分析实例

可以是对单一因素进行分析,即假设活动的其他因素不变,只分析一个敏感性因素的变化对活动的影响,称之为单因素敏感性分析。敏感性分析也可以是对多个因素进行分析,即同时分析多个因素变化对活动的影响,称之为多因素敏感性分析。多因素敏感性分析需要综合考虑多种敏感性因素可能的变化对活动的影响,分析起来比较复杂。下面以一实例进行单因素敏感性分析。

【例4-3】某小型生产项目有几个方案可供选择。该项目的建设期投资额 P_i = 340000 元,年设计生产能力 Q_t = 600 吨,产品单价 p = 400 元/吨,变动成本 ω = 220 元/吨,税率 r = 20 元/吨,贴现率 i = 16%,项目的10年折旧期结束时的残值 S = 10000 元。试研究该方案的项目变数(产量、产品价格和变动成本)的变动对项目性能指标(净现值和内部收益率)的影响。

解:由技术经济学可知,项目财务净现值为

$$FNPV = \sum_{t=1}^{n} \frac{(CI-CO)_t}{(1+i)^t} \quad (4-21)$$

式中,$(CI-CO)_t$ 表示第 t 年的净现金流量;$\dfrac{1}{(1+i)^t}$ 表示第 t 年的折现系数;i 表示贴现率;CI 表示第 t 年的现金流入;CO 表示第 t 年的现金流出。

财务内部收益率 $FIRR$ 就是使财务净现值 $FNPV$ 等于零的贴现率,具体计算公式如下:

$$\sum_{t=1}^{n} \frac{(CI-CO)_t}{(1+FIRR)^t} = 0 \quad (4-22)$$

为了观测财务净现值和财务内部收益率两个指标分别对产量、产品价格和变动成本3

个敏感因素的敏感性,在式(4-21)、式(4-22)中分别让产量、产品价格和变动成本 3 个敏感因素中一个变动,而另两个保持不变,然后计算出变动后的财务净现值和财务内部收益率。

变数变动的幅度一般按变数原值的百分比来取,如 10%、20%、30%、0%、-10%、-20%、-30%等。表 4-1 就是产量、产品价格和变动成本变动后的财务净现值和财务内部收益率数值。

表 4-1 产量、产品价格和变动成本变动后的财务净现值和财务内部收益率数值　　单位:万元

敏感因素	观测指标	变化幅度						
		-30%	-20%	-10%	0%	10%	20%	30%
产量 Q	FNPV	-12940.28	34358.71	79857.69	126256.67	172655.66	219654.64	265543.63
产量 Q	FIRR	14.98%	18.58%	22.03%	25.37%	28.62%	31.80%	34.92%
产品价格 p	FNPV	-221735.7	-105738.25	10259.21	126256.67	242254.13	358251.59	474249.05
产品价格 p	FIRR	-5.27%	7.14%	16.78%	25.37%	33.37%	41.03%	48.49%
变动成本 ω	FNPV	335052.1	265453.63	195855.15	126256.67	56658.2	-12940.28	-82538.75
变动成本 ω	FIRR	39.52%	34.92%	30.22%	25.37%	20.32%	14.98%	9.20%

图 4-2 是按表 4-1 中的计算结果画出的财务净现值对产量、产品价格和变动成本的敏感性曲线。从图中可以看出,首先是产品价格对财务净现值影响最大,其次是变动成本,最后是产量。从项目风险管理的角度来看,项目管理组应做好市场预测,采取措施控制市场供求出现不利变化而造成的损失。

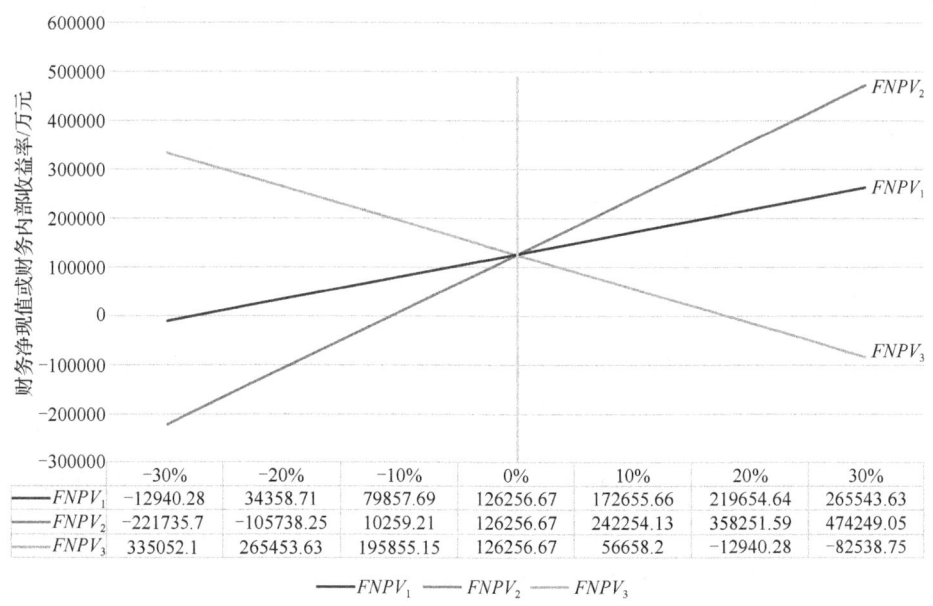

图 4-2 单因素不确定因素变化敏感性曲线图

（四）敏感性分析的应用范围

敏感性分析法没有考虑参数变化的概率，因此，这种分析方法虽然可以回答哪些参数变化或假设对风险影响大，但不能回答哪些参数变化假设最有可能发生变化及这种变化的概率。这是它在风险估计方面的不足，也说明了这种方法应用范围的局限性。

六、损失期望值法

（一）损失期望值法简介

在风险管理的所有方法中，不让风险事故发生是最彻底的一种解决方法，它可以完全消除风险。然而，在社会经济生活中，只要人类有社会经济活动，各种各类风险事故就不可避免地因各类不确定性因素而发生；即使我们从理论上可以通过大量人、财、物的投入使风险事故完全避免，但由于风险管理成本过高，也会失去风险管理的经济价值。

为了能够在风险管理的成本和收益之间找到一个合理的平衡点，应确定一个合理的成本效益比，为筛选最佳风险管理方案提供标准。从微观企业的财务效益角度分析，对于风险管理举措投入的成本需要产生一定经济效益，我们可以视管控风险的期望损失为防控的效益。对期望损失与风险管理举措的投入成本进行比较，只要比值大于企业成本效益比，即可视为该方案是可选的，比率越大则方案越佳。风险管理举措的投入成本是指体育风险管理主体或组织根据具体方案投入的人力和支出费用。风险管理的收益在哪里，这与一般经营管理的收益有着质的差异。一般经营管理的收益是业务收入，是为社会提供的商品或服务形成的销售收入；而风险管理没有显性收入，但是一旦风险事故发生，就会带来生命财产的损失，因此，我们可以视没有发生的风险损失为风险管理的相对收益。但是，仅仅简单地将没有发生的损失视为风险管理的相对收益是存在局限性的，因为风险事故的发生与否，是由风险因素诱发事故的概率大小决定的。换而言之，风险事故的发生是服从一定概率分布的。因此，可以用损失模型来描述各种决策方案，反映风险管理的效果。测算出损失期望值，并以此作为每种风险管理方案决策的依据，即以损失期望值最小作为选择决策方案的判定标准。

损失期望值法是通过测算体育风险目标事件的期望损失值来衡量风险的等级，从而为决策提供依据的方法。损失期望值法的应用分 3 步：首先，通过风险识别，根据风险因素的性质分析和估计项目风险事故发生的概率；其次，运用逻辑推理法假设风险事故发生可能带来的直接损失（或者收益）的大小是多少；最后，将事故发生的概率和对应的损失（或者收益）这两者相乘并求和，计算出风险的损失（或收益）期望值，并根据损失（或收益）期望值确定选择的风险管理方案。

（二）建立损失矩阵

损失矩阵是在体育风险管理中用来揭示风险管理目标对象在采取不同决策方案时，方案实施的成本费用额和可能发生的损失额及与实施决策方案效果之间数量关系的表示形式。采用损失期望值法，通过建立损失矩阵来描述各个风险管理方案所需支付的成本及其对应的可能损失。依据矩阵值筛选决策方案是有效的途径之一。损失期望值法中的损失矩阵建立需要具备以下几个基本要件。

1. 风险因素可能诱发风险事故的概率

损失矩阵是描述风险的各种管控方案的一种工具，因此，建立损失矩阵的第一步就是要将风险事故发生的可能性分布表述清楚。通常依据风险识别的风险因素,对风险事故可能发生的情形用概率分布予以描述。

2. 风险事故的损失

从经济性视角看,筛选风险决策方案的过程就是了解风险损失和方案实施成本的过程。对应于不同的方案,风险事故的可能损失具有差异性,需要将不同情形下可能出现的损失额在损失矩阵中以直接损失和间接损失列出,为判断和筛选方案提供依据。

3. 风险管理方案的实施成本费用

风险管理决策的目的是选择最佳方案。在使用损失期望值法选择最佳方案时,需要依据风险管理主体的风险承受能力,针对风险事故制订的购买保险、全部或部分自留风险等管控方案,将实施各种方案时所需要的资金成本费用与相应损失进行比较。因此,建立损失矩阵时需要了解和掌握每个方案的成本费用。

为了更好地阐述和理解损失矩阵的内容,以具体的例子说明损失矩阵的建立过程。

某投资者投资 100 万元建设了一个体育健身中心,假设体育健身中心只面临火灾这一种风险,而不存在其他风险,并且火灾风险的损失结果为两种:全损和没有损失。另外,假设火灾发生的概率为 3%,如果投资者采取了必要的安全防范措施,成本就会增加 2 万元,但火灾发生的概率会减少为 1%。对投资者来说,一方面,面临着健身中心因火灾而引起全部损失的可能;另一方面,面临着火灾不发生即没有损失的可能。在这种情况下,投资者要进行风险管理,针对健身中心的火灾风险可以采取以下 3 项措施:火灾风险自留、火灾风险自留的同时采取安全措施、购买火灾保险。根据上述条件,并结合已知的有关损失数额和费用支出额的资料,则可建立如下损失模型。

对这 3 种方案的损失都存在两种可能性,即发生火灾和不发生火灾。在这两种不同的情况下,三者的损失如下。

方案 1:火灾风险自留。如果火灾不发生,则不发生损失,投资者的损失为零;如果发生火灾,则投资者承受的损失为 100 万元的直接损失和 5 万元的间接损失。

方案 2:火灾风险自留的同时采取安全措施。不发生火灾时,该方案仍需支付 2 万元的安全措施成本,如果发生火灾,则仍然存在损失 105 万元,两者相加共计 107 万元。

方案 3:购买火灾保险。无论是否发生火灾,都需要保险成本费用 3 万元。

根据上述方案构建火灾发生的风险损失矩阵,如表 4-2 所示。

表 4-2 火灾发生的风险损失矩阵

方案	火灾发生的概率/%	风险管理成本/万元	
		发生火灾时	不发生火灾时
火灾风险自留	3	直接损失:100 间接损失:5	0
火灾风险自留的同时采取安全措施	1	直接损失:100 间接损失:5 管控成本:2	管控成本:2
购买火灾保险	3	保费支出:3	保费支出:3

上述不同方案期望损失的计算结果如下。

火灾风险自留的期望损失为
$$ES_1 = 105 \times 3\% + 0 \times 97\% = 3.15（万元）$$

火灾风险自留的同时采取安全措施的期望损失为
$$ES_2 = 107 \times 1\% + 2 \times 99\% = 3.05（万元）$$

购买火灾保险的期望损失为
$$ES_3 = 3 \times 3\% + 3 \times 97\% = 3（万元）$$

显然是采取购买火灾保险的期望损失最小,这个方案为最佳决策方案。

(三) 期望收益准则

基于风险损失时,对应于期望损失最小的方案是最优方案。然而,在面对投资风险时,通常期望收益最大的方案是最佳决策方案。假设投资作为一个随机事件,可以采用的投资方案为随机变量,这种随机变量显然是离散型随机变量。若有 m 个投资方案可以选择,则有 m 个随机变量,每个方案中有 n 种收益的可能性,其发生收益的概率为 $p_i (i=1,2,3,\cdots,n)$,对应的收益为 $x_i (i=1,2,3,\cdots,n)$。随机变量的 m 的期望收益为

$$E(X) = \sum_{i=1}^{m} p_i x_i$$

期望收益准则就是利用上述公式算出 m 个方案中每个方案的收益期望值,并加以比较。从收益的角度分析,显然是期望收益值 $E(X)$ 最大的方案为最优方案。

假设某健身俱乐部为扩大市场份额,前期做了市场调研,未来参与健身俱乐部的消费者出现人数上涨、不变和下跌的概率分别是 30%、60%、10%。按照市场需求设置了较大、中等、较小 3 种规模的投资幅度。根据这 3 种规模,在消费者人数出现上涨、不变和下跌 3 种情况时,对应的收益如表 4-3 所示。

表 4-3 不同概率状态下的损益统计表

状态	消费者人数上涨 30%	消费者人数不变 60%	消费者人数下跌 10%
较大规模 A_1	40	32	−6
中等规模 A_2	36	34	24
较小规模 A_3	20	16	14

方案 A_1 的期望收益:$EA_1 = 30\% \times 40 + 60\% \times 32 + 10\% \times (-6) = 30.6$
方案 A_2 的期望收益:$EA_2 = 30\% \times 36 + 60\% \times 34 + 10\% \times 24 = 33.6$
方案 A_3 的期望收益:$EA_3 = 30\% \times 20 + 60\% \times 16 + 10\% \times 14 = 17$

依据计算结果,方案 A_2 的期望收益最大,因此,方案 A_2 为最优方案。

七、期望效用值法

在风险管理决策中,还可以运用损失期望值法,通过比较各种方案的损失期望值进行风险决策,选择最佳的方案。这一方法在很多风险管理领域都适用,但是如果把忧虑成本纳入风险决策范畴,显然单纯地依据损失期望值的大小进行决策,就显得不太合理。

因为不同的风险决策人员，其风险偏好不同，依据损失期望值法选择的同一决策方案，不同风险偏好决策者的忧虑程度是不一样的。

和其他类型的决策一样，风险管理决策也是由人做出的，必然会受决策者的决策水平、判断力、风险偏好、胆略、决策经验、忧虑成本等主观因素的影响。例如，忧虑成本是一个难以量化的主观心理体验，这一心理现象会对决策产生影响，但是这又不能完全反映决策者个人的主观意愿及其对待风险的态度。于是引入经济学中的另外一个概念——效用。效用也是一种心理现象，表达的是满意度。效用理论是结合经济学的效用观念和心理学上的主观概率所形成的一种定性分析理论，是由英国经济学家边沁（Bentham）于19世纪首先提出的。他认为决策的最终目的在于追求最大的正效用而避免负效用。后来，伯努利（Bernoulli）把这一理论推广，认为人们采用某种行动的目的在于追求预期效用的最大化，而非追求最大的金钱期望值。

20世纪中叶，效用理论被进一步推广，运用于含有风险的有关决策乃至风险管理决策。20世纪60年代，博尔奇（Broch）和德格鲁特（DeGroot）提出了一系列损失发生时的效用函数，日益成熟的效用理论被引入不确定性情况下行为方案的选择。另外，效用理论还被用于保险企业的经营管理，如制订费率、确定自留额等，效用理论在风险管理决策中的作用越来越重要。效用分析法就是通过对风险处理方案损失效用的分析进行风险管理决策的方法。效用理论在风险管理决策中的应用，可以较好地揭示决策者个人主观意愿及其态度对风险管理决策的重大影响。

（一）效用的内涵

在西方经济学中，效用是指消费者消费商品时所感受到的满足程度。例如，当某人要用他所剩无几的钱币去选择购买一块面包还是鸡腿时，就可以用效用来衡量。当他决定购买面包时，我们就可以判断，在花费同样货币的时候，面包带给他的效用大于鸡腿。

在风险管理决策时，同样，个人的行为动机和准则也是为了获得最大的效用值，而不是简单的最大期望收益值或最小期望损失值。因此，在风险管理决策中的效用理论所指的效用是对决策目标方案给决策者带来满足感、安全感的效能价值或贡献大小的测度；包含了决策者面对风险事件产生的期望收益或期望损失所持有的偏好，带有明显个人倾向的兴趣、感觉或取舍反应，用来衡量决策者对某种事物的主观价值态度、偏爱、倾向。

在风险管理中运用效用理论进行决策，在这里效用不仅仅代表了决策者对所选方案的满足感，更多地表达了决策者对特定风险事件的决策态度，也是决策者胆略的一种反映。效用值以量化的指标反映决策者的态度和胆略，一般可将效用值界定在0与1之间，即 $0 \leq$ 效用值 ≤ 1。对于同一个风险事件，不同决策者的效用具有差异性，反映了不同的态度和决策。

（二）效用函数及效用曲线

1. 效用函数

决策者在某种条件下对不同的期望值所具有的不同的效用值便构成了效用函数关系。设 $U(x)$ 表示效用函数，$E[U(x)]$ 表示效用函数的期望效用。效用函数的期望效用与效用函数的关系可以表示为

$$E[U(x)] = p_1 \times U(X_1) + p_2 \times U(X_2) + \cdots + p_i \times U(X_i)$$

式中，p_i 表示 X_i 发生的概率。

例如，有 A、B 两个方案，方案 A 有 50%的概率可获得 100 元，有 50%的概率损失 50 元；方案 B 有 100%的概率可获得 20 元。这两个方案你愿意选择哪一个？在这两个方案中：

$$\text{方案 A 的期望收益} = 50\% \times 100 + 50\% \times (-50) = 25 \text{（元）}$$

$$\text{方案 B 的期望收益} = 100\% \times 20 = 20 \text{（元）}$$

如果仅从期望收益来看，方案 A 的期望收益为 25 元，方案 B 的预期收益为 20 元，低于方案 A。但对于多数人而言，可能会毫不犹豫地选择方案 B 而不是方案 A，这是因为决策者不愿意承担损失 50 元的风险。当然，也有一些乐观的人会愿意承担损失 50 元的风险而选择方案 A。因为万一损失不发生，获得的收益将会是 100 元。从这个例子中可以看出，人们对于同一风险的态度是不同的。他们对风险态度的差异反映了他们对同一风险的效用是不同的。

根据效用值的定义及效用函数的期望效用计算式，假设方案 A、B 中获得 100 元的效用值为 1，损失 50 元的效用为 0，得到 20 元的效用为 0.6，则

$$E[U(100)] = 50\% \times 1 = 0.5$$
$$E[U(-50)] = 50\% \times 0 = 0$$
$$E[U(20)] = 60\% \times 1 = 0.6$$

则

方案 A 的期望效用：$E[U(100)] + E[U(-50)] = 50\% \times 1 + 50\% \times 0 = 0.5$

方案 B 的期望效用：$E[U(20)] = 60\% \times 1 = 0.6$

可以看出，方案 B 的期望效用为 0.6，大于方案 A 的期望效用 0.5。因此方案 B 的期望收益虽然低于方案 A，但是方案 B 的期望效用大于方案 A，人们会选择方案 B。当然，期望效用的确定是比较主观的，同一风险和收益的组合会给不同的人带来不同的效用。在这个例子中，同样可能存在选择方案 A 的决策者，这主要取决于人们对风险和收益的不同态度。

2. 效用曲线

将效用函数关系在平面直角坐标系中绘出，就形成了效用曲线。通常横坐标轴表示损益值，纵坐标轴表示效用值，如图 4-3 所示。

与效用函数相同的是，不同的决策者有不同的效用曲线，代表人们对风险的不同态度。通常，按照人们对风险的态度不同，效用曲线可以分为以下 3 种类型。

（1）风险规避型。该类型在图 4-3 中以曲线 A 表示，它反映效用函数具有减速递增性质，即随着损益值的增大，效用也递增，但递增的速度渐趋缓慢。这一现象表明决策者对损失特别敏感，而对大量收益没有太大吸引力。风险规避型决策者对风险取谨慎态度，极力予以回避，对待风险的态度是消极的、保守的。他们在决策过程中会优先考虑风险因素，并倾向于选择风险较小、收益稳定的方案。在面临多个备选方案时，即使这些方案的预期收益可能低于其他高风险方案，风险规避型决策者也会优先考虑风险较小的方案。他们更倾向于选择那些经过充分验证、历史表现稳定的方案。这种态度有助于保护现有的资产和利益，但也可能导致错失一些潜在的发展机会。

(2) 风险中性型。该类型在图 4-3 中以曲线 B 表示，它反映效用函数具有匀速递增性质，即随着损益值的增大，效用也递增，但递增的速度保持不变。这一现象表明决策者对损失并不那么敏感，对收益也不过分追求。风险中性型决策者对待风险的态度是中立的。他们在决策过程中主要关注期望收益的高低而非风险本身的大小。这种态度使得他们在面对不确定性时能够保持冷静和理性，从而做出更加客观和准确的决策。

(3) 风险偏好型。该类型在图 4-3 中以曲线 C 表示，它反映效用函数具有加速递增性质，即随着损益值的增大，效用也递增，其递增的速度越来越快。这一现象表明决策者对损失的关心远不如对大额收益的追求。风险偏好型决策者对待风险的态度是积极的，他们愿意承担风险，追求高风险带来的高回报。这种决策者通常对不确定性持乐观态度，认为通过承担风险可以获得更多的机会和收益。他们倾向于选择那些具有潜在高回报的投资或决策方案，即使这些方案存在较大风险。风险偏好型决策者在决策过程中，可能会更加注重长期收益和潜在的增长机会，而不是短期的稳定收益。他们愿意在追求目标的过程中接受挑战和不确定性，并相信自己的判断力和决策能力能够应对可能出现的风险。

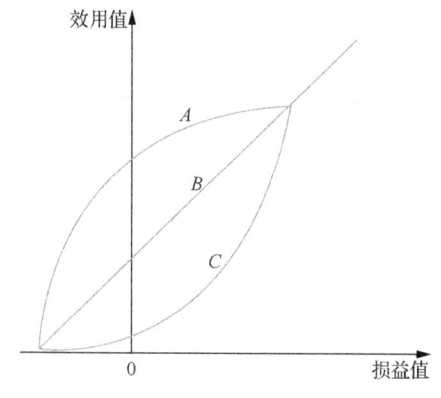

图 4-3　效用曲线图

(三) 期望效用值法的应用步骤

风险管理决策的实质在于对风险事件中损失或收益结果的比较与选择，在项目投资中的风险管理则需要考虑风险收益和风险损失两种情形。对这两类风险问题的决策都存在决策偏好，通过效用理论的应用可以使这些偏好变得更加明确和具体。从字面即可以看出，期望效用值法与损失期望值法的相似性，只是将损失期望值中的损失值换成效用值，然后计算出期望效用值。显然，运用期望效用值法首先需要确定各个方案的效用值，这里的效用值的确定是以方案的损益值为基础的。根据决策者偏好和效用曲线，在曲线上找出各损益值对应的效用值，将损益值转换成效用值，计算出各方案的期望效用值并进行比较，然后确定最优方案。期望效用值法的具体应用步骤如下。

1. 效用值的确定

效用是一个具有个人主观偏好的概念，在对待风险的态度中，从分析的效用曲线中可以看出，对于同样的损益值，风险偏好者的效用值会低于风险规避者，而风险中性者的效用值介于两者之间。要很好地使用期望效用值法进行决策，其关键在于如何针对特定的风险决策者来确定他面对一定损益值时所具有的效用值。在效用理论中，有两种基本方法，一种是基数效用理论，另一种是序数效用理论。在经济学中，基数效用理论是依据消费商品的数量多少判断效用值，同时存在边际效用递减规律，随着消费商品数量的增加，边际效用递减，甚至可能会出现边际效用是负值，因此，赋予相应的效用值时需遵循上述原则。序数效用理论则认为消费者获得的效用可以依据消费商品的数量多少进行排序，数量越多，效用越高。

在风险管理决策中所运用的期望效用值法中，潜在的默认效用是可以量化的，其量化的理论基础是通过询问调查的方法。针对不同的决策者，在面对一定量损益值时，依据各自的心理偏好，在调查问卷、询问和心理测试中获得基本的效用数值。通过调查，既可以了解决策者对不同金额货币所具有的满意度，也可以判断决策者是属于风险偏好型、风险规避型，还是风险中性型。这里确定效用值是采用 0 与 1 之间的界定方法，即 $0 \leqslant$ 效用值 $\leqslant 1$。在获得决策者对不同方案所具有的效用值之后，即可计算不同方案的期望效用值大小，从而决定方案的取舍。

2. 期望效用值法的决策依据

运用期望效用值法做决策时，需要确定效用值的赋值基准。面对损失和收益两种情形时，赋值的基准是两种截然相反的情况。在面对风险事件时，可以选择出现最大损失结果的效用值为 1，出现最小损失结果的效用值为 0，此时，决策目标是以损失期望效用值最小的方案为最佳方案。在面对投资决策时，选择出现的最小收益结果的效用赋值为 0，最大收益结果的效用值赋值为 1，此时，决策目标则以收益期望效用值最大的方案为最佳方案。由此可见，在面对不同情形时，对效用进行赋值的规则不同，选择决策方案的依据就不同。在实际运用这一方法时，需要注意有所区分。为了更好地理解这一方法的应用，下面通过一个简单的案例分析来进行说明。

假设某健身会所有若干健身设施，其可保损失为 200000 元，若发生火灾可能出现一系列的损失情况，发生直接损失 20000 元的概率为 0.06；发生直接损失 100000 元的概率为 0.03；发生直接损失 200000 元的概率为 0.01。假设没有间接损失等不可保风险，风险管理决策者可能的行动有 3 种：一是风险自留；二是半投保，即选择将可保价值的一半进行投保，其保险费用为 3000 元；三是全部投保，保险费用为 6000 元。根据上述情况构建损失矩阵，如表 4-4 所示。

表 4-4 损失矩阵   单位：元

方案	损失可能情况			
风险自留	0	20000	100000	200000
半投保	3000	3000	3000	3000
全部投保	6000	6000	6000	6000

现根据这一健身会所的上述资料，采用期望效用值法进行决策的基本步骤如下。

（1）确定风险决策者的效用曲线。需要通过调查法或询问法确定风险决策者的效用曲线。假设确定最大损失额的效用值为 1，最小损失额的效用值为 0。现通过询问和调查的方法，获得了这一健身会所管理人员（决策者）面对不同损失额的效用值，如表 4-5 所示。

表 4-5　决策者拥有（损失）不同财产额的效用值

拥有财产价值/元	效用值	损失价值/元	损失的效用值
200000	1	200000	1
198000	0.999	170000	0.75
194000	0.998	120000	0.5
190000	0.996	100000	0.25
186000	0.992	80000	0.135
180000	0.985	50000	0.062
170000	0.968	30000	0.032
150000	0.938	20000	0.015
120000	0.865	14000	0.008
100000	0.75	10000	0.004
80000	0.5	6000	0.002
30000	0.25	2000	0.001
0	0	0	0

依据损失效用绘制效用曲线图，如图 4-4 所示。

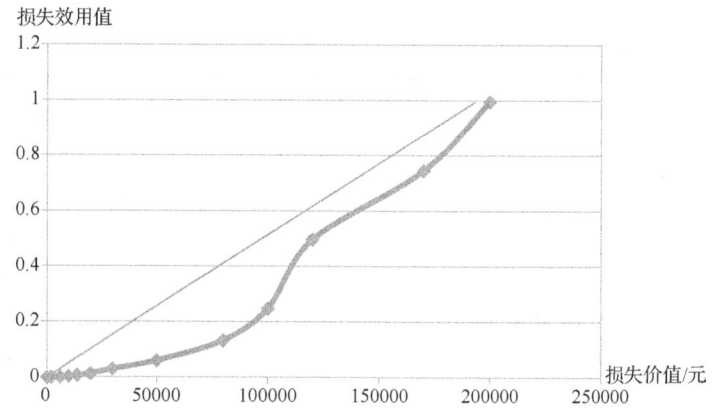

图 4-4　决策者损失效用曲线

由该决策者的损失效用曲线图可以看出，该决策者属于风险偏好型。

（2）计算每个方案的期望效用值。在调查获得决策者的损失效用值之后，就可以根据这一效用值表计算每个决策方案的损失期望效用值。

方案 1：选择风险自留方案的损失效用，如表 4-6 所示。

表 4-6　风险自留方案损失效用分析表

损失金额/元	损失效用值	概率	损失期望效用值	损失金额期望值/元
0	0	0.9	0	0
20000	0.015	0.06	0.0009	1200
100000	0.25	0.03	0.0075	3000
200000	1	0.01	0.01	2000

由表 4-6 可知，损失期望效用值为 0.0184，拥有财产的效用值为 0.9816，损失金额期望值为 6200 元。

方案 2：选择半投保方案的损失效用，如表 4-7 所示。

表 4-7　半投保方案损失效用分析表

损失金额/元	损失效用值	概率	损失期望效用值	损失金额期望值/元
3000	0.0014	0.99	0.001386	2970
103000	0.2875	0.01	0.002875	1030

由表 4-7 可知，损失期望效用值约为 0.0043，拥有财产的效用值约为 0.9957，损失金额期望值为 4000 元。其中，损失效用值是依据表内数据采用插值法计算所得的。

方案 3：选择全部投保方案的损失效用，如表 4-8 所示。

表 4-8　全部投保方案损失效用分析表

项目	数值
损失金额/元	6000
损失效用值	0.002
概率	1.0
损失期望效用值	0.002
损失金额期望值/元	6000

由表 4-8 可知，损失期望效用值为 0.002，拥有财产的效用值为 0.998，损失金额期望值为 6000 元。

依据上述 3 种方案的计算结果，如果选择损失期望值法，显然，半投保方案的损失期望值最小是 4000 元，按照损失期望值最小的决策依据，选择方案 2 是最佳的。按照期望效用值法，最小的损失期望效用值是 0.002，因此方案 3 为最佳决策方案，应选择全部投保。

由此可见，对于同一种风险事件，采用期望效用值法和损失期望值法进行决策，会出现不同的结果。产生差异的原因主要是损失期望值法没有考虑决策者的主观偏好，或者没有把忧虑成本计量进去。

八、贝叶斯法

（一）贝叶斯法简介

在实际风险管理工作中，决策者通常根据风险发生的概率做出决策，但在风险概率分析过程中，有时很难获得准确可靠的数据信息，大多数的概率是通过资料积累、经验分析给出的主观概率分布，或者是采用了专家估计法来确定风险事故出现的概率。这些在数据信息不充分的情况下，由决策者或者专家给出的概率具有主观性，亦称为先验概率。先验概率往往与实际情况之间存在误差，其背后总是隐藏着诸多不确定性。为了提高决策质量，需要搜集信息资料、建立分析模型，在获得相应补充信息之后，就可以利用贝叶斯法修正或改善前期对风险发生的概率的估测。这种改善的先验概率称为后验概率，需要应用到条件概率和贝叶斯定理，这就是我们所说的贝叶斯决策法。

（二）贝叶斯法则

现假设事件 A 只有在事件 B 发生的条件下才能发生，其概率与事件 B 在事件 A 的条件下的发生概率肯定是不一样的；贝叶斯法则就是用于描述和确定这两者的关系。贝叶斯法则在概率论中是一个规范的原理，它几乎对于所有概率的解释都是有效的。

贝叶斯法则是关于随机事件 A 和 B 的条件概率和边缘概率。

$$P(B_i|A) = \frac{P(A|B_i)P(B_i)}{\sum P(A|B_i)P(B_i)}$$

式中，$P(A|B_i)$ 表示在 B_i 发生的情况下 A 发生的可能性；$B_1, B_2, \cdots, B_n$ 表示完备事件组，即 $\bigcup_{i=1}^{n} B_i = \Omega$，$P(B_i) > 0$。

在贝叶斯法则中，每个名词都有约定俗成的名称，具体如下。

$P(A)$ 是 A 的先验概率或边缘概率。之所以称为"先验"，是因为它不考虑任何 B 方面的因素。

$P(A|B)$ 是已知 B 发生后 A 的条件概率，也因得自 B 的取值而被称作 A 的后验概率。

$P(B|A)$ 是已知 A 发生后 B 的条件概率，也因得自 A 的取值而被称作 B 的后验概率。

$P(B)$ 是 B 的先验概率或边缘概率，也作标准化常量。

按这些术语，贝叶斯法则可表述为：后验概率=(似然度×先验概率)/标准化常量。也就是说，后验概率与先验概率和似然度的乘积成正比。

另外，比例 $P(B|A)/P(B)$ 有时被称作标准似然度，此时，贝叶斯法则可表述为：后验概率=标准似然度×先验概率。

对于变量有两个以上的情况，贝式定理亦成立。

$$P(A|B,C) = \frac{P(B|A)P(A) \times P(C|A,B)}{P(B) \times P(C|B)}$$

【例 4-9】 假设某国土资源探测技术队在西部某地区进行初步的能源资源勘探。技术工程人员经过初步探测，判断该地区有天然气能源的概率 $P(O) = 0.5$，无天然气能源的概率 $P(D) = 0.5$。为了提高判断该地区是否具有能源，决定对该地区进行微型的地震试验。根据统计数据和历史文献资料，经过分析得知：凡是在有天然气能源的地区进行地震试验，可以根据结果判断，有天然气能源的概率 $P(F|O) = 0.9$，无天然气能源的概率 $P(U|O) = 0.1$；凡是无天然气能源的地区，可以根据地震试验结果判断，有天然气能源的概率 $P(F|D) = 0.2$，无天然气能源的概率 $P(U|D) = 0.8$。

试问，在进行地震试验后，该地区有天然气能源和无天然气能源的概率是多少？

解： 先计算地震试验结果表明有天然气能源和无天然气能源的概率。不管该地区是否有天然气能源，地震试验结果表明有天然气能源的概率为

$$P(F) = P(F|O) \times P(O) + P(F|D) \times P(D) = 0.9 \times 0.5 + 0.2 \times 0.5 = 0.55$$

同理，地震试验结果表明无天然气能源的概率为

$$P(U) = P(U|O) \times P(O) + P(U|D) \times P(D) = 0.1 \times 0.5 + 0.8 \times 0.5 = 0.45$$

然后，利用贝叶斯公式计算地震试验结果表明有天然气能源，而实际上确实有天然气能源的概率为

$$P(O|F) = \frac{P(F|O)P(O)}{P(F)} = \frac{0.9 \times 0.5}{0.55} = \frac{9}{11} > P(O) = 0.5$$

地震试验结果表明有天然气能源，而实际上无天然气能源的概率为

$$P(D|F) = \frac{P(F|D)P(D)}{P(F)} = \frac{0.2 \times 0.5}{0.55} = \frac{2}{11} < P(D) = 0.5$$

地震试验结果表明无天然气能源，而实际上有天然气能源的概率为

$$P(O|U) = \frac{P(U|O)P(O)}{P(U)} = \frac{0.1 \times 0.5}{0.45} = \frac{1}{9} < P(O) = 0.5$$

地震试验结果表明无天然气能源，而实际上确实无天然气能源的概率为

$$P(D|U) = \frac{P(U|D)P(D)}{P(U)} = \frac{0.8 \times 0.5}{0.45} = \frac{8}{9} > P(D) = 0.5$$

该例题表明：试验的确可减少不确定性，改善对风险概率的估计，使主观概率更接近客观实际。

（三）贝叶斯法的应用步骤

在利用贝叶斯概率进行决策时，一般情况下，首先应计算全概率，其次依据题意判断是进行先验概率的计算还是进行后验概率的计算。为了加深对贝叶斯法则应用的理解，下面通过一个案例来阐述其应用步骤。

【例 4-5】 某体育赛事运营公司打算聘请一家咨询管理公司来调查马拉松赛事参赛市场情况，这项调查将花费 5000 元。选择这一方式将会导致公司改变对赛事市场情况预测的先验概率。公司决策者查阅了咨询公司的历史业绩，做出了初始预测，其结果如表 4-9 所示。表 4-9 显示市场实际增长 0.7 时，该咨询公司的报告预见到这一增长，同时 0.2 的报告预见的是市场将保持稳定，0.1 的报告则预测的是市场将衰退。

表 4-9 初始预测

市场发展结果	先验概率	增长	稳定	衰退
增长	0.6	0.7	0.2	0.1
稳定	0.3	0.2	0.6	0.2
衰退	0.1	0.1	0.2	0.7

贝叶斯定理就是利用这些信息来修正有关的先验概率。假设有 r 个互斥事件 $W_i(i=1,2,\cdots,r)$，其先验概率为 $P(W_i)$。进一步假设有事件 F_k，在事件 W_i 发生的前提下事件 F_k 发生的概率为 $P(F_k|W_i)$。如果知道 F_k 已经发生，那么事件 W_i 发生的概率为

$$P(W_i|F_k) = \frac{P(W_i) \times P(F_k|W_i)}{\sum[P(W_i) \times P(F_k|W_i)]}$$

如果有 j 个互斥事件 $W_j(j=1,2,\cdots,r)$，仅当其中一个事件发生后，事件 F 才能发生，则在事件 F 已知时，事件 W_j 发生的概率为

$$P(W_j|F) = \frac{P(W_j) \times P(F|W_j)}{\sum[P(W_j) \times P(F|W_j)]}$$

式中，$P(W_i)$ 表示事件 W_i 的先验概率；$P(F|W_j)$ 表示在事件 W_j 发生的条件下，事件 F 发

生的条件概率; $P(W_j|F)$ 表示在事件 F 发生的条件下,事件 W_j 发生的后验概率。

在例4-5中,3种情况的先验概率分别是: W_1——增长, $P(W_1)=0.6$; W_2——稳定, $P(W_2)=0.3$; W_3——增长, $P(W_3)=0.1$。如果 F_r 是指某一个调查,该调查表明市场增长、稳定、衰退的概率如表4-9所示。因此, $P(F_r|W_1)=0.7$, $P(F_r|W_2)=0.2$, $P(F_r|W_3)=0.7$。根据贝叶斯法则计算公式,在预测报告预计市场增长条件下,市场实际出现增长的概率为

$$P(W_j|F) = \frac{P(W_1) \times P(F_r|W_1)}{P(W_1)P(F_r|W_1) + P(W_2)P(F_r|W_2) + P(W_3)P(F_r|W_3)}$$

$$= \frac{0.6 \times 0.7}{(0.6 \times 0.7) + (0.2 \times 0.3) + (0.1 \times 0.1)} = 0.854$$

市场报告改变了各结果的概率,修正后的预测如表4-10所示。

表4-10 修正后的预测

实际市场结果	增长	稳定	衰退
增长	0.85	0.38	0.32
稳定	0.12	0.56	0.32
衰退	0.02	0.06	0.37

这样就可以根据计算结果,画出一个贝叶斯决策树。获得一个预计市场增长的报告的概率就是在各种市场情况下得出市场增长预测报告的概率乘以各种市场情况出现的概率。因此,获得一个预测市场增长的报告的概率为

$$P = 0.7 \times 0.6 + 0.2 \times 0.3 + 0.1 \times 0.1 = 0.49$$

相类似,获得一个预测市场不变的报告概率为 0.32,而获得一个预测市场衰退报告的概率为 0.19。咨询公司的预期收益为

$$E(R) = 0.49 \times 219.6 + 0.32 \times 168 + 0.19 \times 141.1 = 188.173 \text{（元）}$$

因为获得该报告需要花费 5000 元,故净收益为 188.173 元,这少于没有报告时的收益,所以该公司无法从咨询报告中获得益处。

九、马尔可夫链法

(一) 马尔可夫链简介

俄国数学家安德雷·马尔可夫（Andrey Markov）认为随机变量具有离散时间随机过程的特性,在这个随机过程中,在给定了当前知识和信息的条件下,当期以前的状态对于预测将来是无关的。他通过构造这个条件概率相互的随机过程,证明这种随机变量间的独立性不是弱大数定律和中心极限定理成立的必要条件。这种随机过程在一定条件下收敛于一组向量,被称为马尔可夫链。

(二) 马尔可夫链随机过程的定义

马尔可夫链是一组具有马尔可夫性质的离散随机变量的集合。具体地,对概率空间 (Ω, F, P) 内以一维可数集为指数集的随机变量集合 $X = \{X_n : n > 0\}$,若随机变量的取值都在可数集内,即 $X = s_i$, $s_i \in S$,且随机变量的条件概率满足如下关系:

$$p(X_{t+1}|X_t, \cdots, X_1) = p(X_{t+1}|X_t)$$

则 X 被称为马尔可夫链,可数集 $s \in Z$ 被称为状态空间,马尔可夫链在状态空间内的取值称为状态。这里定义的马尔可夫链是离散时间的马尔可夫链,其具有连续指数集的情形虽然被称为连续时间马尔可夫链(Continuous-Time MC,CTMC),但在本质上是马尔可夫过程(Markov process)。常见地,马尔可夫链的指数集被称为"步"或"时间步"(Time-Step)。

1. 马尔可夫链

例如蛙跳问题:池塘里有 3 张荷叶,编号为 1、2、3,假设有一只青蛙随机地在 3 张荷叶上跳来跳去。在初始时刻 t_0,青蛙在第二张荷叶上。在 t_1 时刻,青蛙有可能跳到第一张和第三张荷叶上,也有可能原地不动。我们把青蛙某个时刻所在的荷叶称为青蛙所处的状态。这样,青蛙在未来处于什么状态是与它现在所处的状态相关的,而与它以前所处的状态无关。实际上青蛙在一段时间内在荷叶上跳或者不跳的过程就是一个马尔可夫过程。用数学公式表达为

$$P(x_{t+1}=j \mid x_t=i_t, x_{t-1}=i_{t-1}, \cdots, x_1=i_1) = P(x_{t+1}=j \mid x_1=i_1)$$

定义:$P_{ij} = P(x_{t+1}=j \mid x_t=i)$,即在 $x_t = i$ 的条件下,使 $x_{t+1} = j$ 的条件概率是从 i 状态一步转移到 j 状态的概率,因此,它又称为一步状态转移概率。

2. 一步状态转移矩阵

显然,这个一步状态转移概率有 n 个状态,描述各种状态下向其他状态转移的概率矩阵定义为

$$\boldsymbol{P} = \begin{bmatrix} P_{11} & P_{12} & \cdots & P_{1n} \\ P_{21} & P_{22} & \cdots & P_{2n} \\ \vdots & \vdots & & \vdots \\ P_{n1} & P_{n2} & \cdots & P_{nn} \end{bmatrix}$$

这是一个 n 阶方阵,满足概率矩阵性质:① $P_{ij} \geqslant 0$,$i, j = 1, 2, \cdots, n$,即非负性性质;② $\sum P_{ij} = 1$,行元素和为 1,$i = 1, 2, \cdots, n$;③若 $\boldsymbol{A}$ 和 $\boldsymbol{B}$ 分别为概率矩阵,则 $\boldsymbol{AB}$ 为概率矩阵。

3. k 步状态转移矩阵

若系统的一步状态转移概率不随时间变化,即转移矩阵在各个时刻都相同,则称该系统是稳定的。这个假设称为稳定性假设。蛙跳问题属于此类,后面的讨论均假设满足稳定性条件。

经过 k 步转移由状态 i 转移到状态 j 的概率记为

$$P\{(x_t + k) = j \mid (x_t = i)\} = P_{ij}(k)$$

式中,$i, j = 1, 2, \cdots, n$。

定义:k 步状态转移矩阵为

$$\boldsymbol{P}^{(k)} = \begin{bmatrix} P_{11}(k) & P_{12}(k) & \cdots & P_{1n}(k) \\ \vdots & \vdots & & \vdots \\ P_{n1}(k) & P_{n1}(k) & \cdots & P_{nn}(k) \end{bmatrix}$$

当系统满足稳定性假设时，$P^{(k)} = P \times P \times \cdots \times P = P^k$，其中 P 为一步状态转移矩阵。当系统满足稳定性假设时，k 步状态转移矩阵为一步状态转移矩阵的 k 次方。

（三）马尔可夫链的应用

假设系统状态为 $n=3$，求从状态 1 转移到状态 2 的二步状态转移概率。状态转移路线如图 4-5 所示。

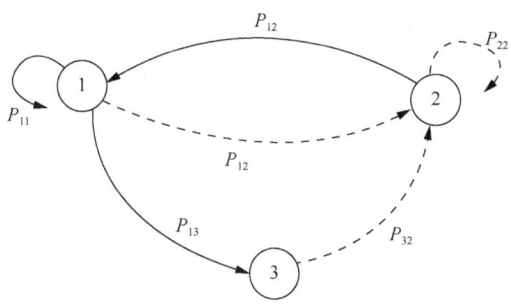

图 4-5　状态转移路线

解法一：由状态转移路线可知：

$$1-1-2：P_{11} \times P_{12} \quad 1-2-2：P_{12} \times P_{22} \quad 1-3-2：P_{13} \times P_{32}$$

$$P_{12} = P_{11} \times P_{12} + P_{12} \times P_{22} + P_{13} \times P_{32} = \sum P_{1i} \times P_{i2}$$

$$\boldsymbol{p} = \begin{bmatrix} P_{11}(2) & P_{12}(2) & P_{13}(2) \\ P_{21}(2) & P_{22}(2) & P_{23}(2) \\ P_{31}(2) & P_{32}(2) & P_{33}(2) \end{bmatrix}$$

解法二：由 $k=2$，$n=3$，得

$$\boldsymbol{P} \cdot \boldsymbol{P} = \begin{bmatrix} P_{11} & P_{12} & P_{13} \\ P_{21} & P_{22} & P_{23} \\ P_{31} & P_{32} & P_{33} \end{bmatrix} \cdot \begin{bmatrix} P_{11} & P_{12} & P_{13} \\ P_{21} & P_{22} & P_{23} \\ P_{31} & P_{32} & P_{33} \end{bmatrix}$$

则

$$P_{12} = P_{11} \times P_{12} + P_{12} \times P_{22} + P_{13} \times P_{32} = \sum P_{1i} \times P_{i2}$$

（四）马尔可夫链示例

某地区有甲、乙、丙 3 家公司，过去的历史资料表明，这 3 家公司某产品的市场占有率分别为 50%、30% 和 20%。不久前，丙公司制定了一项措施，要把甲、乙两家公司的顾客吸引到丙公司去。设 3 家公司的销售和服务是以季度为单位考虑的。市场调查表明，在丙公司执行新的营销举措的影响下，顾客的转移概率矩阵为

$$\boldsymbol{P} = \begin{bmatrix} 0.7 & 0.1 & 0.2 \\ 0.1 & 0.8 & 0.1 \\ 0.05 & 0.05 & 0.9 \end{bmatrix}$$

使用马尔可夫链法研究销售策略的效果，并分别求出 3 家公司在第一季度、第二季度各拥有的市场占有率和最终的市场占有率。

假设随机变量 $X_t = 1, 2, 3 (t = 1, 2, 3)$ 分别表示顾客在 t 季度购买甲、乙、丙 3 家公司的

产品，显然 X_t 是一个有限状态的马尔可夫链。已知 $P(X_0 = 1) = 0.5$，$P(X_0 = 2) = 0.3$，$P(X_0 = 3) = 0.2$，又已知马尔可夫链的一步转移概率矩阵，因此，可以计算一季度的销售份额为

$$(0.5 \quad 0.3 \quad 0.2) \begin{bmatrix} 0.7 & 0.1 & 0.2 \\ 0.1 & 0.8 & 0.1 \\ 0.05 & 0.05 & 0.9 \end{bmatrix} = (0.39 \quad 0.3 \quad 0.31)$$

即在一季度甲、乙、丙 3 家公司占有市场的销售份额分别为 39%、30% 和 31%。再求第二季度的销售份额，有：

$$(0.39 \quad 0.3 \quad 0.31) \begin{pmatrix} 0.7 & 0.1 & 0.2 \\ 0.1 & 0.8 & 0.1 \\ 0.05 & 0.05 & 0.9 \end{pmatrix} = (0.319 \quad 0.294 \quad 0.387)$$

即在二季度甲、乙、丙 3 家公司占有市场的销售份额分别为 31.9%、29.4% 和 38.7%。如此递推，现假设 (π_1, π_2, π_3) 是该方案的马尔可夫链处于状态 1、2、3 的稳定概率，由于 P 是一个标准概率矩阵，因此有：

$$\begin{cases} 0.7\pi_1 + 0.1\pi_2 + 0.005\pi_3 = \pi_1 \\ 0.1\pi_1 + 0.8\pi_2 + 0.005\pi_3 = \pi_2 \\ \pi_1 + \pi_2 + \pi_3 = 1 \end{cases}$$

解得

$$\pi = (\pi_1, \pi_2, \pi_3) = (0.1765, 0.2353, 0.5882)$$

因此，甲、乙、丙 3 家公司最终的市场份额占有分别是 17.65%、23.53% 和 58.82%。

知识拓展

圣彼得堡悖论

圣彼得堡悖论是数学家丹尼尔·伯努利（Daniel Bernoulli）的堂兄尼古拉·伯努利（Nicolaus Bernoulli）在 1738 年提出的一个概率期望值悖论，它来自一种掷币游戏，即圣彼得堡游戏。

设定掷出正面或者反面为成功，游戏者如果第一次投掷成功，得奖金 2 元，游戏结束；第一次若不成功，继续投掷，第二次成功得奖金 4 元，游戏结束；这样，如果游戏者投掷不成功，就反复继续投掷，直到成功，游戏结束。如果第 n 次投掷成功，得奖金 2 的 n 次方元，游戏结束。按照概率期望值的计算方法，将每个可能结果的得奖值乘以该结果发生的概率即可得到该结果奖值的期望值。游戏的期望值即为所有可能结果的期望值之和。随着 n 的增大，以后的结果虽然概率很小，但是其奖金额越来越大，每个结果的期望值均为 1，所有可能结果的得奖期望值之和，即游戏的期望值，将为无穷大。按照概率的理论，多次试验的结果将会接近其数学期望。但是实际的投掷结果和计算都表明，多次投掷的结果，其平均值最多也就是几十元。正如伊恩·哈金（Ian Hacking）所说："没有人愿意花 25 元去参加一次这样的游戏。"这就出现了计算的期望值与实际情况的"矛盾"，问题在哪里？实际在游戏过程中，游戏的收费应该是多少？决策理论的期望值准则在这里还成立吗？这是不是给"期望值准则"提出了严峻的挑战？正确认识和解决这一矛盾对于人们认识随机现象、发展决策理论和指导实际决策无疑具有重大意义。

圣彼得堡问题对于决策工作者的启示在于，许多悖论问题可以归为数学问题，但它同时又是一个思维科学和哲学问题。悖论问题的实质是人类自身思维的矛盾性。从广义上讲，悖论不仅包括人们思维成果之间的矛盾，也包括思维成果与现实世界的明显的矛盾性。对于各个学科各个层次的悖论的研究，历来是科学理论发展的动力。圣彼得堡悖论所反映的人类自身思维的矛盾性，首先具有一定的哲学研究的意义；其次它反映了决策理论和实际之间的根本差别。人们总是不自觉地把模型与实际问题进行比较，但决策理论模型与实际问题并不是一个东西；圣彼得堡问题的理论模型是一个概率模型，它不仅是一种理论模型，而且本身就是一种统计的"近似的"模型。在实际问题涉及无穷大的时候，连这种近似也变得不可能了。

圣彼得堡悖论所提出的消解方法大致可以归纳为以下几种。

1. 边际效用递减论

伯努利在提出圣彼得堡悖论的时候就给出一种解决办法。他认为游戏的期望值计算不应该是金钱，而应该是金钱的期望效用，即利用众所周知的"期望效用递减律"，将金钱的效用测度函数用货币值的对数来表示：效用=log（货币值）。所有结果的期望效用值之和将为一个有限值 $\log 4 \approx 0.60206$，如果这里的效用函数符合实际，则理性决策应以 4 元为界。这一解释其实并不能令人满意。姑且假定"期望效用递减律"是对的，金钱的效用可以用货币值的对数来表示。但是如果把奖金额变动一下，将奖金额提高为 10 的 $2n$ 次方（$n=3$ 时，奖金为 100 万元），则其效用的期望值仍为无穷大，新的悖论又出现了。当然，我们并不清楚效用值与货币值之间究竟有什么样的关系，不过只要我们按照效用的 $2n$ 倍增加奖金，悖论就总是存在。

2. 风险厌恶论

圣彼得堡悖论对于奖金额大小没有限制，如果连续投掷 40 次才成功，则奖金为 1.1 万亿元。但是这一奖金出现的概率极小，1.1 万亿次才可能出现一次。实际上，游戏有 1/2 的机会得奖金 2 元，3/4 的机会得奖金 4 元和 2 元。奖金越少，机会越大；奖金越大，机会越小。以哈金所说：花 25 元的费用冒险参与游戏是非常愚蠢的，虽有得大奖的机会，但是风险太大。因此，考虑采用风险厌恶论可以消解矛盾。保罗·伟里奇（Pual Weirich）提出在期望值计算中加入一种风险厌恶因子，并得出了游戏费用的有限期望值，认为这种方法实际上解决了该悖论。

但是风险厌恶论也并不十分完美。首先，并非所有人都是厌恶风险的，相反有很多人喜欢冒险。例如，每期必买的彩票，以及 Casino（卡西诺）纸牌游戏，它们的价格都高于得奖的期望值。你也可以说这些喜欢冒险买彩票和赌博的人是非理性的，可他们自有乐趣，喜欢这样的风险刺激。总之，风险厌恶的观点很难解释清楚实际游戏平均值非常有限的问题。退一步说，即便承认风险厌恶的观点，矛盾仍然不能消除。我们可以调整奖金额，但考虑风险厌恶情况的期望值仍然是无穷大而与实际情况不符的。

3. 效用上限论

对前两种观点的反驳，采用了增加奖金额的方法来补偿效用的递减和风险厌恶，两者均是假定效用可以无限增加。也有一种观点认为奖金的效用可能有一个上限，这样，期望效用之和就有了一个极限值。门格尔（Menger）认为效用上限是唯一能消解圣彼得堡悖论的方法。设效用值等于货币值，上限为100单位。也许这里的效用上限太小，不过我们可以任意选定一个更大的值如225单位。有很多人如罗素·哈丁（Russell Hardin）、理查德·杰弗里（Richard Jeffrey）等都赞成这样的观点。但这并不被广泛接受，因为效用上限意味着某些价值无法再增加，而现实中人们常常有无限的需求。结果有限论由古斯塔森（Gustason）提出，主张限制游戏结果的数量和金额，但这可能导致游戏性质的改变，且未证明原游戏期望值不是无穷大的。不过这种效用上限的观点似乎不太令人信服。效用上限与效用递减不同，或许你认为有225单位的钱够自己花，可是钱并不能给我们带来所有的效用，有些东西不是钱所能买来的，效用上限意味着再也没有价值可以添加。

4. 结果有限论

古斯塔森认为，要避免矛盾，必须对期望值概念进行限制：其一是限制其结果的数目；其二是把其结果值的大小限制在一定的范围内。这是典型的结果有限论，这一观点是从实际出发的。因为实际上，游戏的投掷次数总是有限的数。例如，对游戏设定某一个投掷的上限数L，在投掷到这个数的时候，如果仍然没有成功，就结束游戏，不管还能再投多少，就按照L付钱。因为即便不设定L，实际上也总有投完的时候。人的寿命总是有限的，任何原因都可以使游戏中止。如今设定了上限，期望值自然也就可以计算了。

问题是，这已经不是原来的那种游戏了。同时也并没有证明原来的游戏期望值不是无限大。原来的游戏到底存在吗？杰弗里（Jeffrey）说："任何提供这一游戏的人都是一个骗子，谁也没有无限大的银行！"这是说实际上没有这种游戏吗？恐怕这也不见得。如果被邀请玩这种游戏，实际上不是在这样做吗？或者说实际上被邀请玩的不是这种游戏而是另外的什么游戏吗？很多游戏场提供许多概率极小、奖金额极大几乎不可能的游戏，他们仍然在经营、在赚钱，一点儿也不担心哪一天会崩盘倒闭。

杰弗里在这样说的时候，实际上是承认了圣彼得堡游戏的期望值是无穷大的了。他认为游戏厅不提供这样的游戏，正是因为他们认为其期望值是无穷大的，他们迟早会因此而破产倒闭。这正是用了常规的决策理论，而反过来又说这种游戏实际上不存在，应该排除在期望值概念之外。因此，用限制期望值概念的方法并不能消解悖论。

不能限制期望值概念的原因有很多。例如，不能用限制期望值概念的方法仅把圣彼得堡游戏排除在外，而应该是通用的。在人寿保险中，有一个险种根据保险人的年龄，每长一岁给付一定的赔付金额。采用人类寿命的经验曲线给出每个年龄的生存机会。大于140岁的生存率已经没有经验可以借鉴，但可以采用一定的函数将生存年龄扩展至无穷大，当然其生存率趋向于零。注意这里的给付金额也是无限的，但是其在期望值计算方面并没有出现什么问题。

所谓悖论，《辞海》中的定义是："一命题B，如果承认B，可推得非B，反之，如果承认非B，又可推得B，称命题B为一悖论。"可见，作为一种推理的矛盾现象，悖论是人们自己制造出来的。现已经有人证明，这种意义上的悖论是不存在的。一个命题是一个具有真假的判断语句，如果一个命题B和非B能够相互推出，则B要么是非真非假的单义句,要么是非真非假的多义句。因此,悖论作为人类思维系统的一种矛盾形式,它的消解必须从人们思维系统自身的矛盾性和不完善性着手,需要人类战胜和超越自己。历史上一次又一次悖论的消解,提出了更完备的公理系统,完善了人类的思维和科学系统,促使科学得到进一步的发展。圣彼得堡悖论也是一样的。

综合上述悖论的消解观点,边际效用递减论符合了"边际效用递减律",能够在一定程度上解决实际问题,但是绕开了问题的基本面,圣彼得堡游戏的期望值到底是多少并没有真正得到解决;风险厌恶论,犯了同样的错误,只不过是用风险因子替换了效用函数,实际上只是一种风险效用;效用上限论和结果有限论试图回避问题的无限性,篡改了原问题,自然也不可能解决问题。这些观点都是从实际出发的,但都没有触及人们的思维系统,不能冲破自己思想的牢笼,即便解决了这一悖论,又会有新的悖论出现。

(资料来源:根据多方资料整理而成。)

思 考 题

1. 风险管理决策的含义是什么?
2. 风险管理决策的基本内容有哪些?
3. 风险管理决策的特点是什么?
4. 风险管理决策的原则是什么?
5. 风险管理决策的程序是怎样的?
6. 风险管理决策的方法有哪些?
7. 如何进行风险管理方案的选择?
8. 什么是忧虑成本?
9. 试述效用理论。
10. 某建筑物如果发生火灾,则造成直接损失 10000 元,间接损失 5000 元。如果不采取火灾风险防范安全措施,火灾发生的概率为 2.5%;采取火灾风险防范安全措施,火灾发生的概率降为 1%,安全措施的成本为 2000 元。如果采取投保的方式来转移风险,则保险费为 300 元。现有 3 种风险管理举措可供选择:①风险自留;②风险自留的同时采取安全措施;③投保。

分别计算 3 种方案的期望损失并选择最优方案。

11. 某公司准备投标一项建筑工程。根据业主招标文件的要求和市场考察的结果,该公司项目部人员得到有关成本、收益的信息如下:该建筑工程的总面积为 15000 平方米,总工程款为 3000 万元,计划 100 天完成。该项目需要的支出费用有:公司前期投入的施工机械、设备等固定资产的折旧费 400 万元;人工费每平方米 100 元;设备租赁中一部分设备按固定费用支付 30 万元,另一部分按天支付每平方米 100 元;其他各种税费、管理费等属于固定支出 20 万元;该项工程的建设费每平方米 1200 元。

试对该项目做风险分析,对其进行确定性风险量化,即假定该项目未来各种因素不发生变化,在此基础上进行安全性分析。

12. 某工业项目年设计能力为生产某种产品 30 万件,单位产品售价 60 元,单位产品年可变成本为40元,年固定成本400万元。若该产品的销售税金及附加的合并税率为5%,则以产量、单位产品价格表示的盈亏平衡点分别是多少?

13. 什么是敏感性分析?为什么要进行敏感性分析?

14. 假设有外观完全相同的木盒100只,将其分为两组:一组内装白球,有70盒;另一组内装黑球,有30盒。现从这100盒中任取一盒,请做出以下猜测:若盒内装白球,猜对得500分,猜错罚200分;若盒内装黑球,猜对得1000分,猜错罚150分。为使期望得分最多,应猜黑球还是白球?白球出现的概率为多少时(即有白球多少盒时),猜黑球的方案成为最优?

第五章 风险监控

【学习要点】 理解风险监控的必要性。
理解风险监控的依据。
理解风险监控的含义。
掌握风险监控方法的应用。
掌握直方图的应用。
掌握鱼刺图的应用。
了解帕累托图的应用。

风险管理是一种动态过程，在这一过程中对于风险的识别、评价和决策绝不是一个单向一次性的过程，而是需要通过对风险管理计划、风险识别、风险估计、风险评价等风险管理过程的监视和控制，及时发现并纠正偏差，以确保风险管理达到减少或避免损失的预期效果。当风险管理事件面临的某些物理环境或者其他条件发生变化时，可能使部分风险变得更加严重，因此，需要在风险管理过程中设计一个流程，对已经识别和做出决策的风险进行必要的监管，其目的是考察识别的各种风险及做出风险控制决策所产生的实际效果，监控风险因环境变化而产生的新情况、新风险，进而根据风险事件发展的实际及时调整风险管理计划，或者对风险决策效果产生的偏差进行纠正。因此，风险监控实际是对风险管理事件的各项风险因素进行动态跟踪，及时掌握风险信息并根据信息的变化动态调整风险管理举措，从而实现风险事故损失最小的目标。

本章是本书上篇的最后一章。风险监控是风险管理人员在经过风险识别、风险评估、风险防控决策之后，为了更好地管控相关风险，需要监督、反馈、纠偏，实现风险管理的动态管理过程。本章主要介绍风险监控的含义，风险监控的原则、方法和工具等内容，主要从理论层面让学生建立风险管理需要实施动态管理的基本理念。通过学习本章，能够掌握基本的风险监控原则、方法、工具和实施步骤，为今后风险管理的实践提供必要的理论基础。

第一节 风险监控的含义和必要性

风险监控是监控风险环境的变化，跟踪监督风险管理决策实施和进展的行为，是风险管理过程的重要环节。其目的是跟踪监督风险管理决策所选择的策略和措施的有效性，及时改进和细化风险管理实施方案，并且在风险环境发生变化时，及时调整或制订新的管控策略或措施。

一、风险监控的含义

风险监控（Risk Monitoring and Control）是通过对风险管理计划、风险因素识别、风险评价和决策的全过程监督与控制，保证对风险事件的管理达到预期目标的过程。从概念的内涵来看，监控风险实际上是对整个风险事件运行情况的实时跟踪。通过观察事件发展的动态过程，验证并核实前期对风险因素的识别、风险评估的准确性，以及风险决策的合理性。同时，需要根据风险事件的发展现状，及时调整风险管理举措，从而达到风险管理中事故损失最小化的管理目标。

风险监控包括监测和控制两个层面的工作：一是跟踪监测，即对整个风险管理事件的全过程进行跟踪监测，除了对已识别的风险进行跟踪监测，还需要根据风险产生的条件和环境的变化，对风险事件发展进程中的新风险进行识别；二是需要依据风险决策和具体实施的风险应对计划，判断风险管理举措对避免或减轻风险的实际效果，并对已经发生的风险或者新增风险在分析和评估的基础上采取必要的修正或者新的应对措施。

一般而言，在风险管理进入风险监控过程时，对于风险监测和控制往往是交替进行的。风险管理人员无论是发现原风险管理计划或举措出现偏差，还是发现新的风险，都必须根据风险事件发生的实际情况，及时调整和采取控制措施。因此，在风险管理流程中，通常把风险监测和控制视为一个整体。监测实际是监视风险管理举措的执行进展和效果、监视风险事件面对的环境参数是否发生变化。控制是依据监测的结果，通过监测风险管理举措的实施效果是否有效、是否会有新的风险诞生，从而积极适时采取相应的控制举措，调整或纠正风险管理举措，最终实现风险管理的预期目标。

二、风险监控的必要性

风险管理本质上是对不确定性的管理，目的是避免或减少事故带来的损失。从风险管理流程上看，采用了诸多识别方法来对可能诱发事故的风险因素进行识别，也采用了科学的风险评价方法对各种潜在的风险事故进行评价并根据结果科学地制定相应的决策。然而，在实际的实施过程中，无论是因事件所处的环境因素变化，还是因其他难以预计的情况出现，即使风险管理人员在风险识别、风险评价和制定决策方案时都极其全面、细致地考虑各种可能性，由于人类认知的有限性，也难以识别所有的风险因素。因此，必须根据事件发展的实际，经过跟踪监测和控制，及时弥补或调整风险管理举措。

风险管理人员采用科学方法进行风险因素分析后能够识别相应的风险，并对已识别的风险做相关的定性定量分析，估计风险损失的大小、事故发生的概率，从而做出风险评价，制订相应的风险管理方案。但是，我们在实践中经常发现，随着时间的推移，在风险管理事件的发展过程中，原来已识别的风险，其发生概率可能下降，也可能增大，因此，在执行风险管理举措的过程中，需要进一步对风险事故进行跟踪监督和控制；同时，随着环境、政策、人员等因素的变化，仅仅满足于原先识别的风险显然不够，原先识别到的风险可能消失而未识别到的风险又可能出现，此时需要风险管理人员不断地识别新风险，并及时将新风险纳入正在进行的风险管理过程中。因此，持续的风险监控不但能为风险管理人员不断提供新风险信息，而且监控本就是管理过程中不可或缺的重要环节。

在风险管理过程中,从管理流程和内容上看,风险监控的必要性主要体现在以下3点。

(1)事物是运动和发展的。随着风险管理实践工作的推进,原本是通过数学模型或逻辑推理的方法估算、测算的相关数据,会从不确定性向确定性转变,同时,其他与风险管理相关的具体信息会越来越多,这对于改进风险管理举措或者纠正原来措施,提供了更多更准确的数据和信息。因此,有必要对风险实施监控,实时掌握更多的有效信息,并根据最新信息做出分析和评价,以便采取更加具体有效的风险管理举措。

(2)风险监控是纠正偏差的必要方法。虽然风险管理人员运用科学的方法进行分析、评价,做出了风险决策,但是对于这种以假设和估测为基础的相关风险管理举措是否合适,需要在这些措施实施过程中进行跟踪监测并评估或评价这些举措的实际效果。显然,这些风险管理举措的实施若是有效合理的,则应该进一步巩固和强化,继续执行控制措施;而一旦发现已执行的风险管理举措出现偏差,风险管理的实际效果不理想,就应该及时重新评估和评价,调整纠正决策方案,减少可能出现的损失。

(3)风险监控可随时面对新环境发现新风险,进行新风险的管控。由于认知的局限性,即使已经对风险事件采取了应对措施,也不可避免地会出现新风险或者是前期识别过程中有疏漏的未识别的风险。这就需要风险管理人员及时跟踪,分析新环境,在监控中发现新风险,及时评估评价这些新风险,针对这些新风险做出相应风险决策,从而实现并达到风险管理的预期目标。

第二节 风险监控的原则和依据

一、风险监控的原则

风险监控是整个风险管理的重要环节,这不仅是验证风险识别和评价的准确性环节,还是确保风险事故得到有效控制、减少损失的环节。在实际操作过程中,风险监控一般需要遵循以下几个原则。

(一)经济性原则

风险监控实际是对各项风险因素的跟踪监管,对于任何风险管理事件,都需要投入相应的人、财、物等资源,从硬件和软件两个角度设计风险监控体系。显然,硬件设备的购置、风险监管人员的配备需要支付相应的资金。因此,风险监控就需要测算风险监控管理体系建立和架构的经济成本,这是整个风险管理的重要原则之一。对应于监控风险因素的不同,所需投入的成本应与风险因素造成的损失大小相匹配。通俗地讲,就是在整个风险管理过程中产生的相应成本费用应该小于风险事故损失额,或者是小于风险转嫁的成本。风险监控属于整个管理流程中的一个环节,产生的成本费用应该是总成本费用中的一部分。

(二)及时性原则

风险监控的及时性原则主要基于两点:一是风险发现的及时性;二是风险控制的及时性。这两点也是对风险监管人员提出的基本要求,主要是在进行风险监测时,能够具有较高的职业敏感性，能够根据风险事件或项目运行的实际及时感知风险和发现风险；同时，无论是出于疏漏还是其他原因，一旦发生风险事故，就都需要有很强的决断能力，能够根据风险事故发展的实情，及时采取有效管理举措，尽量做到消除风险或将风险损失控制在可以接受的范围之内。

在体育风险管理中，对部分有可能出现的常规性风险通常采取以防为主的管理模式。很多体育场馆、大型体育赛事等都会设立风险应急预案和风险监控的风险预警机制，预警机制能及时感知和预测风险，应急预案则提供了相对规范的风险管理的操作流程和操作规范。预警机制或管理人员若在监控过程中发现风险征兆，则可及时采取行动，纠正管控偏差或者发出预警信号，最大限度地控制和降低风险事故发生的概率。

（三）操作性原则

风险监控，顾名思义，就是在风险管理过程中采取跟踪管理举措，因此，无论是一般意义上的风险监控，还是体育领域的风险监控，在制订相关管理举措时都必须和风险管理主体的资源状况与风险管理人员的能力相结合，要遵循操作性原则。如果风险监控的举措失去操作性，那就是纸上谈兵。

从风险管理举措的应对方式来看，可以把风险管理举措分为积极主动型和消极被动型两类。积极主动型管理举措是根据风险识别和评价的结果，针对风险管理目标采取积极调控措施，旨在主动防御、主动采取行动去消除风险和控制风险，从风险源开始监控，达到标本兼治的效果。消极被动型管理举措实际是一种防守性策略，一般采取风险规避或风险转嫁的处理形式，主要根据评价的结果，以避免或减少风险损失为目的，通过合约形式或改变项目环境等措施来实现。无论是采用积极主动型还是消极被动型的管理举措，风险管理主体都应结合自身的资源特点，合理安排具有较强操作性的控制措施。

（四）持续性原则

体育风险管理是过程性管理，管理的时间和空间具有很强的连续性，在整个风险事件的生命周期内，在任一时间和空间上出现风险监控疏漏，都可能会发生风险事故，带来损失。风险因素诱发事故的不确定性导致了风险事故随时都有发生的可能，因此，风险监控必须遵循持续性原则，贯穿整个风险事件的生命周期。而且，伴随着时间推移，风险事件所面临的外部环境和内部环境都可能随之发生变化，原先识别的风险因素可能已经消失，但是有可能会出现新的风险因素，需要识别、分析和评价。同样，时过境迁，原本属于评价后的低等级风险则可能转化为高等级风险，守着原先的风险决策方案是不合时宜的。我们需要根据持续监控的实际状况，及时修正纠偏前面的风险管理计划或者制订新的风险管理计划，这也体现了风险管理的动态性特征。

二、风险监控的依据

风险监控是对风险因素识别、风险评估和评价结果、风险决策的跟踪检验和监测，掌握风险管理计划、风险决策方案，根据风险管理事件所处的环境和资源条件及时对管理举措做出调整。因此，风险监控的依据主要体现在以下几点。

（一）风险管理计划

对风险事件进行风险因素识别和评价，实际是为风险管理工作做准备。根据风险识别和评价的结果，其目的是制订管理计划；在此基础上，通过制订管理计划和选择管控方案，进入决策过程。根据风险管理计划，可以掌握在风险管理过程中所采用的方法、参照的技术指标、具体的执行时间和管理人员的安排。风险监控则是跟踪监测方法、指标的可靠性，执行时间及其人员安排的合理性。因此，风险管理计划是风险监控的首要依据。

（二）风险决策方案

风险决策方案是对多种可行方案做出选择之后的风险管理实施方案或行动方案。在方案中提供了对风险事件涉及的关键风险、主要风险、一般风险所采取的管理举措和应对举措，是风险管理跟踪监测的具体内容和对象。

（三）实际风险环境

风险监控的主要目的除了跟踪监测风险计划和行动方案的正确性，更重要的是随时依据实际风险发展的变化、外围环境的变化，对决策方案做出相应的纠偏或调整。特别是在风险事件出现大的变化或有新的风险出现的时候，需要进行新的风险分析、评价和决策。因此，在风险管理过程中，跟踪监测风险事件的各种日常信息是风险监控的重要依据。

（四）新识别出的风险

事物是发展和变化的，不变是暂时的，变化才是事物的常态。风险管理项目事件会随着项目不断发展而面临新的风险环境，从外部环境到内部环境，都可能导致事件出现新的风险。因此，风险监控不仅需要跟踪监测原来识别的风险，还需要依据环境变化不断识别出新的风险，同时对新识别的风险展开风险评价和决策，尤其是原先未曾预料的意外风险，需要进一步分析原因，并依据谨慎原则，对这类风险做重点监控。

（五）风险监控主体的资源条件

风险监控是在风险计划的基础上，针对各类可能发生的风险事故采取相应的管理举措，显然这就需要有相应的资源与之匹配。因此，风险监控不仅要监控风险因素本身，还要监控风险事件应急处理的资源条件。

第三节　风险监控的内容和方法

一、风险监控的内容

风险监控的主要目标就是依据风险管理计划、管控方案、资源条件等因素，及早发现疏漏，尽量避免风险事件的发生，并依据环境因素的变化及早发现新风险。为了能够实现风险监控的目标，实际工作通常围绕以下几项主要内容展开。

（1）风险监控是对风险管理计划实施的跟踪和监测，显然，监控风险管理计划实施的状况是其主要内容之一。

（2）对于按照计划实施的风险管理方案的有效性要跟踪监测，一旦发现错误或偏差，就需要及时做出修正或纠偏。

（3）风险监控需要及时了解风险事件发展所面临的外界环境，不能仅仅停留在风险大小上，还需要及时分析风险事件所面临的环境因素的发展和变化，及时跟踪识别新风险。

（4）在方案实施过程中，风险监控需要重点跟踪监测被发现的意外风险、因环境因素发生变化而产生的新风险。需要监测原先设计的计划和方案是否依然有效，对新的风险如何快速做出风险评价和风险决策。

（5）风险监控本身就是风险管理的重要环节，除了监控风险本身，还需要做出相应的记录和总结，要清晰记载风险管理计划中已识别的风险是否已经发生，或者风险源积累的破坏性能量已经随着风险事件的发展释放完毕且不会再有这一风险发生。这部分内容实际是跟踪管理中的内容，对于吸取经验教训，建立风险分析数据库、案例库有重要意义。

二、风险监控的方法

（一）核查法

风险监控是过程管理，在风险管理计划和方案执行到一定阶段时，可以通过核查分析风险监控对象的工作进展。可以采取会议汇报、现场检查、一线访谈等方式进行核查，核查内容包括方案具体实施计划、执行记录和物资储备等。核查是监管的方式和手段，其目的是为了实现风险管理的目标。在发现问题时，需要及时反馈给具体的负责人员，督促他们马上采取行动，予以解决。问题解决后需要汇报，核查人员确认验收。

（二）清单法

清单法是依据风险识别的结果而制订风险清单进行监控的方法，重点监控具有重大影响的风险，或者是在管理过程中给予特别关注的关键风险。风险监控清单可以在已识别出的风险的基础上增添更多新的监控内容。在风险监控清单中需列出风险监控时间、风险处理方式、风险处理的计划、完成时间及原因分析等。如果风险因处理时间过长而一直出现在风险监控清单中，则需要重新评估该风险，更新风险处理的方法。

（三）成本分析法

成本分析法是很多风险项目实施中会使用的方法，一般借助项目风险管理的成本预算，结合风险项目的实施进度，通过比较实际使用的管理费用支出与对应的预算之间是否存在偏差，确定项目的费用支出和时间进度是否符合项目的原计划要求。如果出现偏差，则要找出并分析偏差产生的原因。

第四节 风险监控的工具

风险监控是风险管理的重要环节之一，它是在对风险进行识别、评价、决策之后，对风险项目事件的启动、实施和验收进行的全过程、全方位的监督控制，是对多个风险因素的 PDCA（Plan、Do、Check、Action）循环过程实施的监督控制。为了能够较好地完成风险监控工作，需要借助相应的管理工具来协助监控。在不同行业和不同业务范围，风险监控的工具具有差异性，特别是在电子信息技术飞速发展的时代，随着大数据、人工智能的发展，诸多行业已经开发出实时监测的人工智能风险识别和监控系统。在这里主要介绍3种常用的风险监控工具：鱼刺图、直方图和帕累托图。

一、鱼刺图

（一）鱼刺图简介

鱼刺图又称鱼骨图、因果图、石川图，是表示特性与原因关系的图。绘制鱼刺图的具体方法在第二章第四节中已有较为详细的阐述，在此不再赘述。

鱼刺图最初应用于质量管理，在风险监控中主要应用于分析并改善或控制某些项目的进度、费用、硬件、环境、经营等领域出现的风险，及时快速地了解和掌握风险产生的原因、规范管理行为、确定风险对策等。

鱼刺图可以用来分析风险成因，能够直观地反映各项风险因素如何与相应潜在风险或事故损失关联起来，即使风险管理人员不具备较高的风险管理专业技能，也能够快速地对风险进行识别；能够让风险管理人员直观地看到导致风险事故产生的因果关系；能够根据图中信息分析并确定风险事故预防的重点，主动提前采取预防措施。

鱼刺图法能够体现风险事件运行的进程，根据事物发展的前进方向，通过分解风险项目执行过程中的各个环节，逐级逐层地分析各个环节中可能诱发事故的近因和远因，既能看到问题的直接原因，又能追踪到问题的本质原因。风险因素识别过程中使用鱼刺图可以系统地识别产生风险的因素，使之成为体系，分清主次，为风险预警基础数据库提供系统的框架。运用鱼刺图法对风险事件进行风险监管，可以在图中直观地了解各类风险因素的分布和联系。故而，鱼刺图法作为一项重要的风险管理工具在很多行业得以应用，运用此方法不仅可以顺时而为地识别风险、监控风险，而且能够根据各类因素识别出的风险，量身制订切实可行的防控措施，针对性地控制好整个项目事件中的每个薄弱环节；不仅能够把各类风险隐患最大限度地消灭在萌芽状态，而且能够在管理层面依据鱼刺图中的清晰脉络和逻辑关系，在按照项目事件发展的时间顺序进行系统分析风险因素的基础上，制订层次分明、针对性更强的风险管理应急计划，达到避免风险事故发生和减少事故损失的管理目标。

（二）鱼刺图的应用步骤

在绘制鱼刺图之前，通常要结合风险事件项目的风险识别，认识到所要防范的主要风险。此内容在第二章讲述风险识别的方法时做了较为详细的阐述，这里将进一步阐述如何将鱼刺图应用于风险监控。显然，为了高质量完成鱼刺图的绘制，首先需要收集大量的相关文献资料、风险项目的背景资料及相关的环境资料，并对这些资料展开详细分析和研讨，集思广益、多听取不同的意见；尽量将各种风险因素列出，并找出产生风险事故的可能性原因，结合风险评价的结果，把这些因素由主到次、由粗到细地在鱼刺图中列出，并遵循不遗漏、不重叠的原则，采用追根溯源的分析方法，找到各类风险事故的因果关系及其逻辑层次，在绘制鱼刺图的过程中对于重点风险源需要突出标识。

在使用鱼刺图进行风险监控时，可按照以下几个步骤进行。

（1）列出并描述所监控的具体风险。首先依据风险项目事件识别的结果，查找计划解决的风险问题或风险事故，将风险问题或风险事故作为监控的对象列入鱼刺图的头部，并用陈述性语句，本着实事求是的原则阐述风险问题或风险事故，让人能够直观地看出问题所在。

（2）监控出现风险事故的可能性原因。根据风险识别的结果，对所产生事故的风险因素及其原因进行跟踪识别分析，确定前期识别的正确性，出现偏差时需要在鱼刺图中标出，风险管理人员对产生偏差的原因开展调查，并在图中做出说明。

（3）问题归类，并明确原因。在运用鱼刺图进行监控时，查明偏差原因后，需要进一步从"人物、时间、地点、事件、物资"几个要素着手，针对具体偏差问题进行分析，搞清楚"是什么""为什么"。相对较小的偏差可以在分析原因后直接采取对策纠偏；如果碰到某种风险事故产生的原因较多，那么通常以直接关联、相关性最高的原因作为主要监控对象。

（4）核对信息，制订纠偏举措。通过分析风险监控获取的相关信息数据，依据帕累托法则，确定重要原因后，制订纠偏举措。

二、直方图

（一）直方图简介

直方图又称柱状图、分布图，是利用直方图形的高度、宽度或者长度来反映项目执行过程中伴随时间变化的特性。这种图形能够体现风险因素随风险项目执行时间变化而变化的特点。通常，一栏代表一个风险因素或者某一特征属性，高度、宽度或者长度则表示该种风险因素、特征属性出现的相对频率、频数或损失额。在应用中，通常通过各栏位置的相对性来确定风险问题的重要程度。直方图示意图如图5-1所示。

通过直方图，可以直观地看出风险因素的安全强调特征分布，便于监控人员快速判断风险分布状况，了解风险损失随风险因素变化的分布形态，监控风险数据的真伪，测算风险损失发生的概率，设置安全界限。

在风险监控过程中，需要对不同风险因素及其带来的损失程度进行统计和比较分析，以建立风险预警的基础数据库，并与实时的监控数据进行对比，发现偏差，采取控制措施。鉴于直方图的作用和用途，将直方图应用于风险管理可以对风险的发生频率和损失进行统计与分析，找出主要的风险因素，对其进行重点的控制和监控，有效处置和防范风险。

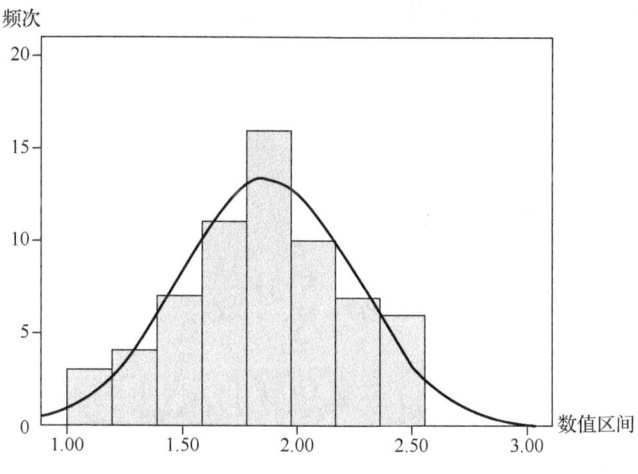

图 5-1 直方图示意图

（二）直方图的使用范围和应用步骤

1. 直方图的使用范围

直方图是对抽象数字实现可视化的一种常用图形分析工具，用于分析重点问题或者共性问题。

在可数字化、可视化的直方图中，风险管理人员能够清晰地掌握风险事故数据的分布概况，可以看到诱发风险事故的发生概率及风险事故的损失大小。但是直方图需要有一定量的基础数据，通过数据集合中数据出现的频次等形式反映。当对直方图要求的精度较高而数据量较少时，直方图的使用就受到一定限制。

在风险监控中使用直方图时，当出现风险管理人员获得数据较少，特别是数据集合中重复出现且频次较高的样本数据较少时，就需要风险管理人员掌握文献资料或历史统计数据，对过去已经发生的风险事故的统计数据进行分组，进而继续观察不同分组中出现某一风险的频次与数量。在不考虑特殊情况下，使用直方图要按照合适的区间对数据分组，有时对数据分组会出现一定难度。因此，直方图较适合应用于刻度级数据样本。

风险管理人员利用直方图精心监控时，通常在确定风险项目事件中诱发事故发生的风险因素基础数据库后，依据同类事件的历史统计数据制定相应的监控指标体系，并重点标注需要给予高度关注的风险因素。

在实时监测监控风险项目事件过程中，需要对图中数据进行跟踪，判别所监控的风险因素，其监测数据的分布特征是否正常，是否需要根据监控中的变化调整决策方案；判断是否需要立即采取控制措施等。

2. 直方图的应用步骤

（1）采集所需监控的样本数据，通常是50组数据以上。

（2）查找收集样本数据的极值（最大值和最小值）。

（3）按照直方图的数据要求，对样本数据进行分组。

$$K = \sqrt{n}$$

式中，n 表示样本容量；K 表示组数，可以自行确定。

（4）依据统计学规律计算极差、组距。

$$R = 最大值 - 最小值$$

$$C = \frac{R}{K}$$

式中，R 表示极差；C 表示组距。

（5）计算平均值、方差、标准差。

$$X = XO + \frac{\sum \mu f}{\sum f} \times C$$

$$\sigma^2 = \left[\sum \mu^2 f - \frac{\sum (\mu f)^2}{\sum f} \right] \times C \times \frac{1}{\sum f}$$

$$S = \sqrt{\sigma^2}$$

式中，XO 表示中位数；f 表示频数；μ =(各组中位数-频数较多一组的中位数)/组距；X 表示平均值；σ^2 表示方差；S 表示标准差。

（6）记录并检查数据计算的准确性。

（7）在平面坐标系中绘制直方图（也可通过 Excel 表格自动生成）。

（三）直方图观察损失程度案例

假设 2019 年 8 月，某地食品库房因管理不善，仓库内老鼠猖獗，在发现鼠患之后，工作人员持续灭鼠时间超过 2 个月。在此期间统计了因鼠患带来的食品损失额，如表 5-1 所示。

表 5-1　鼠患期间食品损失额登记表

日期	1~8 日	9~16 日	17~24 日	25~32 日	33~40 日	41~48 日	49~56 日	57~64 日
损失额/万元	2.59	2.09	2.22	2.01	1.87	1.65	1.45	1.15
	2.41	2.37	2.18	2.03	1.83	1.71	1.72	1.05
	2.57	2.33	2.15	1.98	1.96	1.82	1.35	1.42
	2.4	2.07	2.16	1.95	1.85	1.72	1.73	1
	2.42	2.25	2.17	1.97	1.9	1.72	1.42	1.67
	2.35	2.24	2.15	1.78	1.85	1.68	1.55	1.01
	2.53	2.12	1.91	1.88	1.83	1.56	1.34	1.32
	2.45	1.91	1.81	1.94	1.73	1.72	1.24	1.22

下面按照直方图的应用步骤进行示例分析。

（1）查找极值。由表 5-1 可知，最大值为 2.59，最小值为 1。

（2）确定组数。$K = \sqrt{n} = \sqrt{64} = 8$，即组数为 8。

（3）计算组距及极差。$R = 最大值 - 最小值 = 2.59 - 1 = 1.59$；为了使图表美观大方，此处令 $R = 1.6$，则 $C = \frac{R}{K} = \frac{1.6}{8} = 0.2$。

（4）录入数据，如表 5-2 所示。统计每列的数据，确定标记数，标记数为组中值。

表 5-2 鼠患期间食品损失统计表　　　　　　　　　　　　　　　单位：万元

序号	损失值	组中值	序号	损失值	组中值	序号	损失值	组中值	序号	损失值	组中值
1	1	1.1	17	1.68	1.7	33	1.88	1.9	49	2.16	2.1
2	1.01	1.1	18	1.71	1.7	34	1.9	1.9	50	2.17	2.1
3	1.05	1.1	19	1.72	1.7	35	1.91	1.9	51	2.18	2.1
4	1.15	1.1	20	1.72	1.7	36	1.91	1.9	52	2.22	2.3
5	1.22	1.3	21	1.72	1.7	37	1.94	1.9	53	2.24	2.3
6	1.24	1.3	22	1.72	1.7	38	1.95	1.9	54	2.25	2.3
7	1.32	1.3	23	1.73	1.7	39	1.96	1.9	55	2.33	2.3
8	1.34	1.3	24	1.73	1.7	40	1.97	1.9	56	2.35	2.3
9	1.35	1.3	25	1.78	1.7	41	1.98	1.9	57	2.37	2.3
10	1.42	1.5	26	1.81	1.9	42	2.01	2.1	58	2.4	2.5
11	1.42	1.5	27	1.82	1.9	43	2.03	2.1	59	2.41	2.5
12	1.45	1.5	28	1.83	1.9	44	2.07	2.1	60	2.42	2.5
13	1.55	1.5	29	1.83	1.9	45	2.09	2.1	61	2.45	2.5
14	1.56	1.5	30	1.85	1.9	46	2.12	2.1	62	2.53	2.5
15	1.65	1.7	31	1.85	1.9	47	2.15	2.1	63	2.57	2.5
16	1.67	1.7	32	1.87	1.9	48	2.15	2.1	64	2.59	2.5

注：本表按照"组中值"大小顺序排列。

（5）将表 5-2 中数据进行分组，得到表 5-3 的统计数据。

表 5-3　鼠患期间食品损失额区间频次统计表

组中值/万元	损失额区间/万元	频次
1.1	1.0～1.2	4
1.3	1.2～1.4	5
1.5	1.4～1.6	5
1.7	1.6～1.8	11
1.9	1.8～2.0	16
2.1	2.0～2.2	10
2.3	2.2～2.4	6
2.5	2.4～2.6	7

（6）绘制鼠患期间食品损失值数学统计表，如表 5-4 所示。

表 5-4　鼠患期间食品损失值数学统计表

有效组中值/万元	频次	百分比/%	有效百分比/%	累积百分比/%
1.1	4	6.25	6.25	6.25
1.3	5	7.81	7.81	14.06
1.5	5	7.81	7.81	21.87

续表

有效组中值/万元	频次	百分比/%	有效百分比/%	累积百分比/%
1.7	11	17.19	17.19	39.06
1.9	16	25.00	25.00	64.06
2.1	10	15.62	15.62	79.68
2.3	6	9.38	9.38	89.06
2.5	7	10.94	10.94	100.00

（7）计算损失额数学统计额的平均值、方差和标准差。

$$X = XO + \frac{\sum \mu f}{\sum f} \times C = 1.866 \text{（万元）}$$

$$\sigma^2 = \left[\sum \mu^2 f - \frac{\sum (\mu f)^2}{\sum f} \right] \times C \times \frac{1}{\sum f} = 0.154 \text{（万元）}$$

$$S = \sqrt{\sigma^2} = 0.3924 \text{（万元）}$$

（8）建立坐标系，绘制直方图，如图5-2所示。

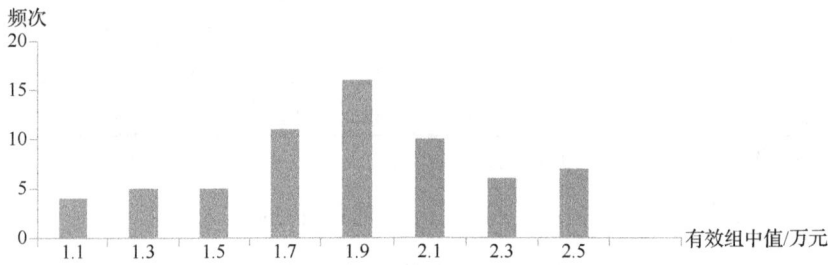

图5-2 鼠患期间食品损失分布直方图

由图5-2可知：该仓库的损失状况符合正态分布。损失值出现次数最多的情况为1.8万~2万元，损失范围在1.0万~2.6万元。平均损失值为1.866万元，标准差为0.3924。

三、帕累托图

（一）帕累托图简介

帕累托图（Pareto Chart）是以意大利经济学家帕累托（Pareto）的名字命名的，又称主次图、排列图。它是将出现风险问题的风险因素按照风险的严重性或者重要程度依次排列的图形。

在绘制帕累托图的过程中，一般按照风险事故发生频次的多少为顺序绘制直方图。与直方图不同的是，帕累托图采用的是双直角坐标系，通常在风险管理中帕累托图左边的纵坐标表示频次；右边的纵坐标表示风险因素诱发事故的频率；横坐标表示诱发风险事故的各项风险因素，并按风险事故的重要性程度的大小从左到右排列，同时在直方图上方用累计频率的点画出分析线。这样可以通过分析这种帕累托图，较快地获得影响风险事故发生的主要风险因素。

帕累托图分析一般是依据帕累托法则，这一法则又被称为二八原理，即百分之八十的问题是百分之二十的原因所造成的。因此，在运用帕累托图监控风险时，通常把影响风险事件的各因素分成 3 类：A 类因素可能诱发 75%～80%的风险事故，这类因素大约占风险因素总量的 20%，被称为主要因素或关键因素，需要作为主要监控或重点监控的对象；B 类因素导致了 15%～20%的风险事故，也是大约占风险因素总量的 20%，被称为次要因素；C 类因素，被称为一般因素。帕累托图在项目管理中主要用来找出产生大多数问题的关键原因，可以为风险管理事件 80%的问题找出关键的影响因素，而且便于管理人员对一些重点风险因素掌握和理解。

（二）帕累托图的绘制步骤

（1）收集数据，编制分项统计表。

（2）绘制排列图。①先画左纵坐标，再画横坐标；②在横坐标上确定刻度，按从大到小、从左到右的顺序填写；③定左纵坐标的刻度；④定右纵坐标的刻度；⑤画直方图；⑥画帕累托线；⑦划分 A、B、C 区，标出重点监控区。

（三）帕累托图的应用案例

随着工业化进程的不断推进，某医院统计每年的意外伤害或自杀自残事故呈现逐年上升趋势，严重威胁着人民的生命财产安全，为此有必要对意外伤害或自杀自残病例进行分析，寻求其发生的主要原因，便于对症综合治理。该医院统计了 2019 年度 1352 例意外伤害或自杀自残事例，对其外部原因进行了分析，具体数据及原因分类如表 5-5 所示。

表 5-5 2019 年度意外伤害或自杀自残住院病人的外部原因分类表

序号	外部原因	住院人数（1352）/人	构成比例/%	累计比例/%
1	机动车交通事故	635	46.97	46.97
2	意外跌伤	188	13.91	60.88
3	他杀或他伤	176	13.02	73.90
4	意外工伤	149	11.02	84.92
5	非机动意外事故	52	3.85	88.77
6	火灾	43	3.18	91.95
7	自杀自残	25	1.85	93.80
8	医疗事故	22	1.62	95.42
9	高空坠物意外砸伤	18	1.33	96.75
10	自然因素所致意外事故	15	1.11	97.86
11	意外中毒	13	0.96	98.82
12	触电	10	0.74	99.56
13	药物使用不当	5	0.37	99.93
14	意外淹没和沉没	1	0.07	100.00

以各类原因为横坐标、以住院人数为纵坐标做直方图和帕累托图，如图 5-3 所示。

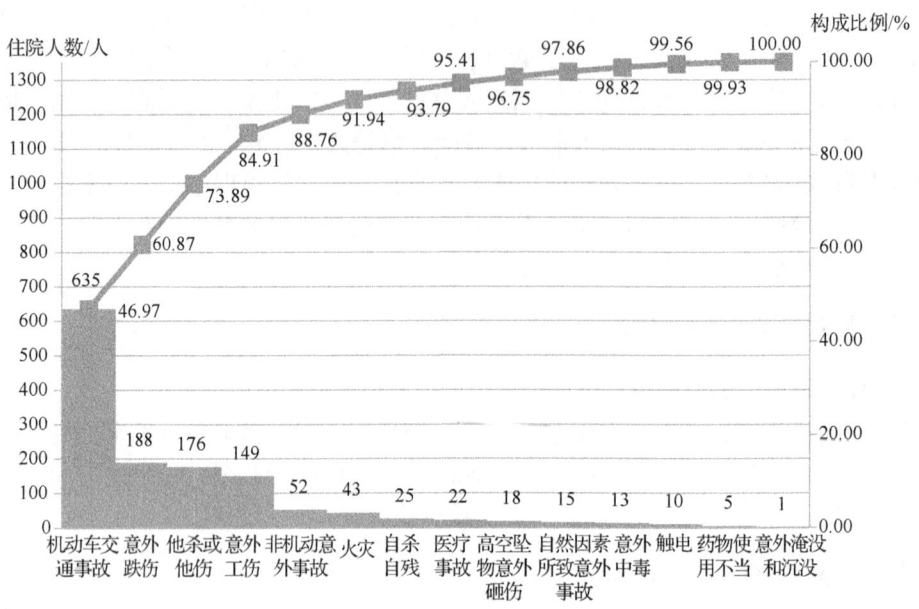

图 5-3 2019 年度 1352 例意外伤害或自杀自残事例的帕累托图

依据帕累托图，对风险原因进行分档，如表 5-6 所示。

表 5-6 意外伤害或自杀自残外部原因分档表

人身意外伤害因素类别	累计比例/%	外部原因
A 类因素	0~80	机动车交通事故；意外跌伤；他杀或他伤
B 类因素	80~90	意外工伤；非机动意外事故；火灾
C 类因素	90~100	自杀自残；医疗事故；高空坠物意外砸伤；自然因素所致意外事故；意外中毒；触电；药物使用不当；意外淹没和沉没

从帕累托图中可以看出 3 个 A 类因素和 3 个 B 类因素造成的损伤高达 91.95% 的比例，而机动车交通事故造成了近 47% 的损伤，主要是车辆保有量大幅度增加、道路狭窄、市民的自我保护和安全意识薄弱、安全驾驶的理念还有待进一步提高等，导致交通事故频发，从而造成了大量的人身伤害。因此，交管部门应采取积极措施，加强车辆管理，做好对驾驶员及行人的教育和引导，加大违章驾驶的惩罚力度，营造文明驾驶的氛围。

第五节 风险监控的信息管理体系、措施与流程

一、风险监控的信息管理体系

在了解风险监控技术和方法后，可以进一步将两类应用技术结合起来，构建风险监控的方法体系，形成科学系统的风险监控机制。一般而言，风险监控的信息管理体系包含了风险监控程序和方法、风险监控指标体系、风险监控信息采集、风险监控预警系统等。

(一）风险监控程序和方法

这里讲的监控程序与软件领域的内涵是不一样的，虽然都是监控程序，前者是类似于风险管理人员依据风险项目事件的各类风险因素跟踪管理的操作规范，是实施监控的流程。面对不同领域、不同风险因素，风险管理人员因监控目的不同，具体工作内容和监控程序存在差异性。一般而言，风险监控的程序包括以下几点：①分析风险事件项目的潜在风险，制订风险管理计划；②跟踪潜在事件，选择合适的方法和工具；③采集风险信息和监测分析风险状态；④风险响应；⑤更新风险事件；⑥更新风险管理计划。

(二）风险监控指标体系

风险监控指标体系常应用于金融领域，主要针对资产安全性而设计，一般包含了资产规模、资产质量、不良贷款率、预期损失率、单一客户授信集中度、关联授信比、贷款风险迁徙率、逾期贷款率等指标。但本书所指的风险项目事件是一般性企业的投资项目或者大型活动，更多地探讨体育领域的风险事件。显然与金融领域的监控指标体系存在较大差异。

这里的风险监控指标体系一般是依据具体项目的特征，从风险项目执行到项目结束，在整个过程中能够比较完整地描述运行状态的信息载体，一般包含风险事件面临的环境指标，具体运行中的技术类指标、财务类指标、管理类指标等。通过掌握这几类的风险监控指标，基本可以了解和掌握风险项目的绝大部分风险信息。

(三）风险监控信息采集

传统的信息采集主要通过资料查阅法、调查法、观察法和购买法等几种方式获得相关信息。随着现代电子信息技术的飞速发展，信息采集的手段和方法也发生了深刻变化，诸多领域大量应用电子信息技术，通过图像识别、传感装置、红外装置等进行信息采集。目前，体育风险监控信息的采集除了利用传统的信息采集方法，也开始大量采用现代电子信息技术，通过影像监控、日志系统、网络爬虫等技术获取相关风险监控信息。

(四）风险监控预警系统

风险监控预警系统是依据风险项目的特点，结合前期制订风险管理计划所采集的信息数据，重点监控各类风险因素的动态，及时判断各类风险因素偏离程度，并向风险管理决策层发出预警信号的一种管理机制。显然，风险监控预警系统是根据事先设计的风险监控指标体系，设计相应的数据处理模型，对风险监控所采集的信息进行分析处理。同时，需要根据处理结果对照风险评价指标进行风险偏离的综合评判，并将偏离程度及其危害及时上报管理决策层，由管理决策层采取相应对策。

二、风险监控的措施

风险监控是跟踪监测已识别的风险，查找遗漏风险和识别新的风险，确保风险计划和管控方案的正确执行，所有这些活动目标实际是伴随风险项目事件的全过程，而且具有很强的连续性。在这一过程中常见的风险监控措施主要包括以下几项。

(一）建立风险预警机制

风险预警机制是指对风险事件的组织管理过程中有可能出现的风险，通过建立预防风险事件的管理制度或设置防控硬件系统的管理方式，在风险出现征兆时，能够及时发现风险并发出风险警报信号，同时自动采取校正行动，把风险事故损失消灭在萌牙状态。

（二）制订风险应急计划或应急预案

风险应急计划和应急预案是风险管理中的常用措施，是指为控制风险项目事件实施过程中可能出现或突然出现的风险事故而事先做出的总体安排。在应急计划或应急预案中会对突发性风险事故给予描述，并从应急管理制度、物资保障、管控方法、操作步骤等方面予以明确说明，便于在事故发生后能够快速触发计划并启动应急计划或应急预案。

（三）设立监督检查机制

监督检查机制是指通过邀请政府主管部门领导、业内风险管理专家和企业各级领导对风险项目事件进行检查和指导，或者定期邀请政府安监部门参与监督和检查。这实际上是通过定期邀请第三方检查各级各类风险隐患，及时了解内外环境变化、风险项目业主的要求，把各类风险消灭在萌芽状态，避免事故发生。

三、风险监控的流程

从工作流程视角来看，风险监控是在建立风险监控指标体系、制订风险管理计划、监测环境变化的基础上建立风险预警系统，然后开始监测风险项目事件。风险监控实质是跟踪分析因素，用实际中的监测数据对标指标体系，从而分析偏差并做出相应决策。从整个流程和思路看，风险监控的工作主要涉及 5 个方面：一是预测，即对风险因素发展的预测；二是跟踪，即跟踪风险因素发展的实际状况；三是比较，即将监控的风险因素实际发展的情况与实现预测的情况进行比较；四是判断，即根据监控结果对标监控指标体系，判断是否出现新的风险；五是纠偏，即根据偏差制订纠偏计划，或修正原计划及目标。风险监控的具体流程如图 5-4 所示。

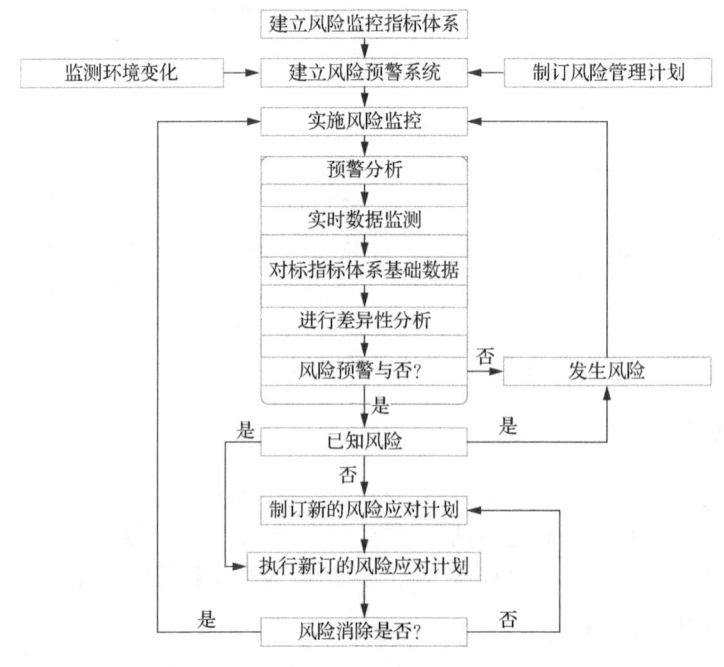

图 5-4 风险监控的具体流程

思 考 题

1. 何谓风险监控？在风险管理过程中，为何要进行风险监控？
2. 风险监控的时机如何确定？
3. 风险监控的依据有哪些？
4. 风险监控的原则是什么？
5. 在风险管理的过程中，风险监控的内容有哪些？
6. 在风险管理过程中，风险监控的措施主要有哪几类？
7. 简述风险监控方法体系的构成。
8. 风险监控的主要步骤有哪些？
9. 简述绘制直方图的步骤。
10. 简要说明鱼刺图的使用步骤。
11. 简要说明鱼刺图的使用原则。
12. 简要说明绘制帕累托图的步骤。
13. 简要说明使用帕累托图应该注意的问题。

附　录

风险监测表和风险识别表分别如附表 1-1，附表 1-2 所示。

附表 1-1　风险监测表

风险项目名称		项目编号		
填报人		填报日期		
风险事件状态跟踪				
风险事件序号	现场检测情况	风险状态描述	检测时间	检测人
管理部门审核				

附表 1-2　风险识别表

风险源		风险因素	相似风险事件
环境风险	政治环境	政策变化	
		国际政治环境	
		政权更替	
		……	
	经济环境	利率、汇率变动	
		市场价格变动	
		宏观经济环境	
		社会营商环境	
		产业政策	
		……	
	社会环境	社会结构	
		社会风俗和习惯	
		行为规范	
		生活方式	
		人口规模	
		文化传统	
		……	
	自然环境	自然资源条件	
		现场的资源条件	
		……	

续表

风险源		风险因素	相似风险事件
技术风险	技术成熟度	生产技术先进性	
		设计内容缺陷	
		工艺流程需改进	
		生产工人不熟练	
		……	
	物资采购	物资供应渠道单一	
		采购机会错失	
		……	
	施工方面	施工工艺落后	
		安全措施不当	
		没有备选方案	
		……	
组织管理类风险	风险项目管理	资源分配不匹配	
		施工不当	
		……	
	管理计划	计划制订不科学	
		项目变更管理控制不力	
		……	
	人员管理	团队合作不到位	
		与项目主合作不到位	
		……	
	物资管理	数量差错	
		浪费严重	
		设备不足	
		……	
	合同管理	合同条款把握不准	
		条款表达有误	
		……	
	财务管理方面	融资能力不够	
		应收账款催收不力	
		关联交易	
		……	
	其他方面	缺乏经验	
		……	

下篇 体育风险管理实践篇

《周易·系辞》中有写"形而上者谓之道,形而下者谓之器"。就体育之道而言,不管是其内涵还是外延,向内可至哲理层面,可做育人之道;向外可延万千百态,可为人所用之器。体育的内涵之丰,外延之广,逐一阐述各种形态的体育风险非本书之意。本书主要针对体育人文类专业本科生或研究生教学之用,为今后分析体育产业领域的相关风险和管理决策提供解决问题的方法和思路。虽才单力弱,绠短汲深,亦强而为之,为体育产业风险管理贡献绵薄之力。

从竞技体育角度来看,运动员在从事各种运动项目训练时,都具有运动训练风险、运动损伤风险;从社会体育角度来看,因公共体育资源分布的均衡性问题、公共体育产品供给与需要的匹配度问题,都会带来一定风险;从学校体育角度来看,体育教育教学资源配置、学校内部日常的体育教学都存在诱发风险事故发生的风险源。从体育产业视角来看,国家统计局把体育产业分成了 11 个大类 71 个小类,若细细探究每一类产业业态,会发现均有不确定性风险存在。但从整个产业门类来看,可以将其归为三大类:第一类是体育经营的市场主体的风险,主要是指体育企业的经营管理风险;第二类是体育活动运营风险,主要是指大型体育赛事活动运营风险;第三类是体育场馆经营管理风险,主要是指体育场馆设施服务类风险。本书拟针对上述三大类风险逐一阐述相应风险的种类、风险的识别方法和管理举措。

第六章　体育企业风险管理

【学习要点】　理解企业和公司的内涵及其差别。
　　　　　　　掌握企业战略风险的内涵。
　　　　　　　熟悉战略风险管理的策略和工具。
　　　　　　　掌握企业市场风险管理内涵。
　　　　　　　掌握企业财务风险的内涵。
　　　　　　　理解企业财务风险的成因。
　　　　　　　熟悉企业人力资源管理的内涵。
　　　　　　　熟悉企业财产安全的内容。

体育企业和其他行业的市场主体一样，既是社会主义市场经济的微观经济单位，也是体育行业的市场主体，对促进体育产业发展，丰富体育服务产品的市场供给，满足人民对美好生活日益增长的需要发挥着重要作用。相比其他行业企业，体育企业所面临的风险既有战略风险、市场风险、财务风险、财产风险等具有共性特征的风险，也有体育行业自身特点的风险，如体育赛事活动组织、体育场馆运营、运动项目风险等，特别是经营游泳、潜水、跳伞、滑翔飞行、低空飞行、攀岩、高山滑雪、自由式滑雪、单板滑雪等高危险性体育项目的企业所面临的这些运动项目风险是其他行业所不具备的。然而，不管是对于高危险性项目还是一般体育运动项目，在长期的运动实践中，对于体育运动项目风险管理的具体要求，各运动项目协会都有相应的指导性意见，本书在此不做介绍。本章主要阐述体育企业战略制定、市场经营、财务管理、人力资源等几个领域的风险管理相关内容。

第一节　体育企业风险概述

体育企业管理是计划、组织、领导、控制的过程，风险管理则是对整个生产经营的计划、组织、领导、控制过程中所面临的风险进行风险识别、风险评价、风险决策和风险监控的过程。体育企业风险管理的内容不仅涉及与意外损失相关的风险，还涉及战略、财务、市场、财产、人力资源等风险。

一、体育企业概述

（一）企业的含义

在现代经济体系中，企业（Enterprise）是指自主经营、自负盈亏、独立核算的社会经济组织，一般运用生产要素向市场提供有形商品或无形产品，实现自身的盈利目标。

在英文中，表示企业含义的有3个单词：Enterprise、Company、Business。从单词释义去理解，Enterprise 可大可小，可以用来指公司，也可用来指个体工商户。Company 和 Business 都属于公司型企业，其中 Company 一般是指制造商、实体产品生产商，以制造业为主；Business 是指服务型企业，以服务业为主。

现代汉语中"企业"这一词语源自日语。"企"会意字，有企望、期盼之意；在古代，"业"是大板，做悬挂之用，如悬挂编钟乐器、寻常百姓房屋横梁下方用来悬挂物件的长方体形的业板。后来古代将书册板称为业，有学业之意，业精于勤。《周易·系辞上》中讲到，"盛德大业至矣哉"；《出师表》中讲到，"先帝创业未半而中道崩殂"。这里的"业"与"企业"的"业"接近，有事业之意。故而，"企业"具有企盼创业之意，能够成就一番事业之意。

中华人民共和国成立后，我国经济体制属于计划经济，常见"企业"与"事业单位"两词平行使用。在1978年版《辞海》中，企业是指从事生产、流通或服务活动的独立核算经济单位；事业单位是指受国家机关领导，不实行经济核算的单位。

在20世纪90年代，随着我国经济体制改革不断深化，社会主义市场经济体制建立，我国出现大量非公有制经济实体；国外"Enterprise"这一词使用的领域也不再仅局限于商业或营利性组织，企业的内涵开始发生变化。2007年颁布的《中华人民共和国企业所得税法》中第一条有这样的描述："在中华人民共和国境内，企业和其他取得收入的组织（以下统称企业）为企业所得税的纳税人，依照本法的规定缴纳企业所得税。个人独资企业、合伙企业不适用本法。"从上面这一条款对企业的界定来看，企业是指各种独立自主经营的经济组织，包含了具有法人性质的企业和个人独资企业、合伙制企业、个体工商户等。本书所指的企业与这一概念内涵具有一致性。体育企业也同样包含了法人企业和个人独资企业、合伙制企业、个体工商户等。

（二）企业与公司的区别

"公"与"私"相对；职掌为"司"，与"后"相应。"公司"一词最早起源于孔子"公者，数人之财，司者，运转之意"。在近代，"公司"一词最初是具有一定政治色彩的词语。"公司"最初由明末清初闽粤两省的天地会的海外华侨使用，在西加里曼丹岛（原称婆罗洲）的华侨们多是"洪门"（即天地会）弟子，他们成立的组织多称"公司"。最有名气的是在1777年，梅县人组织以反清复明为目的的兰芳公司，存在了100多年，直到1885年荷兰东印度公司入侵加里曼丹岛，兰芳公司才结束它的百年历程。但在新加坡、马来西亚、印度尼西亚一带仍有义兴公司从事反清复明运动。在国内，清朝民间秘密组织小刀会于咸丰三年（1853年）在上海、福建率众起义，小刀会占领厦门的第一天，就在厦门街头张贴了一张安民告示，在告示末尾落款处盖有"大汉天德义兴公司信记"的大印。

在1993年通过的《中华人民共和国公司法》中第一章第二条对公司做了界定："本法所称公司是指依照本法在中国境内设立的有限责任公司和股份有限公司。"

因此，从对企业和公司这两个概念大致的发展历程和内涵界定可以知道，现在所称的"企业"除了"公司"（有限责任公司和股份有限公司），还有个人独资企业、合伙企业、个体工商户等。

依据公司和企业的内涵及相关法律条文，对企业与公司之间的区别可从以下几个方面去理解。

1. 两者的内涵不同

从法律界定的角度，企业的内涵包括了公司，公司是企业的一种组织形式。企业的组织形式除了公司还包含了独资企业、合伙企业等组织形式。诺贝尔经济学奖获得者科斯（Coase）对企业的理解则更为宏大，他在《企业的性质》一书中论述企业的边界时，认为在企业的内部交易成本等于外部交易成本时，企业达到了最佳的规模状态。因此，可以把前面包含了公司（集团公司、跨国公司）在内的企业视为广义的内涵。从狭义视角来看，企业更多的是指中小企业，是相对比公司规模要小的经济组织。

2. 两者所有者的关系不同，当事人之间的关系不同

公司特别是股份有限公司，股东之间是典型的资合关系。虽然有限责任公司具有一定人合性，但由于有限责任制度的存在，资合的色彩更浓。合伙企业的合伙人之间就是靠人合关系成立的，具体说就是以人与人之间的信任为基础成立的，因此合伙人之间的依附性关系比较强，信用度要求也比较高。

3. 两者的法律地位不同

企业集团是许多法人组成的联合体，而集团公司是法人企业，规范的集团公司及母子公司关系受公司法约束。

4. 两者出资的形式不同

合伙企业的合伙人可以用劳务出资，而公司的股东却不行。

5. 两者的责任形式不同

公司是法人企业，它能够以自己的财产对外独立承担民事责任；合伙企业不具有法人资格，因此它不能以企业的财产对外独立承担民事责任，合伙企业的财产不够偿还债务时，还要靠合伙人的个人财产来偿还。

6. 两者成立的基础不同

公司是以章程为基础成立的；合伙企业是以合伙协议为基础成立的，当然，合伙协议的约定不能对抗善意第三人。

7. 两者注册资本的要求不同

设立合伙企业没有最低注册资本限额的规定，而设立公司却有资本最低限额的规定。有限责任公司的法定最低注册资本额为10万元，股份有限公司法定的最低注册资本额是1000万元。

公司是指依据2023年修订的《中华人民共和国公司法》的规定，而成立的有限责任公司、股份有限公司、国有独资公司等。企业有广义和狭义之分，广义的企业包括公司，还包括其他不具备法人资格的经营实体，如个人独资企业、合伙企业等；狭义的企业只指后者。

8. 两者规模大小不同

合伙企业一般规模比较小,因为它靠人的信用基础成立,其规模不可能太大。公司特别是股份有限公司,规模会很大,股东人数众多。当然,有些合伙企业的规模比较大,但一般的合伙企业的规模都小于公司。

(三) 体育企业的类型

企业种类的确定一般有两个标准,即学理标准和法定标准。学理标准是研究企业和企业法的学者们根据企业的客观情况及企业的法定标准对企业类型所作的理论上的解释与分类的标准。这种分类没有法律上的约束力和强制性,但学理上的解释对企业法的制定与实施有着指导和参考作用。法定标准是根据企业法规定确认和划分企业类型的标准。法定的企业种类具有法律的约束力和强制性,但因企业的类型不同,法律对不同种类企业规定的具体内容与程序上的要求也有很大区别。

企业是市场的主体。依据企业主营业务的内涵,体育企业主要是指从事体育产业经营管理的市场主体。国家统计局发布的《体育产业统计分类(2019)》将体育产业统计目录共分 11 个大类、71 个小类。因此,从事上述 71 个业态市场经营的市场主体都应该属于体育企业。按照不同的产业分类视角即可分为不同的企业类型。

1. 按照企业规模大小分类

依据国家统计局印发的《统计上大中小微型企业划分办法(2017)》,企业可分为大型、中型、小型、微型企业 4 类,如表 6-1 所示。

表 6-1 统计上大中小微型企业划分标准

行业名称	指标名称	计量单位	大型	中型	小型	微型
农、林、牧、渔业	营业收入(Y)	万元	Y≥20000	500≤Y<20000	50≤Y<500	Y<50
工业*	从业人员(X)	人	X≥1000	300≤X<1000	20≤X<300	X<20
	营业收入(Y)	万元	Y≥40000	2000≤Y<40000	300≤Y<2000	Y<300
建筑业	营业收入(Y)	万元	Y≥80000	6000≤Y<80000	300≤Y<6000	Y<300
	资产总额(Z)	万元	Z≥80000	5000≤Z<80000	300≤Z<5000	Z<300
批发业	从业人员(X)	人	X≥200	20≤X<200	5≤X<20	X<5
	营业收入(Y)	万元	Y≥40000	5000≤Y<40000	1000≤Y<5000	Y<1000
零售业	从业人员(X)	人	X≥300	50≤X<300	10≤X<50	X<10
	营业收入(Y)	万元	Y≥20000	500≤Y<20000	100≤Y<500	Y<100
交通运输业*	从业人员(X)	人	X≥1000	300≤X<1000	20≤X<300	X<20
	营业收入(Y)	万元	Y≥30000	3000≤Y<30000	200≤Y<3000	Y<200

续表

行业名称	指标名称	计量单位	大型	中型	小型	微型
仓储业*	从业人员(X)	人	$X \geqslant 200$	$100 \leqslant X < 200$	$20 \leqslant X < 100$	$X < 20$
	营业收入(Y)	万元	$Y \geqslant 30000$	$1000 \leqslant Y < 30000$	$100 \leqslant Y < 1000$	$Y < 100$
邮政业	从业人员(X)	人	$X \geqslant 1000$	$300 \leqslant X < 1000$	$20 \leqslant X < 300$	$X < 20$
	营业收入(Y)	万元	$Y \geqslant 30000$	$2000 \leqslant Y < 30000$	$100 \leqslant Y < 2000$	$Y < 100$
住宿业	从业人员(X)	人	$X \geqslant 300$	$100 \leqslant X < 300$	$10 \leqslant X < 100$	$X < 10$
	营业收入(Y)	万元	$Y \geqslant 10000$	$2000 \leqslant Y < 10000$	$100 \leqslant Y < 2000$	$Y < 100$
餐饮业	从业人员(X)	人	$X \geqslant 300$	$100 \leqslant X < 300$	$10 \leqslant X < 100$	$X < 10$
	营业收入(Y)	万元	$Y \geqslant 10000$	$2000 \leqslant Y < 10000$	$100 \leqslant Y < 2000$	$Y < 100$
信息传输业*	从业人员(X)	人	$X \geqslant 2000$	$100 \leqslant X < 2000$	$10 \leqslant X < 100$	$X < 10$
	营业收入(Y)	万元	$Y \geqslant 100000$	$1000 \leqslant Y < 100000$	$100 \leqslant Y < 1000$	$Y < 100$
软件和信息技术服务业	从业人员(X)	人	$X \geqslant 300$	$100 \leqslant X < 300$	$10 \leqslant X < 100$	$X < 10$
	营业收入(Y)	万元	$Y \geqslant 10000$	$1000 \leqslant Y < 10000$	$50 \leqslant Y < 1000$	$Y < 50$
房地产开发经营	营业收入(Y)	万元	$Y \geqslant 200000$	$1000 \leqslant Y < 200000$	$100 \leqslant Y < 1000$	$Y < 100$
	资产总额(Z)	万元	$Z \geqslant 10000$	$5000 \leqslant Z < 10000$	$2000 \leqslant Z < 5000$	$Z < 2000$
物业管理	从业人员(X)	人	$X \geqslant 1000$	$300 \leqslant X < 1000$	$100 \leqslant X < 300$	$X < 100$
	营业收入(Y)	万元	$Y \geqslant 5000$	$1000 \leqslant Y < 5000$	$500 \leqslant Y < 1000$	$Y < 500$
租赁和商务服务业	从业人员(X)	人	$X \geqslant 300$	$100 \leqslant X < 300$	$10 \leqslant X < 100$	$X < 10$
	资产总额(Z)	万元	$Z \geqslant 120000$	$8000 \leqslant Z < 120000$	$100 \leqslant Z < 8000$	$Z < 100$
其他未列明行业*	从业人员(X)	人	$X \geqslant 300$	$100 \leqslant X < 300$	$10 \leqslant X < 100$	$X < 10$

*行业组合类别。

（1）大型、中型和小型企业须同时满足所列指标的下限，否则下划一档；微型企业只须满足所列指标中的一项即可。

（2）表 6-1 中各行业的范围以《国民经济行业分类》（GB/T 4754—2017）为准。其中：①工业包括采矿业，制造业，电力、热力、燃气及水生产和供应业；②交通运输业包括道路运输业，水上运输业，航空运输业，管道运输业，多式联运和运输代理业、装卸搬运，不包括铁路运输业；③仓储业包括通用仓储，低温仓储，危险品仓储，谷物、棉花等农产品仓储，中药材仓储和其他仓储业；④信息传输业包括电信、广播电视和卫星传输服务，互联网和相关服务；⑤其他未列明行业包括科学研究和技术服务业，水利、环境和公共设施管理业，居民服务、修理和其他服务业，社会工作，文化、体育和娱乐业，以及房地产中介服务，其他房地产业等，不包括自有房地产经营活动。

（3）企业划分指标以现行统计制度为准。①从业人员是指期末从业人员数，没有期末从业人员数的，采用全年平均人员数代替。②营业收入：工业、建筑业、限额以上批发和零售业、限额以上住宿和餐饮业及其他设置主营业务收入指标的行业，采用主营业务收入；限额以下批发与零售业企业采用商品销售额代替；限额以下住宿与餐饮业企业采用营业额代替；农、林、牧、渔业企业采用营业总收入代替；其他未设置主营业务收入的行业，采用营业收入指标。③资产总额采用资产总计代替。

根据表 6-1 中的划分依据，结合国家统计局的体育产业统计分类，其中的体育用品制造业实际属于工业，体育用品销售属于批发业或零售业，体育场馆建筑业属于建筑业。位于国家统计局的体育产业统计分类前 8 类的体育管理活动，体育竞赛表演活动，体育健身休闲活动，体育场地和设施管理，体育经纪与代理、广告与会展、表演与设计服务，体育教育与培训，体育传媒与信息服务，其他体育服务属于表 6-1 中的其他未列明行业。考虑到体育管理活动、体育竞赛表演活动、体育健身休闲活动，体育场地和设施管理等 8 类产业是体育产业的重要构成部分，需要进一步确认其产业特性。

1997 年 9 月，在党的十五大报告中首次提到了现代服务业。2007 年 3 月，《国务院关于加快发展服务业的若干意见》在"大力发展面向民生的服务业，积极拓展新型服务领域，不断培育形成服务业新的增长点"中提出"围绕小康社会建设目标和消费结构转型升级的要求，大力发展旅游、文化、体育和休闲娱乐等服务业，优化服务消费结构，丰富人民群众精神文化生活"。2012 年，科技部发布的《现代服务业科技发展"十二五"专项规划》指出："现代服务业：以现代科学技术特别是信息网络技术为主要支撑，建立在新的商业模式、服务方式和管理方法基础上的服务产业。它既包括随着技术发展而产生的新兴服务业态，也包括运用现代技术对传统服务业的改造和提升。"世贸组织的服务业分类标准界定了现代服务业的九大分类，即商业服务，电讯服务，建筑及有关工程服务，教育服务，环境服务，金融服务，健康与社会服务，与旅游有关的服务，娱乐、文化与体育服务。由此可见，可以把体育管理活动，体育竞赛表演活动，体育健身休闲活动，体育场地和设施管理，体育经纪与代理、广告与会展、表演与设计服务，体育教育与培训，体育传媒与信息服务和其他体育服务这 8 类归属于现代服务业，而对应大中小微型企业，则可以依据统计局大中小微型企业划分标准进行划分。

2. 按照企业注册资金的来源分类

企业按照企业注册资金的来源可以划分为国有企业、集体所有制企业、民营企业、股份制企业、联营企业、独资企业等。

（1）国有企业早期是指企业财产全部归国家所有，属于国家出资建设的企业。在社会主义市场经济改革和建设中，这一概念内涵从最初的全部归国家所有不断延伸和拓展；国有企业的内涵还包括了国家控股的股份有限公司、有限责任公司和国有独资公司，全民所有制企业只是国有企业的一种。

（2）集体所有制企业是公有制企业的另外一种形式，是指生产资料和劳动成果归劳动群众集体所有的企业，一般是指城乡劳动者使用集体资本投资兴办的企业及其极少数个人通过集资自愿放弃所有权并依法经工商行政管理机关认定为集体所有制的企业。

（3）民营企业的范畴相对复杂一些，在法律层面没有民营企业的概念，在国际上也没有所谓民营企业的概念界定，这是具有中国特色的词汇，也是在社会主义市场经济建设过程中的产物。在学界有两种观点：一种认为民营企业是私人投资和经营、私人享有投资收益和承担经营风险的法人；另一种认为民营是相对国营而言的，其按照企业的所有制形式，存在国有民营和私有民营两种类型，即存在国有企业由民间私人承包经营的形式。在广义上，民营企业是相对国营企业而言的，任何非国营的独资企业均属于民营企业。在狭义上，民营企业则指由民间私人投资的企业和民间私人投资的企业为主体的联营企业。

（4）股份制企业最早出现在欧洲，一般是指企业的财产由3个或3个以上出资人共同出资，并以股份形式构成的企业，是现代企业的重要组成形式。随着我国社会经济的发展，我国的股份制企业主要分为股份有限公司和有限责任公司两类，包括了国有独资公司。其中，有限责任公司是指由50个以下的股东出资设立，每个股东以其所认缴的出资额为限，对公司承担有限责任，公司法人以其全部资产对公司债务承担全部责任的经济组织。股份有限公司是由3人以上200人以下的发起人组成的，公司全部资本为等额股份，股东以其所持股份为限对公司承担责任。

（5）联营企业是指由两个或两个以上的企业法人或事业单位法人之间本着平等互利、自主自愿的原则共同出资联营形成的经济单位。在国际上，联营企业通常是出资单位的子公司；在国内，联营企业存在具备法人和不具备法人资格的两种情况，通常具备法人资格的联营企业可以独立承担民事责任，而不具备法人资格的联营企业则由联营各方按照出资比例或者协议的约定以各自所有的或者经营管理的财产承担民事责任。

（6）独资企业是指由个人投资，投资人承担经营风险责任并享有全部经营收益的企业。企业负责人即投资人本人对企业债务负无限责任。独资企业常见于个人小规模的作坊、饭店等。

3. 按照国家统计局产业目录分类

2019年3月，国家统计局发布了《体育产业统计分类（2019）》，体育产业分类范围包括体育管理活动，体育竞赛表演活动，体育健身休闲活动，体育场地和设施管理，体育经纪与代理、广告与会展、表演与设计服务，体育教育与培训，体育传媒与信息服务，其他体育服务，体育用品及相关产品制造，体育用品及相关产品销售、出租与贸易代理，体育场地设施建设11个大类。

因此，依据体育产业项目大类即可分为体育用品制造业企业、体育用品销售企业、体育建筑企业、体育竞赛表演企业、体育培训企业、健身休闲娱乐类企业等若干类型。

从企业风险管理角度来看，对应于从事11个大类项目生产经营的企事业单位，在风险管理领域既有共性又有差异性。从企业生产经营管理角度来看，当企业面对系统性风险时，来自市场环境的风险具有相似性和一致性特点，而针对生产经营的项目不同，企业所面对的风险又会出现个性化、差异化的特点。

二、体育企业风险的类型

在宏观经济系统中，企业是经济系统的一个重要部门，是实体产品和服务产品的生产者和提供者。当宏观经济出现系统性风险时，如宏观经济政策、市场汇率、利率等因素发生变动，企业都不可避免地需要去面对相应的系统性风险。从个体性企业主体角度来看，每个体育企业在生产经营中所面临的风险既有差异性，又有共性。例如，企业在面对经济市场周期变化、利率变化等系统性风险时，其风险具有很强的共性特征；而企业在面对所经营的具体业务，无论是不同的体育运动项目特征还是具体的服务对象，面临的风险都有明显的差异性。因此，可以把企业在生产经营过程中所面临的风险分为内部风险和外部风险。

(一)内部风险

体育企业和其他企业一样,在从事生产经营和投资决策时主要会面临以下几类风险:战略决策风险、投资风险、财务风险、品牌与声誉风险等。

(1)战略决策风险。企业战略决策是关系企业未来发展方向和目标的重大事项,也是企业战略管理的重要内容。企业战略决策通常根据经济、政治、科技等影响经营的外部环境因素和企业的内部条件,对企业的生产经营方向、技术改造、市场开发等重大问题做出。由于影响战略决策的因素较多,任何因素的不利变化都会给企业战略决策带来风险。

(2)投资风险。体育企业在从事体育类实体项目投资时,会因项目产品原材料价格、人工成本、技术进步、市场需求或产品销售价格等因素的变化,而给项目投资带来诸多不确定性,有可能会带来投资资金损失的风险。

(3)财务风险。财务风险通常是指企业的偿债能力受限,又称为筹资风险,是指企业在投资、筹资和生产经营过程中,市场变化或者其他原因导致企业丧失偿债能力,出现到期债务难以偿还的状况,从而给企业带来财务危机。

(4)品牌与声誉风险。品牌与声誉风险是指因企业行为、产品质量、服务态度、社会责任等方面的问题,引发公众负面评价,进而损害企业品牌形象和市场信誉的风险。例如,从事体育装备制造业企业提供的产品出现质量问题、服务纠纷;从事体育服务业的企业提供的赛事服务、健身休闲、体育培训等服务让消费者感到服务态度差、专业指导技能差、服务流程烦琐等,导致消费者信任度下降,甚至舆情风险,直接影响到企业的可持续发展。

(二)外部风险

企业是市场的主体。市场风险(Market Risk)是指基础资产的市场价格发生了不利变动,给企业带来的资产价值减损风险。例如,原材料价格上涨、产品的市场价格下跌会给企业生产经营带来利润下降的风险损失;汇率上涨会给企业进出口带来汇兑损失;市场利率上涨会给债务人带来利息支出增加的风险,利率下降则会给债权人带来收益损失的风险。

(1)政策风险。政策风险是指政府从宏观经济管理出发,出台相应财政政策、法规、发展规划等,对产业布局、区域空间发展、资源配置和使用效率等施加政策影响,这必然会对企业产生经济影响。企业在参与市场竞争时,在专业人才、原材料资源、市场份额等层面会受国家政策约束,甚至需要企业在生产经营的方向上做出调整。因此,国家与企业之间由于政策的存在和调整,在经济利益上会产生矛盾,从而产生政策风险。

(2)经济风险。经济风险是企业在从事正常的经济活动时,因经济不确定性和周期性变化而给企业带来经济损失的风险。随着我国体育产业市场的快速发展,体育产业的生产规模不断扩大,居民对体育服务产品的需求变化更新较快,每个体育用品的生产者、体育服务经营者需要关注这一变化带来的机遇和挑战。

(3)公共安全风险。公共安全风险是因公共安全风险因素、意外事件对多数人的生命和健康财产造成危害而带来的风险。例如,新冠疫情、食品安全、山西尾矿溃坝、深圳市舞王俱乐部火灾等,都属于公共安全风险事件。公共安全风险因素通常包括实质风险因素、心理风险因素和道德风险因素。

2006年，国务院国有资产监督管理委员会（以下简称国资委）发布的《中央企业全面风险管理指引》中将企业风险分为战略风险、财务风险、市场风险、运营风险、法律风险等。本书分析和讨论的体育企业风险主要指战略风险、财务风险、市场风险、运营风险、法律风险。

三、体育企业风险的特点

体育产业市场主体的经营业务主要有体育赛事运营、体育场馆服务、健身休闲、体育培训、体育信息服务等，不同类型的体育企业面临的风险具有各自的特点。总体而言，体育企业风险主要有以下几个特点。

（一）客观性

体育企业风险的客观性主要是指企业在从事生产经营各种类型的体育业务时，其风险是客观存在的，不以人的意志为转移。在分析和研究以往从事体育场馆服务、健身俱乐部、体育培训或体育赛事运营的企业所面临的风险时，我们发现很多风险事故的发生是可以控制和避免的，但是不可能完全消除。在特定时期、特定环境下，各种体育风险是客观存在的，人们可以在一定的时间和空间内改变风险发生的条件，减小风险事故的影响范围或降低风险因素诱发风险事故的概率，但是风险依然是存在的。

（二）普遍性

风险与人类的活动存在普遍联系，在体育领域亦是如此。风险与体育企业的生产经营活动相伴而生，并贯穿企业的生产经营过程。例如，体育赛事类风险，在赛事的申办、筹办、举办的全部过程中，赛事运营工作的很大部分都与风险相关，其中既有政治类风险、交通类风险，还有资金类风险、技术类风险；体育场馆服务型企业所面对的风险既有自然风险、社会风险，也有人为风险、设备风险等。

（三）相关性

体育风险通常与人们从事的体育活动高度相关。体育风险的相关性首先表现在从事体育活动和具体执行决策的人员存在高度相关性；不同的个体在从事体育活动或执行相应决策时，产生的体育风险具有一定的差异性，即同一类体育生产服务活动，由不同的个体对象去执行时，产生的体育风险有可能是不一样的。另外，体育风险还与具体的体育生产服务活动内容高度相关；由于体育企业从事生产服务的内涵有差异性，不同的生产服务活动内容导致的体育风险有较强的差异性。

（四）可测性

体育风险的可测性是对体育风险进行管理的基础。体育风险管理亦是依据风险管理的流程，在对风险因素识别的基础上，通过风险评估、风险评价，采取相应的风险管理举措来规避相应的风险。体育风险的可测性包括两个方面：一是风险因素诱发风险事故概率的大小是可依据概率统计原理进行测定的；二是风险事故一旦发生，导致的直接经济损失的大小是可测定的。

第二节 战 略 风 险

战略是企业基于全局发展的长远谋划。兵法有"知己知彼,百战不殆",因此,企业的战略风险主要源于战略制定失误、战略局势分析不准确,从而导致判断失误。随着战略的制定和实施,企业必然会面临战略风险。

一、企业战略概述

(一)企业战略的内涵

企业战略是企业根据所处的外部环境及其自身的资源条件,通过自上而下的整体规划,选择适合经营的领域和产品,为企业经营管理提供指导方向。美国战略管理大师亨利·明茨伯格(Henry Mintzberg)在 1998 年提出了战略管理的 5P 模型,即计划(Plan)、模式(Pattern)、定位(Position)、愿景(Perspective)、策略(Ploy)。他认为,从企业未来发展来看,战略是一种计划;从企业发展历程来看,战略是一种模式;从产业层次来看,战略是一种定位;从企业层次来看,战略是一种愿景;从竞争上来看,战略是一种策略。这些是关于企业战略比较全面的看法。

其实,企业战略是一种统称,从企业生产经营的不同角度来看,企业战略便有不同的具体内涵。例如,从企业整体发展目标角度来看,有企业总体战略;从企业生产经营角度来看,有产品战略、营销战略、品牌战略等;从技术角度来看,有技术开发战略。企业战略虽然种类较多,但属性基本相似,都是为未来企业的长期发展和整体利益而预设的愿景和谋略。

从风险管理视角来看,对应于不同层级的战略决策,其风险发生后产生的影响力会存在较大差异性。企业总体战略出现问题,显然由此引发的风险损失要比营销战略失误带来的损失大。

(二)企业战略的层次

企业战略的层次是自上而下的,依据战略决策的目标和内涵,通常分为总体战略、经营战略与职能战略 3 个层次。企业的这 3 个战略层次构成了战略体系,各个层次战略之间相互联系、相互配合,最终以实现企业总体战略为目标。

1. 总体战略

总体战略是企业最高层次战略,属于企业纲领性的战略。总体战略从全局出发,确定未来企业的发展方向;根据企业的内外部资源环境,配置企业战略资源,培育企业核心竞争力。总体战略主要强调"做什么""如何管"这几个问题,最终以实现企业整体战略意图为目标。

2. 经营战略

经营战略又称业务战略,现代企业在从事多种体育用品生产或体育服务产品经营业务时,存在多种产品或服务项目,各个产品或服务的具体业务部门不同,它们所面对的内外环境也有很大差异。此时，各业务部门结合部门实际而制定的用于指导本部门产品或服务经营活动的战略，即经营战略。经营战略是在企业总体战略的指导下，为某一业务单元所做的战略指导或行动计划，是企业总体战略下的子战略。经营战略关注的是"怎么做"，侧重于企业的业务发展。

3. 职能战略

职能战略是为贯彻和实施企业总体战略、经营战略，为有效开展工作而针对管理职能所制定的战略。职能战略关注的是"谁来做"，目的是要提高企业资源的产出效率，常常又分为人事战略、财务战略、研发战略、生产战略、营销战略、品牌战略等内容。

为了较好地分析和管控企业战略风险，需要了解战略管理的流程和相关要素，以及企业战略目标达成度的检验方法。可以从战略目标的达成度、管理成本的经济性、企业发展的成长性和员工对企业的归属感等方面，根据企业拥有的内部资源和面临的外部环境，通过设计 PEST 模型或 SWOT 模型分析和防范企业的战略风险。

（三）企业战略的管理流程

一个成功的战略及其有效的实施是企业发展目标顺利实现的保证。战略管理是为了制定战略和顺利实施战略，为达到战略目标愿景而采取的管理过程。战略管理的过程包含了战略分析、战略选择、战略实施、战略评价和调整 4 个关键要素。

1. 战略分析

战略分析主要是分析企业面临的外部环境和内部条件，通常使用 SWOT 模型分析企业的机会与威胁、优势与劣势。在 SWOT 模型分析的基础上，明确企业所处的实际环境条件，并根据企业所处的内外环境条件确定企业的使命与目标，明确企业未来发展的愿景目标。

2. 战略选择

战略选择是在明确企业所处的内外环境状况下，对实现目标制定的若干可行的战略实施方案做出选择。在经过战略分析后，从企业整体战略目标出发，采取多种方法，发挥员工的主动性和积极性，制定若干战略方案。战略选择实际就是对若干战略方案进行评估后做出的选择。在评估方案时，需要考虑战略方案的利益相关者是不是能被各方认可，是否能够把握好面对的机遇，以及发挥出自身拥有的优势。

3. 战略实施

战略实施是指将所选择的战略方案落实到企业的生产经营活动中去。一般为实现企业战略目标，在企业内部进行资源的调配和安排，协调外部资源，以保证企业战略目标的顺利达成等。

4. 战略评价和调整

战略评价和调整是在战略实施后一段时间，为了判断和审视前期制定的战略方案和战略目标的有效性与科学性，通过对战略实施后的企业的目标业绩进行评价，并根据企业生产经营环境发生的变化，以新的视角和思维去识别新的机会，并及时调整前期所制定的战略。同时需要保证整体战略的相对稳定性和科学性，能够对企业的生产经营发挥有效导向作用。

（四）企业战略的发展过程

企业战略管理，无论是从理论的多元性和实践的复杂性来看，还是从战略管理涉及内容的深度和广度来看，企业战略的成功都不是一蹴而就的结果，也不是理论推演的结果，而是在企业生产经营的实践中不断试错调整的结果。首先，企业生产经营所处的外部环境的复杂性、多变性和不确定性必然导致企业战略环境的变化，这需要企业面对新环境时不断调整对策，甚至是摸着石头过河，在不断渐进的过程中通过逐步积累达到既定的战略目标。其次，企业内部组织协调的有效性和部门之间战略思想的统一性需要有一个时间过程实现。企业内部管理和外部世界一样具有多样性特征，企业组织需要在一种渐进式的学习过程中适应和认同企业战略。

二、体育企业战略风险概述

（一）战略风险的内涵

"战略风险管理"（Strategic Risk Management）一词首次出现于米勒（Miller）的文章《国际商业中的综合风险管理架构》（*An Integrated Framework for Risk Management in International Business*）中，该文 1992 年发表于《国际商业研究杂志》的第 23 卷第 2 册上。战略风险不同于一般可量化的风险，因战略问题产生的部分风险可能会在数年以后才能显现。企业战略风险（Strategic Risk）的概念可以理解为企业在实施战略过程中，由于战略目标实现具有不确定性，可能会给企业带来整体性损失的风险。

（二）战略风险的分类

西蒙认为，企业在生产运营过程中，如果企业知识产权或者资产质量发生退化，那么资产损失就会演变成战略风险；如果企业的重要产品或服务流程出现失误，那么生产运营风险就可能对企业未来产生重大不利影响，从而变为战略风险；如果企业的产品或服务面临的企业市场竞争环境发生变化，那么原本属于行业内的市场竞争风险对于企业而言就会变成战略风险；如果企业经营不善导致重要客户或重要关系方对企业失去信心，那么商誉风险就会出现，商誉本身就是战略性资源，由此而产生的风险自然属于战略风险。故而，西蒙从战略风险产生的根源将战略风险分为资产损失风险、运营风险、竞争风险、商誉风险 4 类。

国资委将战略风险分为 15 类，如表 6-2 所示。

表 6-2　企业风险分类表

一级风险	二级风险	三级风险
战略风险	投资风险	投资决策风险
		投资实施风险
		项目技术风险
		项目资金风险
		投资中止退出风险

续表

一级风险	二级风险	三级风险
战略风险	政策风险	货币政策变化风险
		财政政策变化风险
		行业政策变化风险
		地区发展政策变化风险
	国际化经营风险	境外投资风险
		国际工程承包风险
		海外市场开拓风险
	战略管理风险	战略规划风险
		战略实施风险
		战略调整风险
	宏观经济风险	宏观经济周期性变化风险
	产业结构风险	技术创新风险
		人口因素风险
		资源禀赋变化风险
		资本投入规模变化风险
		需求变动风险
		国际竞争风险
	改制重组风险	企业管理理念变化风险
		公司治理结构变化风险
		收益分配机制变化风险
		绩效评价机制变化风险
	并购风险	估值与定价风险
		尽职调查风险
		执行与整合风险
	公司治理风险	管理制度设计不合理
	组织结构风险	内部组织架构设计不科学
		权责利分配不匹配、不对等
	集团管控风险	集团治理结构风险
		集团业务流程风险
		全面预算管理风险
		内部审计及财务管控风险
		信息化系统建设风险
	社会责任风险	企业不承担社会责任风险
	企业文化风险	企业文化建设风险
		廉政建设风险
		职业道德风险

续表

一级风险	二级风险	三级风险
战略风险	公共关系风险	政府关系风险
		媒体关系风险
		危机沟通风险
		社会舆情风险
	业务合作伙伴风险	业务合作伙伴关系风险
		业务合作伙伴信用风险

（1）投资风险。这种风险主要表现为企业进行实体产业投资过程中的风险，包括投资决策风险、投资实施风险、项目技术风险、项目资金风险、投资中止退出风险等。

（2）政策风险。这种风险主要表现为国家宏观政策发生变化，如货币政策、财政政策、行业政策、地区发展政策的变化，导致企业面临市场价格波动的风险等。

（3）国际化经营风险。这种风险主要包括境外投资风险、国际工程承包风险、海外市场开拓风险等。

（4）战略管理风险。这种风险主要包括战略规划风险、战略实施风险、战略调整风险等。

（5）宏观经济风险。这种风险主要是指经济运行呈现周期性变化，从而导致企业在周期不同的区域运行会出现很多不确定性所带来的经济损失。

（6）产业结构风险。产业结构是指产业内部各种生产要素之间在时间、空间、产品链层次之间的关系。产业结构风险主要表现为技术创新、人口因素、资源禀赋变化、资本投入规模变化、需求变动、国际竞争等因素给产业结构带来的变动，会使企业面临产业结构变动和调整的风险。

（7）改制重组风险。企业改制重组主要是早期国有企业改制，由国有企业改制为非国有企业。改制重组风险主要表现为企业管理理念、公司治理结构、收益分配机制、绩效评价机制等会发生改变，这些重要变化不可避免地给企业带来经营风险。

（8）并购风险。从并购操作层面来看，企业并购风险主要包括估值与定价风险、尽职调查风险、执行与整合风险等，稍有不慎，会给企业带来重大资产损失；从并购后经营层面来看，并购资产收益的不确定性会造成实际收益小于预期收益，甚至会拖累原企业的发展，如海南发展银行破产事件。

（9）公司治理风险。这种风险主要表现在管理制度设计不合理，给公司经营带来持续性的不利影响或威胁。这种风险不同于管理风险，管理风险是管理人员决策失误、疏忽，是多与人相关的风险，而治理风险是多与制度相关的风险。

（10）组织结构风险。这种风险主要表现为企业内部组织架构设计不科学，组织部门之间的权责利分配不匹配、不对等，可能机构之间责权利的交叉重叠导致部门之间争权夺利，而又会相互推诿相应的工作和责任。

（11）集团管控风险。这种风险主要表现在集团治理结构、集团业务流程、全面预算管理、内部审计及财务管控、信息化系统建设等方面出现的不确定性。

（12）社会责任风险。这种风险主要表现为企业没有承担或者不当承担社会责任导致企业遭受损失的不确定性。随着社会治理现代化，企业面临来自社会各利益相关方的社会责任也越来越大，若处理不当，则有可能招致企业声誉和价值受损等风险。

（13）企业文化风险。由于企业内外部的发展环境不同，经营理念、方式不同，不同的企业形成了不同的企业文化。因此，在企业并购中除了存在着融资、债务和法规等风险因素，还存在着企业文化风险，即由于文化的不相容而带来并购失败。企业文化风险主要包括企业文化建设风险、廉政建设风险、职业道德风险。

（14）公共关系风险。这种风险主要表现为企业经营缺乏风险意识、法制观念淡薄、策划失误损害公众利益，又缺乏应对必要公共关系活动的准备，面对公众的摩擦纠纷，导致企业声誉受损等。公共关系风险主要包括政府关系风险、媒体关系风险、危机沟通风险、社会舆情风险。

（15）业务合作伙伴风险。企业风险除了上述14项风险，在业务合作伙伴之间同样存在相关风险，如业务合作伙伴的关系风险、信用风险等。

从上述企业风险分类中可以看出，我国体育企业既有大型国有集团化经营的公司，也有小微型的体育企业。从风险管理视角来看，不管哪一类企业，企业经营管理决策者都须持有风险管理的理念。从体育企业风险类型来看，企业风险除了上述生产经营、公司运营管理类的风险，在实践中，与制造型企业、服务企业相比较，体育企业的风险还有自身的特点，特别是服务类企业，它们在生产经营中，因服务产品的内容不同，其风险的内涵有较大的差异性。

知识拓展

摩根士丹利的风险预防

就风险而言，预防风险远比风险发生后再去解决它更能节省成本、降低风险。因此，为自己构筑一道"防火墙"或者让自己穿上一件"避弹衣"是应对风险的上策。

2001年9月11日，美国世贸中心双子大厦遭受了无法预料的恐怖袭击。在突如其来的灾难与毁灭发生前，约有350家企业在世贸大厦中工作。事故发生一年后，有200家企业因重要信息系统的破坏、关键数据的丢失而永远地消失。与此形成鲜明对比的是在世贸大厦租有20多层的金融界巨头摩根士丹利公司，在事发几个小时后，该公司宣布：全球营业部可以在第二天照常工作。这都是因为该公司建立了数据备份和远程容灾系统，不仅像一般公司那样在内部进行数据备份，在数英里外的新泽西州也保留着公司数据的完整备份。远程容灾系统在灾难发生时可以很好地完成交托的任务，通过异地备份，摩根士丹利公司即使在世贸的总部遭遇毁灭的第二天也能照常工作，因为其赖以生存的数据得以保存下来，没有随20多层的办公场所那般化为灰烬。

（资料来源：根据多方资料整理而成。）

三、战略环境的不确定性

首次提出战略风险管理的米勒在其《国际商业中的综合风险管理架构》中指出：企业在面临战略环境不确定性时，通常会出现5种反应，即合作（Cooperation）、模仿（Imitation）、控制（Control）、适应（Flexibility）及规避（Being Avoidance）。

（一）合作

运用合作方式来对战略环境的不确定性进行管理，主要表现为企业与供应商、客户之间的相互依赖程度不断上升，通过与供应商或客户达成长期合约，形成合作战略，在志愿性竞争限制条件下，化解企业面临不确定性市场带来的战略风险。

（二）模仿

模仿是指企业通过模仿竞争对手应对不确定性市场的战略举措。这种方式又被称为行动追随战略，是通过模仿行业内龙头企业或处于领导地位的企业来应对战略环境不确性的一种战略，包括模仿价格战略和产品战略。

（三）控制

控制是指企业通过了解并控制关键的不确定性因素降低内外环境变化带来的风险的一种战略。控制战略通过采取游说、设置技术竞争壁垒、借力法律条文等，形成一定的市场力量，达到阻止竞争对手进入行业领域的目的。

（四）适应

适应主要是指企业面对不确定性环境通过产品多元化和地域市场多元化提高组织的内在反应能力的一种战略。同时采用多条产品线进入多个不同市场，以此来规避风险。

（五）规避

对于一个已经开始运作的公司，其规避市场环境的不确定性主要表现为剥离一部分特殊的资产以适应市场不确定变化的需要，达到规避风险的目的。对于未进入不确定性市场的公司来说，显然，规避不确定市场则表现为推迟进入，甚至不进入。

四、战略风险管理的步骤

战略风险管理的步骤与一般风险管理的步骤具有相似性，具体包括以下几步。

（一）战略风险分析与评价

战略风险分析与评价主要是识别战略差距，查找和分析企业当前业务模块存在的优势、劣势、机会、威胁；产品体系中的明星、金牛、问题产品、瘦狗等。本质上是充分了解自身的实际，做到知己。然后是分析行业宏观发展的趋势，了解政策、法律、社会文化等因素对企业发展的影响，实际要做到了解企业生产的宏观环境，做到知彼。在做到知己知彼的背景下，企业便能很好地了解战略差距，从而减少企业战略定位和战略制定的风险。

（二）战略差距分析

战略差距分析主要是指通过制作战略风险分析图，查找当前企业的实际与未来想达到的战略目标之间的差距，并分析产生差距的原因，借助分析工具和图形，便于直观地看出具体有哪些战略差距及其产生差距的原因，为制定和实施战略提供必要的基础性依据。

（三）原因分析归类

运用科学的战略差距分析方法，对应相应的差距做出分析，查找差距产生的原因，并进行分类管理，如资本损失风险、市场价值减值损失风险、企业无形资产减值风险、技术先进性、关键任务、人员和组织、制度设计、激励和绩效、企业文化愿景等。

（四）识别战略机会

针对各类战略风险进行研判，判断企业能否利用部分战略风险化危为机，将风险转化为企业发展的商业机会。

（五）制订战略风险管理方案

通过建立企业风险管理组织，制订风险管理方案，为各类战略风险的管控做好预案。

> **知识拓展**
>
> ### 起死回生的壳牌石油公司
>
> 标准石油公司、壳牌石油公司和皇家荷兰石油公司在石油界三足鼎立的局势形成时，壳牌石油公司的实力要比皇家荷兰石油公司强大得多。塞缪尔家族的壳牌石油公司拥有自己的船队、市场和资本。但是后来壳牌石油公司遇到困境。当荷兰属地婆罗洲产油的消息传到伦敦时，塞缪尔（Samuel）立即把外甥麦克（Mike）派遣到婆罗洲。于是，婆罗洲的石油就由塞缪尔的石油公司掌握，而苏门答腊则由达特汀（Dattin）的皇家荷兰石油公司掌握。
>
> 然而，麦克在汇报考查结果时犯了一个致命的错误。他没有经过仔细调查，就冒冒失失地出高价，把东印度公司声称"有油矿"的婆罗洲巴厘巴板的采矿权买了下来。塞缪尔由于相信了麦克没有根据的调查报告，而将对巴库油田的依赖重心转移到巴厘巴板。这样一来，他最终受到无情的打击。壳牌石油公司在东婆罗洲开采的石油全都超重，而重油很难销售出去。因为重油所占比例过大，即使经过精炼，也无法变成灯油。塞缪尔将少量的原油蒸发成轻油之后，只有混合从巴库油田进口的灯油才能出售。这一重大的决策错误，使塞缪尔追悔莫及，而又无计可施，无力挽回命运的巨澜。壳牌石油公司面临着倒闭的危险。
>
> 1899年，德国皇帝威廉二世强行从土耳其手中夺取了巴格达铁路的建设权；美国和西班牙发生了美西战争。这些都给塞缪尔的重油提供了销路。壳牌石油公司的起死回生是极为侥幸的，人们都说塞缪尔是吉人自有天相。然而，塞缪尔的又一次冒险成功真是天意保佑他吗？也不尽然，如果塞缪尔没有锁定和化解风险，果断地改变策略，并且千方百计、多方面地做工作，在军方打开销路，那么这次危机是很难渡过的。
>
> （资料来源：根据多方资料整理而成。）

五、战略风险管理的策略

在了解战略风险管理步骤后，基于企业战略管理的需要，有必要根据各类战略风险发生的概率高低、损失大小，综合考虑选择应对战略风险的具体策略。通常应对风险的策略有规避、转嫁、管控、自留 4 种选择，还应该根据风险的特点，特别是部分系统性风险，利用风险转危为机。由于可转化为战略机遇的风险需要在一定条件下执行，不是本书讨论的主要内容，下面主要就应对战略风险的 4 种策略做出阐述。

（一）战略风险规避策略

顾名思义，战略风险规避策略就是选择放弃承担风险，从而达到规避战略风险并避免损失。这种策略通常是在战略风险损失过大，一旦发生企业难以承受的损失时，不得已而采取的一种风险规避策略。采用这种策略，其局限性主要体现在规避风险的同时有可能因此而失去战略机会。

（二）战略风险转嫁策略

战略风险转嫁策略，即企业通过支付合理的费用（如保险费、担保费、租赁费、契约成本等）并与第三方签订协议（如保险合同、信用担保、租赁经营、期货期权协议等）的形式，将企业的战略风险损失转嫁给第三方承担，避免战略风险一旦发生给企业带来巨额性、灾难性损失。在战略风险损失相对较大时，采用这种策略能够带来较好的战略机会，获得很高的战略利益。在兼顾利益和损失的同时，通常采取这种转嫁风险的策略，既能使企业获得较高的战略利益，又能以较低的成本转嫁风险损失。

（三）战略风险管控策略

战略风险管控策略，即企业通过风险管理团队，针对可能导致战略风险损失的若干因素进行跟踪管控，达到有效降低战略风险因素诱发损失的概率和战略风险损失的大小，从而实现对战略风险的有效管控。风险管理主要是诱发战略风险损失的因素，其发生的概率相对较低，管控成本小于风险转嫁成本，一旦发生损失，也在企业能够承受的范围之内。

（四）战略风险自留策略

战略风险自留策略是指当部分战略风险因素诱发事故的概率较低、损失亦较小时，战略风险的期望损失在企业的承受范围之内，企业选择自行承担风险的一种策略。

当然，不同类型的体育企业，其面临的战略风险和承受战略风险的能力存在较大的差异性。一般大中型的体育企业多是行业内的佼佼者，它们的生产经营业务多元化、风险管理规范化，在实践中会采用适应企业发展的各种风险管理策略，通过战略保险合作、期货期权合约、设立风险补偿基金等应对相应的战略风险。部分小微企业，它们多是市场的追随者、体育服务产品的补缺者，它们承受战略风险的能力相对要弱，一旦发生战略性风险损失，对企业来说是难以承受的。因此，在实践中，小微企业对于战略风险往往持谨慎性态度，采用的多是风险规避、风险转嫁等策略。

六、战略风险分析工具

（一）PEST 分析

PEST 分析是指对政治（Political，P）、经济（Economic，E）、社会（Social，S）和技术（Technological，T）4 类影响企业运营的主要因素进行客观分析和评价。针对每类因素找出若干评价指标，依据指标的重要程度请专家排序，进而计算权重并构建 PEST 评价体系，运用评价体系测算企业面临的宏观环境的得分并判断总体态势，从而为决策提供依据。

PEST 分析是一种方法，它提供了一种分析宏观环境对企业产生现实和潜在影响的思路和框架。方法本身并没有具体地确定指标和评估权重标准，需要方法使用者结合行业的特点和企业实际现状，科学合理地选择和设计指标。PEST 分析通常应用于战略规划、产品研发、市场规划等领域。同样，为降低企业战略风险，也可以运用 PEST 分析客观地分析企业所处的外部宏观环境，识别对企业产生影响的关键因素，并判别企业所面临的机会及威胁。为了使大家较好地理解和运用这一分析方法，下面将做进一步的阐述。如图 6-1 所示，初步给出了 PEST 分析的基本框架。在做战略风险分析时，可以参照图 6-1 和表 6-3 的内容，结合企业实际选择设计四大类影响因素的评价指标来构建评价指标体系。

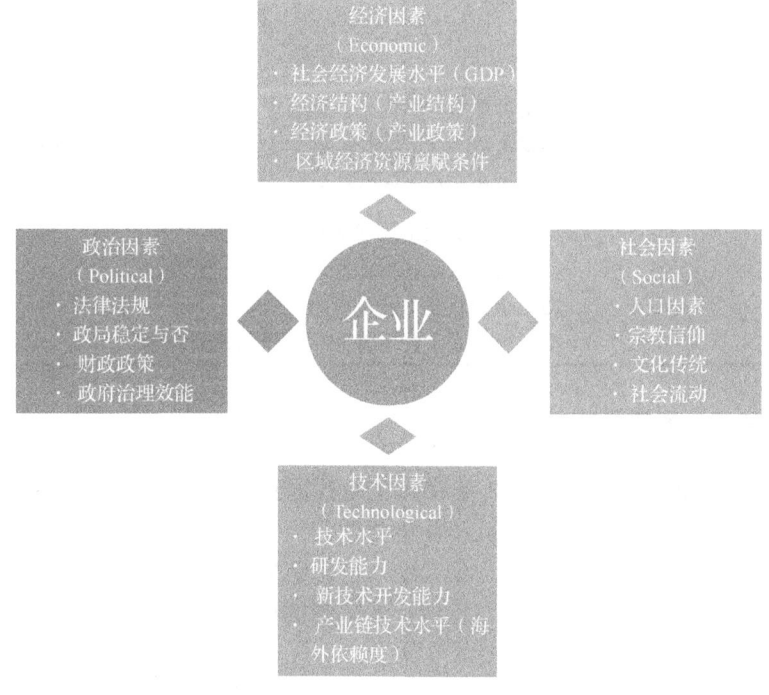

图 6-1　PEST 分析的基本框架

表 6-3　PEST 分析基本内容参考表

PEST	因素	具体内容
P	政治环境分析	（1）企业所在地区或国家政局是否稳定； （2）政府对企业的影响力； （3）政府推行的政策及其连续性和稳定性； （4）利益集团对企业活动产生的影响
	法律环境分析	（1）与企业生产经营密切关联的法律法规； （2）立法、司法与执法； （3）社会法治环境； （4）企业的法律意识

续表

PEST	因素	具体内容
E	社会经济结构	产业结构、产业地位、企业产品应用用途
	经济发展水平	GDP（Gross Domestic Product，国内生产总值）、人均可支配收入、经济增长率
	经济体制	所有制形式、产权结构、政府与企业的关系
	宏观经济政策	体育产业政策、货币政策、财政政策等
	当前经济状况	经济运行的周期、CPI（Consumer Price Index，居民消费价格指数）、利率水平、居民消费等
	经济资源禀赋	自然经济资源、生产要素产出率
S	人口因素	企业所在地区人口数量、年龄结构、教育水平、体育人口等
	宗教信仰	信仰宗教的类型、宗教影响力
	社会流动性	社会阶层结构与阶层间流动性、人口跨区流动性、经济资源的流动性等
	消费心理	消费者体育消费需求、体育产品性价比对消费的影响
	生活方式	居民生活方式的变化趋势、企业产业产品的时尚特征
	文化传统	社会文化、体育文化、文化传播
T	技术环境	（1）企业现使用技术的先进性； （2）新技术对本行业产品和服务的影响； （3）企业新技术研发能力； （4）技术进步对现有产品生命周期的影响

（二）波特五力模型

对于企业在行业内部的竞争力，哈佛大学教授迈克尔·波特（Michael Porter）创造性地提出了五力模型。这种模型是从产业链角度，把现有竞争对手、潜在竞争对手、替代品生产者、原材料供应商、产品购买者纳入分析范畴，通过分析行业新进者和替代品的威胁、供应商和购买者的议价能力及现有竞争者的威胁，进而确定企业在行业中所拥有的竞争优势。

1. 新进者的威胁

潜在竞争对手主要是指行业的新进者，他们的进入会给行业增加产能，提供更多的产品，降低行业集中度。同样，他们必然会占用一部分生产原材料和分得一部分的市场份额。因此，他们的出现就会加剧现有企业在原材料市场和产品销售市场的竞争。随着行业的竞争性因素增加，可能会带来原材料价格上涨、产品销售价格下降，从而会导致行业中的现有企业盈利能力下降、产品销售的利润率降低，甚至可能危及企业的生存。

2. 替代品的威胁

替代品是指两种不同的产品之间存在替代关系，它们可以满足消费者同一种需求或欲望。因此，两个处于不同行业中生产的产品是互为替代品的企业，它们之间会存在竞争关系。分析企业竞争战略时，除了分析行业内同类企业，也必须考虑替代品企业之间的竞争行为。一般而言，替代品质量好、价格低、用户转换成本低，替代品产生的竞争压力就越强。通常可以通过分析替代品生产企业的产品销售增长率、产能、产品销售利润率增长等情况，判断来自替代品生产企业竞争力的强度。

3. 供应商的议价能力

供应商主要是指向企业提供能源、设备、原材料、劳务等生产要素的厂商或个人。供应商的议价能力强弱主要取决于供给方企业数量的多少、变换供应商的难易程度及供应商之间的合作关系。当供应商提供的生产要素是买方产品的重要构成部分，对买方产品的正常生产非常重要时，供应商的议价能力较强，会出现所谓的店大欺客；极端的情况下会出现卖方垄断。当供应商提供的生产要素行业集中度不高时，若买方变换供应商的成本低，则供应商的议价能力弱，反之则强。有时供应商数量较多，但是彼此之间联系紧密，也会出现店大欺客的现象。

4. 购买者的议价能力

购买者是指企业产品的购买方。购买者的议价能力较强的情形一般有以下几种，此时会出现客大欺店的现象。第一种是购买者数量较少，但是对企业的产品购买的量大，占企业销售量比重较大，则购买者的议价能力较强；第二种是生产同类产品的企业较多，产品属于标准化产品，购买者变换卖方成本低，则购买者的议价能力较强；第三种是购买者经济实力雄厚，能够实现前向一体化，则购买者的议价能力较强。

在体育企业中，不同类型的企业，由于购买者的对象不同，购买者的议价能力也存在很大的差异性。当体育用品制造业面对大型俱乐部、运动队、项目训练中心等集体采购者时，购买者议价能力较强；当面对广大消费者时，消费者多是价格接受者。体育场馆服务企业也存在同样的境遇。对于健身服务行业、休闲娱乐产业等提供服务型产品的企业来说，由于购买者面对的选择相对较多，此时购买者的议价能力相对较强。

5. 现有竞争者的威胁

一般而言，同行业中的企业之间的关系多为既有竞争又有合作，彼此间的利益是相互联系的。由于产品市场容量的相对有限性、产品使用更替期的周期性、原材料资源的稀缺性，为了获得较多市场份额，拥有稳定的消费客户群体，同一个行业中的企业之间必然会存在竞争；同样，在同行业之间又存在技术合作交流、信息资源共享，特别是在当今国际化竞争加剧的情况下，一部分生产同类产品的企业在面对国际竞争时，又会抱团取暖共同应对国际竞争。两者之间，竞争是受直接的利益驱动，具有主动性；合作是面对压力采取的行动，具有被动性。因此，企业间的竞争性倾向会大于合作倾向。

故而企业在制定竞争战略时，一般的竞争战略目标是使自己在与同类产品竞争时能够拥有更多的竞争优势。显然，同行业企业必然会因竞争带来对抗甚至冲突。在企业的对抗和冲突中，企业竞争战略常常表现在价格优惠、广告宣传、提升质量、改进性能、提高服务水平、优化售后服务、降低企业成本、提高企业内部管理水平等方面，最终目标实际就是降低成本、提高效益，为企业在与同类企业竞争时获得明显优势，从而使企业能在市场竞争中胜出。

在体育行业中，现有企业之间竞争的加剧，使行业的进入门槛较低，势均力敌的竞争对手较多，竞争参与者范围广泛；市场趋于成熟，产品需求增长缓慢；竞争者企图采用降价等手段促销；竞争者提供几乎相同的产品或服务，用户转换成本很低；一个战略行动如果取得成功，其收入相当可观；行业外部实力强大的公司在接收了行业中实力薄弱企业后，发起进攻性行动，结果使得刚被接收的企业成为市场的主要竞争者；退出障碍较高，即退出竞争要比继续参与竞争代价更高。在这里，退出障碍主要受经济、战略、感情及社会政治关系等方面的影响，具体包括资产的专用性、退出的固定费用、战略上的相互牵制、情绪上的难以接受、政府和社会的各种限制等。

从一定意义上来说，波特五力模型隶属于外部环境分析方法中的微观分析。波特五力模型用于竞争战略的分析，可以有效地分析客户的竞争环境。上述"五力"是对一个产业盈利能力和吸引力的静态断面扫描，说明的是该产业中的企业平均具有的盈利空间，因此它们是产业形势的衡量指标，而非企业能力的衡量指标。通常，这个模型也可用于创业能力分析，以揭示本企业在本产业或行业中具有何种盈利空间。如图 6-2 所示，波特五力模型是一个非常重要的分析工具，它可以帮助企业更好地理解自己所处的行业环境，识别潜在的威胁和机会，并据此制订合适的竞争策略。

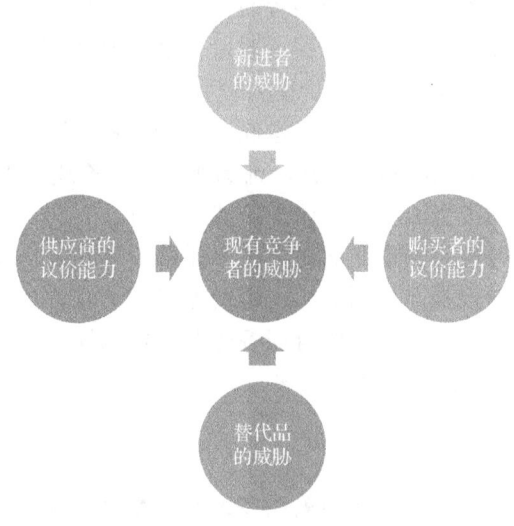

图 6-2 波特五力模型简易框图

知识拓展

体育赛事战略规划中的五力分析

新春伊始，热火朝天的工作迎接着全国各地的体育赛事同行，在赛事竞赛组织、宣传推广、商业合作的各个领域不断产生着很多日常决策。这些决策，究竟拧成了一股绳，推动着赛事市场价值的提升，还是如一盘散沙，把赛事东拉西扯，摇摆不定？赛事组织者有没有清晰明确、长期稳定、团队认同的赛事发展战略，对此起着决定性的作用。

在制定体育赛事的发展战略中，关键一环就是要确定赛事需要服务的目标市场。赛事在长期发展过程中是专注服务本地、放眼全国还是直指全球？是服务硬核爱好者还是初学者？是服务大学生群体还是职场人士？

进行目标市场的选择和决策时，推荐赛事同行们考虑使用波特五力模型。

当我们将波特五力模型用于体育赛事目标市场的选择和决策分析时，可以针对每个潜在的目标市场，收集和了解以下信息，帮助评估潜在目标市场的利润潜力。这里以跑步赛事市场为例进行说明。

1. 现有竞争者的威胁

2019年1月，公开招标的济南马拉松吸引了十余家企业竞标，深圳的某些区级路跑赛事也吸引了多家企业竞标。在省会城市、经济发展潜力全国排名靠前的城市举办的马拉松赛事市场中，赛事运营公司的竞争已经较为激烈，互相之间会出现压价行为。如果要进入这一市场，就需要考虑能否应对这一市场的价格竞争。

橙光线的同学中，有一些是专注三四级城市的本地市场，服务本地运动爱好者，即便是全国性的赛事企业到本地市场，也需要与他们合作。在这样的本地市场中，如果逐步形成龙头企业，那么竞争态势不会太激烈。

2. 供应商的议价能力

这里所指的供应商包含人力资源、设备、场地提供商等。在十余年前，中国的路跑赛事供应商发展相对滞后，计时供应商、报名系统服务商等都很稀缺，它们的议价能力较强，因此赛事组织者的利润受到影响。

随着路跑赛事的快速发展，供应商类别继续丰富，如急救服务、影像服务、赛事管理系统服务等，且数量都越来越多。供应商的议价能力随之相对减弱，赛事组织者的成本就更容易控制。

在一次"体育赛事的市场开发"课上，有位同学问："为什么这个行业招人那么贵？"他在某城市传统行业经营企业20年，开始投资做马拉松赛事后发现招人很难，薪水要求远远高于此前传统行业的薪资水平。

这位同学提出的问题恐怕困扰过不少地方马拉松赛事的经营者。中国的马拉松赛事在短时期内迅速扩张，大多数城市通常没有马拉松赛事管理人才的积累，人才作为赛事服务必备的供应商资源，议价能力迅速升高。新进入这一市场的投资者、经营者就会发现想获得有经验的人力资源，其成本难以控制。这一问题需通过积极的人才培训和培养方可解决。

3. 购买者的议价能力

对路跑赛事来说，购买者既包括参赛选手，也包括赞助商、特许商等。在中国现阶段的市场中，还包括各地政府。

参赛选手的议价能力主要是由他/她对具体赛事的喜爱程度决定的。越忠实的爱好者，报名费高低对其参赛意愿的影响越小。对赛事组织者来说，只有不断培养更多的忠实爱好者，收入才会越来越稳定。

如果赛事组织者打算进入一个新的城市市场，就需要考察这里的跑步人群规模。如果本地人群缺乏运动参与习惯，议价能力就会极强，通常需要政府投入才能把市场培育起来。

在选择路跑赛事目标市场的时候,也要注意潜在赞助商的议价能力。例如,对于某城市的女子路跑赛事来说,如果选择"某城市 25~55 岁女性"这样的市场,虽然关注该市场的品牌可能非常多,但是这些品牌有大量可能更适合女性的推广渠道可以选择,其议价能力就会很高;如果选择"某城市热爱运动、注重健康的时尚女性群体"这种细分市场,那么对于主打这一群体的品牌来说,这类赛事可能成为最佳推广渠道,其议价能力就会较低。

4. 新进者的威胁

某个目标市场的利润率高,就会吸引新的进入者。这个市场的进入门槛高低,就会影响这个市场原有经营者的利润水平。

例如,一二线城市的大型马拉松赛事要动用大量政府公共资源,对赛事运营方的资质、赛事管理能力、政府合作能力都有很高要求,会形成比较高的进入门槛,新进入者会越来越难对行业内具有先发优势的经营者们构成威胁。

短距离趣味跑、特色跑等项目门槛较低,新进者比较容易进入市场。此类项目的经营者就需要不断创新,以应对源源不断的新进者的威胁。

5. 替代品的威胁

对于仅仅将跑步赛事作为休闲娱乐的选手来说,有很多活动都可以替代跑步赛事在生活中的地位,如和朋友吃饭聚会、看电影、散步、旅行等。

对于将跑步赛事作为单纯健身手段的选手来说,其他健身方式就可能成为替代品,如健身房健身、羽毛球、瑜伽、太极等。

对于将跑步赛事作为休闲娱乐、健身、社交、挑战自我、体验城市等多种需求的结合体的选手来说,其替代品就是城市马拉松之间的相互替代了,但对每个赛事的忠实跑者来说,该赛事的地位就无可取代。

五力分析在具体应用中需要考虑时间的维度,用动态、前瞻的眼光去看力量的变化对市场格局的影响,当然这需要基于对市场的深入洞察。

随着体育运动、体育赛事的普及与发展,各方的力量会不断变化,影响市场中赛事组织者的利润水平。但归根结底,其中最关键的依然是找准买方、找准服务的目标群体,不断深入理解他/她们的需求,打造出他/她们衷心喜爱的赛事。

在欧美发达国家的大型马拉松赛事市场,赛事组织者之间的坦诚分享、友好合作比较普遍,而非剑拔弩张的竞争,这通常是因为组织者们共同秉承的使命感。这种行业气氛若能形成,赛事组织者共同面对购买者、供应商的议价能力就会越来越强,共同抵御新进者、替代品的威胁能力也会越来越强。期待中国热爱着体育的同行们,能够共同努力,共同打造这样良性发展的市场。

(资料来源:佚名. 体育赛事战略规划中的五力分析[EB/OL]. (2019-02-22)
[2023-05-01]. https://www.jianshu.com/p/7556c7bece93.)

(三)价值链分析法

由波特提出的价值链分析法,把企业内外价值增加的活动分为基本活动和支持性活动，基本活动涉及企业生产、销售、进料后勤、发货后勤、售后服务，支持性活动涉及人事、财务、计划、研究与开发、采购等。基本活动和支持性活动构成了企业的价值链。价值链列示了总价值，并且包括价值活动和利润。价值活动是企业所从事的物质上和技术上的界限分明的各项活动，这些活动是企业创造对买方有价值的产品的基石。

（四）SWOT分析法

SWOT分析法又称态势分析法，是由美国旧金山大学国际管理和行为科学教授海因茨·韦里克（Heinz Weihrich）最早提出的，是用于评估企业或个人的内部优势（Strengths，S）、劣势（Weaknesses，W）、外部机会（Opportunities，O）、威胁（Threats，T）的一种方法。SWOT分析法是基于研究对象所处内部条件和外部环境的态势分析常用方法，最初是应用在企业竞争战略的决策分析，是分析企业"能够做的"（即组织的优势和劣势）和"可能做的"（即环境的机会和威胁）之间的有机组合。

在应用于对风险事件进行风险评价时，实际是通过分析与风险事件密切相关的各种主要的内部优势和劣势及外部机会和威胁等因素，通过调查列举出来，并依照矩阵形式排列，然后用系统分析的思想，把各种因素相互匹配起来加以分析，从中得出一系列相应的结论，而结论通常带有一定的决策性。运用这种方法，可以对风险事件所处的情景进行全面、系统、准确的分析判断，从而根据研究结果制定相应的风险决策。

1. SWOT分析法的应用步骤

SWOT分析法的应用步骤如下。

（1）分析风险主体所处的优势、劣势，可以从政治（Political，P）、经济（Economic，E）、社会（Social，S）、技术（Technological，T）、环境（Environmental，E）、法律（Legal，L）等角度，即利用PESTEL分析法进行分析，或者利用外部因素（内部因素）评价矩阵等外部环境及资源分析的有关方法进行分析。

例如，内部因素评价矩阵（Internal Factor Evaluation Matrix，IFE矩阵）的做法是从优势和劣势两个方面找出影响企业未来发展的关键因素，根据各个因素影响程度的大小确定权数，再按企业对各关键因素的有效反应程度对各关键因素进行评分，最后算出企业的总加权分数。

（2）IFE矩阵可以按如下5个步骤来建立。

① 列出在内部分析过程中确定的关键因素。采用10～20个内部因素，包括优势和劣势两个方面。先列出优势，然后列出劣势，要尽可能具体。

② 给每个因素以权重，其数值范围由0.0（不重要）到1.0（非常重要）。权重标志着各因素对于企业在产业中成败的影响的相对大小。无论关键因素是内部优势还是劣势，对企业绩效有较大影响的因素都应当得到较高的权重。所有权重之和等于1.0。

③ 为各因素进行评分。评分范围为-5～5分：-5分代表重要劣势；-3分代表次要劣势；3分代表次要优势；5分代表重要优势。评分以公司为基准，而权重以产业为基准。

④ 用每个因素的权重乘以它的评分，即得到每个因素的加权分数。

⑤ 将所有因素的加权分数相加，得到企业的总加权分数。

无论IFE矩阵包含多少因素，总加权分数的范围都是从最低的-5分到最高的5分，平均分为0分。总加权分数大大低于0分的企业的内部状况处于劣势，而分数大大高于0

的企业的内部状况处于优势。

（3）从机会与威胁分析角度主要着眼于分析风险事件所处外部环境带来的机会和威胁。机会与威胁分析可利用外部因素评价矩阵（External Factor Evaluation Matrix，EFE矩阵）来进行定量分析。

EFE矩阵是从机会和威胁两个方面找出影响企业未来发展的关键因素，根据各个因素影响程度的大小确定权数，再按企业对各关键因素的有效反应程度对各关键因素进行评分，最后算出企业的总加权分数。通过EFE矩阵，企业就可以把自己所面临的机会与威胁汇总，刻画出企业的全部吸引力。EFE矩阵可以按如下5个步骤来建立。

① 列出在外部分析过程中确定的关键因素。采用10~20个内部因素，包括机会和威胁两个方面。先列出机会，然后列出威胁，要尽可能具体。

② 给每个因素以权重，其数值范围由0.0（不重要）到1.0（非常重要）。权重反映该因素对于企业在产业中取得成功的影响的相对大小。机会往往比威胁得到更高的权重，但当威胁因素特别严重时也可得到高权重。确定权重的方法：对成功的和不成功的竞争者进行比较，以及通过集体讨论而达成共识。所有权重之和等于1.0。

③ 按照企业现行战略对关键因素的有效反应程度为各关键因素进行评分。评分范围为-5~5分：-5分代表反映很差；-3分代表反映较差；3分代表反映较好；5分代表反映很好。评分以公司为基准，而权重以产业为基准。

④ 用每个因素的权重乘以它的评分，即得到每个因素的加权分数。

⑤ 将所有因素的加权分数相加，得到企业的总加权分数。

无论IFE矩阵包含多少因素，总加权分数的范围都是从最低的-5分到最高的5分，平均分为0分。总加权分数高于0分的企业对外部影响因素能做出反应。

（4）将分析出来的具体内容列入SWOT分析矩阵，如表6-4所示。

表6-4 SWOT分析矩阵

外部因素	内部因素	
	优势（S）	劣势（W）
机会（O）	风险事件内部资源优势 风险事件面临外部机会	风险事件内部资源劣势 风险事件面临外部机会
威胁（T）	风险事件内部资源优势 风险事件面临外部威胁	风险事件内部资源劣势 风险事件面临外部威胁

（5）在SWOT分析的基础上，按照不同的"优势-机会""优势-威胁""劣势-机会""劣势-威胁"的排列组合，制订与之相匹配的策略。考虑在不同情况下应当采取何种策略组合，建立SWOT分析矩阵。SWOT分析策略组合如表6-5所示。

表6-5 SWOT分析策略组合

外部因素	内部因素	
	优势（S）	劣势（W）
机会（O）	SO策略	WO策略
威胁（T）	ST策略	WT策略

（6）根据自身的实际能力和环境的情况对各种策略进行有效的选择。

2. SWOT 分析法用于风险评价的案例

三聚氰胺事件在整个中国乳制品行业引起强烈震荡，特仑苏 OMP 事件[①]又给蒙牛带来了极大的冲击，这两起事件导致蒙牛 2008 年亏损 9.486 亿元。蒙牛进入后三聚氰胺时代，如何走出困境、重整旗鼓、挽回市场，蒙牛从多个维度着手，运用 SWOT 分析法进行全面深层的分析，探寻出摆脱危机的多元化战术策略。

优势（S）：营销管理层熟悉乳业营销策略，在市场开发运作方面经验丰富，研发能力非常强，选址在内蒙古呼和浩特市较贫困的和林格尔县，享受政府免税等各种政策支持，拥有经销商的强大支持，品牌已深入人心，有一定的大品牌效应，企业文化塑造成功，公司内部有一定的凝聚力，拥有目前我国最具规模效益的示范牧场。

因金融风暴、三聚氰胺事件、OMP 事件等多重因素的连续冲击，蒙牛遭遇了严重的现金流断裂问题。此外，员工素质参差不齐，导致整体运营效率低下。尤其是在高端奶产品市场，蒙牛的竞争力因"特仑苏事件"而受到重大挫折，未能有效恢复市场信任。同时，蒙牛还面临没有完全可控的奶源供应链问题，进一步加剧了企业的经营困境。蒙牛内部资源 SWOT 分析矩阵如表 6-6 所示。

表 6-6 蒙牛内部资源 SWOT 分析矩阵

优势（S）				劣势（W）			
关键内部因素	权重	得分/分	加权数	关键内部因素	权重	得分/分	加权数
营销能力强	0.10	4	0.40	资金紧张	0.10	-3	-0.30
研发能力强	0.12	3	0.36	员工素质不高	0.08	-2	-0.16
占据地理优势	0.07	5	0.35	关键产品受挫	0.08	-5	-0.40
经销商支持	0.07	2	0.14	不可控的奶源	0.15	-4	-0.60
拥有大品牌效应	0.07	2	0.14				
企业凝聚力强	0.06	3	0.18				
拥有示范牧场	0.10	1	0.10				

依据表 6-6 的分析结果可知，蒙牛当时的内部资源优势大于劣势。运用同样的分析思路可以进一步分析蒙牛所处的外部环境是机会大于威胁，还是威胁多于机会。从而可以确定是选择 SO 策略集还是 ST 策略集。

风险主体通过对自身内部环境优劣势的分析和对企业外部的机会与威胁的分析，来制定风险主体策略。这种方法把外界条件和约束同组织自身的优缺点结合起来，随环境变化，动态系统分析项目或企业所处的位置，可减少决策风险，且可操作性强。SWOT 分析法着重于比较，因此在应用时对自身优劣势的分析要注意尊重现实。

七、战略规划制定

战略风险是在战略制定和实施后，实际结果与期初的预期结果之间出现差距，导致

---

① 特仑苏 OMP 事件：2007 年 3 月，方舟子曾在博客中称："特仑苏 OMP 致癌。"卫生部会同多个部门的专家对添加了 OMP 的特仑苏牛奶进行研讨后认为，这一产品没有健康危害，但 OMP 不是现行国家卫生标准允许使用的食品原料，蒙牛进口并使用 OMP 没有事先申请批准并擅自夸大宣传产品功能，违反了食品卫生法的有关规定。

企业战略机会的丧失、企业资产的减值、市场占有率的下降、人才流失等。首先，高水平和科学地制定战略规划是有效降低战略风险的重要举措；其次，在战略实施过程中，能够及时发现战略规划存在不足，并给予纠正修正；最后，在全局领域，注意相关战术使用的正确性。下面重点介绍目前在企业界应用较为广泛的战略规划制定模型——业务领先模型（Business Leadership Model，BLM），有的翻译为业务领导力模型，业内俗称"别乱摸"。

（一）BLM模型的内涵

BLM模型是IBM（国际商业机器公司或万国商业机器公司，International Business Machines Corporation）在2003年和美国某商学院共同研发的一套企业战略管理的方法论。2006年，华为花费3000万元从IBM引入BLM模型，引入这一模型之后，在统一华为中高层管理者的战略思维、提升领导力方面发挥了很大作用。在实际应用这一工具的过程中，华为管理层发现这一工具还是一套包容性很强的思维框架，可以把市场管理、产品开发、战略解码等融入其中，并从公司战略到业务单元战略再到职能体系统一在一种战略语言和战略思维框架下，这体现和提升了华为公司的执行力，也凸显了华为的学习力。目前如TCL、用友软件、金蝶软件、顺丰等都在使用这一战略制定工具。

BLM模型是一套从差距分析、顶层设计到职能规划再到落地执行的战略规划方法，它还是一套可循环的战略规划工具。这一模型与SWOT、波士顿矩阵、波特五力模型等一样，在战略分析和制定领域，已被企业和管理咨询行业广泛应用。BLM模型框图如图6-3所示。

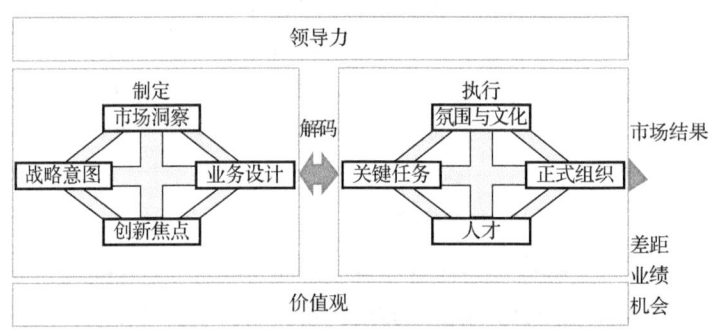

图6-3　BLM模型框图

BLM模型分为3个层级，顶部是带领企业持续发展和推动企业转型变革的领导力。中间层是战略规划的制定和执行两部分，它包含了战略意图、市场洞察、创新焦点、业务设计、关键任务、氛围与文化、人才和正式组织这8个相互影响、相互作用的部分。在这一层面，从战略制定到战略执行需要进行战略解码。公司战略若无法解码到高层、中层、基层管理者及一线员工，就会影响到战略的执行和落地。极端的情况是领导及决策层让下属猜测其战略意图，在无形中导致了巨大的沟通成本。底部是企业价值观，这是企业决策和行动的基本准则。

运用BLM模型制定战略规划时，一般是基于对企业现状的不满意，需要突破当前的局面，为企业带来新发展的意愿而产生的。通常先分析战略意图和查找、分析差距。

（二）差距分析

差距分析即对企业期望业绩与实际业绩的实际差距做出分析，通过分析原因，找到弥补差距、提升业绩的机会。它是比较一个企业的最终目标与预期业绩之间的差距，分析差距产生原因、确定缩小差距的方法。差距分析分为业绩差距、机会差距。

1. 业绩差距

业绩差距体现了管理者对当前经营结果的不满意，是对实际业绩与期望业绩间的量化陈述。表达的意愿是应该能做得更好，但实际没有做好。业绩差距源自选择的目标，需要在对市场有深刻的理解与洞察的基础上来制定业绩差距，并对业绩差距进行具体量化。量化的内容一般从市场占有率、客户满意程度、营业收入、利润率等方面呈现。

2. 机会差距

机会差距是对现有经营成果与通过新业务设计可能达到的经营成果之间差距的一种量化评估。这种差距的产生往往源于市场趋势的变化、客户需求的升级或新技术的出现，使得企业现有的业务模式不再适应未来的竞争环境，需要通过业务设计的创新来填补这一差距。填补机会差距时可以寻找新兴机会、设计新业务。在具体执行时，需注意与现有业务相兼容，但一般不需要改变原有的业务设计。

（三）BLM 模型内涵解析

为更好地理解 BLM 模型，下面将对图 6-3 中的 8 个模块进行逐一阐释。

1. 战略意图

战略意图是对企业战略目标的陈述和表达，是企业以当前的资源和能力不足已完成的任务和挑战，表现为企业迎接未来挑战的雄心，是企业发展的动力源和企业进行战略规划的第一步。战略意图通常包括企业的愿景、战略目标和近期目标。企业的愿景是对所有员工和客户的情感承诺，实现有一定难度；战略目标应当合理有效，既有难度，又有挑战性，通过努力能够及时在客户、产品、服务、市场、技术等领域达到；近期目标具体且明确，可以提供即时的成就感和动力。

2. 市场洞察

市场洞察是战略意图的基础，需要深入了解客户需求、竞争者的动向、行业技术发展趋势、宏观经济运行的状况，其目的是清晰了解企业未来的机遇和挑战。市场洞察的深度决定了战略思考的深度，市场洞察不仅能让企业理解和解释市场正在发生的事情对公司未来的影响，还能为企业形成创新焦点和设计新业务或修正原业务提供依据。市场洞察的缺失或不足会对业务设计产生不良影响，因为业务设计依据的支撑信息存在缺失和错误必然引发设计上的缺陷和不足。

3. 创新焦点

创新焦点是企业为应对市场的变化，结合行业内技术发展的趋势、产品消费市场需求的变化动态,把创新作为战略思考的焦点,建立企业的创新体系,做到与市场同步进行的实验和探索。创新焦点的目的是从制度设计上体现企业的创新发展理念,为企业赢得未来市场捕获更多的思路和经验。在企业创新中,最重要的业务模式创新有店铺式、共享式、O2O(Online To Offline,线上到线下)、B2B(Business To Business,企业对企业)、B2C(Business To Consumer,企业对消费者)、C2C(Consumer To Consumer,消费者对消费者)、智能BNC(Business Name Consumer,智能商城)等。在5G万物互联来临的时代,相对于技术和产品的创新,业务模式的创新更能为企业带来价值的持续增长。

4. 业务设计

关于业务设计,任正非做了精准解读——业务设计就是要以客户为中心,解决客户需求。业务设计通常包含客户选择、价值主张、商业模式、活动范围、战略控制和风险管理6个部分。对于客户,依据帕累托法则,企业80%的销售业绩来自20%的优质客户,故而传统观念是每个客户同等重要的观念需要重新审视,因此,在客户选择上,应该选择那些支付能力强、信用好的优质客户。显然,客户购买产品和服务是有其价值主张的,企业需要从客户的角度解决客户的痛点,满足客户的需求,提供成本低的产品和服务,实现客户的价值主张。

商业模式就是获取利润的方式。在以产品为中心的年代,拥有较大市场份额,企业利润就接踵而来。随着市场竞争加剧,市场份额与高利润之间已不存在必然联系。早期,华为的商业模式以销售为主,现在引入了服务、咨询、网络运营维护和托管等生态化服务,让客户愿意支付更多的费用。

活动范围是指产业链价值参与度,企业可以从所在行业的价值链开展垂直整合和横向整合,逐步由产品生产到品牌销售,再到标准输出,确保企业的利润获取模式有足够的竞争力。同时,企业还应及时把握产业市场的动态,不断动态控制并调整战略,防范战略失误带来的风险。

5. 关键任务

关键任务是从战略制定到执行的关键节点,是对战略制定的解码,并通过量化指标进行考核和监控。在梳理和执行关键任务时,需要考虑以下几点:一是关键任务的执行是以缩短差距为目标的,主要通过推进业务设计和价值主张的尽快实现缩短差距;二是关键任务需要考虑客户实际需求、企业产品研发、生产工艺流程、企业产能、产品营销、风险管理、平台服务、资源条件等;三是在确定好关键任务后,需要将关键任务目标进行量化,转化为可考核、可监控、可激励的具体工作内容。

6. 正式组织

正式组织是确保关键任务能够有效执行的保障。企业在为达到业务设计目标时,特别是新的业务模式或新业务项目时,仅靠投入人力和财力等资源是不够的,通常还需要建立与行业特点和企业发展阶段相适应、相匹配的组织结构、管理制度、管理系统。一般包含适应业务发展的组织运行流程、明确的层级关系和角色定位、相应岗位的技能要求和工作范围;包含组织的规模结构、绩效考核系统、激励机制、员工的职业发展规划。

正式组织的结构设计须支持公司战略目标的实现,能够与复杂多变的外部环境相适应，与企业文化、价值主张相适应。

7. 人才

人才是企业战略目标达成的原动力。能够形成原动力的前提条件是人才储备和使用要与关键任务、正式组织、文化氛围相一致，真正做到人尽其才、物尽其用。

"夫运筹策帷帐之中，决胜于千里之外，吾不如子房。镇国家，抚百姓，给馈饷，不绝粮道，吾不如萧何。连百万之军，战必胜，攻必取，吾不如韩信。此三者，皆人杰也，吾能用之，此吾所以取天下也。"这是汉高祖刘邦统一江山后的感慨和总结。这也阐述了一个道理，在企业有了明确的战略目标，确定了具体可操作、可量化的关键任务后，就应该围绕关键任务所需要的岗位、职责、能力要求来盘点和安排相应人才进入合适的岗位。企业的人才来源通常有内部培训、外部引进及借力合作3种方式。这3种方式选择人才的标准是需要其尽快胜任角色，能够及时完成关键任务，满足企业整体战略执行的要求。

8. 氛围与文化

BLM模型中对"氛围与文化"的解释是：组织内部的行为范式。企业应该塑造有效的"氛围与文化"，它能够滋养、激励组织去坚持对关键任务的执行。企业氛围与文化的塑造需要注重战略一致性、行为一致性、对内包容性、对外开放性，最终逐渐形成开放、授权、共享的氛围与文化。

第三节　市场风险

一、体育市场风险概况

市场风险常见于金融市场的分析，主要是指金融资产因市场的利率、汇率、政策、经济周期等因素的变化，导致金融资产（如股票、债券、期货或其他金融衍生品）的价格发生不利变动或剧烈波动。

从体育风险管理的内涵和实际出发，体育企业以法人身份从事金融资产的投资或资本运作，这类风险属于投资或投机风险，与体育风险管理的主体内容——纯粹风险不太吻合。因此，这里所说的市场主要是指体育企业在生产经营过程中所面临的市场风险，是企业从事生产经营等业务活动所面临的外部市场环境因素的不确定性变化给企业带来生产经营的实际结果与预期目标之间产生的差距；主要是指市场需求、原材料供给或价格、技术进步等因素的变化，给企业生产经营带来不利影响，使企业的利润下降、竞争力下降的风险。

对应于利率风险和汇率风险，体育企业与银行之间存在信贷业务时，必然会因利率变化而产生信贷资金利息的变化；而从事外贸订单生产体育用品、体育装备的生产企业，因其产品销售面对的是国际市场，在业务结算时通常会使用外币结算，因此，汇率的变化会使企业持有的外汇在汇兑时产生损益，带来不确定性。同样，利率和汇率这两种风险，对企业产生的收益和损失的不确定性是双向的，既有可能给企业带来损失，又有可能给企业带来收益，属于投机风险。对于投机性风险，金融风险管理领域已经建立了一套完善的理论和方法体系，在此不做阐述。

二、体育市场风险的内涵

体育市场风险从不同角度分类，可以有不同的风险类型。从企业角度来看，可以分为企业面临的内部风险和外部风险；从利益相关者角度来看，可以分为产品市场销售风险、原材料价格风险、竞争者的价格战风险和技术进步风险；从市场变化因素角度来看，可以分为行业前景风险、产业政策风险、利率风险、汇率风险、衍生品交易风险、证券市场风险、市场开发风险、第三方风险等。

其中，对于利率风险、汇率风险、衍生品交易风险、证券市场风险这几类投机风险，在金融市场领域涉及较多，在此不做探讨。对于体育市场分布风险和体育产品市场开发风险，由于体育产业包含70多项内容，每一门类的体育产业所涉及的产品和市场具有极大的差异性，在此亦不做探讨。本书主要阐述竞争风险、价格风险、市场供求风险、市场营销风险、客户风险。从西方经济学中了解到市场一般是由消费者、厂商、政府及国外这4个部门组成的，因此，在分析市场竞争风险时，可以参照这4个部门对市场的影响，逐一分析各自可能给企业带来的风险。

（一）竞争风险

企业参与市场竞争的主要目的是在产品市场获得更多的市场份额，为企业赢得更多的客户消费群体，从而获得较高的销售收入，实现利润最大化的目标。然而，体育产品的内涵较为丰富，既有体育赛事产品、体育场馆服务，又有体育用品和健身服务产品，还有其他体育休闲娱乐服务产品等。这些产品的市场特征相对复杂，如奥运会、青奥会、亚运会、全运会等大型体育赛事，这类赛事目前在国内属于垄断性赛事，很少有企业获得这类赛事的运营资格。商业性体育赛事，如路跑类赛事、地方社会性赛事，需要企业参与招投标竞争，有利于为社会提供更好的赛事运营服务。体育健身服务产品、体育用品、体育休闲娱乐服务产品的生产企业需要参与市场的竞争。因此，这里的体育企业的市场风险主要是关于生产体育用品和提供体育服务产品的企业，在面对市场变化时，需要及时根据市场的诸多不确定性因素，做好相应的市场风险管理，以免企业在从事生产经营过程中遭受竞争损失。

体育企业在参与市场竞争过程中，不同类型体育产品或服务的生产企业所面临的市场竞争风险的大小存在很大的差异性。总体而言，从事体育产品生产的企业，其市场竞争风险主要取决于以下4个基本因素。

1. 体育产品的类型

体育产品的类型较多，从事实物形态体育产品和从事服务类体育产品的生产企业，其面对市场竞争的特征和特点是不同的，实物形态的体育产品的类型又分为运动训练装备类、社会大众消费类。显然，从事运动训练装备类的生产企业面对的竞争风险要大于社会大众消费类的生产企业，因为面临的消费群体特征不一样，前者存在买方垄断，所以市场风险较高。从事服务类体育产品生产的企业与实物形态体育产品生产企业相比较，服务类体育产品生产企业面对的消费群体存在区域性、季节性、周期性等特征，它们面临的市场竞争风险要小于实物形态体育产品生产企业。

2. 体育产品市场容量和市场规模

市场容量在国际上相当于需求量的意思，一般是指一定时期内，市场在既定供给价格的前提下，某种体育产品或服务产品消费可达到的最大需求数量。市场规模是需求市场实际消费量，也是某一时期行业内某种体育产品或服务产品的生产量。市场规模和市场容量均可以用产品的数量衡量，也可以用销售额和金额表示等。显然，从市场竞争角度，当某种体育产品或体育服务项目进入市场时，产品或服务逐渐被消费者认可和接受，市场容量会不断增加，而随着产品的保有量不断增加、服务接待能力出现瓶颈，市场容量会达到某一极限值。此时，产品市场容量达到最大。市场规模会随着市场容量的增长而扩大，当市场规模的增速小于市场容量的增速时，市场处于供不应求的状态；当市场规模的增速大于市场容量的增速时，市场处于供大于求的状态。在产品供不应求时，企业面临的市场竞争风险就小，在供大于求的情况下则会竞争压力加大。当产品过剩时，市场会出现部分企业被淘汰出局的现象。

3. 体育产品同类企业的数量

市场竞争是企业间的竞争。因此，当某类体育产品的市场容量相对稳定时，随着生产体育产品同类产品的企业数量的增加，体育产品的供给量就会增加，这就会加剧企业之间为争夺市场份额而开展的竞争。此时，行业内生产同类产品的企业面临的市场竞争风险就会加大。

4. 体育企业间的竞争方式

竞争方式是指企业为获得更多的市场份额，在参与市场竞争的过程中所采取的手段和策略。企业的竞争方式有价格竞争、产品新技术应用、提供优质服务、投入广告宣传等。一般而言，价格是市场敏感性因素，也是影响企业产品销售现金流的敏感因素，因此，采取价格竞争策略的竞争双方容易造成两败俱伤的局面。采取其他的竞争方式，企业面临的市场风险要相对较小。

（二）价格风险

马克思政治经济学的价值规律告诉我们，价格是由内含在商品中的价值所决定的，价值是凝结在商品中的一般人类劳动时间。价格围绕价值上下波动，当市场供大于求时，商品价格低于价值；当市场供不应求时，商品价格大于价值。当然，影响产品市场价格的因素是多方面的，除了供求关系，还有市场情绪、资金炒作、个人心理、企业的竞争行为等因素。显然，企业在市场竞争中因产品价格波动会产生利润损益，但当利润受损时，企业就会面临相应的风险。

体育类产品生产企业，除了生产体育用品、体育装备等有形产品的企业，更多的是从事体育赛事、健身休闲娱乐、体育培训等无形产品的企业。对于从事实物形态体育产品生产的企业所面临的价格风险已做阐述。对于从事服务类体育产品生产的企业，因服务类体育产品的无形性、不可储存性、生产和消费的统一性等特点，影响服务类体育产品市场价格的因素亦有其自身的特点。

随着科技进步，生产的机械化、自动化程度越来越高，人类被不断地从繁重的体力劳动中释放出来，因此，体育就成为现代人日常生活中必备的基本内容之一。由于体育项目、体育活动形式具有多样性，人们参与体育锻炼活动方式的可选择性强，既可以选择免费运动项目，也可以选择需要支付费用的体育服务产品。因此，从参与体育消费的群体分析，部分消费者对于体育服务产品的价格具有敏感性。同时，居民参与体育服务产品需要有闲暇时间，根据人们的日常的作息时间和节假日的特点，参与体育消费的时间段就存在典型的峰谷特点。因此，服务类体育产品生产企业的产品价格设置存在因时设价的特点，在消费高峰时间段的服务价格就高，在消费低谷时间段的价格就低些。此外，居民参与服务类体育产品消费具有区域性和便捷性的特点。一般居民在选择同类型体育服务产品时，会综合考虑价格、地点、便捷程度等多种因素。因此，服务类体育产品生产企业在进行产品定价时具有相对较强的主导因素；面对市场竞争中的价格风险时，相对于实物形态体育产品生产企业的价格波动风险要小一些。

（三）市场供求风险

市场供求风险主要是产品的市场供给远远大于市场的消费需求，导致市场产能过剩、供需失衡，从而给企业带来市场竞争风险。市场供求风险产生的原因一般有以下几点。

（1）宏观经济运行的周期。现代市场经济运行存在一定的周期性规律，一般以衰退、萧条、复苏、繁荣的4个阶段周期性、螺旋式上升。当市场处于衰退和萧条阶段时，受系统风险影响，产品市场会出现供求风险。

（2）产品的市场结构特性。有的产品具有自然垄断的特点，有的产品具有市场竞争性较强的特点。垄断性的市场产品出现供求风险和市场短缺的现象较多；竞争性的产品市场则会出现过剩的现象。

（3）产品所处的生命周期。产品进入市场一般会经历导入期、成长期、成熟期和衰退期4个阶段。当某一产品在经过导入期、成长期后，进入成熟期，此时，随着行业内的新进企业数量的增加、原有企业产能的增加，产品市场供给会大量增加，行业内企业就不可避免地面临产品过剩的问题。

（4）居民消费习惯的变化。居民消费习惯的改变也可能导致某一产品的市场供求失衡。这通常出现于产品进入成熟期，产品的市场保有量已累计增加到一定额度。此时，该产品的消费需求就和产品的更新周期密切相关并与居民的消费习惯相关。

对应于体育产品，当前，随着体育产业发展政策的不断出台，进入体育产业领域的社会资金不断增加，体育有形产品和无形产品的供给不断增加。同时，随着居民收入的增加，居民的体育消费需求也不断增长。当前进入体育产业领域的新进企业，面对的市场供求风险相比其他的产业较小。

（四）市场营销风险

市场营销是现代企业参与市场活动的重要形式。市场营销风险是指企业在从事市场营销活动过程中，由于出现不利于市场营销活动的若干因素，活动业绩受损甚至失败的情况。从诱发市场营销风险的因素及其表现出来的结果来看，产生市场营销风险主要是由于以下几个方面。

1. 产品市场供求状况发生转换，而营销人员的观念没有改变

在现代市场经济条件下，随着时间的推移，除了垄断性产品，一般商品的供应最终都会走向相对过剩，从而出现产品供大于求的状况。因此，营销人员需要根据产品市场的供求状况，主动采取适应买方市场的营销观念进行产品营销，否则，错误的营销观念必然带来产品的市场营销风险。

当然，由企业的营销人员和决策人员产生的营销风险，除了营销观念，还有营销人员不了解市场，在没有充分调研、掌握更多的决策信息的基础上做出错误的营销决策；决策人员对于市场营销风险的主观认识不足等。

2. 行业内的产品技术进步可能导致市场营销风险

技术进步对社会而言是推动社会进步的力量，是社会经济发展、创新的动因。但是，技术进步对企业而言，则是一把双刃剑：一方面，行业内的技术进步为企业带来了新技术，给企业转型升级发展带来新机遇；另一方面，新技术的应用，对原有的技术则意味着革新和淘汰，短期内会增加企业的经营成本。从这个角度上讲，也对企业的市场营销活动构成了威胁。

3. 市场的营销模式发展可能导致市场营销风险

传统的市场营销模式一般有直销、经销商分销、代理商分销 3 种形式，随着电话的诞生和普及，产生了电话营销模式。随着现代电子计算机技术的发展，互联网时代的到来，产生了网络营销模式。对企业的营销组织结构、营销人员结构、营销战略与策略、营销的方式和方法等，都将产生巨大的影响，进而导致变革。变革不仅意味着新的机遇，如果不懂网络营销，可能就会使企业处于十分危险的境地。

对于体育企业而言，从事实物形态体育产品生产的企业所面临的市场营销风险与上述 3 种情形相似。从事服务类体育产品生产的企业所面临的市场营销风险除了上述 3 种可能性，还有价格分析、产品风险等因素会导致市场营销风险。

服务产品的价格风险主要是指体育服务产品的目标市场定位不准确，导致服务定价不合理，从而给企业带来市场营销风险。体育服务产品消费的特点是需要消费者既有闲暇时间又有一定消费能力，具有一定的奢侈品特征。因此，服务类体育产品生产企业的目标市场定位需要相对准确，在提供符合目标消费群体的期望服务时，服务产品的定价也要与目标市场的消费意愿支付相适应。定价偏低，会使消费者怀疑服务质量，使销售难度增加；定价偏高，会导致目标客户流失。

（五）客户风险

客户风险主要包含了客户信用风险、客户关系维护风险和客户商业模式风险。

1. 客户信用风险

信用是现代经济社会中人与人之间、单位与单位之间、人与单位之间在从事商品交易时形成的相互信任关系，是现代社会生产关系和社会关系的基础。在企业从事生产经营的过程中，广泛存在赊销、预付、货币借贷、发行债券、质押担保等业务行为，这些

都是商业信用、银行信用的范畴。现代信用体系的运行，加快了企业资金周转和流动速度，减少了流通费用，有效促进了产品交易量的增加，有效提升了资金的使用效率。

客户的信用风险是指客户因违约、信用评级变动或者履约能力发生变化而导致企业经济损失。通常客户的违约行为也属于客户信用风险的范畴。体育企业在客户之间的业务往来中，从商品交易角度来看，客户的信用风险主要体现在预付货款后，客户不按时保质保量地把生产物资送达，给体育企业带来产品生产不足的损失。例如，应付货款到期后，出现延期支付或不付的现象。从金融业务角度来看，客户的信用风险主要体现为客户之间的金融工具出现违约现象，如到期的债券出现违约或延期。当然，客户的信用风险还体现为第三方对客户的信用评价等级下降，导致投资人直接损失。

2. 客户关系维护风险

事物是普遍联系的。在经济社会中，企业为了实现其生产经营目标，会积极主动与业务相关的企业建立业务联系，彼此成为客户，相互之间的关系则被称为客户关系。管理学界认为，对于开发一个新客户的成本是留住一个老客户客户成本的5~8倍。因此，需要对客户关系进行维护。在实际维护过程中，通常根据企业与客户的关系所处的生命周期相应阶段来做出风险防控决策。企业与客户关系的生命周期具体分为以下几个阶段。

（1）考察期。客户关系处于考察期时，企业与客户建立初步联系，客户会试探性地下少量订单，客户给企业带来的利润较少，客户关系存在较大的不确定性。这一阶段的客户关系维护主要体现在重视企业产品和服务质量，提升客户对企业所提供的产品或服务的价格认同，重视提供商品以外的免费服务等非物质利益等方面。因此，考察期的客户关系维护风险主要是重点关注影响产品和服务的质量下降的风险因素，旨在提升客户的认同感。

（2）形成期。随着双方在考察期间的接触，彼此间信任度增加，客户关系开始进入形成期。在形成期的特点是交易量上升，客户为企业带来的利润快速增加。客户对企业产品和服务的质量认同感不断增强，客户意愿支付的水平增长，客户承受风险的能力提高。此时，客户关系维护的重点除了继续重视产品和服务的质量，还可以掌握节奏，提供其他的免费服务等，不断增强客户的产品质量认同感。

（3）稳定期。在这一时期，企业与客户之间的产品和服务的交易时间会持续一段较长的时期，而且交易量和交易额达到稳定的状态。企业和客户之间的交易成本下降，企业维护客户关系的成本下降，交易量达到了最大值，因此，在稳定期，客户给企业带来的利润会大幅度地提高。处于稳定期的客户关系维护，其风险随着企业与客户之间的了解和互信不断增进，但不代表客户对企业的敏感性下降。处于这一时期的客户关系维护更应谨慎，稍有不慎就会给客户造成伤害，会让客户产生受欺骗的感觉，从而导致客户流失。因此，在这一时期要为客户提供个性化产品和产品交易以外的情感交流，让客户认同企业文化和产品的品牌价值。

（4）衰退期。在这一时期，企业和客户之间因不确定性因素而出现关系问题，在业务上表现为产品和服务的交易量和交易额下降，客户带来的利润下降。此时，企业客户关系维护的风险主要是防范客户流失，积极查找并分析客户关系恶化的原因，并对企业的错误做出相应补偿，改进企业自身存在的缺陷。

对于体育企业的客户关系维护风险而言，一般实体产品生产企业所面临的客户关系维护风险与上述分析大致相似。对于从事体育健身、体育赛事运营、体育培训、体育场馆经营的服务类企业来说，它们的客户关系维护需要不断保持与客户之间的沟通交流，及时了解客户的需求，为客户提供定制化的服务产品，对产品和服务不断改进，培养客户的忠诚度，与客户建立长期的稳定合作关系。通过建立客户管理信息系统，锁定目标客户群体，挖掘客户价值，拓展需求满足的深度和广度，对重点客户实行差异化服务，满足客户的需求。

3. 客户商业模式风险

商业模式是指企业为满足消费者需求，运用自身的各种资源进行价值创造、价值传递和分享的一套价值实现系统。例如，从产品价值链角度来看，企业可以整合"设计、采购、生产、物流、渠道、促销、品牌"等资源，形成产业链价值商业模式。从客户需求角度来看，通过整合客户的需求信息，利用团购的方式形成与企业的议价能力，如拼多多的商业模式；运用现代互联网技术，通过解决生产与消费信息不对称问题，产生了交易平台的商业模式，如淘宝等。

一般而言，一家企业采取某种商业模式是事关企业自身经营和发展的内部事务。对与其有产品交易的其他企业而言，其商业模式的影响并不是那么重要。对投资人而言，所投资客户的商业模式是事关投资成败的关键。

从商业模式的价值链角度分析客户商业模式的风险，对全社会而言，有的商业模式是正和模式，有的是零和模式，有的会使现有的利益相关者被替代或颠覆，会给其他企业和社会大众带来损失。

客户的商业模式风险，主要是客户作为独立的经济单位，不关心商业模式的社会价值和企业的社会责任，在追求自身利益最大化的同时会使其他利益相关者蒙受损失。例如，在互联网金融业务中，针对大学生的网贷业务产生的负面效应，政府出台了《关于进一步规范大学生互联网消费贷款监督管理工作的通知》。

从业务角度来看，客户给任何一个企业带来的风险都是一样的，包括财务风险、信誉风险、声誉风险等。风险可以分几个种类，如业务风险、失误风险、管理风险，还有恶意、陷阱风险。有的客户还存在道德风险，会故意设陷阱让人上当受骗。

三、体育企业市场风险管理策略

在上篇讲述风险管理基本理论的时候，论述了风险管理策略通常有 4 种方式：第一种是风险转嫁，即通过购买保险和借助期货、期权、担保，通过签订合约的方式将风险转嫁给第三方；第二种是风险规避，即经过风险识别和评价之后，对可能发生的风险，超出了企业能够承受的范围，一旦发生，企业将面临灾难性损失，因此主动选择放弃，从而达到规避风险的目的；第三种是风险自留，即企业对于风险可能造成的损失，在其承受的范围之内，选择了不特意去防控，事故一旦发生，企业通过设立的风险基金补偿机制达到风险防控的目的；第四种是风险防控减损，即企业在对风险进行识别和评价之后，发现风险损失在可承受的范围之内，但需加以管控，从而在风险防控的硬件设施和管控机制方面进行投入，即使发生损失，也能及时处理，把损失降到最低。

然而，上述的风险管理策略在企业面对市场风险时，由于来自市场的风险更多的是系统性风险，是由市场的外部环境的不确定性，如消费者的消费偏好、经济周期、国际市场变化等因素导致的，企业往往处于被动接受的状态。当然，面对市场风险，企业在被动接受的情况下，也不是消极地被动接受，而是可以采取主动面对的态度，及时调整企业的战略部署、市场布局、产品策略、营销策略、客户服务等，从而减少市场风险对企业产生的不良影响，减少企业的损失。

第四节 财务风险

一、财务风险的内涵及分类

财务风险是指企业在从事生产经营活动、投资活动、筹资活动等财务活动时，受企业内外部的各种不确定性因素的影响，导致财务活动的预期目标与实际结果之间出现了偏差，从而导致企业遭受经济损失或者是带来意外收益。另外，企业在除了从事与企业财务资金密切相关的业务活动，还有担保业务。担保业务属于企业的或有负债，在一定条件下会转化为企业的实际负债。因此，企业的财务风险包含了筹资风险、投资风险，以及再生产经营过程中的应收/应付账款风险。对于大型集团企业，还有可能会有会计核算、报表合并的风险；国有大中型企业还需要执行预决算程序，会有预算决算风险。

按照企业的财务活动分类，财务风险一般包含筹资风险、投资风险、生产经营过程中产生的应收应付账款风险等。就财务风险管理的重要性而言，所有的体育企业均应重视，细微的财务风险可能因风险的传染性而给企业带来巨大损失，甚至导致其破产。当然，对于体育大型企业，从业务发展和资产积累形成的过程而言，这些企业理论上均已有相对较为完善的财务风险管理体系和实际的应对策略。这里主要根据企业财务风险的来源，重点介绍筹资风险、投资风险、应收应付财款风险、存货风险和流动性风险。

（一）筹资风险

筹资是企业重要的财务活动，通常借助若干类型的金融工具为企业筹集生产经营活动所需要的资金。常见的筹资方式有银行贷款、发行债券、发行股票、留存利润等。另外，筹资除了解决资金需求，还要注意资金的跨期调配使用，主要是在实际经营中，可能会出现长短期之间的错配。因此，从财务管理的角度来看，需要财务从企业中长期的角度分析短期资金与长期资金的量比关系，合理规划资金的调配和使用，解决资金的跨期错配，能够较好地将其某一时期富余资金调配使用到资金短缺的时期。筹资是在企业因业务扩张、债务到期、意外支出增加等现象出现资金紧张时，通过相应的渠道获得资金的过程。

显然，筹资风险主要是指金融市场环境、宏观经济环境的变化，给企业筹集资金带来损益的不确定性。企业筹资风险主要来自市场利率的变化，银行借贷、发行债券等债务融资会因市场利率的变化而使融资成本发生变动，给企业融资带来不确定性；股权融资则会因资本市场的波动而使融资工具的交易价格受系统性风险的影响，使融资成本产生波动；企业若在国际市场融资，除了受国际金融市场利率的影响，还会受到汇率变动的影响，将面临汇兑损益的风险；企业在融资时，如果宏观经济市场的 CPI 指数上涨，企业所融资金还会存在购买力下降的风险。

（二）投资风险

投资是指经济主体为了获取未来的预期收益而将现期的经济资源转化为资产的活动，通常分为直接投资和证券投资。因此，投资风险是指企业从事直接投资和证券投资后，受市场不确定因素的影响，导致预期收益与实际收益出现偏差。直接投资一般又称为项目投资，是指企业根据市场对某产品或服务的需求，投资购买生产该产品或服务的设施设备、建设厂房、招聘员工、购买原材料等一系列的项目投资活动。项目落地建成后，在项目生命周期内通过生产和销售产品或提供服务，能够为企业持续地带来稳定收益现金流，从而获得投资收益。当然，直接投资还包括扩大现有产能、改建、迁建、设备更新等。证券投资是指企业在证券市场通过持有股票或债券的形式，以股东或债权人身份对其他企业享有相应股利或利息收入。

直接投资的风险主要体现在以下几点：一是项目的技术成熟度不够或生产工艺流程不成熟，批量化生产的产品残次率高，会给企业带来损失；二是原材料或产品自身的价格发生变动，如原材料价格上升或产品价格下跌，使得企业的生产成本上升，带来利润损失；三是消费者的偏好发生变化，使得产品市场的实际需求萎缩，导致项目投资损失；四是企业的技术人员流失，带来企业人员风险，可能导致企业核心技术流失；五是宏观产业政策、经济政策发生变化，给企业带来损失。

证券投资又分为股票投资和债券投资。股票是股份公司为筹资而发行给股东的一种有价凭证，每股股票代表了持有人拥有公司的一份所有权。股票最早诞生于荷兰的东印度公司，其发行股票的最初目的是为了筹集远洋航海所需的资本和分摊风险。股市有风险，入市需谨慎。这是所有接触证券市场的人员都耳熟能详的警示语。企业的股票投资指通过证券市场购买投资公司的股票，拥有公司一定份额的所有权，可以参与企业的生产经营决策并享有投资股息或红利的投资方式。因此，股票投资的风险除了受证券市场、宏观经济市场系统性风险的影响，还受企业的经营业绩的影响。债券投资指企业通过购买债券定期收取固定的利息的投资方式。债券投资的风险，除了受市场利率变化的影响，还受债务人的资信能力的影响，甚至可能因被投资者无力偿还债务而产生违约风险，进而给企业带来投资损失。

（三）应收应付账款风险

应收应付账款是企业从事生产经营活动时因赊销赊购、延期支付等产生的财务款项。企业在从事日常生产经营活动时，产生应收应付账款属于一种常态。但是企业的应收账款的账期管理不善会使企业的营运资金增加，使企业管理成本上升。当应收财款不能变现时，会使企业的呆坏账增加，给企业带来资金损失。应付账款属于企业的短期负债，若因企业周转资金短缺，存货变现困难，则会使企业出现偿债风险，严重时会使企业信用丧失，导致企业的生产经营走入困境。

（四）存货风险

企业保持一定量的存货对于其进行正常生产来说是至关重要的，但如何确定最优库存量是一个比较棘手的问题。存货太多会导致产品积压，占用企业资金，风险较高；存货太少又可能导致原料供应不及时，影响企业的正常生产，严重时可能造成对客户的违约，影响企业的信誉。

（五）流动性风险

流动性风险是指企业资产不能正常和确定性地转移现金或企业债务与付现责任不能正常履行的风险。从这个意义上说，可以把企业的流动性风险从企业的变现力和偿付能力两个方面分析与评价。因企业支付能力和偿债能力而发生的风险，称为现金不足及现金不能清偿风险；因企业资产不能确定性地转移为现金而发生的风险，则称为变现力风险。

二、企业财务风险的成因

企业财务风险本质上是企业在从事产品或服务的生产经营活动、投资活动等行为时，造成企业财务投资损失、利润减少、融资困难等。从财务风险的内涵中可以知道企业财务风险类型较多，产生的原因很多，既有企业外部的原因，也有企业内部的原因，而且不同的财务风险形成的具体原因也不尽相同。企业财务风险既受外部因素的影响，也受内部因素的影响。

（一）外部因素

企业在从事生产经营过程中，国内宏观经济市场环境、产业发展背景、政策法规、社会文化环境、资源环境及国际市场环境等外部因素的变化，会给企业的销量、利润、成本等带来诸多不确定性，可能给企业带来财务风险。

1. 宏观经济市场环境

从宏观经济理论可知，宏观经济运行存在复苏、繁荣、衰退、萧条周期性波动的内在规律。解释宏观经济周期性波动的理论有多种，当固定资产投资增长停滞时，由于乘数-加速数的原理作用，宏观经济就会开始走向衰退，进而会影响社会总需求。因此，当企业从事生产经营所处的宏观经济市场处于衰退时，企业所面临的市场需求就会出现萎缩，进而影响企业的生产经营的利润，总体盈利水平会下降，此时，可能会给企业带来财务风险。

体育企业，不管是从事体育休闲娱乐、健身服务类产品生产，还是从事体育装备产品生产，当宏观经济衰退时，居民消费意愿会下降，企业整体盈利水平会下降。但是，体育服务产品的消费，除了需要有一定消费能力，还需要有闲暇时间。在经济衰退时，人们闲暇时间相对较多，而我国社会经济经过40多年的快速发展，居民收入整体水平较高。似乎在体育服务业领域可能会出现"口红效应"，然而，受新冠疫情的影响，经济衰退和疫情防控效应的双重叠加，体育服务业的发展并没有产生预期的"口红效应"，相反，诸多赛事运营服务企业艰难前行。

2. 产业发展背景

企业是微观经济主体，而产业是介于宏观经济主体与微观经济主体之间同类企业的集合体，属于中观层面范畴，是企业分析宏观经济市场的纽带。因此，在分析企业财务风险状况时，产业发展的背景对于企业发展、企业财务具有重要影响。一般而言，当产业在整个国民经济中处于支柱产业地位和快速发展期时，产业内部的相关行业发展面对的政策环境、市场环境会较好，经济体内的产业投资资金会流向该行业，此时，行业内的经济投资行为会增加，企业会面临因投资风险而带来的财务风险。

目前，我国体育产业正处于快速发展阶段，在《中华人民共和国国民经济和社会发展第十四个五年规划和2035年远景目标纲要》中，体育列入四大强国目标之中；在2019年国务院办公厅印发的《体育强国建设纲要》中，明确提出了"到2035年，体育产业要发展成国民经济支柱性产业"的发展目标。因此，我国体育产业发展背景应该处于产业生命周期的成长期，相关行业内的企业面对的产业背景良好，从行业、产业发展角度来看，给企业带来财务风险的概率相对较低。

3. 其他外部因素

企业财务风险除受以上两个外部因素影响外，还受政策法规调整、社会文化变迁、资源环境和国际市场环境恶化等其他外部因素的影响。这些外部因素导致企业财务风险的共同原因是：上述因素的变化导致企业市场销量萎缩、成本上升，进而导致企业现金流下降、利润下行，可能会使企业陷入财务困境，使企业面临财务风险。

（二）内部因素

针对导致企业财务风险、财务危机的外部因素，企业往往处于被动局面，更多是被动接受、积极应对。行业内的企业在竞争时，所处的外部环境大致相似，竞争环境相似，此时部分技术先进、管理规范、成本控制合理、经营杠杆和财务杠杆运用较好、生产效率高的企业会在市场调整后存活。然而，导致企业财务风险产生的内部因素相对外部因素而言比较复杂，既有财务资金的资本结构问题，又有时间结构问题，还有资本的项目结构问题等。一般来说，导致企业财务风险产生的内部因素主要有以下3点。

1. 企业投资决策失误

从微观经济主体视角出发，企业在进行项目投资决策时，理论上是依据一系列财务评价指标和国民经济评价指标的估算结果进行决策的。财务评价指标的估算基础财务数据是来源于企业对现实产品市场的调查和分析。显然，当调查分析的某些敏感性因素发生变化时，如产品销售价格、原材料成本等发生变化时，估算的结果就会出现偏差。无论是基于内部收益率、财务净现值、净年值、投资回收期等指标进行决策，还是依据收益率、敏感性分析、盈亏平衡分析，只要调查的基础财务数据因不确定性因素而使结果发生变化，就都会对企业决策的结果产生影响。企业项目投资的目的是在为社会增加产品和服务的同时能够实现企业的盈利，显然，面对诸多不确定性因素的影响，投资决策原本通过科学的程序就有可能给项目投资带来错误决策。如果出现非理性投资决策或者是战略方向投资决策失误，就会给企业带来资金损失，直接把企业带入财务困境，导致财务风险。

体育企业在进行项目投资时，无论是体育类项目，还是其他非体育类项目，都可能会因投资决策失误而投资失败，从而面临财务风险。

2. 企业资本结构不合理

广义上的企业资本结构是指企业资产价值构成的比例关系，包含了长期资本与短期资本、债务资本与股权资本之间的构成比例关系。一般而言，狭义上的企业资本结构主要是指各种长期资本之间的构成及其比例关系。当债务资本与股权资本结构不合理时，企业负债过多，利息负担过重，一旦企业生产经营的年息税前利润率小于利息率，从长期看，企业就会出现偿债风险。

3. 企业全面运营管理不经济

企业在从事生产经营活动过程中筹资、投资、资本运营的主要内容都会在企业的财务层面有所反映。因此，当一个经济、科学的企业全面运营时，企业如同一个生态组织，在从事产品的研发、生产、销售过程中，对于每个环节都能够很好地调配使用企业资源，把企业维持在一个最佳的状态，既不浪费企业的各种资源，又能充分发挥企业资源的最大效能。这就需要企业根据各部门从事相应生产经营活动的内容，从财务角度制定财务预算、决算，制定标准，形成财务动态跟踪机制，根据实际记录数据，进行跟踪考核和评价企业生产经营的各个主要环节。从企业财务管理角度防止生产经营过程中出现脱节、错配或漏洞，避免给企业带来财务风险。

三、财务风险预警

通常财务风险的发生在财务数据上是有相应征兆和表现形式的，因此财务风险预警主要以企业的财务数据信息资料为基础，通过统计、计算、分析相应的财务指标数据，与设置的预警指标相比较，观察各类财务指标数据的变化趋势，在分析指标发生变化原因的基础上，对企业可能或者将要面临的财务风险进行实时监控和预测警示。

从财务风险向财务危机发展的过程中，一般会经历潜伏期、发展期、恶化期、爆发期 4 个阶段。财务分析法是根据企业财务危机的形成过程，把财务危机分为财务危机潜伏期、财务危机发生期、财务危机恶化期和财务危机实现期 4 个阶段，对应于不同的阶段，有不同的危机症状表现。财务危机分析法通过分析危机症状，判断企业财务危机所处的阶段，然后采取有效措施，帮助企业摆脱财务困境，恢复财务正常运作。

四、财务风险的防范举措

企业财务风险是一种现实存在，是每个企业在生产经营管理中必须面对的实际。每位决策者需站在企业全面运营的角度，从筹资、投资、资本运营等各个方面采取风险防范措施，以降低财务风险、化解财务危机。

（一）筹资风险防范措施

企业资金出现短缺时就需要筹集资金。通常资金短缺有两类：一类是企业生产经营性资金不足，是指企业出现到期债务的偿还资金不足，资金短缺给企业带来财务危机；另一类是企业投资性资金不足，是指企业在从事项目投资时，企业自有资金不足，给项目投资造成困境。

企业资金筹集的方式有多种，一般分为债券筹资、股权筹资和混合筹资。债券筹资通常有金融机构贷款、发行债券、信用担保筹资、融资租赁、典当融资、质押融资等方式；股权筹资通常有产权交易、股权出让、增资扩股、杠杆收购、引入风险投资、上市融资等；混合筹资工具主要有认股权证、可转债。

（二）投资风险防范措施

证券投资是资本市场投资，直接投资是产业实业投资。企业在资本市场通过产权或股权交易进行，其风险既有来自金融市场的系统性风险，又有来自投资对象的非系统风险，其风险防范不是本书探讨的主要内容。本书主要讨论企业从事产业投资时所面临的风险及如何防范。

企业在从事项目投资时，其面临的风险是多方面的，既有前面所说的自有资金不足的资金短缺风险，也有项目产品市场风险，还有产品技术风险、人员风险等。从广义上看，上述几类风险中任何一种风险都有可能导致投资失败，给企业带来财务风险。从财务角度来看，主要考虑市场产品价格、原材料价格、需求量变动等因素的变化，如果企业投资估算出现偏差，就会导致投资损失，从而给企业带来财务风险。具体的项目投资风险防范举措通常有以下几种：一是在测算投资决策的基础财务数据时，采用相对保守的测算理念，即在估算市场需求时，其估算取值偏向于尽可能小；在估算市场供给时，其估算取值尽量偏大，从而为企业产能设计、投资估计的值相对保守，更接近安全区域；二是进行项目投资敏感性分析，通过调整价格、销量、原材料成本等若干因子，找出敏感因子，并依据最敏感因子的变动，测算投资风险可承受的范围，进而做出决策。

（三）应收应付账款风险防范措施

应收应付账款风险主要是应收账款可能面临回收障碍，形成呆账坏账的风险；而应付账款则可能会形成企业的短期债务风险。因此，应收应付账款风险防范措施通常包括对应收应付账款分类建档，建立和健全往来账户结算登记制度、账户核查制度，加强对客户资信管理、建立应收账款回收监管制度等。

（1）企业通过对应收应付账款分类建档，可以准确掌握应收应付账款的详细情况，包括账龄、数额、类别、缘由、收回风险及虚列账目，并与欠款单位进行核对，及时获取有效的追款凭据。在对应收账款的账龄、风险程度全面分析的基础上，根据账龄的长短、额度的大小和欠款对象的经营状况，分类建立档案。

（2）建立和健全往来账户结算登记制度、账户核查制度能准确反映应收应付账款的形成、回收、支付及增减变化情况，并按月对往来款项进行核对与清理。

（3）加强对客户资信的管理，建立应收账款回收监管制度。要加强对客户资信程度的调查和分析评估，通过银行、同行业及社会中介等各种渠道，及时了解和掌握客户的生产、经营、资产、负债、经营人员变动和财务状况等相关信息。在此基础上建立客户档案，对客户的资信实行动态管理，对资信下降的客户要及时采取减少发货、实行担保和加强催收等预防和降低风险的措施；对资信差、长期拖欠货款的客户要停止发货。对超过信用期的应收应付账款要逐笔查实原因，分清责任，责成有关人员提出明确处理意见，制订具体催收、支付计划，责任到人。

（四）存货风险防范措施

对于存货风险，企业可以通过制定完善规范的存货管理制度，定期盘点存货；建立存货数据统计分析制度，合理控制存货的库存量；建立完善的存货管理人制度及考核评价机制。

（1）制定完善规范的存货管理制度，明确存货的分类、标识、采购、存储、配送、报废等各个环节的操作规范，确保存货管理的有序进行。

（2）根据市场需求、销售预测、供应链状况等因素，建立存货数据统计分析制度，科学合理地确定库存量，避免库存积压或短缺；根据产品特性、销售速度等因素，优化库存结构，提高库存周转率，降低库存成本。

（3）建立完善的存货管理人制度，定期对存货管理人员进行业务培训，提高他们的业务水平和管理能力。通过建立完善的考核评价机制，激励存货管理人员积极履行职责，提高存货管理的质量和效率。

（五）流动性风险防范措施

流动性是指企业资产在不发生减值的情况下能够变现的能力，是短期偿债能力的体现。依据资产所具备的流动性特点，在企业的资产负债表中可以看到，企业的资产分为流动性资产和非流动性资产。其中，企业的流动性资产主要包括货币资金、交易性金融资产、应收票据、应收账款、预付账款、应收利息和股利、存货、其他应收账款等项目。企业的流动性又称为获取现金及现金等价物的能力，它是企业生产经营的生命力的体现。流动性风险，即企业获取现金及现金等价物的能力缺失或不足，可能导致企业生产经营出现困境，甚至因流动性丧失而破产。若企业通过持有更多的现金，保持自身具有较强的流动性，则会因保持较强流动性而占用较多资金，从而丧失相应的获利机会，使得资金成本上升，遭受财务损失。

显然，企业防范流动性风险的主要目的是在保持充足流动性的基础上实现企业资本收益的最大化。因此，具体防范举措需要结合企业生产经营的行业特点，在流动资产与流动负债之间达成最佳配比；需要强化企业财务管理，加快应收账款的回收力度，提升流动资产的周转效率；需要积极拓展企业的筹资和融资渠道与方式，建立良好的银企互信机制，为化解和防范流动性风险提供更多的工具和方式。

第五节 财 产 风 险

一、企业财产与权益

企业财产是指企业所拥有或控制、受到法律保护，用于生产经营或可持续为企业带来应税所得的资产，一般是指企业所拥有的现金、银行存款、应收账款、交易性金融资产、存货、固定资产、无形资产和递延资产。

需要强调的是，企业的财产与资产这两个概念是有区别的，主要体现在以下几点：一是企业财产具有双重所有属性，即既属于企业所有又属于企业出资人所有，而企业的资产只属于企业法人所有；二是企业财产相对于出资人而言，其实际内涵是指企业的净资产，净资产仅是企业从事生产运营总资产的一部分，在其他条件不变时，企业资产会与负债相关，企业负债的变化必然会带来资产的变化，而财产不变化；三是企业财产相对于自有资本投入而言是会发生变化的，既可能会随着企业资产生产运营发生增值，也可能出现减值。

从企业资产的构成来看，企业总资产等于企业负债加企业权益资产。因此，结合上述分析，在狭义上，企业的财产与权益是一致的，并没有实质性差异。在广义上，企业的权益包含了企业的权利和利益。《中华人民共和国民法典》（以下简称《民法典》）中明确写道："法人是具有民事权利能力和民事行为能力，依法独立享有民事权利和承担民事义务的组织。"因此，企业对其拥有的财产同样拥有抵押权、动产质权、权利质权、留置权等权利。

二、企业财产损失及类型

根据《中华人民共和国企业所得税法》和《中华人民共和国企业所得税法实施条例》中的相关条款，企业的资产损失是指企业在生产运营活动中实际发生的、和取得应税收入有关的资产损失，包括现金损失，存款损失，坏账损失，贷款损失，股权投资损失，固定资产和存货的盘亏、毁损、报废、被盗损失，自然灾害等不可抗力因素造成的损失及其他损失。因此，在这里可以认为企业财产损失是指企业所拥有的财产在其从事的生产经营活动过程中，受到外界各种不确定因素的影响，如地震、火灾、洪水、雷电等自然因素导致企业财产出现灭失、损毁或者是来自人为的盗窃、操作失误导致事故及技术进步导致资产贬值等。本书根据企业资产是否具有流动性的特征，将企业财产损失分为流动性资产损失和非流动性资产损失。

（一）流动性资产损失

依据流动性资产的内涵，把流动性资产损失分为货币性流动资产损失和非货币性流动资产损失两类。

1. 货币性流动资产损失

货币性流动资产损失主要是指企业的现金损失、可快速变现的金融性资产减值损失、企业的应收和预付账款损失。

导致现金损失的原因一般是盗窃，也有火灾、地震、洪水等自然不可抗力因素；可快速变现的金融性资产减值损失一般是市场利率和宏观经济走势等系统性风险，或者是被投资对象的非系统性风险导致企业投资性金融资产发生的减值损失；企业的应收和预付账款风险是指企业的业务伙伴出现商业信用危机，使企业的应收和预付账款变成了呆账、坏账，从而给企业带来现金损失。对于体育企业而言，无论是从事实物形态体育产品生产，还是从事服务类体育产品生产，这 3 种现金类的资产损失都有可能发生。前两种现金损失风险具有明显的被动性特点，而第三种现金损失风险可以通过主动管控，把应收和预付账款的资产损失控制在较低水平。因此，在日常的生产经营管理中，需要企业风险管理人员对企业的应收和预付账款进行跟踪管理，避免企业资产的损失。

2. 非货币性流动资产损失

非货币性流动资产主要包括企业生产经营过程中的原材料、在产品、半成品、产成品、燃料、包装物、低值易耗品、在途物资等资产。显然，非货币性流动资产损失主要是指上述资产出现损毁、灭失、报废、被盗、淘汰、盘亏等情况，使企业资产出现减值或损失。例如，来自自然界的不可抗力，地震、洪水、雷电等致使原材料、在产品、半成品、产成品、燃料、包装物、低值易耗品、在途物资等非货币性流动资产出现损毁、灭失和报废等，使企业资产出现损失。或者是由于社会性因素，如人为道德因素使资产被盗，技术进步导致生产设施设备被淘汰，计量不准、管理不善使库存出现盘亏。上述几种情况都是非货币性流动资产出现损失的原因。对于从事体育用品制造业生产的体育企业，在实际风险管理过程中，应该针对上述导致资产损失的原因进行防范和跟踪管理，尽量避免出现非货币性流动资产损失。从事体育服务产品生产的企业一般属于轻资产企业，主要从事健身休闲业、体育赛事运营和体育旅游等，这些行业的非货币性流动资产损失的内涵相对要简单些，除了维持服务产品所需的易耗品，主要面临人员流失的风险。因此，从资产风险管理角度来看，防止人员流失的风险比较复杂，需要从人员管理理念、人力资源管理和薪酬激励体系等方面进行系统设计，减少人才流失。

（二）非流动性资产损失

企业非流动性资产通常是指长期股权投资、长期债权投资、长期物权投资、固定资产、在建工程、工程物资、无形资产、长期待摊资产和递延资产等。显然，非流动性资产损失即指上述资产出现减值或损失的情况，其中，长期股权投资、长期债权投资形成的企业财务风险具有金融市场风险特征，不属于本书所讲述的内容，这里主要讲述长期物权投资损失、固定资产损失、无形资产损失。

1. 长期物权投资损失

物权是指所有人对物的支配权，其他任何人都不能侵犯，这是一项绝对权、对事权。《民法典》物权篇第二百零七条明确规定："国家、集体、私人的物权和其他权利人的物权受法律平等保护，任何组织或者个人不得侵犯。"依据物权篇中的法律条款可以看出，企业物权包括了企业所拥有的动产和不动产，因此企业的固定资产、在建工程、工程物资等均属于企业物权范畴。然而，相对于金融市场的股权、债权投资而言，企业同样存在物权投资行为，这一类投资是企业新兴的投资方式，主要表现为企业在房地产、艺术品等领域的长期投资。因此，这里所指的长期物权投资损失主要是指企业投资购买的房地产、艺术品等物品因诸多不确定因素而使资产减值或灭失，使企业资产出现损失。

造成企业所持有的房地产、艺术品、古玩字画等长期物权资产减值或灭失损失的原因主要有市场变化、火灾、盗窃或自然灾害等。例如，市场变化导致企业持有的长期物权在评估价值时出现减值；火灾、盗窃、自然灾害等致使艺术品、古玩字画等灭失。相较于其他资产，房地产、艺术品、古玩字画等长期物权资产对于企业产品的生产经营来说不属于直接生产资料，且这类产品的资产价值通常较高，特别是艺术品、古玩字画等一旦出现灭失，不仅仅是企业资产的损失，更是社会财富的损失。因此，企业在进行这类长期物权投资时需要慎重。企业防范这类风险时，需要投入专业的设施设备，做好防火防盗等工作，需要投入大量的防控成本。对于正常从事产品或服务产品生产经营的企业而言，长期物权投资是一种非理性选择。因此，在风险决策时，最好选择规避这类资产的投资或持有。

对于体育企业而言，长期物权投资、股权投资、债权投资的本质与一般企业是相通的，只有投资标的、投资对象的差异性，投资者在资产风险管理和监管过程中不存在行业差异特点。

2. 固定资产损失

依据 2021 年修订的《企业会计准则》，企业固定资产是指使用年限在一年以上，通用设备单位价值在 500 元以上、专用设备单位价值在 800 元以上，并在使用过程中基本保持原来物质形态的资产，包括房屋、建（构）筑物、用于生产经营的机器机械设备、运输设备、工具器具，以及其他与生产、经营有关的设备、器具、工具等。由此可知，企业固定资产损失主要表现为企业所拥有的房屋、在建工程、工程物资、生产设施设备等资产因诸多因素而使资产出现减值或灭失损失。

一般而言，企业固定资产损失有两类：一类是灾害天气或自然灾害等不可抗力导致损失，如遭受洪水、地震、雷电等自然灾害使得企业固定资产出现减值或灭失；另一类是人为因素，如盗窃、人为纵火、意外火灾等因素致使企业固定资产出现损失。当然，除了上述两类主要类型风险因素，也会出现社会性因素。例如，企业在建工程可能会出现规划设计不合理、审批流程不规范，导致停建、迁建或报废的情况，使企业固定资产出现损失。

对于体育企业而言，体育用品制造业企业的固定资产损失与一般实体产品企业是相似的。不同的是服务类体育产品生产企业，主要是从事服务业生产的企业，其固定资产的内涵具有较大差异性。例如，从事体育赛事项目产品生产的运动员，其身份是归俱乐部所控制的，能够为俱乐部的未来长期带来现金流，同时运动员在转会时存在相应的交易价格，因此，俱乐部的运动员可以视为企业所拥有的固定资产。像体育企业所拥有的高水平运动员这类固定资产，导致其损失的风险因素较为复杂，不仅包括运动员的自身技术水平、身体素质等因素，还包括运动员内在的道德素养、行业市场的景气程度。

另外，部分体育休闲娱乐从业企业，如马术俱乐部、跑马场等，其固定资产还包括产畜和役畜生物性资产，这类生物性资产的损失会根据产畜和役畜遭受的具体情况来确定。这类企业固定资产的风险管理也是企业在实际生产经营过程中的主要工作内容之一，导致资产发生风险损失的因素不仅与一般性固定资产损失的风险因素相似，还包括其他动态性的生物性因素。因此在进行风险管理时，其内容和目标存在很大的差异性，需要根据生物性资产所处的实际状态进行跟踪管控。

3. 无形资产损失

无形资产是指企业所拥有或控制并能够为企业带来超额收益的没有实物形态的可辨认的非货币性资产。在广义上，企业所持有的债权资产、股权资产、货币资金、专利权、商标权、商誉、商业机密等，它们都满足归企业所有、没有实物形态、能够带来收益的特点，均属于企业的无形资产；然而为了更好地理解，对于无形资产的内涵，在狭义上主要是指企业所拥有或控制的专有技术、专利权、保密配方、商业秘密、品牌、商标、商誉、著作权、版权、特许经营权、土地使用权、探矿权、采矿权、转播权、门票销售权、衍生品开发权等。

无形资产损失是指企业的某项无形资产被其他新技术、新方法所代替，或者某项无形资产已丧失法律保护的权限，不能给企业再带来经济收益，该无形资产已经转为无效资产，失去了交易价值，其账面尚未摊销的余额形成无形资产损失。在上述狭义上的无形资产中，企业品牌和商誉相较于其他无形资产而言，具有一定差异性，这两类资产的损失会给企业信用带来损失，会使企业的销售网络、客户资源、管理团队等方面出现损失。其他权利性的无形资产损失则较为直观，可以直接依据概念进行确认。识别这类风险相对容易，主要是技术泄露、技术进步和法律保护期限到期等原因。企业防范这类风险的具体举措往往具有被动性的特点。

体育企业的无形资产相较于一般企业，具有体育行业特色的主要是体育竞赛表演业企业的转播权、门票销售权、衍生品开发权、特许经营权、广告权、赞助权等。对从事体育竞赛表演业的企业，探讨它们无形资产的损失，需要从这些资产实现其价值的基础出发。赛事的无形资产既是版权价值的体现，也是赛事价值的体现，其价值本质上与赛事等级、赛事品质、赛事受欢迎程度密切相关。不同赛事，其无形资产的价值评估量不一样，同一场赛事在不同地点举办，其无形资产的价值量也不一样。因此，体育赛事的无形资产具有一定的动态性特征。赛事无形资产风险防控举措主要体现在提升赛事等级、办赛水平等方面，把赛事办成受广大消费者喜爱的项目，赛事无形资产价值减值的风险就会降低。

三、企业财产损失评估方法

企业财产因多种不确定性因素诱发风险事故后发生的损失既存在直接损失也存在间接损失，为了更好地了解企业财产损失状况，需要对损失的大小进行评估。常用的财产损失评估的方法主要有重置成本法、市场法、收益现值法。

（一）重置成本法

重置成本是指按当时的市场条件重新置办相同或相似的资产所需支付的成本额，强调的是现时取得资产的成本价格，不是销售价格。重置成本法又称成本法，是指对损失财产评估时按损失资产的现时重置成本来确认损失资产价值的方法。具体而言，这种方法通过计算在现时条件下重新购置或建造一个全新状态的相同或相似资产所需的全部成本，然后减去被评估资产的实体性贬值、功能性贬值和经济性贬值后的差额，以此结果作为评估对象的现时价值。

1. 重置成本法的评估要点

重置成本法评估的基本公式为
$$资产损失评估价值=重置成本\times(1-综合贬值率)$$
式中，综合贬值率是实体性贬值率、功能性贬值率和经济性贬值率之和。其中，实体性贬值率是被评估资产实体性贬值与重置成本之比；功能性贬值率是被评估资产功能性贬值与重置成本之比；经济性贬值率是被评估资产经济性贬值与重置成本之比。

实体性贬值一般是指有形损耗，是指资产在存放或使用过程中，由于使用磨损和自然力的作用造成实体损耗而引起的贬值。实体性贬值的估算通常是先请专业理论基础扎实和实践经验丰富的专业技术人员进行技术鉴定并综合分析，判断设备的成新率，从而估算实体性贬值。资产实体性贬值的计算公式为

$$资产实体性贬值=重置成本×成新率$$

功能性贬值一般是指无形损耗，是指被评估资产受技术进步、替代技术、替代产品的影响而引起价值的损失。在估算功能性贬值时，主要根据设备的效用、生产能力和工耗水平、物耗水平、能耗水平等功能方面的差异造成的成本增加和效益降低，以及行业技术装备水平现状和资产更新换代速度，相应确定功能性贬值额。

经济性贬值是指外部环境变化造成的资产贬值。在计算经济性贬值时，主要根据因产品销售困难而开工不足或停止生产，形成资产的闲置，价值得不到实现等因素，确定其贬值额。评估人员根据具体情况加以分析确定。还有其他一些因素，如竞争增加、通货膨胀、原材料供应变化、利率提高和国家经济政策的影响等。当设备使用基本正常时一般不计算经济性贬值。

2. 重置成本法的适用范围

重置成本法作为一种重要的资产评估方法，在单项资产、整体资产及多种经济活动中都具有广泛的应用。重置成本法特别适用于评估具有可复制性、可再生性和可重新建造特性的单项资产，如房屋建筑物、机器设备、无形资产等。除单项资产外，重置成本法还适用于整体资产的评估。例如，在企业承包、租赁、股份经营、联营、兼并等经济活动中，需要对整个企业的资产进行评估时，重置成本法可以作为一种有效的评估方法；同时，由于特定资产组合（如车间、生产线等）的内部结构和功能效用相对独立且完整，所以也适合采用重置成本法进行评估。

3. 重置成本法的优缺点

重置成本法的优点：该方法是国际上公认的资产评估三大基本方法之一，具有一定的科学性和可行性，特别是对于不存在无形陈旧贬值或贬值不大的资产，只需要确定重置成本和实体损耗贬值，而确定两个评估参数的资料和依据又比较具体和容易搜集到，因此该方法在资产评估中具有重要意义。它特别适宜评估单项资产和没有收益且市场上又难找到交易参照物的评估对象。

重置成本法的缺点：一是运用该方法需要将资产化整为零，费时费力，还难免会重复和遗漏；二是对于功能性贬值和经济性贬值很抽象，涉及现实和未来、内部和外部许多难以估量的各种影响因素；三是容易忽视无形资产，疏忽管理成本。

（二）市场法

市场法也称现行市价法、市场价格比较法，是指通过比较与被评估资产相似的资产在市场上最近成交价格，根据市场成交价结合被评估资产的特征进行调整，并确定被评估资产价值的方法。通常市场法应用有 3 个步骤：首先，进行市场调查并选择与被评估资产相似的参照物；其次，与参照物进行比较，寻找并调整差异性因素；最后，结合比较差异性因素进行综合定价。

1. 市场调查、确认信息

市场调查的主要目的就是搜集与被评估资产相同或相类似的资产在市场上交易的价格、时间、数量、质量、地点等信息，并充分验证市场调查所获取的交易数据资料的准确性，特别是市场价格的准确性。被评估资产的评估价值是基于参照物的交易价格适当修正后确定的。因此，市场调查是市场法评估资产价值的基础，市场调查信息若失真，使用市场法评估资产价值就会出现评估价值偏移，导致结果出现错误。为确保市场法应用正确，首先确认选取参照物与被评估资产的相似性；其次，需要确认参照物与评估对象之间的特征差异性，如价格、时间、数量、质量、地点、用途等信息；最后，依据参照物的交易价格，结合时间的差异性，在假设其他因素不变的情况下，运用价格指数来估算被评估资产的价格变化幅度，必要时，可以选择两个以上的参照物确定评估对象的价值。

2. 比较差异、调整价格

确定被评估资产的价值，不仅需要把参照物和评估对象放在同一时空中进行比较与定价，还需要尽量调整评估标的物和参照物的差异性，使两者间的差异尽可能地缩小，这样才能确保市场法评估的准确性。因此，在经过市场调查后，还应该把被评估资产与参照物的各种特征因素进行比较，如交易价格、交易时间、交易地点、产品用途、物理特征、经济特征等若干因素。根据差异性比较分析，逐项调整或修正评估的价值，进而确定评估对象的价值。例如，将使用寿命 30 年的建筑物作为评估对象，而类似的资产使用寿命只有 20 年，这就需要进行调整。

3. 综合定价

综合定价，即在认真比较各因素并调整差异的基础上，综合确定评估对象的价值。具体方法可以分为两类：一是直接比较法；二是间接比较法。

（1）直接比较法是指利用参照物的交易价格，将评估对象的某一或若干基本特征与参照物的同一及若干基本特征直接进行比较，得到两者的基本特征修正系数或基本特征差额，在参照物交易价格的基础上进行修正，从而得到评估对象价值的一类方法。其基本公式为

评估对象价值＝参照物成交价值×修正系数 1×修正系统 2×…×修正系统 n

或

评估对象价值＝参照物成交价值±基本特征差额 1±基本特征差额 2±…±基本特征差额 n

直接比较法直观简洁、便于操作，但通常对参照物与评估对象之间的可比性要求较高。当两者间的差异仅仅体现在某一种基本特征上时，直接比较法就演变成现行市场法、市价折扣法等。当两者间的特征差异较多时，就需要结合参照物与评估对象各个基本特征逐项修正计算。

直接比较法具有适应性强、应用性广的特点，但是这种方法的应用需要掌握的信息资料要求比较高，既要准确又要全面，还需要评估技术人员有较深的市场阅历、较高的评估技巧及丰富的评估经验。

（2）间接比较法是通过利用公开发布的国家标准或行业标准，将评估对象与参照物在整体或分项上与标准进行对比并分别打分，根据评估对象和参照物各自对照标准所得的分值，结合参照物的市场交易价格，来评估标的物价值的方法。一般以评估对象的分值与参照物的分值的比值系数乘以参照物市场交易价格的计算结果作为评估对象的价值。

间接比较法需要利用国家标准或行业标准，若这些标准不健全，采用市场认可的标准依然限定了这一方法所使用的广度。因此，对于企业财产损失后用间接比较法评估其损失价值，同样存在较多的局限。

（三）收益现值法

收益现值法是以被评估资产在使用寿命期内所带来的预期收益的现值之和作为被评估资产价值的一种资产评估方法。这种方法又称收益资本化法、收益还原法，实际是将损失资产未来收益转换成资产现值，而将其现值作为待评估资产的重估价值。

1. 收益现值法的计算方法

从产权交易角度考量资产价值，资产购买者购买某项资产的代价小于等于该项资产未来收益现值之和，故而计算公式为

$$P = \sum_{t=1}^{n} \frac{R_t}{(1+i_c)^t}$$

式中，P 表示评估价格；R_t 表示第 t 期收益；i_c 表示折现率。

从式中可以看出资产价值高低的主要影响因素有 3 个：一是资产的使用寿命期的长短；二是资产折现率的高低；三是资产寿命期内每期收益的大小。

2. 收益现值法的优缺点

收益现值法的优点：能够较准确和真实地反映资产的价格；在实际应用时，收益现值法也是价值交换双方认可度较高的方法。

收益现值法的缺点：未来预期收益的大小受诸多因素影响，从市场宏观环境到产业微观主体的内部管理、从原材料价格到市场销售、从企业员工的流动性到市场技术进步等都会对未来预期收益产生影响，因此测量未来收益的难度较大，容易受当期收益的影响或者是评估人员的主观判断影响。对于现有的行业基准折现率，相对而言，涉及产业行业的领域较少，即使存在行业基准折现率，市场竞争加剧、资本利率变动、评估者风险偏好程度不同也会对折现率产生影响，从而影响评估的结果。

四、体育企业财产损失风险管理策略

企业财产类型很多，从是否存在实体形态角度来看，可以分为有形资产和无形资产；从资产更新时间角度来看，可以分为流动性资产和非流动性资产；从生产运营角度来看，可以分为货币资金、存货、应收账款、固定资产、待摊资产、无形资产等。造成财产损失的风险因素有很多，既有企业内部管理因素、人员心理因素，又有市场竞争因素，还有自然不可抗力因素。企业应对财产损失的各种具体措施归纳起来可分为以下 3 类：风

险规避、风险自留、风险转嫁。

（一）风险规避

例如，虚假宣传、欺骗客户等引起企业商誉损失的风险行为，企业选择回避的方式来避免不必要的损失。采取风险规避策略的优点是成本较低、效果明确、方式简单；缺点是可能使企业生产运营的机会成本上升，在防御举措上带有明显的消极倾向，在回避的同时也会让企业失去增加收益的可能。

（二）风险自留

风险自留可以分为被动自留和主动自留。被动自留是指企业在生产经营过程中，对于财产损失的风险，事先估计不足，在没有准备的情况下发生了财产风险损失，此时的财产损失只能由企业自身被动承担。主动自留是指企业对可能诱发财产风险的若干因素做了风险识别、风险评估，在评估后认为，部分财产风险事故一旦发生，造成的财产损失是企业能够承受的范围，而且，企业通过主动计提风险损失准备金，从企业财务角度为未来可能发生的财产损失事先做好补偿准备。

对于企业而言，采取财产损失的风险自留策略，其优点主要是可以通过计提风险损失准备金来增加企业资金储备，充分显现企业的资金实力；可以提升企业财产风险损失的防控管理水平。同时，风险自留策略的缺点是可能因事故的发生，损失意外扩大，超出企业承受的能力范围。

（三）风险转嫁

按照风险转嫁的方式可以分为直接转嫁和间接转嫁。直接转嫁是指企业将风险资产或相关风险业务直接转让给其他主体，从资产所有权角度来看，风险资产的所有权发生了变更；间接转嫁是指企业仅仅是把风险财产或者业务所隐含的潜在风险通过约定的方式转嫁给其他主体，从资产所有权角度来看，风险资产或者业务仍然属于企业所有。基于体育企业的风险管理内涵，直接转嫁属于资产交易范畴，这里所说的风险管理主要是指间接转嫁。在间接风险管理的系列举措中，通过期货、期权的方式转嫁或降低风险，更多属于金融学的范畴。故而，本书所指的风险转嫁主要是指以保险、担保的举措对财产进行风险防控。

第六节　人力资源管理风险

企业离不开人，人是企业最重要的资源，而且，如果在重要岗位用了不合格的人员，企业就会存在潜在风险损失。因此，人力资源管理作为企业管理的重要内容，从人力资源规划、招聘、培训、绩效薪酬激励、劳动关系处理等每个管理环节都有可能受到诸多不确定性因素的影响，给企业带来损失。通过系统地梳理人力资源风险，并采取相应的防范举措，对企业人力资源合理地激励和引导，调动和发挥员工的积极性与潜能，做到人尽其才、物尽其用，为企业实现经营目标和良性发展保驾护航。

一、人力资源管理风险的内涵和类型

构成风险事故有 3 个基本要素：风险源、概率、损失。一般企业的人力资源管理业务主要重视招聘、培训、绩效考核、薪酬激励等具体业务内容的实操，但对业务执行过程中的风险问题认识不足，导致人力资源管理风险事件发生，给企业带来意外损失。例如，企业的人力资源激励约束政策设计不合理，引起老员工不满，使得生产效率下降；关键岗位的技术骨干离职，直接影响到企业的正常运营甚至会给企业带来重大损失，尤其是高新技术企业，企业对优秀人才的依赖度更高，技术骨干的离职会给企业的生产与发展带来挑战。因此，这类企业更应深刻理解并重视人力资源管理中的风险管理。

（一）人力资源管理风险的内涵

人力资源管理风险是指企业在从事人力资源管理活动的过程中，对某些风险源的疏忽或者是对某些风险因素认识不足，导致错误或意外损失的一种可能性。在经济全球化的背景下，企业的智力资本、人才资源是企业生产与发展的根本。由于人力资源的重要性日益突显，企业人力资源管理过程中，如招聘、培训、签约、职业计划、工作分析、薪酬激励、绩效考核等各个环节都存在一定的风险。

对现代企业而言，人力资源是掌握着企业商业秘密、保密配方或核心技术的高水平专业人才队伍，他们是使企业保持源源不断的创新能力和技术研发应用能力的源泉，是企业在激烈的市场竞争中立于不败之地的关键"资本"。从企业长远发展战略看，企业核心人才的流失，不仅使企业的正常运营出现短期不畅，也可能给企业的长期发展带来一定隐患。因此，企业为了能留住技术骨干人才，人力资源管理风险的防控就显得特别重要。

（二）人力资源管理风险的类型

为了更好地理解人力资源管理风险的内涵，从不同视角可以将人力资源管理风险分为不同的类型。从风险源发生是否因企业自身产生的角度，可以分为人力资源管理的外部风险和内部风险；从风险发生的关联性角度，可以分为人力资源管理的系统性风险和结构性风险；从人力资源风险发生的社会伦理属性角度，可以分为人力资源管理的法律风险和道德风险。

1. 人力资源管理的外部风险和内部风险

企业是独立的法人主体，与其生产和发展的外部环境及国家的法律法规密切相关。当企业面临外部法律环境、产品市场供求、人才市场供求、劳动法规政策发生变化及行业内技术发生变革等情况时，相应的应对举措失误、失当，会给企业人力资本投资带来一定的风险损失。

企业人力资源管理的内部风险则是指企业在招聘、培训、岗位任职和薪酬激励等从事具体人力资源管理工作过程中出现决策失误，导致企业人力资源管理风险损失出现。例如，用人失察导致企业岗位与入职人员能力错配；激励政策制定失当致使优秀人才流失；引进人才的成本过高给企业带来人力资本的投资损失等，都属于企业人力资源管理内部风险。

2. 人力资源管理的系统性风险和结构性风险

人力资源管理的系统性风险一般是指企业在面对市场变化或企业人力资源管理政策调整时所面临的风险。系统性风险通常受外部因素影响较多，行业内的同类企业在面对系统性风险时具有普遍性特征。例如，在生产技术发生变革、产业升级时，行业内企业需要对原有技术人员进行系统性培训，以适应新技术的要求。又如，我国国有企业在进行体制机制改革时，很多国有企业需要面对工人下岗或转岗的人力资源管理风险。

人力资源管理的结构性风险一般是指企业的人力资源出现过剩或不足，人力资源的年龄结构、技术工种结构及企业部门之间人力资源结构等不合理，给企业带来的风险。这类风险一般在企业人力资源管理规划缺失，或者是因企业自身发展，在生产规模扩张时，未能及时做好招聘或转岗、培训等工作的情况下出现。

3. 人力资源管理的法律风险和道德风险

法律是社会关系的调节器，是人与人相处的道德底线。一般企业是法人单位，拥有相应的民事行为责任和义务，同时享有相应的权利。企业在从事生产经营活动时应以《中华人民共和国劳动法》和《中华人民共和国合同法》为基准，遵守法律的各项规定。因此，人力资源管理的法律风险主要是指企业与劳动者之间因彼此之间的管理流程、管理规范与法律规定的劳资关系标准之间存在差距，进而给企业带来的风险。一般而言，企业人力资源管理法律风险与《中华人民共和国劳动法》《中华人民共和国合同法》等法律法规相关，也是企业法律风险事件中仅次于合同管理法律风险的一种；引发风险事件的风险因素及其风险损失主要存在于人力资源管理的日常实践流程中，基本属于可控风险。

企业人力资源管理道德风险是指企业员工因为自身道德问题，人生观、价值观出现扭曲，在个人利益与集体利益之间出现偏差时，故意进行损害企业或社会利益的不道德行为，给企业发展带来风险。自古以来，人类社会中就存在道德风险，因此，企业的人力资源管理也难免会出现道德风险。例如，工作偷懒、监守自盗、泄露商业秘密、内部派系争斗、暗箱操作、内部人控制、搭便车等均属于企业人力资源管理道德风险。一般而言，在公开透明的企业管理氛围中，管理者对待员工是一视同仁的，本着公平、公开、公正的原则，企业人力资源管理道德风险事件相对就会少，反之则较容易出现道德风险。

二、人力资源管理风险的识别

企业人力资源管理风险的识别是对风险进行有效管控的必要举措，在风险识别的若干方法中，可根据人才进入企业前后所处的不同时间段将人力资源管理工作分为入职前、入职后、离职3个阶段。对应上述3个不同阶段，分别探讨企业人力资源管理出现的不同风险。

（一）入职前风险

在入职前，企业和求职者之间是一个双向选择的关系，企业希望通过招聘招到胜任岗位的员工，而求职者也希望找到合适的岗位以施展自己的才能。因此，在入职前，企业和求职者双方均是根据双方传达的信息来进行判断的。此时有可能会出现两种情况：

一是企业和求职者所陈述信息的真实性问题,任何一方出现虚假信息即可能出现入职前的道德风险;二是双方发布的信息是真实的,但是理解出现偏差,在签订劳动合同时有可能会出现法律风险。

1. 入职前的道德风险

有的求职者为了获取职位可能会采取许多手段向企业传递一些利己的虚假信息,影响招聘主管及需求部门负责人面试时对求职者的正确判断。招聘主管应严格审查其身份证明及过往经历等,确保其材料的真实性。因为在签订劳动合同后,即使是劳动者存在欺诈致使劳动合同无效的,用人单位也要支付劳动报酬。同样,企业在招聘时,应当把工作地点、工作内容、工作条件、职业安全状况、对劳动者的要求及相应的劳动报酬等信息如实告知求职者。对涉及敏感问题的相关内容建议通过《告知书》以书面方式告知,并由对方签字确认,以防后期出现纠纷。

2. 入职前的法律风险

入职前的法律风险是指企业在正式录用求职者之前,由于信息交流不充分、相关程序执行不完善,企业因面临人力资源管理法律风险而遭遇损失。一般而言,企业为了较好地防范入职前的法律风险,在执行招聘程序后,要求即将入职的求职者提供体检报告,明确求职者与其他单位不存在劳动关系后方可签订劳动协议;高技术、研发型企业还应在确认求职者与原单位之间不存在保守商业秘密的基础上签订保密协议等。

(二)入职后风险

在经过招聘程序后,对于新入职人员,需要快速了解公司组织架构、企业文化、规章制度、岗位职责、工作要求等具体内容。因此,企业人力资源管理部门需要对新进员工进行培训,此时可能会出现培训结果与预期目标出现偏差,进而出现相应的培训风险。同时,新进员工入职后,对企业绩效激励机制的认可度的高低也会给企业带来不确定性,部分员工的认可度偏低或者不认可,就会出现人员离职,给企业带来人力资源损失。

1. 入职培训风险

企业对新进员工的岗前培训是为了能使员工快速进入工作岗位,为企业创造价值。因此,企业人力资源管理部门需要根据新进员工的普遍特点,合理制订培训目标和培训计划,精心营造良好的培训环境;在总结和借鉴经验的基础上,选择成功的培训方式和方法,提高参培人员的参与度和认可度。对由企业出资的培训则需要参与培训的员工承担相应的责任和义务。企业需要约束参加培训的员工的行为,甚至有必要与参加培训的员工签订培训协议,明确由企业出资的培训在培训结束后,参培员工需要延长服务期,对违反培训协议的行为应承担责任,防止出资培训员工恶意跳槽,损害企业劳动权益。

2. 薪酬激励政策风险

一般而言,企业制定薪酬激励政策是以效率和结果为导向的,目的是要让薪酬发挥激励机制,给企业发展带来活力。但是,很多企业在薪酬激励制度设计时,虽然强调的是效率优先,但在结果考核时按资历进行奖励;在激励员工努力工作的同时,却以高于普通员工数十倍的薪金去聘请高管。因此，企业在制定薪酬激励政策时，不仅要考虑企业价值创造者的贡献度，还要结合企业所处的产业特点、行业周期、企业文化、企业所处地域、企业规模、组织架构等因素，综合考虑企业内外部的竞争环境、企业战略阶段性目标达成情况及企业人力资源管理的实际来制定相应的薪酬激励政策和方法。秉持公平和适当原则，绩效考核结果应与薪酬、激励、培训和职务调整有机结合起来，以实现人力资源管理的整合效应，为实现组织的战略目标服务。考评不当、考评要素引发部门内部冲突和部门间冲突等，都可能产生风险，且易激化其他矛盾，冲击企业文化，影响企业目标的实现。

（三）离职风险

离职风险是指企业员工离职可能给企业带来损失。企业员工离职属于正常现象，但从企业人力资源管理角度来看，需要对员工离职提前采取必要的防范措施，避免员工离职可能会给公司带来很大损失。一般而言，企业在制定和执行员工离职政策的过程中，首先需要识别可能存在的离职风险，能够给企业造成离职风险损失的员工通常位于企业生产经营活动的关键岗位。从诱发离职风险因素角度来看，一般认为离职风险主要存在以下4种：离职泄密风险、客户流失风险、企业运转不畅风险、离职法律风险。

1. 离职泄密风险

离职泄密风险是指位于企业涉密岗位的工作人员、生产技术人员和关键管理岗位的人员，他们了解和掌握企业的商业秘密、核心技术等企业机密，他们的离职可能会带来泄密风险。企业在从事生产经营活动过程中是不愿意对外披露公司的经营数据信息的。例如，产品制造工艺、配方等技术信息，原材料的采购渠道、客户名单等商业秘密数据，这些数据信息对于外部员工而言具有秘密性，而对于内部员工而言却是"公开的秘密"。因此，员工的离职就可能会将企业的这些商业秘密泄露，特别是掌握了重要商业机密的员工离职可能会给企业经营带来泄密损失。

2. 客户流失风险

客户流失风险一般是指企业管理不善或对客户关系认识不足，导致客户关系的背离或客户的流失而产生的风险。这里所指的客户流失风险是指企业市场销售人员离职可能会带走企业的客户，从而给企业带来损失。一名优秀的销售人员会给企业带来很多优质客户，如果这样的销售人员离职，就可能会把企业的客户资源带走，从而造成企业客户的流失，给企业带来损失。

3. 企业运转不畅风险

企业发生员工离职，特别是关键岗位员工或管理人员的离职，会造成岗位空缺，导致企业运转不畅。同时，关键员工的离职会对未离职的员工产生负面影响，减弱组织的向心力、凝聚力，动摇员工对企业发展的信心，造成组织涣散。

4. 离职法律风险

员工即使离职，也有工作交接、归还办公物品的责任，同样企业也要与离职人员按劳动合同的相关条款结算薪资、转移离职人员档案、办理离职手续等。若不及时处理，就有可能存在风险，特别是法律意义上的风险，极有可能发生劳动纠纷和法律诉讼。

三、人力资源管理风险的防范

人力资源风险主要来自政策法规、企业规章制度、薪酬激励、员工发展等几个方面。因此，防范人力资源管理风险的措施可以从上述几个视角进行归纳总结。人力资源管理者除了应理解和把握国家政策法规的精神，还应高度重视企业的规章制度、薪酬激励、员工发展等方面的设计和安排。

（一）严格遵守政策法规

企业是法人单位，员工是自然人，当企业和员工之间发生劳动纠纷或者是其他侵权行为时，有很多是在企业内部协商或者通过仲裁解决，但仍然不可避免地会有很多诉诸法律的案例。因此，企业人力资源管理工作人员和企业高管需要熟悉近年来国家和地方出台的关于人力资源的相关法律法规，包括《民法典》《中华人民共和国劳动法》《中华人民共和国劳动合同法》《中华人民共和国社会保险法》等，这些法律法规既为企业人力资源管理提供了依据，同时也对企业人力资源管理工作的规范提出了要求，企业必须严格遵守和执行。

（二）规范企业规章制度

企业的规章制度是人力资源管理的主要依据，企业规章制度体系的建设应该包括企业管理的各个层面，从管理部门、销售部门、生产部门到财务部门，从企业的各个业务板块到生产经营的每个环节，都必须建立相应的管理制度。从人力资源管理角度来看，为避免人力资源管理风险，相关的制度体系应该包括招聘录用、入职培训、薪酬激励、劳动福利、带薪休假、社会保险、绩效考评、离职管理等各个层面。在实施人力资源管理时，需按制度规范严格执行相应的工作流程和制度要求，同时还应该将企业制度汇编成册，对员工定期举行规章制度培训，要求每位员工规范执行企业规章制度。

（三）薪酬激励公平公正

薪酬激励的公平公正是企业人力资源管理的基石，缺少基本公平公正或者使员工感觉到自己受到了不公平对待，员工就会产生消极应对工作的情绪，甚至有可能产生故意破坏的道德风险，给企业带来人力资源管理风险。因此，企业从招聘员工开始至解除或终止劳动合同，均应有相应的法律法规执行。从劳动合同的签订、试用期的约定和管理，到正式入职后公司的规章制度要求，到最后解雇员工，均需有法可依，规范操作。

（四）制订员工帮扶和发展计划

工作难免会给人带来压力。一般而言，适度的工作压力能够给员工带来动力，但是长期处于工作压力下会给人的精神和肉体带来不利影响，甚至会影响身体健康，带来人力资源风险。从人力资源管理角度来看，需要定期帮助员工缓解工作压力，避免压力过大导致风险事故发生。员工面对长期的工作压力，可能会出现怠工逃避，或者是为逃避压力跳槽到其他企业工作，产生员工流失风险。因此，企业通过组织团建活动来减轻员工的工作压力，不仅可以降低风险事件发生的概率，还可以让员工感受到企业的人文关怀，增强员工的归属感和幸福感，能够有效促进和提升员工的工作效率，减少工作事故，降低缺勤率和员工周转率，减少员工抱怨，提升员工间的合作关系，吸引及留住员工，提高员工士气和积极性，证明对员工的关心态度，最终为业绩分析和改进提供管理工具。

定期组织专业人员为员工进行知识更新、提供专业指导和技能培训，为员工的发展和成长提供必要的平台与条件。帮助解决员工个人发展中遇到的难点问题，提升员工技能水平，从而提高其生产力和工作效率。

总之，企业人力资源管理是一项非常复杂的工作，更是一项非常专业的工作，必须建立一支既懂专业又懂管理的高效管理队伍，保护企业的长远利益，保障员工的直接利益。同时，注意吸纳风险防范的专业人才，及时为企业人力资源管理提供支持。

人力资源是企业效益的源泉，是社会财富的创造者。人力资源管理是企业管理的重要内容，是发挥人的主观性、能动性、创造性的基础性平台，必须实施有效的管理。在人力资源管理的各阶段、各环节，必须高度重视风险的防范，在维护企业利益的同时，保障员工的合法权益，规避无谓的法律风险，并将"事后救火"转移到"事前防范""事中控制"的有效途径上来，降低企业人力资源管理中的风险防范成本，建立和谐的人力资源管理文化，充分发挥员工的潜在技能，最终提高企业效益。

思 考 题

1. 企业战略风险的概念是什么？企业战略风险都有哪些类型？
2. 制定企业战略的方法有哪些？应该如何运用？
3. 阐述 PEST 分析的应用。
4. 体育市场风险的内涵是什么？你是如何理解的？
5. 企业财务风险的内涵是什么？企业财务风险是如何形成的？
6. 体育企业人力资源管理风险有哪些？该如何防范？

第七章 体育赛事活动风险管理

【学习要点】 熟悉体育赛事活动的基本理论。
了解国内外体育赛事活动风险管理研究现状。
掌握体育赛事活动风险识别的方法。
掌握体育赛事活动风险防控的原则、机制和措施。

如果说体育企业风险管理属于企业管理的范畴,那么可以认为体育赛事风险管理属于大型活动安全管理范畴。而且,因体育赛事的项目、规模、参与者、组织者的差异性,两者风险安全管理的内容与级别也不同。从奥运会、亚运会到学校或单位内部举办的运动会,从世界杯到民间俱乐部之间的业余联赛,我们看到了体育赛事活动的千差万别。因此,体育赛事活动的风险管理具体内容也会因规模和项目的差异性而使风险管理的内容和细节存在极大差异。

本章主要从赛事活动举办的纵向时间轴向和横向业务轴向对赛事活动的风险识别、风险评估、风险监控进行阐述。

第一节 体育赛事概述

一、体育运动概述

体育赛事活动自古有之,3000多年前的古埃及就已有体育活动。在古埃及独特的楔形文字中就记有奴隶主阶级之间的骑马、射箭、划船、游泳、击剑等体育项目,在普通民众之间则有拔河、滚铁环、跑步、举重等体育项目,并制定了竞技规则,运动员有专门的服装,参赛获奖者会得到奖励。

(一)古代体育项目及体育赛事

古希腊的荷马史诗《伊利亚特》描绘了古希腊如何把体育竞技活动作为祭祀活动的一部分。研究奥运会历史的学者们考证,最早的奥运会出现在公元前10—9世纪,是祭祀"众神之王"宙斯的重要活动。到公元前776年,古奥林匹克运动开始有规律地每4年举办一次,一直延续了10个世纪。在比赛中记载了短跑、中长距离跑步、铁饼、标枪、跳远、摔跤等运动项目。

任海先生在《中国古代体育》中,从古代球类项目、古代田径运动、古代游泳、古代滑冰、古代摔跤、古代举重、古代养生体育、民俗体育8个方面系统考证和描述了我国古代体育的门类。中华文明是人类文明史上唯一一直延续、没有发生断裂的文明，在史书中虽然没有出现过现代意义上的"体育"一词，但是运动项目之多、内容之丰富，间接体现了中华文明强大的生命力和创造力。其中，中国古代的体育运动"蹴鞠"（足球）起源于2300多年前的齐国境内（现山东省淄博市），《战国策》和《史记》是最早记录蹴鞠的文献典籍，"蹴鞠，兵势也，所以练武士，知有材也"。在2004年，国际足联确认足球起源于中国。

（二）现代体育的内涵

学者们从时间角度、史学角度把体育发展史分为古代体育、近代体育和现代体育，也有学者把近代体育直接归于现代体育。对于现代体育的理解，谭华教授认为从文艺复兴之后，西方人开始进入理性自觉审视自身的新阶段，这种理性和审视不仅把自然界也把人类的生活乃至人体都逐渐对象化，人体逐步成为人类认识甚至改造的对象。随着17世纪科技进步和现代工业革命的步伐，人类对于自然界的认识不断提升，在人类认识能力不断提升的过程中，人类将人体与身体活动之间的联系与变化规律逐步揭示出来。因此，现代体育的内涵不应仅仅局限于体育运动，而应该是基于人类认识自我、认识人体的背景下，有意识地、自觉地、科学地设计身体活动项目，并利用所设计的身体活动项目，有意识地提升和完善自我发展。现代体育的科学性区别于古代体育和近代体育的基本特征，自然科学的发展是现代体育诞生的基础。现代体育是科学的体育、自为的体育，是人类有意识、有目的、有计划的一种行为。

目前，国际社会一般将现代体育分为竞技体育和大众体育两部分，前者是以奥运会比赛项目为主的体育，后者是普通民众所从事的体育。在这基础上，国内又把大众体育进一步分为学校体育和群众体育，前者是以学生为主，后者是以社会大众为主。

二、体育赛事活动的内涵

体育赛事活动和古代体育都起源于人类的祭祀活动。在《伊利亚特》中，荷马（Homer）认为体育赛事活动最早属于葬礼活动的一部分，但是大部分学者认为其源于古代奥运会，是纪念古希腊宇宙之父宙斯（Zeus）而举办的宗教仪式的重要部分。比赛期间以神的名义进行休战，以此表达古希腊人民希望摆脱连年不断的城邦战争和渴望和平的美好愿望，体育比赛在战争的背景下与和平的渴望中得到延续与发展。

体育赛事活动中的各个运动项目起源于体育游戏，随着比赛规则和比赛内容的不断完善而升华为体育竞赛。体育赛事的概念是从"运动竞赛"演变而来的，国家体育总局竞技体育司认为体育竞赛是指"在裁判员主持下，按统一的规则要求，组织与实施的运动员个体或运动队之间的竞技较量"，然而定义只是停留在竞技体育比赛的层面。

随着体育赛事的增加，其经济效益和社会效益凸显，体育竞赛活动的内涵和外延发生了巨大的变化，原有"运动竞赛"的概念被打破，体育竞赛的项目化特征越来越明显，很多学者从项目管理的角度对其进行定义，更多将其称之为"体育赛事"。国外学者对体育赛事的认识有所不同，普遍将体育赛事纳入特殊事件的范畴，并从特殊事件的视角来认识体育赛事。鉴于国外关于体育赛事概念的研究成果，国内学者对其定义也进行了深入探讨。李南筑和袁刚认为体育赛事以体育竞技为主题，黄海燕通过对体育赛事概念邻近种属和种差的分析指出"体育赛事是以竞技为主题,一次性或经常发生,且具有一定期限的集众性活动"。王守恒在定义体育赛事概念时指出体育赛事的项目特征,肖林鹏和叶庆晖在《体育赛事项目管理》一书中明确指出"体育赛事是一个典型的项目"。

目前,国内外关于体育赛事概念的理解不尽相同。有的学者把体育赛事当作事件,而事件分为自然事件和社会事件,他们认为体育赛事是一种事先设定了明确的目标和可利用的资源范围,并为此专门组织人员综合运用多种学科知识,在一定时间内完成的一次性的工作。从体育赛事的概念和性质表明其社会属性,由于事件范围太广,把赛事仅仅称作事件不够精确。引用王守恒对体育赛事的界定,"体育赛事是一种提供竞赛产品和相关服务产品的特殊事件,其规模和形式受竞赛规则、传统习俗和多种因素的制约,具有项目管理特征、组织文化背景和市场潜力,能够迎合不同参与体分享经历的需求,达到多种目的与目标,对社会和文化、自然和环境、政治和经济、旅游等多个领域发生冲击影响,能够产生显著的社会效益、经济效益和综合效益"。

三、体育赛事活动的功能

从历史文献资料中可以看出古代体育运动项目的发源与发展以服务宗教祭祀、提升军队士兵体能和战术应用、满足统治阶级的休闲娱乐为主要目的。随着科技和社会经济的发展,现代体育赋予了更多的内涵,大到国家战略和国际政治,小到丰富社区居民文化娱乐生活。从中美建交小球推动打球的"乒乓外交",到2022年北京冬奥会"一起向未来"与人类命运共同体,再到"一带一路"倡议的契合。周旭在体育竞赛功能中相对全面地阐述了体育赛事具有经济功能、政治功能、文化功能、社会功能,促进了体育发展。

作者认为,体育赛事的功能首先是体育促进功能,这是赛事活动的本体功能;其次,只有大型体育赛事或者规模性赛事,才会具有明显的政治、经济、社会文化功能。

(一)体育促进功能

体育赛事是具有显著竞技特征的人类社会活动,它的体育促进功能是原生功能。参赛选手为了获得较好的竞赛成绩,会根据赛事规程的基本要求,加强训练,提升自我运动能力,这是体育赛事的促进功能之一;高水平的体育赛事会吸引大量的体育爱好者观看体育比赛,广大观众在观赛过程中,会受到参赛选手的激发,从而达到促进赛事观众参与体育锻炼的效果,这是体育赛事的促进功能之二;举办高水平体育赛事活动往往会进行大量的宣传,特别是在宣传举办地城市形象时,会有意无意地宣传体育文化,从而能够促进城市居民积极参与体育运动,这是体育赛事的促进功能之三。

(二)政治功能

体育赛事活动始于祭祀活动,而古代祭祀活动本质上属于一种政治行为。虽然现代体育以科学性、实践性、目标性为基本特点,但大型体育赛事活动历来与政治紧密相连,并以特殊的形式为政治服务。例如,1952年赫尔辛基奥运会,自美国和苏联两大阵营的政治对峙以来,出现了美国等16个资本主义国家集体抵制1980年的莫斯科奥运会;随后在1984年发生了苏联和东欧等社会主义国家集体抵制洛杉矶奥运会的政治事件。在我国,"乒乓外交"和"小球转动大球"的操作也是让体育为政治铺路,打开了中美交流和建交的大门。故而,大型国际性体育赛事都充分体现了体育赛事所蕴含和彰显的政治功能。

(三) 经济功能

体育赛事的经济功能是指高水平赛事商业价值的体现,高水平体育赛事是人类运动美、形体美的展示,极具观赏价值,能够吸引成千上万的观众观看比赛。这就能给赛事主办方、承办方带来很多商业机会,能够获得门票销售收入、广告赞助收入、媒体转播权销售收入。同时,大型体育赛事的举办,除了建设体育场馆,还需要投入基础设施的建设和改造,这会给举办地带来经济乘数效应。大型体育赛事的举办还可以扩大就业、促进消费、带动相关产业的发展等。例如,2004 年 F1 中国大奖赛就取得了 10 亿元盈利(包括拉动的相关产业);2008 年网球大师杯赛,比赛的运营总支出为 1 个亿,给相关行业带来的直接消费为 2.49 亿元、间接消费为 5.25 亿元,提供直接就业岗位 264 个、间接就业岗位 2144 个;2002—2008 年,北京奥运会在经济总量的产出方面为北京市经济贡献超过 30000 亿元人民币,有力促进了北京市金融、交通、旅游、餐饮、住宿等产业的发展。

(四) 社会文化功能

严格来说,体育赛事本身类似于一场真人实景秀,除了自身所具有的经济功能,还有社会功能。按照实现的不同社会功能又可以细化为以展示城市形象为主的赛事、以开展国际交往为主的赛事、以丰富地域文化为主的赛事 3 类。其一,以展示城市形象为主的赛事的主要功能是宣传城市,往往能对全球形成强大的宣传力和影响力,从而为城市品牌的建设搭起良好的平台,把城市形象推向全国甚至世界。其二,以开展国际交往为主的赛事的功能已经远远超出运动员之间的交流,通过这类赛事,世界各国的体育爱好者云集举办地,加强了交流,加深了认识。同时政府也可利用此类赛事的作用降低公关成本,和来访的各国政要或者商业巨头进行交流,开辟无障碍的沟通新渠道。其三,以丰富地域文化为主的赛事在满足市民健身娱乐精神需求的同时,更重要的是传承赛事举办地地域的多元文化。地域文化在体育赛事中得到充分展示和强化,市民通过观看体育赛事接受文化的熏陶,吸纳优良的文化传统,逐步形成健康积极的价值观念和良好的市民素质。

四、体育赛事活动的分类

分类属于综合性科学,属于生物学领域的概念范畴,是以生物性状差异的程度和亲缘关系的远近为依据,将不同的生物加以分门别类的一种科学,后来将这种方法引用到各个行业。分类是先分解后归类,即按照一定要素特征在暂时不考虑其他要素的情况下,按照需要的要素进行合并同类项。这个合并的过程就是类聚,目的就是将同类型要素特征的事物按照其属性进行归类。因此,分类过程实际上是一种筛选纯化的过程,其结果是按照某种需要重点考虑的要素集来明确相应主体或实体类型。

体育赛事活动的特征要素较多,在众多运动项目类型中,同一种运动项目因赛事的活动安排不同也可以分为不同类型。例如,重大国际单项赛事既有赛会制的锦标赛,也有分站累积制、主客场制的赛事类型。因此,国内外学者对于赛事活动分类会依据课题研究的需要从不同的角度划分体育赛事活动标准，但总体而言，其分类要素主要考虑的内容有以下几个方面：体育赛事的规模、体育赛事的性质和任务、体育赛事包含的运动项目、体育赛事的举办地点、体育赛事的持续时间、获取体育赛事举办权的方式、体育赛事的参与主体、观众是否购买门票。

本书主要探究体育赛事活动风险管理的相关内容，因此，基于风险管理视角，根据体育赛事活动风险管理的复杂程度，对体育赛事活动进行分类。显然，对于赛事活动波及的地域范围、参赛队伍数量、参赛人数、观众人数、赛事项目、赛事级别等都与赛事复杂程度密切相关。从赛事活动风险管理的实际出发，结合公安部和国家体育总局（以下简称体育总局）发布相关条例的具体要求，从赛事活动波及的地域范围、赛事活动规模、赛事是否有外国公民参加、赛事活动赛期长短、参赛活动对象的消费类型这5个角度进行赛事分类。

（一）按照赛事活动波及的地域范围分类

从赛事活动波及的地域范围进行分类，显然，对于国际性赛事可以依据代表国家参赛队伍的地域范围把赛事分为世界性体育赛事和洲际体育赛事。例如，奥运会、世界杯、冬奥会、世界锦标赛等就属于世界性体育赛事；亚运会、亚洲杯、欧洲杯、美洲杯等则属于洲际体育赛事。另外，还有一部分商业性赛事，如国内各大城市积极举办的国际马拉松赛事，以及环青海湖和环太湖的国际公路自行车赛，从参赛选手的国籍看，也可以视为全球性体育赛事。在国内，则有全运会、中超、CBA（Chinese Basketball Association，中国男子篮球职业联赛）等全国性赛事，而省级范围有省运会一类的赛事。

（二）按照赛事活动规模分类

按照分类学的基本要求，对于事物的分类需要有基本的共性特征。因此，按照赛事活动规模进行分类，首先应该是按照赛事活动的参赛人数多少来划分赛事活动的规模大小。按照国务院2007年发布的《大型群众性活动安全管理条例》中第一章第二条"本条例所称大型群众性活动，是指法人或者其他组织面向社会公众举办的每场次预计参加人数达到1000人以上……"。第三章的第十二条明确规定："大型群众性活动的预计参加人数在1000人以上5000人以下的，由活动所在地县级人民政府公安机关实施安全许可；预计参加人数在5000人以上的，由活动所在地设区的市级人民政府公安机关或者直辖市人民政府公安机关实施安全许可；跨省、自治区、直辖市举办大型群众性活动的，由国务院公安部门实施安全许可。"

显然，参与赛事活动人数超过1000人时，属于大型群众体育赛事活动。在赛事活动的安全管理层面，不仅要按照赛事规则、赛事风险管理的基本规律去执行，还要按照《大型群众性活动安全管理条例》的要求，根据赛事活动具体人数向相应级别的公安机关报备。这也意味着，在赛事活动人数超过1000人时，赛事活动风险管理的要求和等级就需要做出相应调整。2021年，中国田径协会发布的《关于进一步加强田径赛事活动安全监管服务工作的意见》中强调："500人以上田径赛事活动须报县级及以上政府部门（公安、应急）；500人以下田径赛事活动按属地公安、应急及体育活动相关管理办法、规定执行。"

因此，按照参赛人数划分赛事规模，可分为参赛人员在500人规模以上的体育赛事活动和500人规模以下的体育赛事活动。

（三）按照赛事是否有外国公民参加分类

随着我国国际地位不断提升，今后的体育赛事活动会有外国公民参加。体育总局2014年印发的《在华举办国际体育赛事审批事项改革方案》中，将国际体育赛事分为A、B、C 3类。

A类国际体育赛事包括：①由国际体育组织主办的国际综合性运动会、世界锦标赛、世界杯赛、亚洲锦标赛、亚洲杯赛；涉及奥运会、亚运会资格、积分的比赛。②由体育总局主办或参与主办的重要国际体育赛事。③由体育总局相关单位或所属运动项目协会主办的跨省（区、市）的国际体育赛事，以及举办涉及海域、空域及地面敏感区域等特殊领域的国际体育赛事。

B类国际体育赛事包括：由体育总局相关单位或所属运动项目协会主导，与地方共同主办或交由地方承办的国际体育赛事。

C类国际体育赛事包括：①地方自行举办的国际体育赛事。②由地方主导，体育总局相关单位或所属运动项目协会参与主办、协办的国际体育赛事。

体育总局发布的《体育赛事活动管理办法》第十二条对于国内举办赛事活动的名称使用做了详细规定。对于赛事名称中的"世界""国际""亚洲""中国""全国""国家"等字样或具有类似含义的词汇，只有中央和国家机关及其事业单位，全国性社会组织主办或承办的国际性、全国性体育赛事活动可以使用，其他体育赛事活动不得使用与其相同或类似的名称。

因此，从体育赛事活动风险管理角度看，仅仅依据赛事规模参赛人数划分，显然存在一定的局限性，还应该根据参赛选手的国籍、参赛人员来源地情况进行划分，可以把赛事分为国际性体育赛事、全国性体育赛事。

（四）按照赛事活动赛期长短分类

赛期是指体育赛事活动举办的天数，赛期的长短与举办地经济拉动效应的大小有很大关系。一般而言，赛期日程的长短与举办地的经济影响力成正比例关系，赛期越长，对举办地经济的拉动效应就越强，反之则相对较弱。同样，赛期长短也直接关系到赛事风险管理的强度大小，赛期越长，赛事风险管理的强度就越大，反之则越小。

按照赛期划分体育赛事活动，可以把赛事分为为期1天赛事、为期2~3天赛事、为期3天赛事、为期1周赛事、为期1个月赛事。

（五）按照参赛活动对象的消费类型分类

体育赛事活动从本质上看也属于产品，是具有知识产权的产品。体育赛事活动风险管理同样需要考虑参赛活动人员消费类型，在赛事运营时，需要使赛事运营目标满足多数赛事活动参与人员的需求。通过对客户类型进行分类能够更好地理解和把握客户的需求，有效地识别工作范围，建立迅速、准确的沟通机制，使各赛事形成一个有机的整体，以综合的、统一的界面开展赛事管理，以达到或超过赛事活动参与者的期望值。

在一定程度上，体育成为客户身份地位的象征，人们对赛事的选择受到阶层意识的支配。不同的社会阶层形成赛事类别的差异性很大。例如，小众项目马球和马术的参与群体的收入与消费水平相对较高，属于最高端群体；高尔夫、网球、赛车等赛事项目的参与群体更多的属于中高收入群体；羽毛球、乒乓球、游泳、跑步、健身操等赛事项目则属于社会中层。对应于不同参与群体，赛事活动除了在项目内容方面具有差异性，对赛事策划和运营的要求也会存在较大差异性，风险管理的基本要求也不尽相同。

一般而言，因赛事规模和级别不同，体育赛事举办的具体流程和细节存在较大差异。本书本着风险识别和管理的完备性与多样性等原则，重点阐述参赛人员超过 500 人的群众性、商业性的规模赛事的风险识别与管理，其他群众性、商业性的小规模赛事的风险基本可以包含其中。

第二节　体育赛事活动风险管理理论概述

对于体育企业的风险识别，本书借鉴企业风险管理的主要内容，把一般企业风险管理的理论和方法直接应用于体育企业，并结合体育企业的行业特点，对体育企业的风险管理进行阐述。体育赛事活动风险管理与一般大型活动的公共危机管理既有相似之处，又因体育赛事自身的项目特点、赛事的类型、体育赛事所面临的环境因素的变化等，体育赛事活动面临的不确定、所包含的风险因素与大型活动相比又存在较大的差异性。为了更好地理解体育赛事活动风险管理的复杂性，先了解当前国内外学者们对于体育赛事活动风险管理的相关研究成果。

一、国外体育赛事活动风险管理研究现状

莱斯特·M.萨拉蒙（Lester M.Salamon）在 2002 年出版的《政府工具：新治理指南》（*The Tools of Government*：*A Guide to the New Governance*）中提出了政府在面对大型活动时，首先需要经过一系列的决策过程，包括确定活动的目标、规模、预算等。在这一过程中，政府一般会考虑使用哪些工具（如政策、法规、项目、财政支持等）来有效地管理和实施。其次，需要考虑政策环境对大型活动产生的影响。他认为对于大型活动的管理往往伴随着各种挑战，如资金短缺、人员调配、安全风险等。政府需要提前预见这些挑战，并制订相应的应对策略，强调了政府风险管理职能体现在大型公共活动中，对于政策和风险管理工具的选择具有极其重要的意义。因此，对于世界杯和奥运会两大赛事活动的风险安全管理，政策安排和工具选择需要与赛事风险安全管理的目标及整个赛事组织战略目标相一致。

斯蒂芬·布雷耶（Stephen Breyer）在 1989 年出版的《打破恶性循环——走向有效风险监管》（*Breaking the Vicious Circle*：*Toward Effective Risk Regulation*）中运用大量的案例，从自然灾害、工业事故、暴乱、社会冲突、恐怖袭击等不同学科领域，尝试性地分析和研究这些不同性质的危机事件，试着寻找具有一般意义的解决危机的决策规律。但结论是，由于危机事件的多样性，解决不同危机事件的决策和工具的选择很难形成一致性与规律性。

2014 年南京青奥会内部文件 *Risk Management*：*An Applied and Theoretical Sociological Perspective* 中，研究人员从社会学视角通过对多届奥运会上出现的安全事件分析，对传统的事件安全利益相关者的分析思路和领域进行了拓展。同时，从赛事职员、媒体公众、业务伙伴、附属产业 4 个相互关联的利益主体视角分析，并结合大型体育赛事活动具备

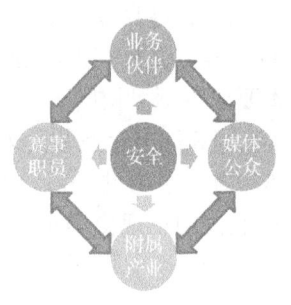

图 7-1 安全事故利益相关者分析框架

的体育旅游特征，提出了从赛事举办城市的社会变迁、活动营销、季节性就业、环境影响、城市接待等视角进行安全风险管理的思路和框架，如图 7-1 所示。

迈克尔·鲍尔（Michael Power）在 2004 年出版的《一切的风险管理：重新思考不确定性的政治》(The Risk Management of Everything: Rethinking the Politics of Uncertainty) 中运用案例和思辨思维提出了风险管理中需要分析危机事件所面对的具体不确定因素进行有效管理的管理理念，而管理不确定因素恰恰是风险管理所具有的内在矛盾性——不确定性是一个未知世界，用已知的风险管理举措去管理未知的不确定性，显然是个问题，而破解和解决这一问题需要实行全面风险管理，需要社会各阶层全面参与风险管理。

韦尔·杰尔斯（Will Jennings）在《奥林匹克政体与风险管理：委托人、代理人与网络》(The Olympic Polity and the Management of Risk: Principals, Agents and Networks) 一文中，运用委托-代理模型的风险视角分析了奥运会 10 个维度的风险因素，涉及政府、公共机构、国有企业、国家奥委会、国际联合会、商业奥林匹克合作伙伴、承包商、供应商、跨国组织、奥运会政策等领域的安全风险管理。

杰尔斯和马丁·洛奇（Martin Lodge）在《2012 年伦敦奥运会与 2006 年德国世界杯足球赛的安全风险管理工具》(Tools of Security Risk Management for the London 2012 Olympic Games and FIFA 2006 World Cup in Germany) 中指出，安全风险管理工具的选择不仅与工具的同质性、功能差异性有关，还与国家政治管理风格有关。杰尔斯和洛奇借鉴胡德的结节性、权威性、财富和组织（Nodality, Authority, Treasure, and Organization）的安全风险管理工具系统分类方法，对安全风险管理政策手段和工具进行分类，构架了安全风险管理工具箱。他们运用此工具箱对 2006 年德国世界杯和 2012 年伦敦奥运会的安全计划和行动进行分析，分析这些安全风险管理工具选择的成功与失败，便于更深地理解全风险管理工具的政治性、同质性及功能分化的差异性。

另外，埃斯皮（Espy）、霍伯曼（Hoberman）、辛普森（Simson）和杰宁斯、希尔（Hill）等学者从史学、社会学、经济学、政治学等领域分析了大型活动或奥运会的安全风险管理。

二、国内体育赛事活动风险管理研究现状

随着我国经济的飞速发展，综合国力不断增强，近几年，我国成功举办了一系列大型国际性活动和大型赛事，如北京奥运会、广州亚运会、南京青奥会、北京冬奥会、上海世博会，都为大型活动公共安全风险管理提供了宝贵的实践经验。国内学者们也对赛事风险管理展开了大量的研究，取得了丰硕的成果，为我国举行大型国际性赛事和大型国际性活动的风险安全管理提供了必要的理论支持与极具参考价值的意见和建议。

刘东波在其博士论文《我国承办大型体育赛事风险管理机制研究》中对大型赛事活动的安全风险管理展开了系统研究。刘东波从公共管理学的角度出发，分析了我国大型体育赛事的相关影响因素，对风险类型进行归类，比较了国内外的差异，并总结归纳了概念界定。他探讨了我国大型体育赛事活动风险管理的特点，并结合我国的具体国情，

提出了建立和完善我国大型体育赛事活动风险管理体系的构想。他将体育赛事活动风险的类型分为政治类风险、经济类风险、灾害类风险、人员类风险、赛事运行类风险、场地器材类风险、技术类风险、竞赛项目类风险八大类型，并分析了在我国体育赛事管理制度特色的大背景下，提出了建立适合我国国情的体育赛事活动风险管理模式体系。

2004 年，段菊芳在其硕士论文《大型体育赛事风险管理》中从保险学的视角，考察体育赛事中存在的纯粹风险的现象，对大型体育赛事中存在的可保性的纯粹风险和不可保的意愿风险进行较为全面与系统的研究、分类，并分析各类风险产生的原因和可能导致的后果。段菊芳提出了将赛事风险分为纯粹风险和意愿风险两大类。纯粹风险一般是由赛事相关人员的行为失当或自然的不可抗力的因素引起的，其后果是赛会的每个成员都不希望看到的，其发生会给赛会带来损失，具有很大的被动性，主要表现为3种形式：财产风险、责任风险、人身风险。意愿风险一般是由赛事相关人员行为期望和经济条件的变化引起的，其结果具有两面性——收益性和损失性，因而赛会中有人愿意出现这种风险，这是一种人为的主动创造的风险，是由人的主观因素引起的。

2010 年，张文俊在其硕士论文《我国大型体育赛事法律风险研究》中从法律视角对我国赛事法律风险进行了界定，并对大型体育赛事主要的法律风险进行了细化分析，分为操作性法律风险和法律本身的风险这两大类，对这些风险进行了深入研究。操作性法律风险包括赛事有关职能部门管理和执法及赛事相关合同事务中的法律风险。法律本身的风险包括体育赛事相关法律政策不健全和大型体育赛事相关法律之间的冲突这两个方面的法律风险。

宋玉芳在其博士论文《奥运会志愿者管理研究》中从奥运会志愿者的特征及其对管理的影响入手，全面且深入地探讨了奥运会志愿者的管理过程，评述了历届奥运会志愿者管理的得失，结合中国志愿者活动的概况分析了北京奥运会志愿者管理的优势与劣势，并针对核心问题提出了相应的对策，为奥运会志愿者的管理提供了一定的理论基础与现实依据，并为奥运会组委会的相关人士及其他领域的志愿者管理者提供了有益的借鉴。其实质是对大型赛事的人力资源风险进行了系统的分析研究，并对志愿者提出了过程管理的研究思路和方法，为我国大型赛事的人力资源风险管理提供了宝贵的意见和建议。

刘欣从项目管理视角，以北京奥运场馆为例，通过分析场馆通信风险，提出了符合重要通信项目管理的工作模式和风险控制方法。李雪红通过研究北京奥运会财务管理问题，分析北京奥运会资金筹集、市场开发、财务管理、风险控制等问题的具体实施，探索北京奥运会这样大型项目资金管理问题，如以市场化为主的新的投融资体制，对奥运直接运行资金的管理和监控、风险管理等。

刘建和高岩借鉴项目管理和风险管理的理论分析了体育赛事活动风险的基本属性，并提出了体育赛事活动风险分类的新的标准与方法。刘东波等运用风险管理理论对悉尼、雅典、北京奥运会风险管理进行比较分析。由于各国的文化、体制、法律、保障存在差异，大型体育赛事的风险管理既要采用国际通用的、先进的、科学的管理模式，又要结合本国实情采取风险控制、风险转嫁、风险监控等手段，只有这样才能将赛事的风险降到最低、损失减到最少，保障大型体育赛事顺利、圆满完成。刘东波等认为体育赛事活动风险管理应该制定相应的法律法规政策，设立专门机构并安排专门人员运作赛事，规避赛事风险。

董杰和刘新立根据风险损失作用对象的不同，将体育赛事面临的主要风险分为财产风险、人身风险、责任风险、赛事取消风险和财务风险。体育赛事活动风险管理的步骤和方法包括体育赛事活动风险管理计划的制订，风险识别，风险评估，风险管理举措的选择、检查与评价等。

三、国内外大型体育赛事活动风险管理现状研究经验总结

从国内外学者们对于大型公共活动风险管理的研究中可以看出，从不同的研究视角来看，大型活动涉及的风险内涵有一定差异性，提出的风险管理工具选择也就存在多样性，但就风险管理的思路而言，遵循了风险识别、风险评估、风险管理程序、风险管理计划等基本内容。成功的风险管理必然建立在事故风险因素精准识别的基础之上，对风险事故诱发因素有了识别，便可防患未然。

一般而言，根据国内外学者们对大型公共活动研究的文献资料，从不同的视角可以将大型体育赛事活动风险分为经济风险、人员风险、自然环境风险、政治风险、赛事风险、场地技术风险和其他风险。这样其中一种赛事风险在中外学者的研究文献中都能找到影子，也是学界对体育赛事活动风险普遍认可的一种分类。

1. 经济风险

从狭义的视角分析经济风险，一般是指因承办国内外大型体育赛事需要直接支出（如申办费用、场馆建设费用、雇佣人员和志愿者费用等）的预算费用与因赛事承办而取得的直接预算收益（如门票收入、广告收入、冠名收入等）之间出现支出远大于收益的情况，可能导致赛事无法正常运行的风险。从广义的视角分析，经济风险涉及整个赛事的运营管理产生的收益（如政府部门的直接拨款、赛事赞助费用、电视转播权等）与支出（如承办城市的基础设施建设费用、与赛事建设相关产业的投资）之间的关系，以及后赛事效应对地方甚至区域经济产生的低谷效应。

2. 人员风险

人员风险主要是指因赛事举办而涉及的相关人员可能引发的各类风险。这包括因赛事工作人员（如运动员、教练员、组委会工作人员、新闻传媒工作人员等）、志愿者、观众等由于人为疏忽或故意伤害行为产生的风险，如火灾、盗窃、诈骗、爆炸、在比赛过程中发生的运动员伤害事件。例如，亚特兰大奥运会新闻中心被窃；在悉尼奥运会上，因清洁工人将清洗剂混入机场空调系统，致机场50人吸入有毒气体；在雅典奥运会上，俄罗斯体育记者在奥运村突然死亡。这些风险事故的发生都对赛事产生了不利的影响。

（1）赛事的工作人员风险主要是指工作人员故意隐瞒工作中出现的各种错误，致使错误行为造成严重的后果。例如，偷懒、工作不努力，为了谋取个人利益而滥用职权，决策随意，不负责任；虚开发票，弄虚作假，假公济私等；工作人员同场地出租者、食宿提供者等外部人员合谋，抬高价格，自己收受回扣，提高赛事组织成本。

（2）志愿者不仅是现代大型体育赛事中不可缺少的部分，也是许多大型活动中不可缺少的组成部分。他们为大型体育赛事提供必要的人力资源，降低了赛事运营成本。但是由于招募志愿者的条件相对宽松，志愿者人数众多，如上海世博会的志愿者近8万人，北京奥运会的志愿者据不完全统计达到150万人，难免会出现因部分志愿者素质相对较

低而无法胜任所承担的工作的情况，给赛事举办带来风险。

3. 自然环境风险

自然环境风险涉及大型体育赛事筹备和举办期间的两个方面：一方面，赛事场馆的建设可能直接或间接地影响到对空气、水、土壤等环境因素的保护，以及可能对考古遗址、历史古迹等造成破坏；另一方面，自然灾害的发生（如高温、热浪、暴风雨（雪）、雷电、冰雹、地震等）给赛事的顺利进行带来诸多不确定因素。

4. 政治风险

政治风险主要是指由政治因素引起的恐怖活动、种族冲突、国际冲突等，这些事件可能威胁到体育赛事的顺利进行。例如，1980年的莫斯科奥运会，因苏联入侵阿富汗，美国等60多个国家大规模抵制，直接影响了赛事顺利举办。恐怖活动对举办体育赛事所造成的后果更是有着惨痛的历史教训。1972年慕尼黑奥运会爆发了奥运史上最恐怖的袭击事件，当时的德国奥组委为挽救因发动两次世界大战而给德国带来的负面影响，尽力想营造一种和谐、开放的奥运氛围而疏于防范，结果巴勒斯坦解放组织"黑九月"成员混入奥运会，劫持并杀害了11名以色列运动员，造成了巨大的灾难。1996年亚特兰大奥运会由于怀疑广播中心三楼的一个包裹内有炸弹，广播中心被迫关闭，开幕式由此推迟了15分钟；7月27日午夜，一个恐怖分子把一颗手工炸弹放进了亚特兰大的百年奥运公园，造成2人死亡、2人重伤、110多人受伤的惨剧。

5. 赛事风险

赛事风险主要是指在体育赛事举办期间的因赛事组织管理内部存在缺陷或疏忽而带来的风险，属于体育赛事活动的内部风险。例如，竞赛规程编排存在缺陷、竞赛日程安排出现冲突、赛区流线设计缺陷、媒体宣传出现意外等情况对赛事的不利影响。此外，竞技体育运动本身具有高风险性，尤其是在大型体育赛事中。运动员在高强度、高对抗性和高标准的比赛中容易发生意外伤害，特别是一些具有挑战性的高危竞赛项目可能带来额外的体育赛事风险。

6. 场地技术风险

场地技术风险主要是指比赛场馆设施和器材故障及其通信等技术要求较高的支持设备出现故障，导致大型体育赛事出现停赛或延期等事故发生。比赛场馆设施和器材的完备是举办体育赛事的基础，没有比赛场馆就无法举行体育赛事；没有先进的比赛场馆和完善的体育设施，成功举办体育赛事也就无从谈起。比赛场馆或器材因设计和使用不合理等都会造成危险。例如，由于体育场馆质量问题，看台发生坍塌，观众伤亡；场地设计不符合技术要求，防护网过低，导致飞球伤人；体育场通道设计过于狭窄，致使观众在入场、出场时因拥挤而伤亡；场地内未配备足量的安全保障设施，如灭火器、安全通道提示灯等，从而在危险发生时，观众缺乏足够的救援设施，导致伤亡进一步扩大；看台座椅设计不合理，提供过多站席，从而为球迷骚乱提供可能等。

7. 其他风险

其他风险诸如交通风险、时间安排风险、食品安全风险、媒体传播风险等。

第三节　体育赛事活动的风险识别

关于风险识别，本书第二章就风险识别的方法做了详细的阐述和论述，理论上有专家调查法、工作-风险分解法、情景分析法、安全检查表法、事故树分析法、事件树分析法、鱼刺图法、财务报表分析法 8 种风险识别的方法。在梳理国内外学者们对于体育赛事活动风险管理的研究成果的基础上，可以看到学者们多是对风险的类型和产生的原因做了论述。然而，体育赛事活动随着赛事规模、赛事项目、参赛人员、赛事举办场地的变化，赛事风险重点防控的内容就会发生变化，虽然从赛事风险分类的角度，一样可以划归到上述各类风险范畴中，但重点防控内容和对象会发生变化。

例如，在 2021 年 5 月 22 日，甘肃白银山地马拉松遭遇极端天气，致使 21 名参赛选手遇难。这一事件发生后，体育总局等十一部门联合印发《关于进一步加强体育赛事活动安全监管服务的意见》，对赛事活动的安全管理进一步强化和规范。意见要求各地体育部门应当联合通信管理、公安、自然资源、交通运输、文化和旅游、卫生健康、应急管理、市场监管、气象、银保监等部门联合开展赛事安全管控演练。显然，户外路跑赛事的风险防控与一场篮球赛事、一场羽毛球赛事相比，其风险防控在空间范围上防控的内涵要比后两者在场馆内举办的体育赛事相对宽广些。为了较好地识别体育赛事活动的风险，本书基于体育赛事利益相关者、体育赛事活动时间轴向和体育赛事活动业务轴向的共性特征，分析和识别赛事活动的风险。

一、体育赛事活动风险识别的基本原则

体育赛事活动风险管理是基于以最低成本投入获得最大限度降低系统风险的过程。在体育赛事活动风险管理过程中，任何一项风险事故的发生都会造成难以挽回的损失。因此，为了提升赛事风险管理水平和管理举措的针对性，对于赛事活动就需要全面、系统地识别风险，防止遗漏。换而言之，体育赛事活动风险识别须遵循完备性原则、系统性原则、重要性原则、动态性原则。

（一）完备性原则

体育赛事活动风险识别的完备性原则是指在体育赛事活动风险识别过程中，需要根据赛事业务流程和风险类型尽可能全面完整地识别出赛事风险因素，可以运用已有的风险识别清单、安全检查表、专家调查法等，从多个角度进行风险分析和风险因素识别，尽可能多地识别出潜在的风险因素，避免遗漏。

（二）系统性原则

体育赛事活动风险识别的系统性原则是指在体育赛事活动风险识别过程中，应该根

据赛事运营流程，从赛事申办或赛事规划设计到赛事流线、赛事执行、赛事后勤保障、赛事仪式等进行系统全面的风险因素识别。赛事运营一般有赛事筹备、赛事执行、赛后总结等几个阶段，系统性原则要求风险管理人员根据赛事风险识别所处不同阶段、不同工作部门的具体业务内容进行风险因素识别。

（三）重要性原则

体育赛事活动风险识别的重要性原则是赛事风险因素管控优先级别的判断基础，也是赛事风险管控经济性原则的体现；它是指在赛事风险识别的基础上，着力把一些举足轻重的风险因素、期望损失大的风险因素，以及一旦发生会产生较大社会影响的风险因素识别出来。对于期望损失相对较小的风险因素，可以适当降低风险防范级别，不必花费太多的时间和人力、物力进行风险防控。

（四）动态性原则

体育赛事活动风险识别的动态性原则是指在风险管理过程中，需要根据赛事运营的具体业务流程，结合赛事举办和运营的发展动态，针对新情况、新进展做好风险识别，并根据识别的结果及时调整风险防控举措，确保赛事活动因环境变化能够及时地做好风险防控工作。

体育赛事活动风险识别的 4 个原则之间的关系：完备性原则是指风险识别完备性，防止遗漏重要的风险因素；系统性是完备性的保障，是风险识别效果好的保障；重要性原则对风险识别的效率提供必要的保证，风险识别的效率和效果两者不可偏废，需要配合使用；动态性原则是赛事活动发展过程中识别新生风险因素的保障。风险识别的 4 个原则相互支撑、因果互动、互为保障。

二、体育赛事活动时间轴向风险识别

本书第二章系统介绍了专家调查法、工作-风险分解法、情景分析法等 8 种风险识别方法，每种风险识别方法在风险管理过程中对于各类风险的识别均有其独特的作用。依据体育赛事活动举办和运营的特点，在充分考虑赛事利益相关方的基础上，根据体育赛事顺利举办活动的具体工作内容，从赛事活动时间轴向发生的工作内容和赛事业务工作分工设计的工作职能内容两个方向对体育赛事活动存在的风险进行识别。

在时间轴向上，根据体育赛事活动具体工作在不同时间段的业务内容，可以使用鱼刺图法对体育赛事活动在赛前、赛时、赛后 3 个时间段中发生的赛事相关业务内容进行体育赛事活动风险识别，如图 7-2 所示。从赛事业务工作分工任务设计方面，一场大型体育赛事是一项系统性工作，需要根据赛事工作的特点将具体的工作划分给相应的职能部门，由具体的职能部门完成相应的工作。体育赛事活动的相关业务工作具有相似性和共性的特点，因此，可以根据这些特点，事先制定好相应的风险清单或风险检查表，风险管理人员或者体育赛事活动指导员根据风险清单或风险检查表进行风险识别。

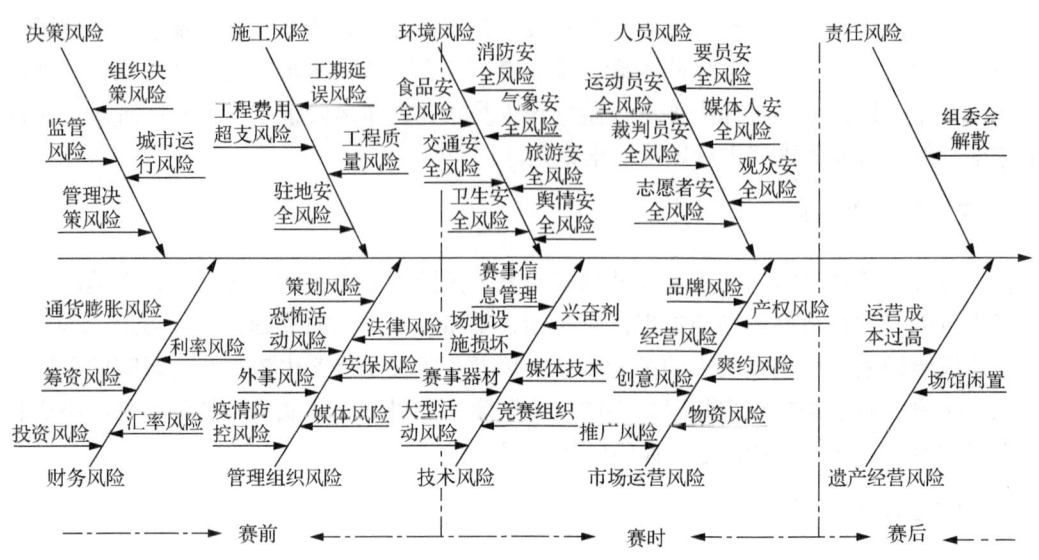

图 7-2 体育赛事活动风险识别鱼刺图

（一）体育赛事活动赛前风险识别

体育赛事活动的举办流程由赛事筹备、赛事举办及赛后相关善后工作组成。因此，从体育赛事活动运行的时间轴向上，可以把赛事活动分为 3 个阶段，即赛前规划和筹备、赛中执行与控制、赛后善后总结与提升 3 个阶段。这 3 个阶段的业务范畴和具体工作内容显然存在很大差异，因此识别各阶段的风险首先要熟悉各阶段的业务范畴和工作内容。

在赛事筹备阶段，具体工作内容通常有申报、立项、成立赛事组委会、规划、筹备赛事运营资金、设计赛事工作方案和工作计划、进行赛事宣传推广、市场开发等。对于大型国际性赛事，还会有国际性相关事务、体育场馆建设、改造和城市道路建设等土建工程类项目。从业务归口角度来看，可以把上述工作可能存在的风险分为 4 类：财务风险、决策风险、施工风险、管理组织风险。

1. 财务风险

在阐述企业风险管理相关内容时，我们已接触过财务风险，这种风险一般是指企业在生产经营过程中出现的筹资困难、投资失败及经营性资金出现断裂等相关风险。体育赛事活动财务风险即指赛事主办方或承办方在筹备体育赛事活动过程中，从赛事申报到举办结束，可能出现的筹资、投资和运营资金断裂的风险。体育赛事活动因赛事等级的差异性，对于大型体育赛事，特别是国际性大型体育赛事，由于赛事筹办时间长、需要资金量大，其财务风险也不可避免地与市场的利率、汇率、通货膨胀等宏观经济变量产生联系。

2008 年北京奥运会，从 2001 年申请成功，到 2008 年举办结束，历时 8 年。若从 1993 年申办第 27 届奥运会计算，时间跨度就更长。北京举办 2008 年第 29 届奥运会，据不完全统计，前后共投入 3000 多亿元人民币。2001—2008 年，中国人民银行共调整利率 12 次，特别是在 2008 年，受美国金融危机影响，在奥运会结束后连续下调利率 4 次，在此之前，则连续 8 次上调利率。人民币兑美元的汇率在这一段时间内，从 2001 年 8.27 元人民币兑 1 美元开始上升到 2008 年的 6.82 元人民币兑 1 美元。由此可见，体育赛事活动面临的财务风险主要存在筹资风险、投资风险、汇率风险、利率风险、通货膨胀风险这 5 类。

2. 决策风险

通常在决定是否举办体育赛事活动前面临选择和决策，需要根据当地的资源环境条件对相关赛事进行科学规划和选择。从城市的接待能力、交通环境、体育场馆条件、志愿者、安保、医疗卫生等方面综合考虑后做出相应的申办和举办决策。此处阐述的是体育赛事风险识别和管理，因此，前期赛事举办与否的决策在此不做讨论。

体育赛事活动决策风险主要指与赛事活动相关的决策风险，其风险主要包括组织决策风险、城市运行风险、管理决策风险和监管风险几项。体育赛事活动组织决策风险是指成立赛事组织委员会的组织架构设计决策可能因后期赛事具体工作预估不足，造成赛事工作中出现的难题或失误在组织内相关部门之间出现推诿的风险。同时对赛事具体的管理工作也会出现相应的管理决策风险。例如，2022 年北京冬奥会和冬残奥会组委会共设有秘书行政部、总体策划部、对外联络部、体育部、新闻宣传部、规划建设部、市场开发部、人力资源部、监察审计部、财务部、技术部、法律事务部、运动员服务部、文化活动部、物流部、残奥会部、媒体运行部、场馆管理部、安保部、交通部、开闭幕式工作部、奥运村部、志愿者部、注册中心、票务中心、抵离中心、延庆运行中心、张家口运行中心，共 28 个部门。其中，体育部与 7 个国际单项组织直接联系，最核心的工作就是竞赛组织，国际单项组织会指定他们的技术代表定期到北京考察，听取工作进展情况汇报，保证整个竞赛组织工作按照要求往前推进。此外，还要为国际单项组织提供服务。例如，赛时他们希望住什么类型的酒店，满足他们对房间及办公区的需求也是体育部的一项重要工作。总体策划部则负责计划与协调、制定组委会的政策和规划、风险管理等相关统筹、协调、指挥、控制、监管等 10 个方面的工作。

3. 施工风险

顾名思义，施工风险即指与体育赛事活动相关的工程土建项目、设备安装工程和装修等项目可能带来的风险，其主要有工程费用超支、工期延误、工程质量、驻地安全等风险。2016 年，巴西里约奥运会的部分永久性赛事场馆一直到奥运会开幕前几天才交付使用。大型体育赛事活动的场馆施工延期交付的案例相对较少，而费用超概算的则较多。例如，2008 年北京奥运会场馆建设的"鸟巢"超概算约 4.56 亿元；2012 年伦敦奥运会新建的奥林匹克体育场预算增长了 77%；2020 年东京奥运会新建体育场馆 10 个，其中东京奥运会体育场建设费用为 13.5 亿英镑，超出预算 4.7 亿英镑。

4. 管理组织风险

管理组织风险主要是指体育赛事活动前期进行赛事筹备工作时产生的管理组织类风险。体育赛事活动从申报立项到赛事策划、组织竞赛是一项系统工程，特别是大型国际性体育赛事活动，既有外事联络，又有安全防控，还有策划组织等工作，在疫情期间还有大量的疫情防控工作需要组织和安排。因此，一般认为，体育赛事活动前期的管理组织风险主要有策划风险、法律风险、安保风险、疫情防控风险、外事风险、媒体风险等，在前期安保工作中，还需排查和防止恐怖活动事件出现。除了这些风险，在奥运会历史上还出现因政治或意识形态而相互抵制参加的事件。1980年，苏联举办的莫斯科奥运会，就因苏联入侵阿富汗遭到67个国家的抵制；其后1984年，苏联以运动员人身安全为由，拒绝参加美国洛杉矶奥运会。

（二）体育赛事活动赛时风险识别

体育赛事活动赛时风险识别是指对体育赛事活动举办期间可能出现的若干风险进行识别。根据体育赛事活动涉及具体工作内容和赛事环境，通常把体育赛事活动举办期间的风险分为技术风险、环境风险、人员风险、市场运营风险4类。

1. 技术风险

技术风险是与现代技术相关的风险，通常是指技术保护风险、技术研发风险、技术不足风险、技术转让风险及技术使用风险。在现代社会中，体育赛事活动的举办从体育场馆硬件设施、竞赛器材、计时计数设备到赛事转播等都大量使用现代技术。因此，体育赛事活动技术风险即指场馆设施、赛事器材、媒体技术、兴奋剂、竞赛组织、大型活动、赛事信息管理等出现故障而产生的风险。另外，体育赛事活动技术风险还包括赛事组织和编排技术、兴奋剂检测技术带来的风险。

2. 环境风险

环境风险是指由自然环境和社会环境的不确定性带来的风险。例如，山洪、雷电、洪水、地震、火山喷发等自然灾害发生属于自然环境风险；恐怖袭击、战争、种族冲突、政治危机、经济危机等社会问题发生属于社会环境风险。显然，体育赛事活动小到一场球赛大到奥运会、世界杯等大型国际体育赛事，都离不开举办地所处的自然环境和社会环境，因此，体育赛事活动的赛时风险就必须考虑环境风险。

对于赛时自然环境风险，一般大型体育赛事在各地申办立项时，都会根据当地历史气象数据，选择天气气候相对比较晴朗的季节。因此，灾害性天气对于现代赛事的影响较少，自然环境风险因素相对较少。由于体育赛事活动在短时间内会出现大量人员集散，在此期间，要保障参赛人员和观众衣食住行安全，做好安保防范工作，确保赛时社会安全有序。通常，结合赛事实际环境，把赛时的环境风险分为交通安全风险、食品安全风险、卫生安全风险、消防安全风险、气象安全风险、舆情安全风险。除了上述几类风险，对于大型体育赛事活动还需考虑举办地的接待能力。

3. 人员风险

体育赛事活动人员风险是指因赛事活动组织工作的疏忽带来赛事参与人员出现意外的人身伤亡事故的风险。体育赛事是人类社会文明发展的产物，是满足人类高层次精神需求的活动。体育赛事参与人员因其身份差异性，相应的安全防范的内容也就存在差异性。对于大型体育赛事活动，参与人员除了运动员、裁判员、观众，还有志愿者、政府官员及媒体转播工作人员等，因此，体育赛事活动人员风险就有运动员安全风险、裁判员安全风险、观众安全风险、要员安全风险、志愿者安全风险、媒体人员安全风险这几类。

4. 市场运营风险

市场运营风险原指企业运营风险，一般是指企业在新产品研发、新市场开发、产品服务定价、销售渠道、市场环境等方面存在的风险。自1984年洛杉矶奥运会开始，奥运商业之父彼得·尤伯罗斯（Peter Ueberroth）通过商业化运营仅用100美元挣得了2亿美元，这拉开了体育赛事市场化商业运营的大幕，改变了人们对于体育赛事活动的认识，人们不再仅仅局限于把体育赛事作为一项人类社会活动看待，而是把体育赛事作为具有相应知识产权的产品对待。因此，体育赛事活动的举办，在商业化运营时就不可避免地出现市场运营风险，主要有赛事品牌风险、产权风险、爽约风险、创意风险、经营风险、物资风险、推广风险等风险类型。

（三）体育赛事活动赛后风险识别

体育赛事活动赛后风险首先是指赛事活动结束后，赛事组委会解散，而赛事举办期间的相关业务工作仍然需要处理，特别是涉及法律事务的相关工作，因无法对接赛事运营组织而产生的风险；其次是指体育赛事活动结束后，特别是大型体育赛事，又出现场馆闲置或运营成本过高带来的赛事遗产经营风险。因此，体育赛事活动赛后风险通常分为遗产经营风险和责任风险两类。

三、体育赛事活动业务轴向风险识别

从体育赛事活动举办的工作业务维度识别风险需要了解体育赛事活动有哪些，以及具体这些业务工作由谁来完成。这样就可以在识别风险的基础上较为清晰地了解该由哪个部门去加以关注和防控。体育赛事活动因赛事的类型和规模不同，体育赛事举办的组织架构虽然大同小异，但是具体工作业务内容有较大差异。通常赛事级别越高、规模越大的体育赛事活动，其业务范畴和边界就越宽广。为了能够较好地理解和识别体育赛事业务领域的风险，以大型国际性体育赛事活动为风险识别的主要对象，这样对于一般群众性体育赛事、商业性体育赛事的相关业务风险则可以大型国际体育赛事的风险识别和防控举措内容为借鉴对象。本书将以2014年南京青奥会为例，对其风险识别和防控做详细阐述。

第四节　案例分析——南京青奥会风险识别

一、南京青奥会简介

（一）南京青奥会项目及赛区简介

2010年2月11日，在国际奥委会温哥华决定，将2014年第2届夏季青年奥林匹克运动会（简称青奥会）的承办权授予我国的南京市。

2014年，南京青奥会的项目有28个大项，包括水上运动（跳水、游泳）、射箭、田径、羽毛球、篮球（3人制）、拳击、皮划艇、自行车、马术（障碍赛）、击剑、足球、体操、手球、曲棍球、柔道、现代五项、赛艇、帆船、射击、乒乓球、跆拳道、网球、铁

人三项、沙滩排球、举重、摔跤、高尔夫球、橄榄球等。这些项目大致分布在奥体中心场馆赛区、人文风景赛区和大学城场馆赛区3个板块。

1. 奥体中心场馆赛区

奥体中心场馆赛区由南京奥林匹克体育中心（包括体育场、体育馆、游泳馆、网球中心、体育科技中心）、五台山体育中心、南京国际博览中心、龙江体育馆、曲棍球场等主要场馆设施组成。青年奥运村及开闭幕式场所都位于该区域。该区域以体育特色为主，充分展示了奥林匹克文化。

2. 人文风景赛区

人文风景赛区由玄武湖风景区、钟山风景区、老山国家森林公园、金牛湖风景区四大风景区组成。该区域以城市人文自然风景为特色，积极倡导人与自然的和谐共生。

（1）玄武湖风景区。玄武湖公园位于南京市东北部，主要作为南京青奥会铁人三项的比赛场地。

（2）钟山风景区。南京体育学院位于南京市区东部钟山风景区，是一所集教学、训练和科研为一体，培养各类体育人才的高等体育学府，是青奥会网球赛主场赛区。南京马术赛马场位于南京市东郊，主要包括看台区、马厩区、赛道区、广场区等，现作为马术竞赛训练中心。

（3）老山国家森林公园。老山国家森林公园位于南京市北郊，在南京青奥会期间主要作为自行车公路赛的比赛场地。

（4）金牛湖风景区。南京金牛湖风景区位于南京市北郊，水面1666.5万平方米，湖容9600万立方米，是南京市最大的人工湖泊。8月份白天平均风速10.9千米/小时，A赛场无障碍圆形竞赛区域直径1.3千米，平均水深10米；B赛场无障碍圆形竞赛区域直径1.2千米，平均水深7米，可承办国际、国内帆船部分项目的比赛。

3. 大学城场馆赛区

大学城场馆赛区由南京江宁大学城地区的体育场馆设施组成。该区域覆盖了15所高校，是足球、摔跤的比赛场地，现作为文体活动的比赛场所及大众休闲娱乐的活动空间。江苏省方山体育训练基地位于南京市东南部，是射击、射箭的比赛场。

（二）南京青奥会组委会简介

青年奥组委与国际奥委会、国际单项体育联合会及国际专家们紧密合作，为参与南京青奥会的各国青年人和全世界致力于奥林匹克运动发展的人们，奉献了一场青年奥运盛会。

南京青奥会比赛在"三大场馆区"的26个不同竞赛场馆进行。这些场馆大部分都举办过市运会和各类世界、洲际单项体育赛事，完全满足青奥会的需要。绝大部分场馆与青奥村、国际奥委会酒店、主媒体中心的距离基本在30分钟车程内。

南京青奥会组委会设有办公厅、国际联络部、总体策划部、人力资源部、市场开发部、新闻宣传部、文化教育部、财务部、法律事务与监察审计部、综合保障部、体育与场馆部、青奥村部、开闭幕式及大型活动部、信息技术部、志愿者部、安保部、媒体运行部，共 17 个工作部门，如图 7-3 所示。

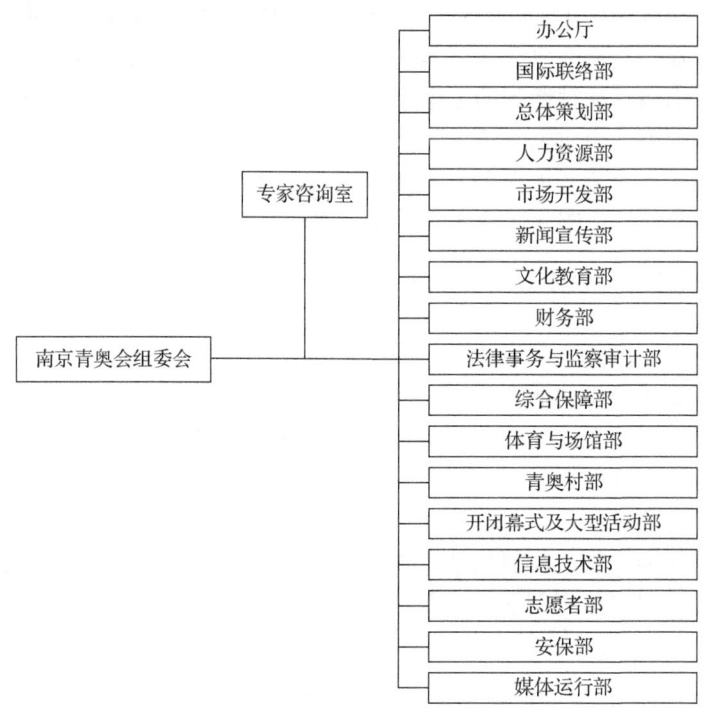

图 7-3　南京青奥会组委会组织机构图

南京青奥会组委会各部门对应的青奥会职能一览表如表 7-1 所示。

表 7-1　南京青奥会组委会各部门对应的青奥会职能一览表

部门	青奥会职能	部门	青奥会职能
办公厅	政府关系、城市运行、知识管理	国际联络部	国际奥委会服务与礼宾、语言服务、国家/地区奥委会服务、国际旅行
总体策划部	总体策划、风险和保险、运行计划整合	人力资源部	人力资源
市场开发部	品牌管理、品牌保护、市场开发、特许经营、票务	新闻宣传部	出版物、宣传、互联网与数码媒体
文化教育部	文化教育（含庆祝场地与活动）	财务部	财务与管理、采购
法律事务与监察审计部	法律事务	综合保障部	环境、基础设施、住宿、清洁与垃圾、食物与饮料、医疗服务、后勤、交通、赛事服务
体育与场馆部	体育、场馆开发与管理	青奥村部	青奥村开发与管理
开闭幕式及大型活动部	仪式、火炬传递（不含庆祝场地与活动）	信息技术部	技术保障
志愿者部	志愿者	安保部	安保、注册
媒体运行部	媒体运行	—	—

上述 17 个部门的 42 项职能是一级职能，在基础规划阶段已经明确各项职能的划分。在战略规划阶段，将对这 42 项职能进一步细化，明确一批诸如电力、照明、抵离、引导标识、运动会景观、制服、气象服务等为二级职能，作为对一级职能的补充与完善，按照战略规划的要求和对赛时运行的考虑，对二级职能的划分做进一步明确。

上述 17 个部门的 42 项职能的具体执行者，以及观看开闭幕式和比赛的观众，他们可能面临与南京青奥会相关的风险。运用利益相关者分析，其风险主要涉及商业合作伙伴、二级关联产业部门、赛事工作人员安全、赛事公众安全等。

二、南京青奥会赛事风险识别与评价

风险识别是指在风险事故发生前，人们运用各种方法系统地、连续地认识所面临的各种风险及风险事故发生的潜在原因。风险识别是风险管理、风险规避的基础，只有在风险识别的基础上，才能进一步寻找导致风险事故发生的条件因素，为拟订风险处理方案、进行风险管理决策服务。

南京青奥会赛事风险识别显然不是一次性的活动，而是一项复杂的工作，要对各种可能的致险因素仔细分析，反复比较，去伪存真。本书希望借助安全利益相关者的分析方法，并结合风险识别鱼刺图法，以及历史资料和南京的历史人文、地理环境等实际对南京青奥会赛事风险进行甄别。

南京青奥会赛事风险管理的基础工作实际上就是一个连续不断监测与识别潜在风险的过程。任何重大的风险被忽略都会导致赛事整个风险管理的失败，也会给整个赛事带来不可估量的损失。在充分分析南京青奥会所处的外部环境和内部运行环境的基础上，从利益相关者的视角，在确定南京青奥会可能面临的主要风险类型的基础上，周密地了解和剖析赛事所处的外部自然环境、经济和社会环境，利用赛事举办的特点，从筹办到结束的时间轴向，借助鱼刺图找出各种风险要素与风险事件之间的内在联系，以及对南京青奥会的顺利举办可能造成的威胁，对南京青奥会的赛事风险进行识别。

借鉴 2008 年奥运会、2010 年广州亚运会等大型体育赛事的特点和规律，以及上海世博会等大型社会公众活动的风险识别和风险管理的经验，对南京青奥会的风险识别以组委会各部门对应的青奥会职能和职能工作分解法为主，其中职能工作分解法根据赛事的目标确定赛事的工作范围和职责，按照工作范围和职责划分工作部门，辨别各部门工作存在的风险的可能性。南京青奥会组委会各部门潜在风险分析表如表 7-2 所示。

表 7-2 南京青奥会组委会各部门潜在风险分析表

部门	潜在风险表现	部门	潜在风险表现
办公厅	决策风险、协同合作风险	国际联络部	外事风险、旅游风险
总体策划部	策划风险、监控风险	人力资源部	人员选派风险、人员过失风险、人员犯错及犯罪风险
市场开发部	爽约风险、物资风险、产权风险、创意风险	新闻宣传部	电视转播信号风险、媒体信息技术风险
文化教育部	公众安全风险、青奥会文化遗产运营风险	财务部	财务风险、利率汇率风险

续表

部门	潜在风险表现	部门	潜在风险表现
法律事务与监察审计部	法律风险	综合保障部	协调风险、食品安全风险、交通风险、安全卫生风险
体育与场馆部	运动员人身伤害风险、缺席风险、场馆设备安全风险	青奥村部	驻地宾馆安全风险
开闭幕式及大型活动部	文艺表演风险、火炬点燃风险、运动员入场风险、观众拥挤踩踏风险	信息技术部	电力、通信技术风险
志愿者部	接待服务风险、缺席风险、安全风险	安保部	恐怖活动风险、大型治安事件风险、政要人员保护风险、观众骚乱风险
媒体运行部	媒体导向风险、电视转播权销售风险	—	—

三、南京青奥会赛事风险分析方法

风险评估是在对潜在的不确定性和风险因素分析的基础上，通过评估和预测各风险因素致使事故发生的概率与损失的幅度，进而评估整体风险水平。但在风险识别和评估的过程中，可能会出现两难的状况。例如，不招募志愿者显然就不会出现因志愿者不到岗而产生的风险，但是因此而需要的用工数量和用工成本就剧增。一旦出现这种两难境况，一般采用"两利相衡取其重，两害相衡取其轻"的原则。

不同类型和级别的赛事，赛事内涵存在差异性。不同的体育赛事项目有着项目自身的特性。因此，对南京青奥会赛事进行风险评估时，由于涉及的风险因素面宽域广，需要考虑到部分非赛事引起的风险因素的评估，如恐怖袭击、敌对势力的影响等，这些风险因素的分析需要涉及政治、经济等领域，对此类风险因素的评估需要进一步深入研究，而在时间方面就会延续很多。因此，根据前面的研究思路和分析问题的具体内容，紧紧围绕赛事举办的流程，以时间轴和组委会职能部门分工两个视角，采用风险归类的思路进行评价。

四、南京青奥会的气候环境风险分析

南京属北亚热带湿润气候，季风明显，四季分明。南京进入春季是4月1日左右，进入夏季是6月8日左右，进入秋季是9月18日左右，进入冬季是11月12日左右。南京平均气温15～16℃，最高气温43℃（1934年7月13日），最低气温-16.9℃（1955年1月6日），最热月平均气温28.1℃，最冷月平均气温-2.1℃。气候的变率较大，冬季干旱寒冷，夏季炎热多雨。

主要灾害性天气是指热带气旋（含台风）、暴雨（雪）、雷电、寒潮、大风、干旱、大雾、高温、低温、龙卷风、冰雹、霜冻、连阴雨等。南京青奥会的举办时间是在2014年8月16—28日。因此，南京青奥会因气候问题而产生的风险主要有高温、台风、暴雨（雪）、雷电、龙卷风等。

南京市2012年8月平均气温27.4～28.4℃，与常年同期相比，各站偏高0.3～0.9℃；月极端最高气温为37.1℃，于18日出现在浦口站；全市8月高温日数与常年同期基本持平，除六合站仅有1个高温日外，其他地区高温日数在3～5天。

在受台风影响方面，2012年，南京市在8月2—4日受台风"苏拉"和"达维"外围影响，普降中到大雨，高淳县为大到暴雨，最大雨量点出现在高淳县东坝留下（84.6毫米）；同时伴有平均风力4~5级、阵风6~7级的偏东大风，极大风出现在高淳县桠溪镇（7级，16.3米/秒）。8月8—10日，受第11号热带气旋"海葵"的外围影响，南京市有大风和强降水天气；其中，8日中南部地区普降大暴雨，局部特大暴雨，最大雨量站点出现在溧水爱民村（334.2毫米），同时伴有平均风力7~8级、阵风10~11级的偏东大风，极大风出现在溧水白马镇（11级，30.7米/秒）；9日中北部地区出现了大到暴雨，局部大暴雨；10日六合地区出现了中到大雨，局部暴雨。

受北方弱冷空气南下和副热带高压的共同影响，2012年8月出现3次强对流天气，分别是14日六合出现雷雨大风天气；18日高淳县出现雷雨大风及短时强降水天气；19日全市出现了中到大雨，局部暴雨，并伴有雷雨大风及短时强降水天气。

根据历史上的统计数据，中华人民共和国成立以后的50年：南京历史上属酷暑年有8年，且集中于50年代到70年代初。在1949—1971年的23年中，占了6年；在70—90年代的27年中，只有2年。在1978年出现酷暑年后相隔15年，到1994年才出现酷暑年，均为10天。由此可见，南京7—8月高温日在20世纪70—90年代的27年中比过去减少了近1/3。极端最高气温7—8月出现大于等于39℃的高温年，在前23年中出现过4年，极值为1959年的40.7℃；但在后27年中只有1978年出现了39.7℃。尤其是进入80年代后至今，年极端最高气温均在38.5℃或以下。

历史上南京是有名的全国三大"火炉"之一。最高气温曾出现43℃（1934年7月13日），20世纪70年代还出现过接近40℃的高温日，但从80年代至今，南京的年极端气温已有明显下降，年高温日数也在减少，酷暑年出现的概率同样显著降低。因此，在南京青奥会举办期间，南京有出现高温、强对流天气的可能。但根据统计数据来看，出现的概率相对而言是较低的。南京出现大的极端性自然灾害，如地震、火山喷发、海啸的概率就更低。因此，综上所述，南京在2014年8月16—28日举办青奥会出现因气候而导致风险的概率较低。

五、南京青奥会的生态风险分析

生态风险评估是评估一种或多种外界因素导致可能发生或正在发生的不利生态影响的过程。其目的是帮助环境管理部门了解和预测外界生态影响因素和生态后果之间的关系，有利于环境决策的制定。生态风险评价被认为能够用来预测未来生态的不利影响或评估过去某种因素导致生态变化的可能性。

南京青奥会是一场大型国际性赛事，为确保赛事成功举办，南京市政府结合城市的赛事资源特点，主要在基础设施建设、赛事场馆建设开展大型工程建设项目。基础设施建设主要是在道路和轨道交通领域，而赛事场馆建设是充分利用已有的场馆加以改造，在15个场馆中，现有场馆12个，新建的临时性场馆设施2个，分别是玄武湖公园铁人三项赛场和金牛湖风景区的帆船赛场；需要完全新建造的场馆仅曲棍球馆。另外，青奥村建设项目位于奥体中心南侧，项目的选址、建设等都经过了综合考虑，并与南京未来发展的总体战略规划相结合。这些项目建设对南京的生态系统产生的风险不会对其产生实质性的影响。

在赛事举办期间，大量的外来游客进入南京。据统计，参赛运动员 3808 名，还迎来 204 个国家和地区近 80 万人；青奥会前后，南京一地的游客量达 300 万人次。南京作为六朝古都，具有大量的历史人文景区，赛事将带动南京市的旅游经济发展，同时在短期内南京市旅游景区的游客流量也会剧增，进而给景区内的局部生态环境带来一定的风险。但就整个南京市而言，不会出现类似于雅典奥运会的负面效应。2000 年雅典奥运会期间雅典的物价飞涨，买一瓶矿泉水要花费 3 欧元，约 30 元人民币；住宿价格也大幅度提高，雅典饭店狂涨 3～5 倍。南京市是一个包容性较强的城市，拥有超过 800 万人口，城市接待能力超过 100 万，在青奥会期间接待 100 万左右的赛事流动人口，不会给城市带来接待压力。

六、南京青奥会的消防安全风险分析

南京市消防支队位于南京市鼓楼区北京西路 1 号。2012 年，有消防官兵 1065 人，机关设司令部、政治处、后勤处、防火处，下设 1 个消防特勤大队、21 个消防大队、23 个消防中队，另有消防医院、修理所、驾训队、轮训队、副食品生产基地。全市公安消防队共有消防执勤车辆 102 辆，其中 50 米以上云梯车 3 辆、32 米曲臂平台举高车 1 辆、抢险救援车 2 辆、防化抢险救援车 1 辆、防化抢险洗消车 2 辆、消防救护车 1 辆、三剂联用车 1 辆、重型泡沫车 2 辆、排烟车 1 辆、照明车 1 辆、后援车 3 辆、通信指挥车 1 辆、其他常规消防车 83 辆。全市共有工企专职消防队 31 个、消防队员 1089 人、消防车 89 辆。南京市消防支队在上级党委和地方政府、公安机关的领导下，坚持从严治警和按纲建队的方针，依法实施消防监督，加入执法力度，有效遏制了重特大火灾事故的发生，全市消防官兵认真落实执勤备战各项制度，加强业务训练，不断提高扑救现代火灾的能力和水平，最大限度地减少火灾损失，为保卫南京的经济建设作出了积极的贡献。

从 2014 年 3 月 31 日起至亚青会开幕期间，紧紧围绕"比赛场馆和驻会宾馆不发生火灾事故；比赛场馆、宾馆周边 200 米范围内不发生火灾事故；场馆在建设和装修期间不发生火灾事故；全市不发生较大或有影响的火灾事故"为目标，坚决圆满完成消防安保各项任务。针对国际赛事情况，南京市公安消防局在前期就成立了消防保卫运行团队，开展场馆消防安保，对 38 个青奥场馆逐一开展摸底排查，对各场馆的建筑消防设施、装修材料施行了"一馆一档"的跟踪治理模式，同时对 38 个场馆进行火灾风险评估，确定其安全危险性能。为了整体联动，南京消防部门成立了专家督导、防火监督、工程建设审验、灭火救援、宣传培训、通信保障、后勤保障等多个小组，从隐患监督、实地演练、社会宣传等全面做好消防安保。

因此，2014 年青奥会的消防安全有了亚青会的演练，对于消防安全隐患的排查和赛场的火灾风险控制发挥了有力的保障作用。

七、南京青奥会的交通安全风险分析

历届奥运会的举办经验表明，有效的交通管理是成功的关键因素之一。对奥运会交通组织系统的最基本要求是保证贵宾安全、可靠、方便地到达目的地，保证比赛准时、顺利地进行。由于交通事件的发生具有随机性，需要针对可能发生的紧急事件制订周密的处理预案，以确保奥运会顺利进行，最大限度地减少紧急事件对奥运会的不利影响。

南京为了保证亚青会和青奥会有良好的交通，在市住建委、交通局、地铁公司的努力下，已经就城市道路改造、干道整治、地铁工程进展，以及过江通道建设、高速公路建设等相关情况做了详细的规划和建设。

从南京市地下铁路交通规划可知，南京市建成 17 条地铁轨道交通线路。青奥会举办前运行的只有 1 号线和 2 号线。为南京青奥会建设的 3 号线、4 号线、10 号线、11 号线在 2014 年初开通运营。同时，城西干道综合改造工程、机场高速扩建工程等项目的完成都能够为南京青奥会的交通提供必要的基础保障。

因此，需要通过制订详细、周密的交通组织方案，包括接送站交通方案、开闭幕式交通组织方案、观众交通组织方案、停车方案、青奥会交通路线方案、青奥村内交通组织方案、交通通信保障方案、交通设施保障方案、赛事期间交通管制方案、司机及群众交通安全宣传教育方案、外省市车辆进南京的控制方案等。对青奥会赛事周围地区及主要的交通路线实施交通管制，限制一部分车辆使用这些道路以缓解这些道路的交通压力；并且在青奥会期间调整部分单位工作时间，实行弹性工作、错开高峰时间等方法确保了青奥会期间实现交通安全、舒适、可靠、快速、准时的目标。

八、南京青奥会的公共卫生安全风险分析

公共卫生与普通意义上的医疗服务是有一定差距的。为了能够公平、高效、合理地配置公共卫生资源，必须明确什么是公共卫生。美国城乡卫生行政人员委员会对公共卫生的定义——公共卫生是通过评价、政策发展和保障措施来预防疾病、延长人寿命和促进人的身心健康的一门科学与艺术。

公共卫生服务是一种成本低、效果好的服务，但又是一种社会效益回报周期相对较长的服务。在国外，各国政府在公共卫生服务中起着举足轻重的作用，并且政府的干预作用在公共卫生工作中是不可替代的。许多国家对各级政府在公共卫生中的责任都有明确的规定和限制，以便有利于更好地发挥各级政府的作用，并有利于监督和评估。

2003 年的 SARS 对我国公共卫生安全应对体系来说，不仅仅是一场北京奥运会前的考验，更是促进了我国公共卫生安全应对体系的建立和完善。在北京奥运会期间，为了保证和维护北京奥运会的安全与中国的国际声誉，公共卫生安全成为北京奥组委的一项重要工作。通过建立医疗卫生保障体系，保障北京奥运会的官员、教练员、运动员及广大参与人员的健康安全。北京奥运会医疗卫生保障是依靠从北京市 80 多家医疗机构里选拔的 3000 多人组成的 30 多个医疗队，在奥运村里建立的综合诊所中还有作为奥运会指定医院的 3 家重点医院。其中，中日友好医院专门负责收治运动员、教练员、裁判员入住；北京协和医院负责收治奥委会的官员和贵宾；安贞医院负责收治注册媒体记者等。

在北京奥运会期间，食品安全也是一项重要工作。由于运动员和观众来自不同的国家与民族，饮食文化的背景不同，对食物的需求也就各不相同。此外，由于对食品的安全标准要求高，供餐持续时间长、餐饮场所分散，为奥运会提供安全、健康、环保、营养的食品便成为奥运工作的重点。因此卫生部和北京市政府制定了《北京市突发公共卫生事件应急条例》，同时北京市成立由 15 名国内外权威专家组成的奥运食品安全专家委员会，制定并实施了《2008 年北京奥运食品安全行动纲要》，确定了 10 类 345 个品种的奥运食品安全主体标准，包括有害物质限量标准约 80 个、监测方法和标准约 50 个、包

装类标准约 15 个；构建由奥运食品供应单位自检体系、奥运场馆内快速检测体系、奥运场馆外实验室检测体系构成的奥运食品安全检测体系，实现对奥运食品从生产基地经加工企业、物流配送中心到奥运村的全程追溯监控。

2014 年的南京青奥会的公共卫生安全，在经过 2010 年甲流、2012 年 H7N9 型禽流感的考验，南京的公共安全卫生体系已经形成，并建成了南京市突发公共卫生事件应急指挥中心。该中心位于南京紫竹林 3 号，总建筑面积 3.2 万多平方米，从硬件到软件均堪称国内先进，它将负责全市重大疫情的监测、预警、评估、决策和急性中毒及重大伤害的急救、处置、指挥及卫生监督执法工作。2013 年，应急指挥中心、疾控中心、卫生监督所、急救中心、血液中心等多家单位已经入驻。据介绍，南京市突发公共卫生事件应急指挥中心将坚持平战结合原则。其日常由市卫生局应急办、疾控中心急传科和信息科人员组成，实行 24 小时值班，主要进行疫情分析，对全市传染病信息、突发公共卫生事件信息进行汇总、研究、分析，及时提出预警预测和预防控制措施，并对措施的效果进行评估。遇有突发公共卫生事件，相关部门立即进入指挥中心，全面负责对事件的实时响应和调度指挥。南京市突发公共卫生事件应急指挥中心能够做到全市专家一分钟内搜出，该中心的医疗救治资源管理系统涵盖了南京市各级各类医院的相关信息，以及各专家的个人资料、擅长的专业等，同时还设有专家库，包括一个专家委员会和 8 个专家组。只要应急指挥中心接到求援，就可以迅速通过医疗救治资源管理系统寻找合适的专家给予支援。南京市突发公共卫生事件应急指挥中心还具有疫情监测预警的功能。通过突发公共卫生事件监测与预警系统，该中心每时每刻监控着发生在南京市每个医院的传染病情况，即使是南京的病人在外地发病，只要登记是南京人，该系统也能监控到，因为传染病已实行全国网络直报。

因此，在 2014 年的南京青奥会期间，智能化的南京市突发公共卫生事件应急指挥中心为南京青奥会的公共卫生安全发挥了巨大的监督和管理作用。

九、南京青奥会的场馆安全风险分析

南京青奥会比赛场馆"三大场馆区"分别为奥体中心场馆赛区、人文风景赛区、大学城场馆赛区。

（1）奥体中心场馆赛区的南京奥林匹克体育中心集中了全部 15 个比赛场馆中 33%的场馆和全部 26 个比赛项目中 55%的项目。南京奥林匹克体育中心承担南京青奥会的田径、体操、水上运动、现代五项运动项目；五台山体育中心承担足球、篮球、乒乓球运动项目；南京国际博览中心承担拳击、跆拳道、击剑、现代五项、举重运动项目；龙江体育体育馆承担柔道、摔跤运动项目；曲棍球场承担曲棍球运动项目。

（2）人文风景赛区集中了 47%的比赛场馆和 33%的比赛项目。玄武湖公园承担铁人三项运动项目；南京市水上运动学校承担赛艇、皮划艇等运动项目；钟山风景区的比赛场馆主要由南京体育学院羽毛球馆、南京赛马场、中山国际高尔夫球场组成，分别承担南京青奥会的羽毛球、马术、高尔夫运动项目；金牛湖风景区主要承担水上帆船运动项目；老山国家森林公园承担自行车比赛运动项目。

（3）大学城场馆赛区集中了 20%的比赛场馆和 12%的比赛项目。该区域与江宁大学城重合，影响力覆盖 15 所高校的 20 万在校师生，让广大青年师生有机会直接感受奥林匹克的魅力，充分发挥并体现奥林匹克运动的教育功能。该区域主要承担足球、手球、射击运动项目。

南京青奥会的 15 个比赛场馆都是经过精心考察和筛选的。其中大部分的场馆都是第 10 届全国运动会使用的场馆，为场馆赛事举办的管理积累了大量的宝贵经验。但是，从地理位置上看，南京青奥会赛事相关的 15 个场馆分布在整个南京市，北到金牛湖，南到江宁大学城和方山体育基地，东到仙林的马术中心，西到老山国家深林公园。这些场馆在空间分布上为场馆的集中安全管理带来了一定的难度，因此，南京青奥会的场馆安全是隐患较大的领域。

十、南京青奥会的志愿者安全风险分析

志愿者在社会生活的各个领域中发挥着越来越重要的作用，尤其是一些大型活动，更是离不开志愿者的支持。同时，志愿者这一概念也越来越频繁地出现在学术研究和传播媒体中。在北京奥运会志愿者行动项目体系内，服务他人、服务社会、服务奥运的志愿者包括"迎奥运"志愿者、奥运会赛会志愿者、残奥会赛会志愿者、奥组委前期志愿者、城市志愿者、社会志愿者。

一场大型国际性体育赛事的志愿者服务岗位主要会涉及语言服务、接待礼仪、组织竞赛、场馆管理、技术指导、餐饮服务、引导观众、医疗服务、检查兴奋剂、场馆安保、媒体协助、交通物流、竞赛注册、赛场票务等领域的工作。因此南京青奥会需要有大量的志愿者参与赛事的组织与管理、协调与协助工作。

南京青奥会的赛事规模大、级别高，涉及领域广，对志愿者的数量和质量都提出了极高的要求。要求志愿者的服务涉及青奥会的行政、各种仪式、沟通联络、旅游接待、信息技术、公共关系、翻译、医疗保健、交通、新闻发布、安全、观众服务、赛场服务、奥运村服务等具体事务。同时，随着社会经济与科技的发展，奥运会对志愿者专业技术和能力的要求越来越高，许多领域越来越需要那些接受过专业培训的高级人才，尤其是新信息技术和语言领域。能否满足这种要求，不仅与举办国的志愿者传统有关，还取决于准备是否充分、管理是否完善。如果招募到的志愿者在数量或专业技能方面与奥运会的要求不相符，必将影响奥运会的顺利进行。奥运会各个部门、各个岗位的工作分析包括工作描述与工作规范两个内容，这是良好管理的基础。志愿者的招募与遴选、定位与培训、绩效评估、监督与激励都是建立在这一基础之上的。

南京亚青会和青奥会招募的志愿者大多数来自南京各个高校，是在校的大学生。因此，志愿者总体的素质很高，而且接受过志愿者培训，志愿者在走上工作岗位之前都能具体了解志愿服务的要求和服务规范，并能做到诚心奉献、守时守纪、热情服务、坚守岗位、团结互助、不求私利。因此，南京青奥会志愿者安全风险是可控风险。

第五节 体育赛事活动风险防控

本章第三节对体育赛事活动的赛前、赛时、赛后的风险做了详细阐述，主要包括决策风险、财务风险、施工风险、人员风险、管理组织风险、环境风险、技术风险、市场运营风险、遗产经营风险、责任风险等，其中每类风险对大型体育赛事的破坏力和影响都是不相同的。因此，赛事风险防控需要针对不同类型的风险，在风险管理体系中根据

相应的管理原则有区别地对待。

体育赛事活动风险防控原则是以风险管理原理为依据，在考虑赛事带来的损失和影响、风险防控的对象和环境、诱发风险产生的因素和概率的同时，根据赛事的组织架构要求而制定出来的进行风险防控活动应遵循的准则。

一、体育赛事利益相关者分析

体育赛事是人类社会发展过程中产生的一种社会现象，最初是一种服务于宗教祭祀的游戏活动。在社会文明长期发展进步过程中，这些宗教祭祀的游戏活动逐渐演化成体育赛事活动，形成了以人体运动为载体，以竞赛规则为准则的一种竞争性、群体性活动。

随着人类社会进入现代商业文明和工业文明时代，现代体育赛事已不再停留在赛事活动的竞技比赛本身，而是从体育赛事管理和商业化运营的角度，把赛事作为产品，同时把赛事场外因素纳入赛事管理和运营范畴。体育赛事活动所赋予的内涵也越来越丰富，一场大型国际性体育赛事的成功举办，从赛事政治、体育文化传播、社会治理、赛事经济到城市发展等，都需要取得成功，达到预期目标。因此，一场体育赛事活动不仅是体育运动爱好者的盛会，也是企业家、社会工作者、文化传播者积极参与的盛会。体育赛事不仅需要塑造自身的品牌和知识产权，还需要兼顾其他的利益相关方，否则就很难达到预期效果并形成多方共赢局面。因此，良好的体育赛事活动风险管理需要兼顾赛事各利益相关方的利益关切，除了赛事活动的参赛运动员、裁判员、观众、赛事工作服务人员，还有赛事的主办方、承办方、运营方（协办方），赛事的商业赞助者，体育赛事相关商品供应商，体育赛事转播者，体育文化传播者等。他们是体育赛事活动具体策划人、举办者，是体育赛事活动的利益相关方，体育赛事的成功举办是赛事各利益相关方目标利益实现的保障。从体育赛事运营工作关联角度，上述体育赛事利益相关方可以分为 4 类：体育赛事商业合作方、体育赛事主办方和承办方、体育赛事活动管理方及赛事观众参与方，他们与赛事安全的关系如图 7-4 所示。

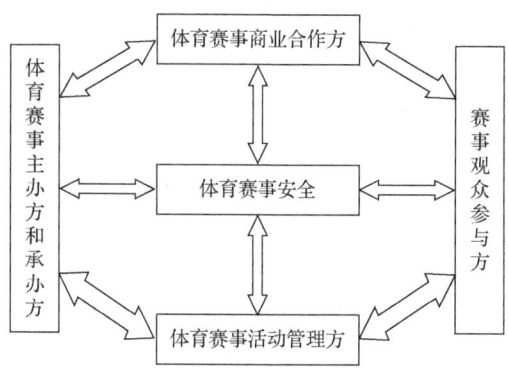

图 7-4 体育赛事安全利益相关者分析图

二、体育赛事活动风险防控原则

（一）坚持全员参与的原则

体育赛事活动风险防控以控制风险、防止损失、创造价值为导向，以安全、规范、有序地顺利举办赛事为目标。体育赛事活动的风险涉及人员健康和安全风险、赛事组织与经营风险、社会环境风险、财务风险等。因此，在风险管理时，需要参与赛事的工作人员全员参与赛事风险防控，要求全员树立风险防控意识，让每个参与赛事组织工作的人员、志愿者都积极关注赛事风险安全诱发因素。所有人都有风险管理的意识，从内心开始关心赛事的各项风险安全诱发因素，真正做到全员参与防范、全员参与管理，在做好思想意识上的统一后，再进行专业的赛事风险防控培训，结合现代体育赛事活动指导员体系，让参与赛事的工作人员知道如何防范风险和处理应急事故。这是赛事风险防控的首要原则。

（二）坚持建立应急预警机制原则

凡事预则立，不预则废。体育赛事活动主管部门应根据体育赛事活动的业务流程建立体育赛事活动应急预警机制，即在风险识别的基础上，对已经识别的影响赛事安全的一系列风险因素建立对应的应急预案。大型体育赛事活动和多数大型公共活动一样都会面临各种各样的风险，虽然风险因素和产生的损失有很大的差异性，但是风险防控机制和制度设计是大同小异的。通过制度设计建立体育赛事活动应急预警机制，完善应急预案体系，在赛事活动举办前，各项业务负责人即可依据应急预案做好风险识别和防控，从而最大限度地预防和减少风险事件及其造成的损害，保障赛会的安全和顺利进行。赛事风险管理预警机制应包括应急预案的制订、手册的编制、人员的培训及试运行，各方面应该做到详尽、具体，避免模棱两可、模糊不清，应该尽可能地明确各部门之间的工作任务、职责和权利，确保无遗漏。

（三）坚持独立性与开放性相结合原则

体育赛事活动风险防控应该坚持独立性与开放性相结合的原则。风险防控部门应具备相对独立性，要有独立的机构、人员，以独立的视角对赛事发展中存在的风险进行客观识别、度量和控制。2021年5月22日，黄河石林山地马拉松百公里越野赛突然遭遇极端天气，当天中午1点左右气温骤降，在比赛的高海拔区域出现大风降温、冰雹和冻雨，高海拔赛段20~31公里处的参赛人员出现身体不适、失温等情况，致使21名参赛人员死亡。这一事件震惊国内外，也让体育赛事安全管理的薄弱环节和漏洞暴露无遗。为此，在2021年6月25日，体育总局、工业和信息化部、公安部、自然资源部、交通运输部、文化和旅游部、卫生健康委、应急部、市场监管总局、中国气象局、中国银保监会11个部委联合发布了《关于进一步加强体育赛事活动安全监管服务的意见》。体育总局和地方体育主管部门对承办和主办500人规模以上的体育赛事活动需要向地方公安系统报备，同时，赛事运营单位需要提供体育赛事的安全风险防控方案、应急处理方案、疫情防控方案和赛事组织方案的评估报告。2022年底，体育总局颁发了新版的《体育赛事活动管理办法》，明确要求高危赛事实施行政许可，需要出具赛事风险评估报告。风险评估机构根据赛事承办方提供的《风险防范及应急处置预案》《安全工作方案》《医疗保障及救援方案》《赛事活动"熔断"机制》《赛事活动组织方案》对赛事风险进行评估，最后出具评估报告，这一制度设计从管理层面确保了体育赛事活动风险防控具备独立性。

对于大型国际性体育赛事活动风险防控，通常由体育赛事组委会的总策划部分管，在行政隶属关系上不具有独立性的特点，但是为了确保赛事风险管理的有效性，在涉及风险防控事务运作时应保持其独立性。在保证赛事风险管理的独立性前提下，还需要保持风险管理的适度开放性。面对赛事风险，要始终面向不断变化的赛事过程，注意风险管理方法的创新和完善，依托赛事工作人员参与赛事风险防控，让赛事风险识别和防控具备动态管理的特征。

（四）坚持统一性与差别性相结合原则

体育赛事活动风险防控应该坚持统一性与差别性相结合的原则。赛事风险管理的理念、战略、策略是体育赛事活动风险管理活动的行动指南，在赛事组委会的统一领导下、总策划部的风险管理要求下，对赛事风险管理根据各项目比赛管理要求的特点不同，采取不同的风险管理模式；要按照赛事项目流程的特点和诱发各类赛事风险的特征，根据风险因素的缓急轻重、损失大小实施差别化的风险管理方式；在具体管理方法上，要针对不同项目、不同风险隐患、不同风险性质，采用不同的风险管理技术。

三、体育赛事活动风险管理预警机制

风险管理预警机制是在 2003 年 SARS 之后在公共危机事件管理领域取得的宝贵经验，在后来的大型公共活动中，多次检验了制订应急预案体系是风险防控最有效的办法之一。国务院在 2006 年颁布了《国家突发公共事件总体应急预案》，体育总局和各地方体育局根据国务院文件精神，分别制订了各自应对突发事件的应急预案。因此，在大型体育赛事活动举办时，需要建立体育赛事活动风险管理预警机制。所谓赛事活动风险管理预警机制，是通过建立由警示机构根据赛事业务内容预先发布赛事风险警告和应对举措的一种制度，是实现赛事风险因素的超前反馈、风险应对举措的超前设计，为防范各类风险奠定基础。具体业务执行部门或人员借助预警机制能够较快熟悉其业务预警内容，并能根据预案了解相应风险防控的目标和内容，同时明确并根据赛事活动不断完善和丰富应急预案的内容。

体育赛事活动风险管理应急预案体系，除了根据具体赛事及其赛事管理的组织架构制订体育赛事活动风险管理总预案，明确各类风险识别和管控业务的管理沟通、汇报决策等内容，还有依据不同业务实际设定体育风险专项应急预案，每个部门应急预案及每个比赛项目、每项大型集体活动的应急预案，而各类预案将根据实际情况变化不断补充、完善。一般而言，体育赛事活动风险管理应急预案体系包括的具体内容有体育（竞赛）、场馆管理、公共卫生、交通服务、驻地管理、气象和通信、媒体运行和舆情管控 8 个赛事职能板块共 60 项应急预案，参照附录四内容。

四、体育赛事活动风险防控措施

（一）制订体育赛事安全风险防控方案

体育赛事安全风险防控方案是在赛事举办前对赛事进行风险识别的基础上，防止赛事活动前期组织不力致使赛事人员经济损失而制订的预防性方案。一般而言，根据体育赛事活动风险源的特征，存在人员风险、环境风险、公共安全风险、办赛方风险、舆情风险几大类。依据不同类型的风险应该分别制定风险安全方案或安全指导手册。例如，体育赛事仪式活动方案，需要对开闭幕式、颁奖仪式、竞赛仪式等活动制订风险安全预案，对各类人员需合理引导分流，避免人员过度聚集带来人员安全风险；对运动员做好赛事安全风险防控，制定运动员《参赛须知》和《免责申明》，做好赛前引导和安全宣传工作等；为了应对裁判员、志愿者和赛事工作人员的安全风险，应建立起选派审核制度，确保赛事人员来源清晰、安全可靠，同时加强赛前安全培训，熟悉赛事场馆或赛场环境，制定场馆安全手册等。针对环境风险防控，通常需建立赛事气象检测服务机制，保障赛场设施设备安全、交通环境安全。

样例参考

×××马拉松风险防控方案

为了确保×××马拉松赛事顺利圆满举办，防止赛事组织不足导致赛事人员经济损失，特制订此风险防控方案。在充分识别和评估的基础上，根据风险源的不同特点，采取合理的防控举措，为降低马拉松赛事风险、持续打造×××马拉松品牌影响力和美誉度作出贡献。

一、赛事风险识别与分类

根据马拉松路跑赛事的特点，结合举办地的实际情况，马拉松赛事风险一般分为以下5类。

（一）人员风险

赛事人员风险是主要风险之一。马拉松赛事人员风险是指赛事除了数目庞大的参赛选手风险，还有志愿者、裁判员等工作人员风险，以及赛道沿途的观众等间接参与者带来的风险。

（二）环境风险

环境风险主要是赛事举办时所凭借的客观物质条件，是举办体育赛事不可或缺的基础条件。主要的环境风险包括自然环境风险、场地设施风险等。

（三）公共安全风险

公共安全风险是指赛事过程中可能会面临的公共卫生、食品安全、社会安全、政治因素等涉及的风险。

（四）舆情风险

舆情风险是指在赛事和非赛事期间可能突发的影响赛事形象的舆情危机。

（五）办赛方风险

办赛方风险是指在举办过程中进行了一定专用化投资并承担了一定风险的组织和个人，其活动能够影响或者改变体育赛事的成功举办，也可能受到体育赛事举办过程的影响。主要的风险点包括主办单位、承办单位、运营单位的资质，运营单位的经验、运营团队的设置等。

二、赛事仪式安全风险防控方案

（一）仪式安全风险防控方案

按照《中国田径协会路跑管理文件汇编》中关于路跑赛事的要求进行起跑和颁奖仪式，设置如下。

1. 开赛仪式
2. 颁奖仪式
3. 起跑仪式抢跑防控预案

（1）人墙净空管理。

（2）精英运动员管理。

（3）舞台流程与竞赛组织联动制度。

（二）起终点区域踩踏防控预案

针对特殊意外情况引起的拥挤踩踏，可能发生在鸣枪起跑前后的阶段。例如，发生拥挤踩踏情况，现场音乐立刻停止，现场司仪、主持人立刻口播请参赛选手进行疏散。

（1）预定疏散线路、指定疏散区域。

（2）组织就近裁判、志愿者、公安民警、工作人员承担警戒任务，负责维护拥挤踩踏区域外围的秩序，劝导现场人员远离现场，为应急处理创造有利条件。

（3）组织起点裁判、志愿者、公安民警、工作人员承担疏散任务，负责按预定的路线疏散赛道的人员。

（4）医疗保障人员负责积极做好救护准备，对伤员进行现场急救处理和安抚工作，并根据受伤人员情况进行转运。

起终点区域及完赛区域在物理上采用硬质隔离，在人员上另外安排区域安保人员确保除持有相关权限证件人员外，其余人员不得进入起终点区域。运动员冲刺后安排志愿者对完赛运动员进行劝离，不在终点区域逗留。严禁拖、拽等影响运动员冲刺的行为。

三、赛道沿途观众及其人员安全风险防控方案

赛道设计途经路线长，关注度高，针对赛道沿途和群众管理风险制订以下方案。

（一）建立证件管理系统

（二）制定现场安检系统

（三）赛道观众无序观赛风险

1. 宣传引导
2. 管理举措

四、风险防控措施

（一）针对人员风险的防控措施

1. 运动员风险防控措施

（1）做好赛事风险提示与告知工作。

（2）做好赛前体检的引导工作。

（3）做好参赛敬畏赛事的宣传工作。

2. 裁判员、志愿者风险防控措施

（1）建立选派和审核机制。

（2）加强赛事培训。

（3）场地熟悉与现场演练。

（二）针对环境风险的防控措施

1. 自然环境风险防控措施

（1）建立赛事专项气象监测服务。

（2）建立天气预案。

（3）告知参赛人员天气信息。

2. 场地设施风险防控措施

（1）主会场场地规划。

（2）赛道规划。

（三）针对公共安全风险的防控措施

（1）做好赛前舆情搜集。

（2）发生不法分子向赛道投扔杂物，影响活动正常进行时：①各执勤单位负责人立即向现场执勤民警下达处置命令，强行带离，迅速恢复正常秩序；②处理完成后，及时向指挥部报告。

（3）发生不法分子或"法轮功"等邪教分子散布谣言、散发传单或打出横幅攻击党和政府，制造政治影响时：现场执勤民警应先行处置，控制带离、逐人审查，对现场发现的邪教宣传品，要第一时间掌握、第一时间取证、第一时间清除，尽力消除影响，及时移交辖区公安机关深挖细查。

（4）做好公共卫生食品安全风险防控：①赛前赛事相关物资应采购正规厂家生产的符合食品安全规定的物资；②相关物资使用前需送至食药监部门进行相关检测、留样。如果发现检测不合格，第一时间叫停使用。

（四）针对舆情风险的防控措施

1. 成立舆情应对工作领导小组

（1）拟订突发事件应急新闻宣传工作方案，确定新闻发布的口径、原则和内容。

（2）组织和协调媒体记者现场采访，适时举行新闻发布会（通气会），向媒体发送新闻通稿，并提供工作便利。

（3）加强舆情监控与分析，制订应对方案，有针对性地澄清事实、解疑释惑、引导舆论。

2. 确定运营机制

（1）在突发事件发生后，启动新闻宣传工作应急预案，做好突发事件新闻发布管理工作的协调指挥。

（2）在获知突发事件的信息后，新闻宣传应急领导小组应立即向组委会和有关部门确认翔实情况，关注舆情发展动态，加强舆情分析。

（3）请示组委会，及时做出是否报道或怎样报道的指导性意见，迅速拟订统一的报道口径、报道方案、记者接待方案和网络舆情应对方案，及时写出新闻通稿，并在事发现场设立临时新闻接待中心。

（4）举行新闻发布会（通气会），在第一时间向新闻媒体发布准确、权威的信息。同时，安排记者采访报道，采访报道要有阶段性且不间断。

（5）收集和跟踪境内外有关突发事件的舆情和报道情况，及时向组委会和宣传部报告。

（6）根据突发事件进展节点，不间断地发布相关信息。

3. 工作要求

（1）媒体联系和报道要求：在事发现场设立临时新闻中心，定时定点组织新闻发布，向现场采访的中外记者提供信息；在保证事件处置和人身安全的前提下，应尽可能安排记者到事件处置现场采访，同时要求记者必须服从现场指挥部门的管理，不得干扰或影响事件的处置工作，并做好采访安全防护和审稿工作；及时收集相关报道。

（2）接受新闻采访要求：提出符合实际的采访内容，准备采访口径、内容或新闻通稿；采访回答应简洁明了，尽量使用明确的、描述性的、形象的语言；内容表述清楚、完整和统一；受访者要注意言行举止，保持良好形象。

（3）新闻宣传人员要求：应急新闻发布发言人必须是经主管部门正式授权的。发言人要具备政治素质、职业素质、知识和语言素质、心理素质4项基本素质。应急新闻宣传工作人员要具备政治素质、业务素质、能力素质3项基本素质。

（4）应急工作要求：新闻宣传应急领导小组、事件涉及单位及参与突发事件报道的主流媒体记者要保持信息畅通，确保应急期间新闻宣传工作有效运行。各级、各单位要为应急新闻宣传工作提供必要的财力支持，并保持人员相对固定。

（五）针对办赛方风险的防控措施

1. 审核赛事运营公司资质及运营团队情况

（1）是中国田径协会认证的路跑赛事运营公司。

（2）赛事公司至少有4名赛事运营管理人员，其中赛事总监1名、一般运营人员3名。

（3）公司注册员工15人以上，且上述员工在本公司缴纳社保满6个月。

（4）各有3人以上分别参加中国田径协会路跑舆情管理培训班和医疗急救、赛风赛纪及反兴奋剂培训，且获得合格证书。

2. 了解运营公司经验情况

（1）结合运营需要，配备专业运营团队，合理设置内设部门和岗位，完善运行管理体系，健全管理制度，建立激励约束和绩效考核机制。

（2）有健全的组织机构和内部管理制度，建立并落实马拉松赛事概况汇报机制。

（3）有良好的商业信誉，没有违反国家相关法律、法规等不良记录。

（4）在过去3年内未曾出现违反中国田径协会章程、中国路跑赛事管理办法和规定的行为。

（5）建立年度赛事总结机制，按规定每年向中国田径协会填报赛事信息。

五、突发情况处置

按照《×××马拉松安全风险应急预案》的相关方案执行。

六、风险防控流程

赛事风险防控工作贯穿赛事组织全过程，包括赛前、赛时、赛后3个阶段，根据3个阶段的特点，设置风险防控工作重点。

（一）赛前

1. 申请报备

按照分级监管的原则，主办单位向地方政府提出办赛申请，获得地方政府审核相关方案后批复，并成立赛事组委会，明确办赛机构各部门职责。赛事组委会将"一赛五案"按照要求上报省体育局，省体育局审核后向中国田径协会上报。

2. 赛事联动

赛事组委会联动公安、卫生健康、交通运输、通信管理、应急管理等有关部门对赛事各项方案进行审核指导，并及时提出相关的建议。

3. 专家会议

召集行业内专家包括马拉松赛事国家级裁判、体育赛事主管部门、监管部门、医疗专家、赛事安保部门专家、组委会运营部门代表等专家根据往届或其他赛事举办情况，对赛事举办的风险进行全面识别，制定赛事风险识别表，对赛事风险进行预测。

（1）组委会召开组委会专题会议，各组成部门针对各自部门的工作内容再次进行风险分析，借鉴往届参赛经验，完善赛事风险识别表，讨论应对措施，制订应急方案。

（2）制定赛事风险识别表。

4. 风险评估

赛事运营公司、赛事承办单位委托第三方体育赛事安全评估公司对赛事进行全方位风险评估，及时发现赛事安全漏洞，完善赛事工作方案。

（二）赛时

1. 开展赛事安全监督管理工作

组委会严格落实各项保障方案，明确任务、时间、措施、人员责任等细节，采用专人负责制度，确保赛事保障工作有序衔接。

2. 成立赛事现场检查组

赛事预演现场联合各个部门对赛事场地安全、搭建设施安全、用电安全、食品安全、疫情安全、消防安全等内容进行全面检查并提出整改措施。

3. 建立赛时风险管理应对与干预机制

赛事现场建立组委会现场应急指挥部，对赛事风险发生的现场进行指挥、控制及处理，并及时启动应急预案确保突发事件的有效处理。

如发现重大安全隐患及时向组委会告知，要求组委会立即进行整改，若整改不到位仍然存在重大安全隐患，则可提请上级主管部门启动熔断机制，叫停比赛。

（三）赛后

（1）在赛事风险应急处置结束后，对起因进行调查与检测，对应急处置效果进行评估，并修改和充实相应的风险应急预案。

（2）赛后形成赛事评估报告，检查赛事风险应对策略的有效性，不断识别新的赛事风险，并制订相应的风险应对策略，将风险发生的概率和损失的影响程度降低到最低点。

（资料来源：根据马拉松运营公司内部资料整理而成。）

（二）制订赛中风险管理应急预案

体育赛事活动风险具有影响面大、危害程度高、涉及人员多的特殊性，在大型体育赛事活动风险管理中，有效减少伤害事故的发生就是减少财务风险和经济损失。因此降低伤害事故的发生率是体育赛事活动风险管理的核心环节。这就要求除了做好赛事安全风险防控方案的各项工作，还应该建立风险管理应急预案。应急预案是各类突发事故的应急基础，能够为应急救援提供基本的指导和支持。体育赛事活动风险应急预案，即针对不同类型的突发事故，如极端天气、地质灾害、群体性事件、暴恐、食品安全、火灾等风险事故，编制相应的专项应急预案，提高应急响应的针对性和有效性。

制订体育赛事活动风险应急预案，首先需要建立与上级主管单位和各级应急响应部门的有效联系及应急救援体系，确保发生重大事故时能够与有关应急机构进行有效的联系和协调。其次,需要进行必要的应急预案的培训和演练,提升应急人员的应急处理能力和整体协调性,同时可以检验应急预案的科学性和合理性,确保应急预案在实际应急过程中发挥应有的作用,保障损失程度和影响范围在可控范围之内。

▶ 样例参考

×××马拉松安全风险应急预案

一、概述

(一)编制目的

为了规范×××马拉松突发事件的应急管理和响应机制,对突发事件进行科学、及时、有效、紧急的救援,最大限度地减少突发事件造成的人员伤亡和财产损失,保障人民群众生命和财产安全,维护社会稳定。

(二)编制依据

依据《中华人民共和国突发事件应对法》《国家突发环境事件应急预案》《体育赛事活动管理办法》《大型群众性活动安全管理条例》《中国马拉松管理文件汇编(2022)》《中国田径协会路跑管理文件汇编2024》等文件要求,结合×××马拉松赛事实际制订总体应急方案。

(三)适用范围

本预案适用于在×××马拉松举办过程中发生或可能发生的突发事件。

(四)工作原则

(1)以人为本,预防为主。

(2)统一领导,分级负责。

(3)系统联动,资源整合。

(4)快速反应,协同配合。

(五)风险分析

本预案所称突发事件是指在×××马拉松过程中突然发生造成或者可能造成人员伤亡、财产损失和社会危害,危及公共安全,给赛事活动造成不良影响和后果的紧急事件。根据比赛突发事件的发生过程、性质和特点,突发事件分为以下5类。

(1)自然灾害类:主要包括高温、暴雨、沙尘暴等极端天气导致比赛不能正常举行、人员伤亡等突发事件,以及地震、泥石流等地质灾害导致比赛不能按时举行或临时取消的突发事件。

(2)社会安全类:主要包括集体上访、聚众闹事冲击赛场等群体性事件,以及暴恐事件、"法轮功"等不法分子干扰、涉外突发事件、舆情安全事件等。

(3)公共卫生类:主要包括参赛运动员、观众在比赛现场出现猝死或意外伤亡等突发性疾病事件,以及食品安全事件,突然发生重大传染病疫情、新冠疫情事件。

(4)公共安全事件:主要包括因踩踏、公共设施破坏导致赛事现场组织混乱、人员伤亡等突发事件。

(5)事故灾难类:主要包括赛事火灾、踩踏、交通事故等突发事件。

（六）事件分级

根据×××马拉松赛事活动突发事件的性质、规模、态势、行为方式、激烈程度、危害程度、影响和需要采取的应对措施，由高至低分为特别重大、重大、较大、一般4个等级。

（1）特别重大事件：主要是在马拉松比赛过程中发生的突发公共事件，其结果已经导致人员伤亡或对人民生命财产造成特大损失，以及出现了社会事件预兆等导致比赛无法继续进行。

（2）重大事件：主要是在马拉松比赛过程中发生的突发公共事件，其结果已经或可能导致人员或人民生命财产重大损失。

（3）较大事件：主要是在马拉松赛事过程中发生的突发公共事件，其结果已经或可能导致人员较大损伤或可能影响赛事的顺利进行。

（4）一般事件：主要是在马拉松赛事过程中出现或可能出现的一般个体事件，对赛事造成了一定的影响。

二、组织指挥体系

（一）成立赛事应急保障现场指挥部

赛事组委会成立应急保障现场指挥部（以下简称指挥部），下设办事机构、成员单位和专家组。应急保障现场指挥部人员包括总指挥、党务副总指挥、副总指挥。

（二）成员单位及职责

（1）宣传部门：负责组织协调新闻媒体开展马拉松赛事中突发事件应急新闻报道，积极引导舆论；统筹协调指导马拉松赛事突发事件网络舆情的引导处置工作。

（2）统战部门：负责马拉松赛事活动突发事件应急处置中涉及民族、宗教、侨务事务等问题的政策指导和协调工作。

（3）发改委：负责市级应急救灾物资收储、轮换和日常管理，根据动用指令按程序组织调出。

（4）公安局：负责马拉松赛事突发事件现场及周边治安和交通秩序维护；配合当地党委和政府开展群众紧急转移避险工作；处理危及马拉松赛事安全的暴力恐怖袭击、劫持人质等突发公共事件；防范和打击违法犯罪活动，及时查处网络造谣违法人员；对遇难尸体检验、数据勘验和身份识别，参与相关突发事件原因分析调查与处理工作。

（5）民政局：负责指导遇难人员遗体处置工作。

（6）财政局：负责马拉松赛事突发事件应急救援所需经费的落实、拨付和监督检查。

（7）环资局：指导做好地质灾害防治工作，会同气象部门联合发布地质灾害气象风险预警。

（8）住建局：指导马拉松赛事活动突发事件的房屋建筑和市政基础设施工程抢险；指导因灾毁损房屋建筑和市政基础设施安全鉴定及重建等工作；参与相关事件原因分析、调查与处理。

（9）交通运输局：负责组织协调客货运输车辆或船舶，做好应急救援人员、物资运输工作，为应急救援车辆提供绿色通道；协助对交通运输不便的突发事件现场铺设临时道路；组织协调内河水上搜救工作，对相关水域实施交通管制。

（10）卫健委：负责组织、指导、协调事发地卫生健康部门开展马拉松赛事突发事件伤病员救治和相关区域卫生学处理等紧急医学救援工作，为救援人员提供必要的医疗卫生保障。

（11）应急管理局：负责组织协调专、兼职应急救援力量开展应急救援工作；参与突发事件情况及其应急救援情况新闻发布工作。

（12）市场监管局：牵头组织体育系统特种设备事故、食品药品中毒突发事件等调查工作。

（13）体育局：加强马拉松赛事突发事件的应急管理，组织协调突发事件的具体应急处置工作；督查、落实市应急指挥部的决定事项；参与突发事件情况及其应急救援情况新闻发布工作；组织突发事件的调查评估、善后处置工作。

（14）文化和旅游局：组织、指导、协调旅游景区所在地景区管理部门做好受马拉松赛事活动突发事件影响的旅游景区游客的安全疏散、转移和隐患排查；协助指导全市广播电视媒体做好马拉松赛事活动突发事件风险预警信息发布。

（15）信访局：负责协调和处理马拉松赛事活动突发事件的信访事项。

（16）气象局：负责提供灾害性天气预报预警；根据需要开展事发地现场气象观测、天气气候评估等服务。

（17）市工信局：负责组织协调基层电信运营企业做好马拉松赛事活动中突发事件应急通信保障工作。

（18）市消防救援支队：负责马拉松赛事活动突发事件的应急救援工作。

（19）国家电网及地方供电公司：负责应急救援的电力保障工作。

（20）金融监管部门：督促有关保险机构对马拉松赛事活动突发事件中的参保单位及个人及时做好理赔工作。根据应急工作需要，可增加成员单位参与马拉松赛事活动突发事件的应急处置和救援工作。

（三）办事机构

（1）综合办公室：负责协助总指挥、副总指挥处置各类突发事件，贯彻落实指挥部的有关指示，协调各工作组落实各项应急处置方案，及时掌握各组工作动态，负责信息收集、反馈与发布。（市应急管理局牵头，相关部门配合）

（2）现场协调组：负责事发地点突发事件现场协调与组织实施。（市应急管理局牵头，相关部门配合）

（3）竞赛组：负责处置在竞赛中出现的所有技术性问题和事件，处理运动员犯规舞弊等技术问题。当事件性质发生转化时，公安、卫生等部门要主动介入，协同处置。（市体育局牵头，相关部门配合）

（4）安全保障组：负责处置各类安全突发事件；负责维护赛场公共秩序和赛场公共设施的安全；负责赛场，以及运动员、领导、嘉宾下榻宾馆的治安和消防安全；注重社情民意调查，掌握社会治安动态和信息，做好安全防范工作；负责道路交通管制、维护交通安全秩序。（市公安局牵头，相关部门配合）

（5）群体事件工作组：负责处置群体性突发事件；负责对信访工作、社会治安状况的调查研究，对信访重点单位和个人、其他组织、团体及不法分子进行排查，分析可能出现的情况，掌握动态，严密布控。（市信访局牵头，相关部门配合）

（6）医疗卫生保障组：在突发公共卫生事件时，能快速、高效、有序地进行医疗救治和卫生应急处理，保障活动期间人员的健康和生命安全；对出现参赛选手猝死和其他意外伤亡事件迅速反应、果断处置；负责对参加赛事领导、嘉宾、运动员下榻宾馆、酒店食品卫生安全进行检查。(市卫健委牵头，相关部门配合)

（7）宣传保障组：负责把握正确新闻宣传舆论导向，保障赛事直播信号畅通，预防有害标语、口号及赛场骚乱场景进入电视直播画面。（市委宣传部牵头，相关部门配合）

（8）志愿者服务保障组：协助处置意外突发事件；负责配合公安和交通民警管理赛场警戒线、警戒标识；协助医护人员做好对参赛运动员的救助工作；劝导和阻止观众行人、车辆横穿赛道，协助维护赛场竞赛秩序。（团市委牵头，相关部门配合）

（9）市场运营及后勤保障组：负责各级领导、嘉宾食宿保障及活动安排；负责资金、物资、器材、车辆、食品、饮料保障，以及赛道安全、用水和用电安全保障。（市体育局牵头，相关部门配合）

（10）善后处理组：专门处理各种运动员发生突发事件的善后问题，运营公司牵头协助办理保险理赔等工作事项。（市体育局牵头，相关部门配合）

三、监测和预警

（一）风险监测与报告

（1）赛场各工作机构，以及所有裁判人员、保障人员、服务人员都有协助处置各类突发事件的义务。当现场出现异常情况时，应立即做出反应并向站点负责人报告。

（2）遇到突发事件或紧急情况，各工作机构及其相关人员应按照"就地就近、边处置边报告"原则，在向本机构领导报告的同时，向指挥部报告情况。

（3）遇到突发事件或紧急情况，视情况可直接向"110"指挥中心、"120"急救中心、"119"指挥中心报告，但必须及时向指挥组领导补报。

（4）各工作机构要对处置突发事件的一切过程进行详尽登记，以备检查；对突发事件的发展态势要随时报告。

（二）预警信息发布

根据预警信息响应建议和赛事中突发事件的紧急程度、影响范围、发展态势和可能造成的危害程度综合评估分析，形成预警信息，由马拉松应急保障现场指挥部批准后发布。预警信息主要内容包括预警级别、起始时间、可能影响范围、警示事项、应采取的措施和发布机关等。预警信息等级由高至低分为Ⅰ级、Ⅱ级、Ⅲ级、Ⅳ级4个等级。

预警信息由赛事应急保障现场指挥部签发，通过短信、电话、现场广播电视方式传播至各个工作组，各工作组得到预警信息后立即向参赛选手传达预警信息。

（三）预警响应

在预警信息发布后，赛事应急保障现场指挥部根据预警级别和实际情况，按照分级负责的原则，加强观测频次和预报，畅通信息接收渠道，通知有关部门、单位采取相应行动预防突发事件发生。必要时，赛事应急保障现场指挥部可以启动熔断机制。

（四）预警变更和解除

赛事应急保障现场指挥部应密切关注事态发展并根据实际情况提出调整预警建议，经赛事应急保障现场指挥部批准后发布。有事实证明不可能发生突发事件或者突发事件危险已经解除的，由赛事应急保障现场指挥部解除警报、终止预警，并解除已经采取的有关措施。

四、应急响应

(一) 信息报告

1. 基本信息

向应急指挥部报告突发事件的名称和事件类型,如"突发重大火灾事故应急响应报告";明确现场发生异常事件的具体时间,包括年、月、日、时、分,以便追溯和记录;明确现场发生异常事件的具体地理位置。

2. 事件概况

简要向应急指挥部描述马拉松赛事现场发生异常事件的过程、事件影响的人群范围及进一步的威胁或影响。同时,需要报告初步判断的原因。

3. 应急响应情况

在向应急指挥部报告突发异常事件基本概况后,还需要按照"就地就近,边处置边报告"的原则,继续报告已经采取或正在采取的应急措施,包括隔离、救治、疏散等措施,说明为应对事件所调动的资源,如人员、物资、设备等。

(二) 先期处置

各部门、各点位者在发现或接报突发事件信息后,立刻赶赴现场进行先期处置,组织抢救、搜救,控制事态发展。可采取划定危险区、设立警示标志、设置疏散路线等必要的处置措施,防止次生、衍生事故发生。必要时立即中断赛事活动。

(三) 分级应对

发生特别重大事件、重大事件、较大事件由赛事应急保障现场指挥部组织指挥部成员和专家进行分析研判,对突发事件影响及其发展趋势进行综合评估,并向各有关单位发布启动本预案命令,立即派出工作组到达现场开展应急处置工作,并将有关情况迅速报告省政府及省应急指挥机构。同时如发生特别重大事件、重大事件,赛事应急保障现场指挥部根据国务院、省政府的决策部署和统一指挥,待国家、省级应急指挥机构到达后移交指挥权。发生一般突发事件,由各工作组实施突发事件应对工作,处置完成后报赛事应急保障应急指挥部。

(四) 响应分级

发生马拉松赛事特别重大、重大、较大、一般突发事件时,应急保障现场指挥部分别启动Ⅰ级、Ⅱ级、Ⅲ级、Ⅳ级响应。

(1) Ⅰ级响应主要是应对马拉松比赛过程中发生的,其结果已经导致人员伤亡或对人民生命财产造成特大损失及出现了社会事件预兆等导致比赛无法继续进行,需要由市政府处置,以及公共突发事件指挥部组织、协调的各类突发公共事件。接到突发公共事件报告后,确认属Ⅰ级响应的事发地负责人立即向指挥部报告,指挥部按照总指挥的意见,下令停赛并及时向市政府处置公共突发事件指挥部报告。同时,指挥部要协调指挥,采取果断有效的应急处置措施,优先保护人民群众生命安全,全力控制事态发展,防止和阻止次生、衍生和耦合事件的发生。

(2) Ⅱ级响应主要是应对马拉松比赛过程中发生的,其结果已经或可能导致人员或人民生命财产重大损失,需要由指挥部处理的事件。接到突发公共事件报告,确认属Ⅱ级响应的:事发地负责人应当在第一时间向指挥部报告,并立即采取先期处置措施,控制事态发展,在指挥部的统一指挥下组织救援工作直至停赛。

（3）Ⅲ级响应主要是应对马拉松比赛过程中发生的，其结果已经或可能导致人员较大损伤或可能影响赛事的顺利进行，需要由指挥部处理的事件。接到突发公共事件报告，确认属Ⅲ级响应的：事发地负责人应在第一时间向指挥部报告，并立即采取先期处置措施，然后根据事态发展情况，采取有效的应急处置措施。在指挥部的统一指挥下组织救援工作直至停赛。

（4）Ⅳ级响应主要是应对马拉松比赛过程中出现或可能出现的，对赛事造成了一定的影响，赛事组织部门可以处置的一般个体事件。接到突发公共事件报告，确认属Ⅳ级响应的：事发地相关部门应迅速组织有关人员开展应急处置工作，并将处置情况及时向指挥部报告。

（五）应急处理

启动Ⅰ级、Ⅱ级、Ⅲ级、Ⅳ级应急响应时，各成员单位按照各自职责开展应急处置工作。

（1）组织协调应急救援力量对现场群众进行疏散，开展被困或失联人员搜救，并根据应急工作需要，同时协调公安、消防等部门动用生命探测仪等手段辅助实施营救，各成员单位应提供相应支持。

（2）开展应急值守工作，根据应急工作需要，加强开展事发地气象条件和天气趋势监测预报，及时发布事发地气象风险预警信息。

（3）组织事发地及周边环境隐患再排查，对事件现场及受影响范围的建筑物、构筑物、环境、地形等情况进行全面监测，针对应急处置和抢险救援中出现的技术类问题或风险源监测到的不良数据，及时进行会商，确定解决方案，并指导相关单位实施。

（4）组织医疗卫生救援、疾病预防和疫情防控工作，做到不发生伤病员救治延误事件、不发生重要对象医疗保障不到位事件，同时做好伤员及伤亡人员家属亲友的心理干预工作。

（5）组织实施应急排险工作，防控由突发事件引发火灾和水、电、气、热管线损坏等次生事件，消防部门应立即组织实施灭火，受损管线主管部门应立即协调关闭危险源，为开展抢险救援工作创造条件。

（6）做好有关路段的交通管制和疏导工作，公安、交通部门应及时对事件影响路段采取交通疏导、调流等措施，必要时实施交通管制，预防次生、衍生事件发生。因抢险救援需要占用道路时，公安、交通部门在确保抢险工作正常开展的前提下，对所占用道路进行交通疏导或管制，并为赴现场参与抢险车辆和医疗救护车辆设立专用通道，提供通行保障。

（7）做好现场秩序维护工作，根据现场应急处置及抢险救援作业范围，组织对现场、周边及事件涉及区域内的水、电、气、热管线设置警戒区域，加强守护，对进入现场的人员实施控制，做好抢险现场及周边的治安秩序维护工作。

（8）做好人员转移避险和临时安置工作，当马拉松赛事突发事件对现场或周边建筑物、构筑物安全造成影响时，事发地县（区）政府根据实际情况组织危险建筑物内的人员转移到安全区域避险，必要时对转移避险人员实施临时安置。事发地县（区）应急指挥机构及其成员单位在市应急指挥部及其现场指挥部的领导下，参与应急处置和救援工作。

（六）信息发布

赛事活动发生较大以上突发事件时，赛事应急保障现场指挥部负责对新闻媒体报道实施管理、协调和指导。市赛事应急保障现场指挥部按照宣传工作相关规定拟写新闻稿，按规定程序送审后发布。充分利用广播、电视、报刊、政府网站、公众号等媒体向公众公开或通报突发事件信息，同时利用智能网络平台了解舆情，及时解疑释惑、澄清事实、批驳谣言，适时举行新闻发布会。

（七）应急响应结束

较大事件应急处置结束或相关危险因素已消除，赛事应急保障现场指挥部宣布终止应急响应。

五、后期处置

（一）评估

各部门要组织有关人员按照本系统、本行业的有关规定，对突发事件及其处理情况进行评估。评估的主要内容包括：事件的基本情况、发生的经过、原因、结论；事件的处理经过、采取的防控措施及效果；针对事件发生原因、防控工作中存在问题等，提出改进意见和应对措施。

（二）补偿

在认定责任的前提下，因突发事件给当事人造成的已经证实的损失，按照国家、省、市有关规定给予合理补偿；协助当事人向保险机构理赔等善后工作。

（三）宣传

积极做好宣传解释工作，及时消除突发事件对赛事的影响。

（四）总结

在应急工作结束后，应综合各方面的情况进行全面总结，制订加强和改进同类事件应急工作措施，并以书面形式上报市政府。马拉松应急保障现场指挥部及时组织相关部门、单位和专家，整理应急救援记录等相关资料，总结评估应急处置情况，明确改进措施，形成应急处置评估报告提交市政府。

六、应急保障

（一）队伍保障

赛事现场调集专业应急救援队伍、消防救援队伍和社会应急力量，确保应急队伍专常兼备、反应灵敏、作风过硬、本领高强。在马拉松赛事突发事件发生时，能在应急保障现场指挥部统一协调和指挥下及时有效采取行动。

（二）通信保障

通信管理部门负责组织、协调、指挥市内各基础电信运营企业和铁塔公司，为马拉松赛事活动突发事件提供公众通信网应急通信保障，及时修复损坏的通信设施。在马拉松赛事主会场设置通信保障车、无线电部门架设基站为对讲机信号提供保障。

（三）社会治安保障

坚持"预防为主、防治结合"的原则，维护赛事秩序，保持社会稳定，制订安全保卫工作方案和突发事件应急预案。

（四）交通运输保障

做好相关道路管控及车辆的管理保障工作，确保交通秩序规范、车辆干净整洁、志愿服务到位、输送安全快捷。

（五）医疗卫生保障

制订赛事期间疫情防控、医疗保障等工作方案，在驻地、赛场分别设立医疗救助点及急救车辆，保证救助通道绿色畅通。

（六）物资及设施保障

强化食品检验检疫力度，赛事期间要对食物进行取样、留样，确保饮食安全。在马拉松赛事活动突发事件中，转移人员和应急人员饮食及其他生活必需品由事发地县（区）政府和事故单位保障。在超出事发地县（区）政府处置能力时，报请市政府同意，由相关部门提供支援。

（七）水电气保障

对比赛场地和宾馆驻地供水、供电、供气设施进行安全检查与维修整改，并对其实施重点保障，确保用水、用电、用气安全。

七、预案管理

（一）加强预案演练

组委会各部门要根据本部门制订的马拉松赛突发情况处置预案在赛前自行组织演练。

（二）加强宣传与培训

组委会各部门要密切配合，加强对参加马拉松运动相关知识和注意事项的宣传。要加强对工作人员进行处置突发事件程序、原则、方法和医疗救护知识的培训。

附件 1. 极端天气专项应急方案（略）
附件 2. 地质灾害专项应急方案（略）
附件 3. 群体性事件专项应急方案（略）
附件 4. 暴恐专项应急方案（略）
附件 5. 食品安全专项应急方案（略）
附件 6. 火灾专项应急方案（略）
附件 7. 交通组织专项应急方案（略）
附件 8. 舆情管控应急方案（略）

（资料来源：根据体育赛事运营公司内部资料整理而成。）

（三）建立体育赛事活动风险熔断机制

依据体育总局公布的《体育赛事活动管理办法》，体育赛事活动需建立熔断机制。《体育赛事活动管理办法》明确要求：主办方、承办方、协办方等体育赛事活动组织者应当密切关注气象、水利、地震、自然资源、交通运输、卫生健康、应急管理等部门发出的预警信息及有关灾害和事故信息。

（1）遇有下列直接或可能与体育赛事活动举办相关联的突发情形之一的，应当及时启动熔断机制，中止比赛：①自然灾害，包括水旱灾害、气象灾害、地震灾害、地质灾害、海洋灾害、生物灾害和森林草原火灾等；②事故灾难，包括各类安全事故、交通运输事故、公共体育设施和设备事故、环境污染和生态破坏事件等；③公共卫生事件，包括传染病疫情、群体性不明原因疾病、食品安全和职业危害、动物疫情，以及其他严重影响公众健康和生命安全的事件等；④社会安全事件，包括恐怖袭击事件、经济安全事件和涉外突发事件等；⑤其他可能导致不再具备办赛条件的。

（2）体育赛事活动组织者无法判定是否启动熔断机制时，应当采取下列措施：①竞赛组织工作负责人或技术代表有权直接向地方体育行政部门报告，地方体育行政部门应当立即做出是否中止比赛的决定；②涉及重大体育赛事活动的，地方体育行政部门应当立即向同级人民政府报告，同级人民政府应当立即做出是否中止比赛的决定；③体育赛事活动组织者在不具备办赛条件时未中止赛事活动的，县级以上人民政府应当责令其立即中止。

（3）启动熔断机制后，体育赛事活动组织者和地方体育行政部门应当会同同级人民政府有关部门做好应急处置工作，疏散、撤离并妥善安置和救助现场人员，同时采取措施防范次生灾害和衍生事件发生，并及时发布相关信息，做好舆情引导。

因此，对于举办、承办或协办运营体育赛事活动，需要根据管理办法从自然灾害、事故灾难、公共卫生事件、社会安全事件及其他类型不具备办赛条件的事件5个方面建立熔断机制。

> 样例参考

×××马拉松安全风险熔断机制

为确保赛事参赛选手身体健康和生命财产安全，依据《体育赛事活动管理办法》，以及全国体育系统加强赛事安全管理工作会议要求，建立×××马拉松赛事熔断机制。

一、赛前熔断机制

当赛前或赛前预测赛事当天发生不适宜举办赛事的事件后，经指挥部研判启动赛前熔断机制，具体措施如下。

（1）建立赛事取消或延期专项工作小组，统筹赛事取消或延期工作。

（2）通过赛事官方公众号、官网、微博并联合主要合作媒体发布赛事延期或取消公告，公布赛事延期或取消善后政策，争取参赛选手理解和原谅。

（3）通过赛事短信点对点通知全体参赛选手赛事延期或取消。

（4）公布赛事延期或取消后的补偿措施，7个工作日内退回所有报名选手的报名费，并由组委会对其交通退票费及酒店预订住宿费酌情进行补偿。

二、赛中熔断机制

当赛事当天发生不适宜举办赛事的事件后，经指挥部研判后启动赛中熔断机制，具体措施如下。

（1）通过对讲机、手机等通信手段确保告知所有公里点的水站、补给站、医疗站、用水站、自备饮料站等各个站点裁判、医疗人员停止比赛的信息，各个站点裁判（没有裁判的点位志愿者组长）分为物资收拢组及通知选手组。物资收拢组对站点物资进行收拢归集缩短物资距离方便回收；通知选手组分列行进道路两侧告知参赛选手：因突发恶劣天气（或其他突发事件），为确保参赛选手安全现赛事组委会决定停止比赛，请参赛选手就近离开赛道在安全地方进行避险。

（2）公安安保人员对赛道进行解封。

（3）针对经反复劝说仍不离开赛道停止比赛的选手告知附近公安民警进行处置。

（4）组委会安排相应车辆上赛道收容裁判、医疗人员及志愿者。

（5）公交公司调度公交车辆于起点、终点、赛道沿途对参赛选手、志愿者、裁判、工作人员等赛事相关人员进行收容、转运。

（6）通过短信告知参赛选手赛事因特殊情况临时取消，努力争取得到参赛选手谅解，并告知后续处理方案，包括全员发放奖牌及完赛物资、承诺直通名额、退还报名费、补偿交通费和住宿费等措施，并同步发布赛事临时取消公告。

（7）及时召开赛事新闻发布会，公开说明赛事取消原因，公布赛事后续处理方案。

三、触发熔断机制的条件

（一）高温天气

（1）赛前预报高温。当气象组发布赛事当天黄色以上高温预警时（最高温度35℃以上），上报指挥部，指挥部综合研判后应在6小时内决断启动赛前熔断机制。

（2）赛中预报高温。当气象组在赛事当天临时通报赛事气温超过35℃（达到高温黄色预警时），立即向应急保障指挥部通报，指挥部综合研判后应在10分钟内决断启动赛中熔断机制。

（二）低温天气

（1）赛前预报低温。气象组根据天气预测结果，如赛前发布低温寒冷蓝色预警信号（低于-10℃），立即上报指挥部，指挥部综合研判后应在6小时内决断启动赛前熔断机制。

（2）赛中预报低温。气象组赛事当天临时预测低温，如已经达到低温寒冷蓝色预警级别（-10℃），指挥部综合研制后应在10分钟内决断启动赛中熔断机制。

（三）突发灾害性恶劣天气

赛期可能遭遇暴雨、沙尘暴、大雾、雾霾、冰雹、冻雨等极端恶劣天气时，需加强气象跟踪监测，强化天气预警力度，便于在极端恶劣天气出现的第一时间做出决断。

（1）赛前预报极端恶劣天气。当气象组赛前发布赛事当天暴雨蓝色以上预警、暴雪蓝色以上预警、雷电黄色以上预警、冰雹橙色以上预警、大雾橙色以上预警、沙尘暴黄色以上预警等极端强恶劣天气时，第一时间向指挥部通报相关预警情况，指挥部综合研判后应在6小时内启动赛前熔断机制。

（2）赛中预报极端恶劣天气。当气象组赛中临时通报极端恶劣天气预警，第一时间向指挥部通报情况，指挥部综合研判后应在10分钟内决断并启动赛中熔断机制。

（四）地震

（1）赛前地震。在赛前14天内，如本市出现一般地震灾害以上级别地震（一般地震灾害是指造成10人以下死亡含失踪或者造成一定经济损失的地震灾害。当人口较密集地区发生4.0级以上、5.0级以下地震，初判为一般地震灾害），指挥部综合研判后启动赛前熔断机制。

（2）赛中地震。赛中出现一般地震灾害以上级别地震，指挥部综合研判后启动赛中熔断机制。

（五）泥石流、洪水等

（1）在赛前14天内，如本市出现赛前泥石流、洪水等自然灾害事件，出现大规模人员伤亡和财产损失或对赛事赛道有影响，指挥部综合研判后应在6小时内启动赛前熔断机制。

（2）在赛中如出现泥石流、洪水等影响赛道的地质灾害后，指挥部综合研判后启动赛中熔断机制。

（六）恐怖袭击、民族事件、邪教等极端案件

（1）赛前熔断。赛前公安部门、宣传部门、网信办、属地政府等部门深入搜集社会舆情信息，掌握社会舆情动态，指深入各领域、阶层，全面了解和掌握社会面敌社情动态。在平时掌握的重点人员活动基础上，进一步深化对新发现的治安重点人员排查梳理与管控，广泛收集情报信息，深层次地分析研判，及时获取并上报有关敌对分子、恐怖组织活动动向的情报信息，对借机闹事的民族分裂分子、"法轮功"等邪教极端分子和暴力恐怖分子要早发现、早控制，对发现的异常情况及时报告指挥部。赛前对已经处置后的恐怖袭击、民族事件、邪教等极端案件进行二次评估，指挥部决断是否存在隐患，并决断是否启动赛前熔断机制。

（2）赛事当天发现爆炸物、枪支、管制刀具、化学品等危险品。①赛前搜爆。赛前1天22:00前、赛事当天5:00前安全保卫组两次对主会场主要区域进行搜爆工作。赛前安全保卫组发现爆炸物后，第一时间向指挥部通报，同时做好紧急疏散，现场警戒组织排爆。指挥部决断是否存在隐患，并决断是否启动赛事熔断机制。②爆炸物品已爆炸，立即启动熔断机制。③在爆炸物险情排除后，指挥部综合研判是否还存在相关风险，并决断是否启动熔断机制，相关应急预案按照赛前熔断机制预案和赛中熔断机制预案执行。

（七）食品安全

赛中如果发现物资有明显变质或者超出保质期的情况，第一时间停止使用并封存。如出现大规模食品中毒事件，上报指挥部，指挥部综合研判后10分钟内启动赛中熔断机制。

（八）城市公共卫生

赛前本市如出现大规模城市公共卫生事件（如自来水水质出现问题）第一时间上报指挥部，指挥部决断是否启动赛前熔断机制。

（九）不明传染病或疫情

赛前全国出现大规模不明传染病或疫情，经确认存在"人传人"现象的，指挥部决断是否启动赛前熔断机制。

（十）火灾

当发生火灾时，现场执勤人员应立即利用简易消防器材予以扑救，同时向应急指挥部报告，并通知消防救援部门进行处置；同时，市公安局、相关区政府要合力向外疏散事故现场和周边的群众，确保消防、救援通道顺畅；市卫健委及时对受伤人员进行救治；市住建局及时对事故现场进行事后清理工作。

火情解除后，指挥部综合研判是否还存在相关风险，并决断是否启动熔断机制，相关应急预案按照赛前熔断机制预案和赛中熔断机制预案执行。

（资料来源：根据体育赛事运营公司内部资料整理而成。）

（四）建立体育赛事医疗保障机制

在一般体育赛事活动组织保障体系中，赛事医疗既是赛事保障的重要组成部分，也是赛事人员安全的重要保障，使运动员或者赛事相关人员在突发疾病或意外事故时能够及

时得到救治。因此，建立体育赛事医疗保障机制，制订完善的赛事医疗保障方案至关重要。

赛事医疗保障方案主要包括以下几个方面：医疗保障组织体系、医疗指挥中心、人员配置、医疗物资配置、急救物资配置、医疗点分布、救护车辆、医疗急救培训、定点医院等内容。

> 样例参考

×××马拉松赛事医疗保障工作方案

为确保×××马拉松顺利进行，保障赛事期间运动员及相关工作人员的健康与安全，做好各类突发公共卫生事件预防和应急处置工作，根据赛事路线特点和组委会工作要求，依照中国田径协会关于《马拉松及相关运动赛事组织防猝死相关工作指导意见》的精神，特制订×××马拉松赛事医疗保障工作方案。

一、基本原则

建立以预防为主、防控结合、科学应对的医疗保障及应急处置机制，提高快速反应和应急处理能力。有效杜绝发生因麻痹松懈而出现的医疗保障上的盲点、漏洞和无序，坚决防范因措施不落实、不到位而造成医疗事故，精准、精确、精细做好医疗保障各项工作。确保全体参赛人员的身体健康和生命安全，确保比赛安全、顺利、圆满举行。

二、组织与职能

（一）医疗保障工作领导小组

领导小组负责按照赛事组委会要求，制定进度安排表，明确每项工作的责任单位、完成时限、工作标准，落实工作任务，加强组织协调，确保完成医疗卫生保障任务。领导小组下设综合协调组、医疗救治组及物资保障组。

（二）医疗保障工作领导小组下设组织机构

（1）综合协调组职责：①负责马拉松赛医疗卫生保障工作方案的制订；②负责马拉松赛官员和参赛人员医疗卫生保障工作的组织协调和具体安排部署；③指导、检查、督促医疗卫生保障组各项工作的落实，组织开展赛事期间的突发公共卫生事件、突发公共事件的卫生应急处置工作；④负责组委会交办的其他工作。

（2）医疗保障组职责：在医疗卫生保障工作领导小组的统一领导下，负责马拉松赛官员、参赛选手、工作人员和受伤群众的医疗保障、紧急医疗救护工作。

（3）物资保障组职责：负责赛事举办期间物资的保障工作，提供医疗救治的药品、器械、救护车辆和随行比赛运行团队医务人员的药品补充。

三、医疗救护人员配置

（一）专业医疗人员配置

按照赛事组委会要求，安排22辆救护车、19个赛道医疗点及3个医疗站负责医疗保障，每辆救护车分别配备1名医师、1名护士、1名司机；比赛沿途每处医疗点设1名医生、1名护士；每处医疗站设2名医生、2名护士、1名麻醉师。以防发生意外受伤事件，确保第一时间实施急救，设置42个AED（Automated External Defibrillator，自动体外除颤器）点位，由专业医疗人员使用操作。以上共计 158 名专业医疗人员。

（二）医疗志愿者配置

起终点、健康跑终点医疗站及每个赛道医疗点配备 4 个医疗志愿者，马拉松赛道沿途自起点至 10 公里每 150 米一名医疗志愿者，10～38 公里每 100 米一名医疗志愿者，38 公里至马拉松终点每 50 米一名医疗志愿者。除全半程共用赛道后，半程沿途至半程终点每 100 米一名医疗志愿者。健康跑沿途 3 公里至健康跑终点每 150 米一名医疗志愿者。以上共计 562 名医疗志愿者。

（三）急救跑者配置

马拉松在"速度为每公里 3 分 20 秒""速度为每公里 3 分 30 秒""速度为每公里 3 分 45 秒""速度为每公里 4 分""速度为每公里 4 分 15 秒""速度为每公里 4 分 30 秒""速度为每公里 4 分 45 秒""速度为每公里 5 分""速度为每公里 5 分 15 秒""速度为每公里 5 分 30 秒""速度为每公里 5 分 45 秒""速度为每公里 6 分 10 秒" 配速段安排急救跑者；半程马拉松在"速度为每公里 1 分 40 秒""速度为每公里 1 分 50 秒""速度为每公里 2 分""速度为每公里 2 分 10 秒""速度为每公里 2 分 20 秒""速度为每公里 2 分 30 秒""速度为每公里 2 分 40 秒""速度为每公里 2 分 50 秒""速度为每公里 3 分 15 秒" 配速段安排急救跑者。以上共计 100 名急救跑者。

四、医疗点配置

设医疗救护站（点）19 个，其中固定医疗救护站 3 个，分别为起终点和半程点，每 2.5 公里设置一辆救护车。

五、马拉松赛事现场医疗保障人员配置要求

具体内容参照《马拉松赛事现场医疗保障人员配置要求》。

六、赛事组委会医疗培训安排

（一）培训时间
××××年××月××日××时。

（二）培训地点
×××。

（三）培训内容
一般包括以下内容，但不局限于以下内容。

（1）赛事保障概况介绍，包括方案介绍、保障要求、集合地点、物资准备、物品及证件领取与归还等。

（2）赛事保障站点分布与设置、赛事风险特点、AED 领取与使用、急救车辆配备及位置。

（3）现场路线、值守点勘察、对讲机使用、现场调度要求。

（4）运动损伤处置、现场救治、生命支持与技能演示。

（5）现场勘察路线，熟悉场地环境。

七、赛事救助定点医院

通常指定地方3~4家医院作为马拉松赛事定点救治医院，比赛当天医院保证急诊"绿色通道"畅通，急诊科、骨科、脑外科、心内科、重症监护室等重要科室做好值班人员、急救设备和急救药品等应急救治的准备工作。

八、心脏骤停、热射病、失温等情况的紧急救治

（一）心脏骤停紧急救治

急救跑者、跑者或医疗志愿者等发现心脏骤停者时，第一时间告知最近的医疗志愿者，并由医疗志愿者告知最近的医疗站（点），接着确认现场环境安全，迅速判断患者意识、脉搏、呼吸。开始胸外按压、开放气道、人工通气。重复循环，直到医护人员和除颤仪到达。

（二）热射病紧急救治

急救跑者、跑者或医疗志愿者等发现热射病患者时，第一时间告知最近的医疗志愿者，并由医疗志愿者告知最近的医疗站（点），要根据现有条件给予降温处理。迅速将病人抬到阴凉通风的环境下躺下，头稍垫高、脱去病人的衣裤，用纸扇或电扇扇风。同时用冷水擦身或喷淋，以加快病人体内热量的散发。有条件的可用酒精擦身加快散热。也可将冰块装在塑料袋内，放在病人的额头、颈部、腋下和大腿根部。神志清醒者，可喂以糖盐水及藿香正气水等清热解暑药。若选手昏迷不醒，则可用手指甲掐选手的人中穴，位于鼻唇之间中上1/3交界处；也可以用手指甲掐选手的内关穴，位于手腕内侧上方约5厘米处，或者掐选手的合谷穴，即虎口等，促使选手苏醒。出现呕吐的，应将其头部偏向一侧，以免呕吐物呛入气管引起窒息。直到医护人员到达。

（三）失温紧急救治

急救跑者、跑者或医疗志愿者等发现失温患者时，第一时间告知最近的医疗志愿者，并由医疗志愿者告知最近的医疗站（点）。立即停止跑步活动，将选手转移至阴凉避风处，在转移选手之时，救助人要迅速使用睡垫将患者与地面隔绝，防止选手的核心体温继续流失。无论选手穿了多少层衣服，只要被浸湿，都应迅速将湿掉的衣服全部脱下，用织物擦干选手身体，换上干燥衣物，对选手脖子、腋窝、腹股沟等核心区进行手搓式加温，若在医疗站点附近，则为选手喂食一些高热量食物，如能量胶等，让失温选手获得产热需要的能量。

九、马拉松赛事现场医疗保障设施设备配置要求

具体内容参照《马拉松赛事现场医疗保障设施设备配置要求》。

（资料来源：根据《中国田径协会路跑管理文件汇编2024》整理而成。）

思 考 题

1. 体育赛事活动的功能有哪些？
2. 体育赛事活动风险识别的基本原则有哪些？
3. 体育赛事活动业务轴向风险识别的内涵是什么？
4. 体育赛事活动风险的类型有哪些？
5. 阐述体育赛事活动风险防控的原则、机制和措施。

第八章 体育场馆风险管理

> 【学习要点】 熟悉大型体育场馆的功能。
> 掌握体育场馆风险识别的方法和风险类型。
> 掌握体育场馆风险评估的步骤。
> 熟悉体育场馆风险应对策略。

2013年第六次全国体育场地普查数据显示，全国共有体育场地169.46万个，人均体育场地面积1.46平方米。2024年3月，国家体育总局体育经济司发布《2023年全国体育场地统计调查数据》。数据显示，2023年全国体育场地459.27万个，体育场地面积40.71亿平方米，全国人均体育场地面积2.89平方米。10年来，伴随着我国社会经济的飞速发展，我国体育场馆的数量、质量都得到显著提升，人均体育场面积增长了近1倍。数百万的各类体育场馆在满足我国居民日益增长的健身休闲、体育培训、体育竞赛、文艺表演等美好生活需要方面发挥了不可替代的作用。同样，现代体育场馆在满足居民上述需求的同时，在其生产经营活动过程中不可避免地会出现各种风险事故。因此，体育场馆风险管理是现代体育风险管理的重要内涵之一。

本章首先主要阐述体育场馆风险管理的概念和内涵，体育场馆风险因素与识别方法、体育场管风险类型等；其次，运用风险清单法列出体育场馆常见的风险因素；最后，在给出体育场馆风险评估方法的基础上，对常见的体育场馆风险事故给出管理举措和应对策略。

第一节 体育场馆风险管理概述

体育场馆是指用于人们从事体育活动而修建的大型专业化建筑，是为满足运动健身、体育竞赛、运动训练而修建的各类运动场所的总称。体育场馆分布较为广泛，在国内既有各大城市的大型公共体育场馆和用于学校体育教学用的体育场馆，也有分布于社区、商业综合体、体育综合体内的健身场所。从形态上看，有体育场、风雨操场、田径棚等田径运动场；有游泳馆、网球馆、排球馆等各类球馆；有俱乐部、康乐馆、健身房、体操房、壁球馆等健身休闲场所；有赛马场、高尔夫球场、射击场等室外健身场所。

体育场馆概念丰富、形态各样，因此，必然赋予体育场馆风险管理更多的内涵和范畴。基于风险管理的经济性原则和全面性原则，无论是从体育场馆的形态还是从体育活动的具体表现等来看，各大城市的大型公共体育场馆都具有很强的代表性，因此，本书涉及的体育场馆风险管理主要针对各大城市大型公共体育场馆进行阐述。

一、公共体育场馆

体育场是人们室外进行体育比赛、运动训练、身体锻炼的场地。标准的体育场一般是指建有至少 6 条以上 400 米跑道的标准田径场，外圈有固定道牙，场内设置一个标准足球场，场地四周设有看台。按看台可容纳观众的人数分为甲、乙、丙、丁 4 级，甲级体育场看台可容纳 25000 人以上，乙级体育场看台可容纳 15000~25000 人，丙级体育场看台可容纳 5000~15000 人，丁级体育场看台可容纳 5000 人以下。目前，国家体育场——鸟巢是国内现代化程度最高的体育场。鸟巢 2003 年开始建设，2008 年建成，体育场占地面积 20.4 公顷，场内观众席位 91000 个，是国内最大的体育场。

相较于体育场，体育馆则是用于室内体育比赛、运动训练、休闲健身的场所，有时还会用于大型文艺表演。体育馆按体育项目可分为篮球馆、游泳馆、羽毛球馆、乒乓球馆、田径馆等；同样，按照室内观众席位，体育馆也可分为甲、乙、丙、丁 4 级，甲级体育馆的观众席位在 6000 个以上，乙级体育馆的观众席位在 4000~6000 个，丙级体育馆的观众席位在 2000~4000 个，丁级体育馆的观众席位在 2000 个以下。我国把观众席位超过 8000 个的体育馆命名为大型体育馆，少于 3000 个的命名为小型体育馆，介于两者之间的命名为中型体育馆。

二、大型体育场馆的功能

大型体育场馆占地面积大，功能用途多，要求在建筑设计时在空间上有较大进深。其主体功能是开展公共体育活动、提供公共体育服务、发展体育事业，在城市服务上具有文化、餐饮、商业、娱乐、会展等功能。因此，现代都市大型公共体育场馆不只是提供公共体育服务的场所，它们已逐渐发展成为以体育为核心的城市公共服务综合体；是集餐饮、教育、文化、商业、体育培训、健身俱乐部等多种公共服务为一体的服务综合体，是居民消费集聚地。体育场馆在运营管理为社会大众提供服务的过程中，若因场馆经营管理者出现管理疏漏或者因客观风险因素影响而发生风险事故，不仅会给事故当事者带来生命财产损失，也会给城市公共服务体系带来负面影响。这就需要场馆经营管理者树立风险意识，运用风险管理理论，对大型体育场馆运营存在的若干风险因素进行识别，对风险事故进行分析评价，并建立相应的风险管理预案。

三、体育场馆风险管理的内涵

风险是在某些特定条件下发生的，有诸多不确定性的风险因素致使事件发生的实际结果与期初预期结果之间出现了较大偏差，偏差越大，风险越大；偏差越小，风险越小。风险与收益之间是对立统一的。体育场馆运营风险受不确定性的风险因素影响，可能会使体育赛事活动参与者、体育场馆内消费者和经营者正在进行相关业务活动消费时出现意外风险事故，导致人员伤亡、财产损失。诱发事故发生的风险源与大型体育场馆的经营活动的具体业态范畴密切相关，风险源在大型体育场馆运营的体育赛事、体育培训、健身俱乐部、文化教育、休闲养生、餐饮娱乐、文艺演出等具体业务活动中是客观存在的，而且表现形式不同。因此，大型公共体育场馆内涉及的经营业态众多，使得体育场馆风险的内涵变得复杂，也给体育场馆风险识别和管理带来难度。

依据风险管理理论，风险管理是运用系统科学的风险识别方法，对影响事件发生的若干风险因素进行识别，对风险进行评估、评价，进而选择以最小的管理成本把风险期望损失降到最低并实施跟踪监管的风险管理举措。

大型体育场馆风险管理针对体育场馆在从事体育竞赛、健身休闲、体育培训、文艺表演等生产经营活动过程中可能出现的各种风险因素、风险源进行识别、评估和评价，对各类风险等级进行评价，进而对体育场馆各类风险提出管控策略。这里需要强调，大型体育场馆风险从建造到运营、从举办大型社会活动到日常基本的维护，其风险类型差异性较大。例如，场馆建设期存在设计风险、建筑工程风险等；在举办大型体育赛事、展销会、展览会、演唱会等公共活动时出现相关风险，此内容在讲解体育赛事活动风险管理时已有详细阐述。这里的体育场馆风险的内涵主要指体育场馆日常生产经营中出现的风险。

第二节　体育场馆风险识别

在体育场馆风险管理的过程中，体育场馆风险源、风险因素的识别是基础，需要系统全面地识别风险因素，否则就可能因遗漏风险源而使风险事故发生的概率大幅度上升。体育场馆风险评估和评价是客观分析体育场馆风险强弱的过程，是风险决策的重要依据。

一、体育场馆风险因素

在第二章阐述风险识别时，对风险因素的概念做了解释。风险因素是指可能导致事故的潜在因素，一般分为客观风险因素和主观风险因素。体育场馆在从事生产经营活动时，也可以分为客观风险因素和主观风险因素。

（一）体育场馆经营的客观风险因素

1. 自然因素

来自自然界的风险因素是人类从事各种生产活动所面临的最基本的风险因素，洪灾、雷击、地震、台风等自然灾害都可能给体育场馆带来损失。例如，2019年出现新冠疫情，短时间内席卷全球，使各行各业都受到不同程度的影响。体育行业也深受其害，体育赛事停办或延迟，健身俱乐部、体育培训等业务暂停营业，使国内很多体育场馆的正常经营停止，给场馆经营管理者造成财产损失。

2. 人为因素

体育是与人密切相关的行业，在体育场馆内各种体育活动都与人相关。当人在面对各种不确定性的时候，会根据已有的信息做出分析与决策，而与分析决策相关的信息既有来自自然界的，也有来自社会、政治、经济领域的。这里所阐述的人为因素主要指后者，通常有社会环境因素、政策环境因素、经济环境因素、法律环境因素及工作环境因素几类。

（1）社会环境风险因素主要是指对人们的世界观、人生观、价值观和行为方式产生影响的制度设计、法律法规或社会道德等。我国众多城市的体育场馆的产权属于国有，大型体育场馆是为居民提供公共体育服务的场所。随着社会生活方式的改变，越来越多的人开始关注体育健身和健康养生，以减少肥胖、高血压、高血脂、骨质疏松等病症的困扰。

体育场馆需要提供更多的体育休闲时空服务社会大众，这对体育场馆精细化经营管理提出更高要求，同时也增加了场馆时间和空间管理的难度。

（2）政策环境风险因素是指政府政策的调整或变化给城市体育场馆生产经营带来的不确定性影响。例如，改革开放以来，国内体育场馆经营的宏观政策环境从1993年开始发生变化，从计划经济模式向市场经济模式转变，这时国家体委提出了面向市场、走向市场、以产业化为方向的指导思想，以推动公共体育场馆改革为前提，并于1994年2月发布了《国家体委关于公共体育场所进一步发挥体育功能、积极向群众开放的通知》。2008年，以奥运会场馆项目法人招标为标志，场馆建设和经营管理进入市场化运营的新阶段。2013年，我国所有体育场地实现收入645.2亿元，实现支出661.7亿元。

（3）经济环境风险因素主要是指受宏观经济运行周期的影响、国际经济环境的变化、金融市场的影响，给体育场馆带来的经营风险。一般而言，经济环境的变化会影响居民的收入、生产的成本、服务市场价格水平及市场利率和汇率等。体育场馆的经营管理在面对市场经济环境变化时，会不可避免地受到影响。例如，受新冠疫情的影响，国内外宏观经济运行周期处于下行阶段，居民收入水平整体下降，这可能导致用于体育消费支出的水平有所下降，国内体育场馆的经营收入整体水平也会下降。

（4）法律环境风险因素主要是指与体育场馆相关的法律、法规、政策、行业标准等发生变化或变迁所带来的不确定性。当前我国社会经济处于转型发展阶段，和其他行业一样，体育领域的法律法规、行业标准随着时代发展的步伐不断地发生变迁和改变。随着体育法律法规、行业标准的变化，体育场馆经营也必然会出现不确定性因素，进而给场馆经营管理带来风险。

（5）相较于法律、经济、政策等环境而言，工作环境是指体育场馆工作人员所处的微观环境，既包括工作所处的物理环境，也包括周围人际交往环境。场馆内雇员在进行相关器械操作时，作业程序的规范要求、场馆管理的制度体系、激励机制的公平性和有效性等都会对员工产生影响。若工作环境对员工直接产生不利影响，就可能会给体育场馆的活动带来损失。

（二）体育场馆经营的主观风险因素

风险是客观存在的，体育场馆经营管理的主观风险主要是风险识别人员或管理者在识别风险因素时，由于信息不完全、个人认知的有限性、对风险因素理解的准确性、个体偏好、好奇心等因素，对风险的认识不完全而带来的风险遗漏或风险预估不足，进而给体育场馆经营管理带来风险。这种风险因素带来的不确定性是由风险管理人员造成的，不属于体育场馆经营管理自身的客观风险。这类风险可以分为随机不确定性风险和模糊不确定性风险。

体育场馆经营管理的主观风险和客观风险都难以避免。由于主观风险本身来自风险管理人员或者风险识别者的认知、偏好等，通过规范化的风险管理团队按照相应的风险识别的操作程序能够较好地规避主观风险因素。

二、体育场馆经营管理风险识别方法

在第二章中系统阐述了风险识别常用的专家调查法、安全检查表法、财务报表分析法、鱼刺图法等8种方法。从体育场馆风险管理的实践经验看，常用的方法有现场调查法、安全检查表法、事故树分析法等几种方法。

1. 现场调查法

现场调查法主要应用于体育场馆在用于体育竞赛、教育培训、健身休闲等业务活动的过程中，对体育场馆内的设施设备、空间布局、人员安排等进行现场调查，并分析排查风险源，从而达到风险控制的目的。一般步骤为：第一步，调查前准备，主要工作是根据业务活动的内容设计并拟定调查表，确定调查对象和调查时间；第二步，进行现场访谈和调查，根据实地观察和访谈的结果填写调查表格；第三步，分析调查结果，并将风险因素给予反馈。

现场调查法的优点：现场调查法的结果是从一线员工和现场直接获取的信息，因此，其结果直观可靠，通过结果能够及时了解到体育场馆一线工作人员的工作环境和工作状态，掌握体育场馆内设施设备维护保养的实际状况，了解体育场馆的管理现状、相关规则制度的落实情况等。现场调查法的缺点：调查和管理成本偏高，体育场馆的基层可能会因忙于应付调查而疏忽具体工作，过多的检查项目甚至会让员工产生反感情绪。

2. 安全检查表法

安全检查表法是依据体育场馆经营的行业标准、各个体育运动项目协会的竞赛规则、场馆内部的工作流程设计表格从而进行风险识别的方法。通常，体育场馆使用的安全检查表是经过实践并不断完善过的制式表格。例如，在阐述体育赛事活动风险的应急预案时，场馆的应急预案检查表就多达 22 个，每个表格实际也是具体的检查内容和项目。体育场馆的安全检查制式表格多由体育场馆风险管理专家或专业机构设计提供，并且有安全检查人员依据表格内容逐项排查风险因素。

安全检查表的使用步骤：第一步，分析体育场馆风险管理内容，将其视为一个体系，并依据这一体系对分项科学细分；第二步，查阅体育场馆管理规范、行业标准、操作流程、运动项目协会发布的竞赛规则和管理文件，查阅国内外体育场馆风险管理的相关案例及管理经验；第三步，以前面详细列举的风险因素为基础，分析风险事故产生的原因，在此基础上设计并给出安全检查表；第四步，将适合一般体育场馆的运营风险损失清单表给予运用，并在使用中不断完善表格内容，使其更加有利于对照检查以发现风险。

安全检查表法的优点：首先，安全检查表属于程式化表格，在前期编制调查表时，已经对同类场馆发生过的风险事故有所了解，能够相对更加全面地识别风险因素；其次，体育场馆安全检查表是与场馆具体活动或生产经营部门相匹配的，表内清单内容简单易懂、容易掌握，对于风险事故的管控易于分清责任，责任人根据表内要求可以及时改进并进行检验。安全检查表法的缺点：因为需要事先编制各类检查表，对应的赋分和评级标准需要结合体育场馆自身的特点及项目特点，所以用这种表格检查风险具有针对性强、通用性弱的特点。

3. 事故树分析法

事故树分析法属于因果分析法之一，也是体育场馆风险因素识别的一种常用方法，是指通过归纳、推理、分析将导致体育场馆生产经营的某类风险事故的各种原因绘制成树状图，并给出定性或定量的分析说明的方法。

事故树的顶端是可能出现的风险事故结果，下面的每一个分支都是可能导致事故发生的原因之一。事故树分析法利用图解对各种引起故障的原因进行逐步分解，风险管理人员从事故树中可以直观地看出导致风险发生的各种原因。

事故树分析法的优点：一是运用事故树可以从结果分析原因进而识别复杂系统中的风险；二是事故树可以直观表达风险因素诱发风险事故的概率，便于管理人员较快地进行决策。事故树分析法的缺点：这一方法对应用者的要求较高，即不仅要熟悉体育场馆经营管理过程中的具体业务，还要有较高的逻辑分析和推理能力。

三、体育场馆风险类型

体育场馆风险类型分类的方法有多种，按诱发风险产生的原因分为政治风险、经济风险、社会风险、管理风险、设施设备风险、人身安全风险、大型活动安全风险、自然灾害风险等；按风险因素的来源分为外部风险和内部风险；按风险因素导致的风险结果分为纯粹风险、投机风险；按风险承受能力不同分为可接受的风险、不可接受的风险。为了便于管理风险，本书主要按诱发风险产生的原因阐述风险类型。

1. 政治风险

政治风险一般是政局变化、政权更迭、罢工、战争、政策多变等引起社会动荡而造成经济损失乃至人员伤亡的风险。体育场馆的政治风险一般是指政策多变或管理带来的风险，通常有以下几种：一是政府主管部门对场馆运营管理干预太多，指挥不当，导致损失；二是公共资源寻租腐败带来财产损失；三是政策多变带来社会动荡，场馆实际营收下降；四是场馆运营管理的法律法规不完善给场馆运营管理带来不便。

2. 经济风险

经济风险是指内部经营管理不善导致的场馆财产损失，或者是宏观经济外部系统环境的不确定因素导致的体育场馆财产损失。例如，场馆经营管理内部环境恶化，出现资金链断裂、企业失信、高水平技术员工流失等，都属于体育场馆经营管理的经济风险，也是其内部风险。经济风险更多的是外部风险，主要包括：受宏观经济周期影响，国民经济不景气，居民可支配收入下降导致体育场馆消费下降；受市场利率、通货膨胀、税率调整等因素的影响导致体育场馆经营管理出现诸多不确定性。

3. 社会风险

社会风险是受宗教信仰、民族、种族等社会性事件的影响，人们的人生观、世界观、价值观发生变迁，行为方式发生改变，社会结构出现变化而使体育场馆面临的经营管理性风险。例如，2014年5月27日发生于乌克兰东部城市顿涅茨克的焚烧事件。

4. 管理风险

管理风险主要是指因管理组织机构设置不完善、管理制度设计不合理、管理决策失误、管理人员疏忽大意等而引起的场馆风险损失。例如，应急管理制度设计是风险事故发生后的操作指南，若体育场馆应急管理制度设计缺失或者设计不合理，一旦体育场馆有风险事故发生，就会使体育场馆的损失进一步扩大。

5. 设施设备风险

体育场馆建设是一项系统工程，场馆内的设备设施主要包括供配电系统、供热系统、给排水系统、空调通风系统、消防报警系统、通信网络系统、安保监控系统、场地器材设备及照明和附属设施设备等。这些系统和设备是体育场馆安全运行的保障，任意系统或设备出现故障都有可能给体育场馆带来安全事故和风险损失。

6. 人身安全风险

人身安全风险主要是指场馆工作人员、运动员、观众和场馆内日常运动休闲人员，由场馆内设施设备损坏、火灾等意外事故造成人身伤害的意外事故风险。

7. 大型活动安全风险

大型活动安全活动风险主要是由于大型活动具有参与人数多、活动规模大、影响面宽、不确定性因素多等特点，在活动举办过程中场馆建筑的设备及设施发生故障或损毁，或者大型活动安排失误导致观众不满引发骚乱和暴动、运动员运动伤害、其他人员意外伤害、故意滋事、紧急疏散等风险，或者意外事件触发熔断机制导致活动取消而带来违约风险损失等。

8. 自然灾害风险

自然灾害风险是指因自然力量的破坏而带来的风险。例如，因洪水、台风、雪灾、地震、雷电、酷暑等自然灾害而引发的体育场馆功能性丧失，从而造成事故损失。

四、体育场馆风险识别清单

体育场管风险识别清单的产生是一个长期而又系统的积累过程，通过制定和执行风险管理清单，可以确保体育场馆运营的安全性和高效性。体育场管风险识别清单的内容涉及体育场馆的方方面面，考虑到在体育场馆内举办大型活动和体育赛事活动，在活动组织过程中的风险识别和相应防控举措可参照附录四的相关内容。本节体育场馆风险识别清单的主要内容是指观众厅，比赛场区、舞台、布景、临时座椅、厨房、食品安全、仓库/零售区，施工现场，锅炉房，灭火系统气瓶间，柴油发电机房，机房，变配电室，通道、零售等公共空间，后勤办公区等可能产生的风险源。

体育场馆风险识别清单（表8-1）是在分析风险并借鉴以往类似场馆的风险管理经验教训，与体育场馆的运营人员、维护人员、安全人员等进行访谈，了解他们对相关风险的认识和看法，最后通过征求专家的意见进行评价和修改而确定的。当然，体育场管风险管理清单不是一成不变的，需要随着体育场馆运营环境的变化和风险的演变而不断更新。一旦发现新的风险或现有风险发生变化，应及时更新风险识别清单，确保清单的准确性和有效性。

表 8-1 体育场馆风险识别清单

序号	场所/位置	风险源	辨识标准	可能造成的后果	风险类型
1	观众厅	突发事件导致客流聚集拥堵	火灾、停电、暴雨、雷电等突发事件导致观众恐慌，可能会发生拥挤踩踏事故	人员伤亡、经济损失、商誉损失	人为风险、自然风险
2		日常客流聚集高峰拥堵	进出口、疏散通道、楼梯口、电梯口等处客流过大引发拥挤踩踏	人员伤亡、经济损失、商誉损失	人为风险、自然风险
3		包厢、观众席遇明火	可燃装饰材料遇明火导致火灾	人员伤亡、经济损失、商誉损失	人为风险
4		LED（Light Emitting Diode，发光二极管）超大显示屏电路	显示屏电路过载、短路等可能会导致火灾	经济损失、人员伤亡、商誉损失	管理风险、设备设施风险
5		高空装饰物、附着物安装不牢	吊灯、玻璃幕墙、分隔玻璃、大屏幕、场馆高空设施等安装不牢可能导致人身伤害	人员伤亡、经济损失、商誉损失	人为风险、自然风险
6		高空人马道	场馆顶部人马道可能发生高空坠物事故	人员伤亡、经济损失、商誉损失	管理风险
7		场馆火炬、焰火表演	飞火可能会引燃可燃物	人员伤亡、经济损失	人为风险、自然风险
8		跳水高台、跳板	跳水区域人员发生意外导致人员坠落	人员伤亡、经济损失	人为风险
9	比赛场区	标枪、铅球、飞盘、足球等体育器械	场馆内体育设施使用不当可能导致人身伤害事故	人员伤亡、经济损失	人为风险
10		游泳池	游泳池溺湖事故	经济损失、声誉损失	人为风险、管理风险
11		可燃物、易燃物	高温导致附近可燃物、易燃物燃烧，引发火灾	经济损失、声誉损失	人为风险
12	舞台、布景、临时座椅	高压钠灯、聚光灯、回光灯等大功率电气设备、可燃易燃装饰材料	舞台灯光等大功率设备长时间运行，电器元件发热高温可能导致灼烫、火灾	人员伤亡、经济损失、声誉损失	自然风险、人为风险
13			聚光灯等高温照明灯具附近放置可燃物可能引发火灾	人员伤亡、经济损失、声誉损失	自然风险、人为风险
14		电器及电路	电器设备过载、电路私拉乱接可能导致漏电或火灾	人员伤亡、经济损失、声誉损失	自然风险、人为风险

续表

序号	场所/位置	风险源	辨识标准	可能造成的后果	风险类型
15	舞台、布景、临时	大型活动演出装台布置设施	体育场馆大型活动装台布置设施出现松动等可能导致意外事故	人员伤亡、经济损失、声誉损失	自然风险 人为风险
16	座椅	活动座椅	场所内临时活动座椅固定不稳可能导致坍塌	人员伤亡、经济损失、声誉损失	自然风险 人为风险
17	厨房	厨房易燃物、食用油等物质、燃气泄漏	天然气、煤气等气体泄漏，遇火源，爆炸、中毒窒息等事故	人员伤亡、经济损失、声誉损失	自然风险 人为风险
18		厨房烤箱、烤炉、微波炉等设备	电器设备长时间运行，电器元件发热高温可能导致火灾，使用不当可能导致爆炸	人员伤亡、经济损失、声誉损失	自然风险 人为风险
19		消毒柜、消毒的可燃物品	消毒柜设备缺陷消毒物品高温可能导致火灾、爆炸	人员伤亡、经济损失、声誉损失	自然风险 人为风险
20		排油烟管道	厨房内排油管道、排烟口、净化器等高温油污因高温或油锅操作不当可能导致起火	人员伤亡、经济损失、声誉损失	自然风险 人为风险
21	食品安全	电器及电路	电器设备过载、电路私拉乱接可能导致漏电或电火灾	人员伤亡、经济损失、声誉损失	自然风险 人为风险
22		高压锅、热水器、炊具等内高压、高温液体介质	高温加热设备操作不当使沸腾高温液体喷溅可能导致爆炸、灼烫	人员伤亡、经济损失	人为风险
23	仓库零售区	物资、零售商品等可燃物	可燃物遇火源（电气短路、电弧作用下）可能导致其燃烧	人员伤亡、经济损失、声誉损失	自然风险 人为风险
24		乙炔、氧气等易燃易爆气体	施工动火使用乙炔、氧气等易燃气体泄漏而爆炸、起火	人员伤亡、经济损失、声誉损失	自然风险 人为风险
25	施工现场	可燃物	动火作业周围或其下方存在可燃物，遇明火可能发生火灾	人员伤亡、经济损失、声誉损失	自然风险 人为风险
26	施工现场	施工现场高空作业	使用起重机安装装饰品、吊物脱钩掉落、脚手架搭建不牢等可能导致人身伤害事故	人员伤亡、经济损失、声誉损失	自然风险 人为风险

续表

序号	场所/位置	风险源	辨识标准	可能造成的后果	风险类型
27	施工现场	切割设备	在装修施工时操作人员与机械叶轮、刀锯接触可能导致机械伤害	人员伤亡、经济损失、声誉损失	自然风险 人为风险
28	锅炉房	可燃物、易燃物、锅炉过牙	锅炉房内可燃物、易燃液体及燃料等物质，遇火源可能导致火灾、爆炸、中毒窒息等事故	人员伤亡、经济损失、声誉损失	自然风险 人为风险
29	灭火系统气瓶间	高压气瓶	气体灭火设备失效或安全阀失效超压可能导致爆炸、中毒窒息	人员伤亡、经济损失、声誉损失	自然风险 人为风险
30	柴油发电机房	可燃物、易燃液体等物质	机房内可燃物、易燃液体及燃料等物质，遇火源可能导致火灾等事故	人员伤亡、经济损失、声誉损失	自然风险 人为风险
31	机房	计算机组等电气设备	设备长时间运行而电器元件发热高温可能导致火灾	人员伤亡、经济损失、声誉损失	自然风险 人为风险
32		配电柜、动力电缆	工作人员在操作、检修时由于电气设备故障或操作不当可能导致触电事故	人员伤亡、经济损失、声誉损失	自然风险 人为风险
33		灭火气体	灭火系统误动作（控制失效或阀门缺陷）而气体喷放可能导致人员窒息	人员伤亡、经济损失、声誉损失	自然风险 人为风险
34		变压器、配电柜、电缆、可燃物	变压器、配电柜因短路、过负荷等故障可能引发火灾	人员伤亡、经济损失、声誉损失	自然风险 人为风险
35	变配电室	配电柜、电缆	在操作、检修时由于电气设备故障或操作不当引起触电事故	人员伤亡、经济损失、声誉损失	自然风险 人为风险
36		灭火气体	灭火系统误动作（控制失效或阀门缺陷）而气体喷放可能导致人员窒息	人员伤亡、经济损失、声誉损失	自然风险 人为风险
37		其他电气设备	工作人员在操作、检修时由于电气设备故障或操作不当引起触电事故	人员伤亡、经济损失、声誉损失	自然风险 人为风险

续表

序号	场所/位置	风险源	辨识标准	可能造成的后果	风险类型
38	通道、零售等公共空间	商品、装修材料、家具等可燃物	商品、装修材料、可燃家具等遇火源（电气短路、电弧、烟头明火）可能导致火灾	人员伤亡、经济损失、声誉损失	自然风险、人为风险
39		明火	烟头明火可能导致可燃物燃烧	人员伤亡、经济损失、声誉损失	自然风险、人为风险
40		电梯、扶梯	电梯控制系统缺陷故障等可能导致乘客坠落、机械伤害	人员伤亡、经济损失、声誉损失	自然风险、人为风险
41		热水器	设备故障或使用不当，热水喷溅可能导致热水灼烫	人员伤亡、经济损失、声誉损失	自然风险、人为风险
42		观赏性水域	水域内用电设备漏电可能导致触电；儿童、老人不慎掉落可能导致淹溺事件	人员伤亡、经济损失、声誉损失	自然风险、人为风险
43	后勤办公区	装修材料、家具等可燃物	装修材料、可燃家具等遇火源（电气短路、电弧、明火）（电暖炉等）可能导致火灾	人员伤亡、经济损失、声誉损失	自然风险、人为风险
44		电缆	私自拉接临时电线过负荷等可能导致火灾、漏电事故	人员伤亡、经济损失、声誉损失	自然风险、人为风险
45		明火	烟头等明火可能导致可燃物燃烧	人员伤亡、经济损失、声誉损失	自然风险、人为风险
46		电器及电路	电器设备过载、电路私拉乱接可能导致漏电或火灾	人员伤亡、经济损失、声誉损失	自然风险、人为风险

第三节　体育场馆风险评估

风险识别是风险管理的基础，而风险评估是风险管理监控决策的依据。风险评估主要是评估风险事件面临各种风险时可能发生的概率、风险损失大小。依据组织承受风险损失的能力，确定不同风险管理举措的优先级。

一、体育场馆风险评估概述

体育场馆风险评估是在体育场馆风险识别和风险分析的基础上，针对可能发生的风险事故，分析风险源并运用相应风险评价方法，对风险事故发生的概率和风险损失的大小进行定性或定量评价，并结合体育场馆风险事故的影响和运营者的风险承受能力，对体育场馆风险进行的综合评估。体育场馆风险评估是体育场馆管理者对各种体育场馆风险制订管理举措和管控决策的重要依据，其目标是确保风险管理举措的科学性和经济性，体现"大中取小""小中最小"的风险决策原则。

风险评估一般根据评估对象的业务活动所包含的风险特征进行，评估的深度和广度、时间和空间都受评估对象的业务内容影响，评估人员需要根据不同的业务特征选择合适的风险评估内容。风险评估工作是一项复杂性系统工作，常见的风险评估有基线评估、详细评估和组合式评估3种。

（1）基线评估。基线评估是根据体育场馆提供公共体育服务、举办体育赛事活动和大型群众性活动，对体育场馆各种功能系统进行安全基准检查，要求体育场馆在设施配备、工作环境方面能够满足基本的安全需求，达到安全基线标准。安全基线是系列标准规范中规定的安全控制措施或者惯例，这些措施和惯例适用于特定环境下的所有系统，可以满足基本的安全需求，能使系统达到一定的安全防护水平。体育场馆的安全基线一般是按照相关法律法规、政策文件、国家标准、行业标准、业务活动惯例、行为规范中涉及体育场馆安全的管理举措、行为规范等要求构成的安全防护基准线。

（2）详细评估。详细评估一般要求对风险事件进行详细风险识别和评价，根据识别和评价结果对可能产生的风险事故损失进行评估，并给出风险决策建议。体育场馆作为城市体育公共服务的重要载体，平时承接和开展的业务内容较多，既有日常对外开放经营的体育服务项目，也有不定期的大型体育赛事活动，还会承接和举办展览会、演唱会等大型群众性活动。当前国内举办的大型体育赛事活动、大型文艺演出和会展业务，均需根据具体活动开展情况做出详细的安全风险评估方案和应急预案。因此，从体育场馆风险管理视角来看，体育场馆承接的大型体育赛事活动、大型文艺演出和会展等大型群众性活动所做的体育场馆风险详细评估是具体活动安全的风险评估方案与应急预案。

（3）组合式评估。基线评估具有简单易行、用时短、成本低的特点，但存在风险识别精准度不高的缺点；详细评估通常要求一案一评。对于部分具有稳定状态且安全要求较高的风险事件，可以将基线评估和详细评估结合起来，采取组合式风险评估。这种评估形式既能节省评估所耗费的资源，又能确保获得一个全面系统的评估结果，对于高风险事件能够精准识别和关注。体育场馆作为公共服务载体，在实现城市公共体育服务、文化传播、教育培训等功能的同时，也是人群集聚地，显然，体育场馆风险评估采取基线评估或详细评估与常规业务安全管理存在脱节。因此，体育场馆风险采取组合式评估既是符合现实的选择，也是体育场馆安全风险管理的现实要求。

体育场馆风险评估是针对各类风险进行的，显然，在对场馆风险进行评价时，需要根据风险类型选择恰当风险评价方法。在介绍风险评价方法时，重点阐述了风险坐标法、层次分析法、压力测试法、模糊综合评价法4种风险评价方法。其实，除了这4种风险评价方法，在金融领域还有其他的风险评价法，如分析复核法、内部控制评价法，这两种方法主要是针对金融和财务风险的评价。因此，要结合风险识别的具体内容，根据评估对象的业务特点和风险类型来选择评价方法。

在对体育场馆风险识别过程中，本书从风险源角度对体育场馆存在的政治风险、经济风险、社会风险、管理风险、设施设备风险、人身安全风险、大型活动安全风险、火灾风险、自然灾害风险等内容进行了阐述，并结合体育场馆的具体业务内容和行业特点，运用风险清单法给出了体育场馆的系列风险清单。本书在分析体育场馆风险清单中的风险源、辨识标准、可能造成的后果和风险类型后认为，体育场馆风险评价的方法可以采用风险坐标法。

二、体育场馆风险评估步骤

体育场馆风险评估是在风险识别和风险评价的基础上依据各种风险因素诱发风险事故的可能性大小、损失大小进行排序的过程。风险坐标法就是将风险事故发生的可能性和风险损失作为平面坐标的两个维度，组成风险评价坐标。体育场馆风险评估采用风险坐标评价时，一般有以下几步。

第一步，按照风险坐标设计要求，设计风险坐标系，从定量或定性角度对体育场馆风险事故发生的可能性大小及事故损失大小给予赋值（见表3-2和表3-3）。构建体育场馆风险评估坐标表，如表8-2所示。

表8-2 体育场馆风险评估坐标表

损失大小	可能性大小					
	可能性（定性） 概率（定量）	非常罕见 10%以下	很少发生 10%～30%	可能发生 30%～70%	有时发生 70%～90%	相对平常 90%以上
损失（定性）	赋值	1	2	3	4	5
灾难性	5	6	7	8	9	10
重大损失	4	5	6	7	8	9
严重破坏	3	4	5	6	7	8
破坏	2	3	4	5	6	7
轻微破坏	1	2	3	4	5	6

第二步，分析体育场馆各类风险源诱发风险事故的可能性大小、损失大小，并从定性或定量的角度，依据表8-2中的赋值，进行判断打分，最后依据分值对风险可能造成的损失分别进行衡量，并做出极高、中高、高、较高、中、较低、中低、低8个风险等级的评价。本书以体育场馆火灾风险、设施设备风险、人员安全风险、大型活动安全风险这4种风险为例，通过识别和分析引发这4种风险的风险源（实际风险源应不局限于此），

并拟出风险衡量表，如表 8-3 所示。

表 8-3　体育场馆风险源风险衡量表

风险类型	风险源	代码	可能性大小（赋值）	损失大小	风险衡量
火灾风险	日常办公用电过载	A1	2～3	损失大小视事故情形不同而不同	中低
	大型活动用电时电路和电器故障	A2	3～4		中高
	明火作业	A3	4～5		高
	场馆内存放易燃易爆物	A4	5		极高
设施设备风险	消防警报系统故障	B1	4～5	损失大小视事故情形不同而不同	高
	安保监控系统故障	B2	3～4		中低
	电力系统、通风系统、空调系统故障	B3	4		高
	场地器材设备故障	B4	3～4		中
人员安全风险	火灾意外	C1	2～3	损失大小视事故情形不同而不同	较低
	踩踏事件	C2	1～2		低
	建筑物坍塌	C3	1～2		低
	运动伤害	C4	2		较低
大型活动安全风险	恐怖活动	D1	3	损失大小视事故情形不同而不同	中
	社会治安事件	D2	2～3		中
	设施设备障碍	D3	2～3		中高
	法律纠纷	D4	3～4		高

各类事故产生的损失大小与现场控制的措施密切相关，有的事故发生后若处理及时，能够把损失控制在较小的范围内，也有的事故发生后因处理不当而使事故损失进一步扩大，因此，表 8-3 中没有针对具体损失做出评价。

第三步，依据风险衡量结果，绘制体育场风险评价坐标图，并根据坐标图分析风险，如图 8-1 所示。

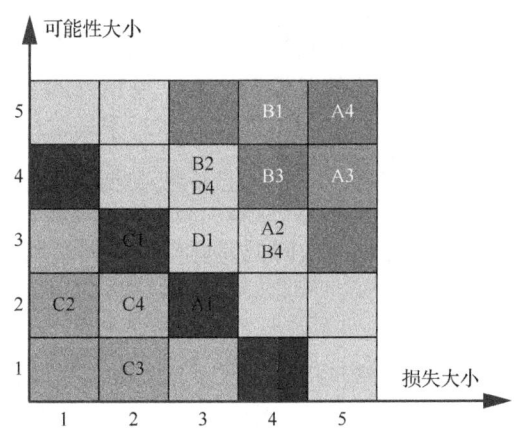

图 8-1　体育场馆风险评价坐标图

三、体育场馆风险管理举措

1. 火灾风险防范

火灾历来是风险防控的重要内容。体育场馆是城市提供公共体育服务的重要场所，常常是人群聚集之地。由于体育场馆具有顶棚高度高、占地面积大、空间跨度大、建筑结构特殊、消防灭火难度大等特点，火灾不仅会烧毁场馆内的设施设备、损毁场馆建筑，也会给场馆内的工作人员、使用者、管理者带来生命财产的损失。若体育场馆正在举办大型体育赛事或其他大型活动，一旦发生火灾，造成的后果将不堪设想。由于场馆内的观众对体育场馆的紧急疏散通道不熟悉，即使是部分工作人员熟悉紧急疏散通道，观众面对火灾造成的恐慌，也极易造成拥堵、踩踏，进而因火灾而使更多人员伤亡。因此，场馆风险管理应特别重视场馆火灾风险的预防和管理。

如表 8-3 所示，体育场馆火灾风险源常见的有日常办公用电过载、大型活动用电时电路和电器故障、明火作业、场馆内存放易燃易爆物 4 类风险源。在实际工作中，引起火灾的风险源远不止这 4 类，如雷电、纵火等都可能带来火灾。对于部分不可预知和预测的火灾风险源，难以对其进行有效的风险管理。在此，重点阐述这 4 类常见的火灾风险管理举措。

通常，在场馆从事日常管理工作的人员，在使用办公电器设备或者场馆维护保养设备时，使用不当或者电路过载造成电路起火事故；或者场馆内在举办大型体育赛事或者其他活动时，电气设备故障造成火灾。但后者发生的概率相对较小，即使发生意外火灾，由于现场有场馆工作管理人员，火灾发生后一般会及时处理，火灾损失相对较小。对于这类风险源，一般对体育场馆内的工作人员加强消防安全教育，让工作人员学会正确使用消防应急设备即可相对有效地防控这类风险。

对于明火作业及场馆内存放易燃易爆物，会存在高风险火灾隐患。因此，场馆维修人员、场馆使用者在运动过程中有意无意点燃的明火意外触及易燃物时容易引发火灾，若没有及时控制火源，则造成的损失不堪设想；同样，在场馆内堆放易燃易爆物，若不及时清理，由于堆放空间相对密闭，易燃易爆物容易发生自燃，而且火源不容易被发现，一旦发生火情，又没能及时控制，就会发生严重火灾并造成严重损失。因此，对于上述两类火灾源，从风险管理视角来看，在场馆内应严禁烟火，不得已需要明火作业时，也需要有专人管控并清理作业区域周边的易燃物。对于场馆内的易燃易爆物，每次使用时需要及时清理，不可以在场馆内久放，更不能存放。对于场馆内储物空间、工作间、卫生间、物料间、运动员用房、卸货区、后勤服务区、记者用房、体育馆器材室、包厢、贵宾休息室、小卖部、评论室、停车场等区域，都应有专人定期检查，防止有易燃易爆物品在场馆内存放过久。这样才能够有效降低易燃易爆类火灾风险事故发生的概率。

2. 设备设施风险防范

一般而言，体育场馆的基础设施包括给排水系统、电力系统、照明系统、通风系统、空调温控系统、消防警报系统、安保监控系统、场地器材设备等。体育场馆的正常运营离不开这些系统的正常运转，其中任何一项系统出现故障，都会给场馆运营带来风险隐患。

体育场馆的给排水系统通常是由供水、室内室外排水系统构成的。一般场馆的主赛场屋面多是采用重力式或虹吸式屋面雨水排水系统。例如，国家体育场屋面雨水排水系统就采用了这两种方式构成的组合系统，其屋面雨水排水共采用了42个组合系统，并且实现了雨水回收利用，一次最多可容纳12000立方米的雨水量。通常给排水系统故障是指供水水泵故障、地上管网和地下水管出现漏水、排水系统的污水井水位过高、排水管道破损或堵塞等。为了防止给排水系统故障，通常场馆运营管理会建立应急预案，对于可能产生的故障给出具体的应对措施。

供电系统是指由电源系统和输配电系统组成的产生电能并供应与输送给用电设备的系统。显然，体育场馆供电系统即通过电源系统和场馆的输配电系统把电能输送到各种电力设施设备，从而保证场馆内的各种电力设施设备能够正常运行。通常为了保障电力系统安全，会设有主、辅供电两套系统保障供电安全。例如，国家体育场馆的供电系统由正常（主）电源和3套备用电源组成，当主电源失电时，第一备用电源是同一总配来自不同上级电站供电的另一路电源；若不能转换到第一备用电源，则改投切到另一总配由与第一备用电源同一上级电站不同电源段供电的母线段，即转换到第二备用电源；若因第一备用电源和第二备用电源的上级电站故障不能供电，则改由与主用电源同一上级电站不同电源段供电的另一总配母线段供电，即第三备用电源。这3路备用电源和主用电源均不是同一电源，除不可抗拒的灾难，不可能出现外部电源同时失电的情况。

体育场馆设施设备还有诸如弱电系统保障体育场馆内的网络、通信、音响、显示设备、安保监控等，这些设施设备一旦出现故障，就会影响上述设施的正常运行。通风系统能够确保场馆内空气正常交换流通，在场馆运行的过程中，不会出现憋闷不透气的情况。另外，空调温控系统、消防警报系统、安保监控系统都是体育场馆正常运营的重要设施设备。随着智能化程度越来越高，体育场馆的设施设备风险监控也越来越完善，通过制订相应的应急响应预案，一般能较快排除故障，降低风险事故发生的概率。

3. 人员安全风险防范

体育场馆作为大型公共场所，人员安全风险涉及场馆工作人员、运动员、观众和场馆内的其他人员等多种类型人员。因此，人员安全风险的防范也需要从多个方面进行阐述，而且体育场馆的人员活动安全风险防范同等重要。对体育场馆内火灾风险防范与设施设备风险防范已有阐述，这里对这两类风险产生的人员安全风险防范不再赘述。

（1）建立体育场馆员工培训制度。明确体育场馆各个部门工作人员的职责，定期对体育场馆的建筑结构进行检查和维护；在有大型体育赛事或其他大型活动时，安排专人负责安全监督和管理，提前对场馆内容易磨损或老化的设备，如场地设施、运动器材、安全设备等进行检查和维护，确保其安全性和可靠性。对体育场馆内部工作人员进行安全培训，包括急救知识、火灾应对、紧急疏散程序等，定期组织人员进行疏散演练，确保在紧急情况下能够迅速、有序地疏散观众和参与者，提高工作人员的应急处理能力。

（2）需要在体育场馆内设置安全与警示标识。确保体育场馆内设施标志清晰；保证体育场馆的应急通道畅通无阻，疏散标识清晰可见；对存在潜在危险的区域，应该设置明显的安全标识和警示标语，如小心滑倒、禁止攀爬等。

（3）建立安全监管系统。在场馆内安装监控系统，对场馆内外进行实时监控。定期对体育场馆的安全状况进行风险评估，发现问题及时整改。在有大型体育赛事或其他大型活动时，应安排足够的安保人员，加强场馆的巡逻和秩序维护，及时发现和处理异常情况。

4. 大型活动安全风险防范

在阐述体育赛事活动风险安全与防控的相关内容时，对于大型活动风险运营管理的风险已有较为详细的阐述。因此，在这里主要介绍体育场馆在举办大型活动时的风险管理内容。

体育场馆举办大型活动的风险安全管理主要是对场地、器材、网络、通信等配套设备设施的管理，确保体育场馆内的消防安全、舞台搭建安全、舞台设备安全、体育场地器材安全、配套设备设施安全、场馆运行保障安全，从而促进体育赛事、文艺汇演的大型活动的顺利举办。由于不同场馆的行政组织架构存在差异性，通常有直线塔式结构、矩阵式结构、职能部门组织结构、事业部制结构这4种行政组织架构。体育场馆承接大型活动时，多采用矩阵式管理模式，因此，对应的安全防控，就需要相应的行政职能部门去协调和防控相应的风险事故。例如，场馆经营管理部、场馆后勤保障部、大型活动部及综合管理部等部门会与消防安全、舞台搭建安全、舞台设备安全、体育场地器材安全、配套设备设施安全及场馆运行保障安全等风险防控工作产生业务联系，这就需要在部门之间明确安全责任，不能因业务交叉而产生相互推诿的行为，导致事故发生的概率大大增加，给场馆内大型活动安全带来风险。

第四节　体育场馆风险应对策略

体育场馆风险事故从不同角度可以归为不同类型。就风险事故应对策略而言，通常有风险规避、损失控制、技术监控、风险转嫁这4种应对策略。

一、风险规避应对策略

体育场馆风险管理应对策略选择规避的形式，通常是对某项高风险活动风险评估后所做的决策。体育场馆风险规避的策略行为又可以分为积极规避与消极规避，两者之间的相同点是都认识到风险损失一旦发生就会超出自身可承受的范围，都是在风险损失发生之前采取规避措施。

场馆经营管理者选择积极规避应对策略时，会根据风险活动的特点，对项目活动做出调整和改变，而不是简单的回避。在体育场馆运营过程中，遇到高风险活动项目，可以采取化整为零的策略，将活动项目分解为若干个子项目。对于存在高风险的子项目，一是在重点监控的基础上，对于重点环节增加人力物力的投入，强化安全教育，提升工作人员的风险意识，在实际工作中将风险发生的概率降到最低。二是选择替代方案，避开高风险的工作事项，选择可以替代的其他方案，同样可以达到预期的设计目标。例如，大型综合国际性体育赛事如亚运会、奥运会、世界杯等赛事不仅蕴含巨大的赛事商业价值和国际影响力，也是一个国家综合实力的表现形式之一，因此，许多国家会积极申报承办。这类大型国际性体育赛事，就体育场馆的风险管理而言，具有典型的高风险特征，一旦举办这些赛事的体育场馆出现风险事故，不仅会使赛事经济效益、国家声誉受损，也会给这一届赛事的顺利举办蒙上一层阴影。因此,体育场馆在承接这些赛事时,虽然面对的风险损失难以承受,但为了提升体育场馆自身的品牌价值和社会形象,都会积极承接这些国际性大型体育赛事。在赛事举办过程中,一般将综合性赛事承办工作分成若干个子项目,对其中高风险活动项目进行重点监控。例如,奥运会、亚运会、世界杯的开闭幕式等大型仪式活动,往往也是场馆内风险防范和监控的重点。

因此,体育场馆在面对难以承担又必须承担的高风险活动事项时,大型体育场采取的风险规避实际是指体育场馆管理者主动采取措施降低风险发生的概率而不是完全拒绝承担风险。这样的选择,从现实角度出发,实际是通过增加风险管理的投入来将风险发生的概率降低。

消极规避一般指体育场馆在面对某项高风险活动事项时,为避免发生重大损失,直接选择放弃这样的高风险活动事项。例如,在面对频频失信的高风险活动主办方,体育场馆管理层通过直接拒绝签约,从而规避风险;或者是面对强对流天气,有台风、暴雨、雷电等极端天气时应考虑取消或推迟已定的大型活动,以避免恶劣天气导致安全事故发生等。

体育场馆的消极型风险规避策略是各种风险管理策略中最简单、最直接的方式,也是最为彻底的方式。这种方式也使体育场馆使用率和场馆的运营收入呈现一定程度的下降。

二、损失控制应对策略

体育场馆风险损失控制应对策略是指有意识地在风险事故发生前后采取应对措施,达到防止风险事故损失或减少风险事故造成的经济损失和社会损失。

显然,风险损失控制应对策略的防损属于预防性举措,减损属于应急型举措,两者虽然都能达到控制损失的效果,但就损失控制实践而言,前者的预见性和有效性要强于后者。"凡事预则立,不预则废",故而,体育场馆风险损失控制应对策略理应更多选择防损,通过有效管控相应的风险源,把风险损失的概率降低,避免风险损失事故发生,从而起到较好的防损效果。例如,消防风险防范措施、安保措施、大型活动应急疏散预案、应急逃生系统及应急医疗救援方案等均是在危险事件发生前进行风险源的排查后,针对具体风险源和事故,事先设计好的方案,能够达到有效防损的效果。例如,禁止将明火带入体育场馆,制定场馆仪器设备操作规程,培训并强化安保人员的履职意识,等等。

然而,虽然防损是积极有效的一种风险损失控制应对策略,但一旦风险事故发生后,及时采取有效的事故控制措施,减轻损失的程度、抑制损失,同样重要。否则,在风险事故发生后,任由其自然发展,而没有应对举措,损失可能会由小变大。因此,减损应对策略同样重要,由于减损策略的选择与事故发生现场的实际及现场指挥人员的应急反应能力密切相关,通常需要根据相关应急预案与现场实际及时做出应对决策。

三、技术监控应对策略

随着智能化时代的到来,体育场馆的智能化建设或者智能化改造均已在国内逐步展开。现代体育场馆大胆应用人工智能,运用智能化防火设备、智能安全监控设备、人脸识别技术、远程信息指挥系统等。这些新技术也给体育场馆风险防控带来了便捷。

技术监控应对策略通过对风险规划、识别、估计、评价等全过程的监视和控制,保证风险管理达到预期的目标。其目的是考察各种风险控制行动产生的实际效果，确定风险减少的程度，监视残留风险的变化情况，进而考虑是否尚须调整风险管理计划，以及是否启动相应的应急措施。

风险监控包括风险的监测和控制，风险监测就是跟踪、监视已识别的风险和残余风险，识别进程中新的风险，并在实施风险应对后评估风险应对措施对减轻风险的效果。风险控制则是在风险监视的基础上，实施风险管理规划和风险应对计划，并在情况发生变化时重新修正风险管理规划或风险应对措施。

体育场馆风险监控的内容包括：现有的风险应对措施是否按计划正在实施；风险应对措施是否如预期的那样有效，或者是否需要制订新的应对方案；对场馆未来所处环境的预期分析，以及对场馆整体目标实现的可能性的预期分析是否仍然成立；风险发生的情况与预期的状态相比是否发生了变化，并对风险的变化做出分析判断；识别到的风险哪些已发生，哪些有可能在后面发生；是否出现了新的风险因素和新的风险事件，其发展变化趋势又是如何的等。

体育场馆风险监控的措施包括权变措施，即面对未充分识别的风险或识别出的新风险随机应变，提出紧急应对措施；纠正措施，即发现列入监控范围的风险在进一步发展或出现了新的风险，则应对风险进行进一步分析评估，并在找出引发风险事件影响因素的基础上，及时采取纠正措施；变更措施，即改变风险管理范围、改变实施方案、改变环境、改变费用和进度安排等。最后，在风险监控的基础上，有必要对各种风险进行重新评估，将风险的次序进行重新排列，对风险应对计划也进行相应更新，以使新风险和重要风险能得到有效的控制。

四、风险转嫁应对策略

风险转嫁可以分为非保险转移和保险转移。非保险转移是体育场馆将损失的法律责任转移给非保险业的另一个单位承担和管理的技术，签订合同是非保险转移的有效方法。非保险转移的方式包括将财产或活动的所有权及管理权转移给他人，或通过签订合同条款来减轻或消除体育场馆在损失发生时的责任，以及免除体育场馆对第三方的责任义务。保险转移则是保险公司设计推出各种各样的保险产品提供给体育场馆选择购买，体育场馆通过投保商业保险，将一部分人身、财产和责任风险转嫁给保险公司。

体育场馆的风险转嫁包括在签订场馆租赁协议时，规定承租人对自己过失造成的租借物的损坏或灭失承担赔偿责任，从而将场馆面临的潜在财产损失风险转嫁给承租人。例如，体育场馆将游泳馆承包给了某单位，利用分包的方式转移了游泳馆的经营风险。在举办大型活动时，与主办方签订的合同中的免责条款也可以起到转移风险的作用，或者要求主办方在售票时为购票者购买人身意外险。一旦在场馆内观看体育竞赛或大型表演时发生火灾、踩踏等人员伤亡事故，就可以通过保险赔偿经济损失。

目前，我国大型综合性体育场馆的管理者及相关领域的学者对于体育场馆的风险管理还没有足够的重视和关注，对于我国各类体育场馆在过去几十年间发生的各种体育场馆风险事故没有详细的数据统计及相关记载，也没有事故分析总结相关报告研究。因此，在收集体育场馆事故案例及数据时遇到较多困难，导致体育场馆风险评估部分主要侧重于理论分析和逻辑推理。

在对体育场馆进行风险评估的过程中发现,体育场馆风险管理应对措施相对有限,除了针对火灾、意外事故和设施损坏等风险事件进行提前预防,对于后期场馆所遭受的损失弥补这一方面还很薄弱。尤其针对体育场馆风险管理相关的保险领域发展相对迟缓的问题,特别是在体育保险方面,能够为体育场馆风险管理提供的帮助十分有限,有待于其更进一步发展。

明天和意外,我们无法预知其先后。因此,我们应当珍惜当下,珍惜眼前的时光。

思 考 题

1. 大型体育场馆的基本功能有哪些?
2. 体育场馆风险类型有哪些?
3. 阐述体育场馆风险评估的步骤。
4. 体育场馆风险应对策略有哪些?你是如何理解的?

附　录

附录一　体育赛事活动管理办法

第一章　总则

第一条　为规范体育赛事活动，促进体育事业健康发展，根据《中华人民共和国体育法》《全民健身条例》以及其他相关法律法规，制定本办法。

第二条　本办法所称体育赛事活动，是指在中国境内依法举办的各级各类体育赛事活动的统称。

第三条　体育赛事活动应当坚持政府监管与行业自律相结合的原则，实行分级分类管理，加强事中事后监管，优化体育赛事活动服务。

国家体育总局（以下简称体育总局）负责全国范围内体育赛事活动的监管。县级以上地方人民政府体育行政部门（以下简称地方体育行政部门）负责所辖区域内体育赛事活动的监管。

中华全国体育总会、中国奥林匹克委员会、地方体育总会、全国性单项体育协会、地方性单项体育协会以及其他体育协会（以下简称体育协会）按照法律法规及各自章程负责相关体育赛事活动的组织、服务、引导和规范。

第四条　体育赛事活动举办应当遵循合法、安全、公开、公平、公正、诚信、文明、绿色、简约、廉洁的原则。

第五条　本办法所称主办方是指发起举办体育赛事活动的自然人、法人和非法人组织；承办方是指具体负责筹备、实施体育赛事活动的自然人、法人和非法人组织；协办方是指提供一定业务指导或者物质及人力支持、协助举办体育赛事活动的自然人、法人和非法人组织。主办方、承办方、协办方等体育赛事活动组织者应当履行安全保障义务，对体育赛事活动安全负责，赛前应当通过书面协议方式约定权利义务和责任分工。

第二章　体育赛事活动申办和审批

第六条　体育总局以及中华全国体育总会、中国奥林匹克委员会主办的全国综合性运动会，由省、自治区、直辖市人民政府按照综合性运动会申办管理规定申办，报国务院批准后举办。

地方体育行政部门以及地方体育总会主办的所辖区域内的综合性运动会自行确定申办办法。

第七条　申办国际体育赛事活动，应当按照程序报批，未经批准，不得申办。

以下国际体育赛事活动需列入体育总局年度外事活动计划，并按照有关规定和审批权限报体育总局或国务院审批：体育总局主办或共同主办的重要国际体育赛事活动，国际体育组织主办的国际综合性运动会、世界锦标赛、世界杯赛、亚洲锦标赛、亚洲杯赛、涉及奥运会、亚运会资格或积分的赛事，体育总局相关单位或全国性单项体育协会主办的跨省（区、市）国际体育赛事活动，涉及海域、空域及地面敏感区域等特殊领域的国际体育赛事活动。

体育总局相关单位或全国性单项体育协会主办，或与地方共同主办但由体育总局相关单位或全国性单项体育协会主导的国际体育赛事活动，需列入体育总局外事活动计划，原则上由有外事审批权的地方人民政府或其有关部门审批。

地方自行主办，或与体育总局相关单位或全国性单项体育协会共同主办但由地方主导的国际体育赛事活动，由有外事审批权的地方人民政府或其有关部门审批，不列入体育总局外事活动计划，但应统一向体育总局备案。

其他商业性、群众性国际体育赛事活动，应当按照属地管理原则，根据地方有关规定办理相关手续。地方体育行政部门提供业务指导和技术支持。

第八条　举办需要行政许可的体育赛事活动，应当按照规定程序办理。

第九条　境外非政府组织在境内开展体育赛事活动，应当依法登记设立代表机构。未登记设立代表机构需要在境内开展临时体育赛事活动的，应当经省级人民政府体育行政部门同意，并报同级公安机关备案。

全国性单项体育协会代表中国参加相应的国际单项体育组织，任何组织和个人在中国境内主办或承办相应的国际单项体育组织的体育赛事活动，应当与相应的全国性单项体育协会协商一致，如暂未设立全国性单项体育协会的，应当与体育总局相应运动项目管理中心或相关单位协商一致。

第十条　除第七、八条规定外，体育总局对体育赛事活动一律不做审批，公安、市场监管、卫生健康、交通运输、海事、无线电管理、外事等部门另有规定的，主办方或承办方应按规定办理。

地方体育行政部门应当按照国务院、地方人大和人民政府的相关规定，减少体育赛事活动审批；对保留的审批事项，不断优化服务。

地方体育行政部门应当根据实际需要会同当地有关部门对商业性、群众性大型体育赛事活动建立联合"一站式"服务机制或部门协同工作机制。

机关、企事业单位、社会组织和个人均可依法组织和举办体育赛事活动。

第十一条　体育赛事活动的名称应当符合下列规定：

（一）与举办地域和体育赛事活动的项目内容相一致；

（二）与主办方开展活动的行业领域和人群范围相一致；

（三）与其他自然人、法人或非法人组织举办的体育赛事活动名称有实质性区别；

（四）不得侵犯其他自然人、法人或非法人组织的合法权益；

（五）不得含有欺骗或可能造成公众误解的文字；

（六）不得使用具有宗教含义的文字；

（七）按照国家法律法规、政策要求使用"一带一路""金砖国家""上合组织"等含有政治、外交属性的文字；

（八）相关法律、法规和规章的其他规定。

第十二条　中央和国家机关及其事业单位、全国性社会组织主办或承办的国际性、全国性体育赛事活动，名称中可以使用"世界""国际""亚洲""中国""全国""国家"等字样或具有类似含义的词汇，其他体育赛事活动不得使用与其相同或类似的名称。

第三章　高危险性体育赛事活动许可

第十三条　举办高危险性体育赛事活动实施行政许可。

体育总局指导全国范围内的高危险性体育赛事活动行政许可工作，会同有关部门制定、调整高危险性体育赛事活动目录并予以公布。

地方体育行政部门负责所辖区域内的高危险性体育赛事活动行政许可工作。跨行政区域的高危险性体育赛事活动由所在行政区域的地方体育行政部门协商确定许可方式，协商不一致的，须向相关行政区域的地方体育行政部门分别提出申请。

第十四条　高危险性体育赛事活动组织者应当向地方体育行政部门提出申请，并提交下列材料：

（一）申请书。申请书应当包括体育赛事活动的名称、时间、地点、规模、主办方、承办方、协办方、参赛条件等内容；

（二）专业技术人员的资格或资质证明材料；

（三）场地、器材和设施符合相关标准和要求的说明性材料；

（四）主办方、承办方、协办方等体育赛事活动组织者用以约定各方权利义务和责任分工的书面协议；

（五）风险评估报告、风险防范及应急处置预案、安全工作方案、医疗保障及救援方案、赛事活动"熔断"机制、赛事活动组织方案等材料；

（六）法律法规规定的其他材料。

第十五条　地方体育行政部门应当自收到申请之日起三十日内进行实地核查，并作出批准或者不予批准的决定。批准举办的，应当作出书面决定；不予批准的，应当书面通知申请人并说明理由。

第十六条　书面决定应当包括下列内容：

（一）高危险性体育赛事活动主办方、承办方、协办方和负责人姓名；

（二）高危险性体育赛事活动名称、时间、地点、规模、参赛条件等基本信息；

（三）实地核查情况；

（四）批准情况。

第十七条　因特殊原因需要变更申请材料或取消高危险性体育赛事活动的，体育赛事活动组织者应当在体育赛事活动开始前向作出行政许可决定的地方体育行政部门申请办理变更或取消手续。地方体育行政部门应当进行审查，根据情况作出新的许可决定或者撤销原许可决定。

第十八条　上级体育行政部门应当加强对下级体育行政部门实施行政许可的监督检查，及时纠正行政许可实施中的不当和违法行为。

第十九条　地方体育行政部门应当及时向社会公布高危险性体育赛事活动行政许可情况。

第四章　体育赛事活动组织

第二十条　体育赛事活动主办方负责对体育赛事活动的全面组织，提出体育赛事活动组织方案（包括赛事活动名称、规模、竞赛规程、经费来源等），发布赛事文件，向参赛各方告知"熔断"机制启动条件、程序、处置措施、法律后果等内容，任命技术代表、纠纷解决委员会成员、总裁判长及委派主要裁判；与承办方共同建立组委会等组织机制，根据需要组建竞赛、安全、新闻、医疗、场地保障等专门委员会或工作机构，明确举办体育赛事活动的责任分工，协同合作。

承办方应当根据体育赛事活动组织方案做好体育赛事活动各项保障工作，确保体育赛事活动的安全；召开赛事活动风险研判分析会议，制定风险防范及应急处置预案和安全工作方案等保障措施，并督促落实。主办方直接承担体育赛事活动筹备和组织工作的，履行承办方责任。

协办方应当确保其提供的产品、设施或服务的质量和安全。

场地空间、器材提供方或管理者应当尽到安全保障义务，遇有突发情况在力所能及的范围内协助承担应急救援等救助任务。

地方体育行政部门应当建立健全体育赛事活动"熔断"机制，提升体育赛事活动突发事件的应对能力。

第二十一条　大型或重要体育赛事活动组委会应当建立党组织或临时党组织，开展党的活动，发挥党建对体育赛事活动的政治引领作用。

第二十二条　举办体育赛事活动，主办方和承办方应当根据需要，做好下列保障工作：

（一）配备具有相应资格或资质的专业技术人员；

（二）配置符合相关标准和要求的场地、器材和设施；

（三）严格落实通信、医疗、卫生、食品、交通、消防、安全保卫、应急救援、生态保护等相关措施；

（四）做好志愿者的招募、培训、保障和激励等工作。

体育赛事活动对参赛者身体条件有特殊要求的，主办方或承办方应当要求其提供符合体育赛事活动要求的身体状况证明，参赛者应予以配合。

体育行政部门主办的体育赛事活动，应当主动购买公众责任保险。大型体育赛事活动组织者应当和参与者协商投保体育意外伤害保险。高危险性体育赛事活动组织者应当投保体育意外伤害保险。鼓励其他体育赛事活动组织者、参与者购买公众责任保险或意外伤害保险。

第二十三条　主办方或承办方应当根据国家或全国性单项体育协会有关裁判员管理的规定，按照公开、公平、公正、择优的原则确定体育赛事活动的裁判员。

第二十四条　体育行政部门应当提前通过网络或新闻媒体等途径向社会公开其主办的体育赛事活动。

鼓励和支持其他体育赛事活动主办方在体育赛事活动举办前，通过包括政府网站在内的多种途径，向社会公布竞赛规程，公开体育赛事活动的名称、时间、地点、主办方、承办方、协办方、参赛条件及奖惩办法等基本信息。

第二十五条　体育赛事活动的名称、标志、徽记、吉祥物、口号、举办权、赛事转播权和其他无形资产权利受法律保护，主办方和承办方可以进行市场开发依法依规获取相关收益，任何组织和个人不得侵犯。

未经体育赛事活动组织者等相关权利人许可，任何组织和个人不得以营利为目的采集或者传播体育赛事活动现场图片、音视频等信息。

体育赛事活动主办方、承办方应当增强权利保护意识，主动办理商标、专利、著作权等知识产权手续，通过合法手段保护体育赛事活动相关权益。

第二十六条 体育赛事活动因自然灾害、政府行为、社会异常事件等因素确需变更时间、地点、内容、规模或取消的，主办方应当在获得相关信息后及时公告。因变更或取消体育赛事活动造成承办方、协办方、参与者、观众等相关方损失的，主办方应当按照协议依法予以补偿。

第二十七条 建立体育赛事活动"熔断"机制。

（一）主办方、承办方、协办方等体育赛事活动组织者应当密切关注气象、水利、地震、自然资源、交通运输、卫生健康、应急管理等部门发出的预警信息及有关灾害、事故信息，遇有下列直接或可能与体育赛事活动举办相关联的突发情形之一的，应当及时启动"熔断"机制，中止比赛：

自然灾害，包括水旱灾害、气象灾害、地震灾害、地质灾害、海洋灾害、生物灾害和森林草原火灾等；

事故灾难，包括各类安全事故、交通运输事故、公共体育设施和设备事故、环境污染和生态破坏事件等；

公共卫生事件，包括传染病疫情、群体性不明原因疾病、食品安全和职业危害、动物疫情以及其他严重影响公众健康和生命安全的事件等；

社会安全事件，包括恐怖袭击事件、经济安全事件和涉外突发事件等；

其他可能导致不再具备办赛条件的。

（二）体育赛事活动组织者无法判定是否启动"熔断"机制时，应当采取下列措施：

竞赛组织工作负责人或技术代表有权直接向地方体育行政部门报告，地方体育行政部门应当立即作出是否中止比赛的决定；

涉及重大体育赛事活动的，地方体育行政部门应当立即向同级人民政府报告，同级人民政府应当立即作出是否中止比赛的决定；

体育赛事活动组织者在不具备办赛条件时未中止赛事活动的，县级以上人民政府应当责令其立即中止。

（三）启动"熔断"机制后，体育赛事活动组织者和地方体育行政部门应当会同同级人民政府有关部门做好应急处置工作，疏散、撤离并妥善安置和救助现场人员，同时采取措施防范次生灾害和衍生事件发生，并及时发布相关信息，做好舆情引导。

第二十八条 自然人、法人和非法人组织依法参与体育赛事活动，享有获得基本安全保障、赛事服务等权利。

体育赛事活动主办方或承办方因办赛需要使用自然人、法人和非法人组织相关信息的，应当保障信息安全，建立信息安全管理制度，不得违法使用或泄漏。

第二十九条 体育赛事活动相关人员（包括参赛者、教练员、裁判员、体育赛事活动组织机构工作人员、志愿者、医护人员、观众等，以下同）应当履行诚信、安全、有序的办赛、参赛、观赛义务，做到：

（一）遵守相关法律法规规定；

（二）遵守体育道德，不得弄虚作假、徇私舞弊、操纵比赛、冒名顶替，严禁参加任何形式的赌博活动，严禁使用兴奋剂，严禁违反体育精神；

（三）遵守竞赛规则、规程、赛场行为规范和组委会的相关规定，自觉接受安全检查，服从现场管理，维护体育赛事活动正常秩序；

（四）遵守社会公德，不得损坏体育设施，不得破坏自然环境和卫生，不得影响和妨碍公共安全，不得在体育赛事活动中违反社会公序良俗。

第三十条　体育赛事活动相关人员在体育赛事活动中应当自觉践行社会主义核心价值观，弘扬中华体育精神，积极营造健康向上、和谐文明的赛场文化氛围和舆论宣传氛围。

体育赛事活动广告和宣传内容应当确保合法、真实、健康、向上，不得误导、欺骗体育赛事活动相关人员。

第三十一条　主办方和承办方应当加强观赛环境管理，维护赛场秩序，引导现场观众文明观赛，防止打架斗殴、拥挤踩踏等事件发生，防止不文明不健康、有侮辱性或谩骂性、破坏民族团结、分裂国家、反社会倾向等方面的言论、旗帜和标语出现，严禁携带危险品出入赛场。发现问题，应及时采取制止行为、终止赛事活动等处置措施。

第三十二条　无民事行为能力人或限制民事行为能力人参加体育赛事活动的，主办方或承办方应当告知其监护人相关风险并由监护人签署承诺书。

第三十三条　体育赛事活动有外籍人员参加的，主办方和承办方应当按照国家有关规定进行管理。

第五章　体育赛事活动服务

第三十四条　体育行政部门和体育协会应当为社会力量依法举办的体育赛事活动提供必要的指导和服务。

第三十五条　地方体育行政部门应当按照本行政区域发展规划和体育发展实际，统筹规划所辖区域内各类体育赛事活动，满足人民群众的多样化需求。

第三十六条　鼓励地方体育行政部门会同有关部门发挥体育赛事活动对文化、旅游、教育、商贸、健康、养老、会展等行业发展的拉动作用，促进产业融合发展。

第三十七条　地方体育行政部门应当联合有关部门，建立健全体育赛事活动应急工作机制，加强风险研判和隐患排查，开展综合性应急演练，提高服务保障水平。

第三十八条　地方体育行政部门应当公开各类体育赛事活动的举办条件、规范要求和基本信息，为体育赛事活动组织者和体育赛事活动相关人员提供信息服务。

第三十九条　体育行政部门、运动项目管理中心和体育协会应当根据职责或章程，加强对体育赛事活动组织者及相关人员的培训，不断提高体育赛事活动组织水平。

第四十条　体育行政部门和体育协会可以选配体育赛事活动组织经验丰富的专家担任体育赛事活动指导员，参与体育赛事活动现场指导，并按照项目分类组建专家库。

第四十一条　体育行政部门可以设立体育赛事活动专项资金，通过奖励、政府购买服务等方式鼓励、引导社会力量举办体育赛事活动。

第四十二条　地方体育行政部门应当制定所辖区域年度《体育赛事活动服务指导目录》，明确每年度可由社会力量申办的体育赛事活动、优先给予扶持的体育赛事活动以及提供公共服务的范围、内容、收费标准等事项。

鼓励主办方在举办体育赛事活动前主动向地方体育行政部门备案。地方体育行政部门经过评估应当将其中社会效益好、影响力大的体育赛事活动列入《体育赛事活动服务指导目录》，通过政府购买服务、提供专业技术指导等方式给予支持。

第四十三条　体育总局各运动项目管理中心、全国性单项体育协会应当充分发挥专业优势，加强体育赛事活动的标准化、规范化建设，制定并公布本项目体育赛事活动竞赛规则、办赛指南、参赛指引以及场地器材标准、安全防范要求和赛场行为规范等，细化体育赛事活动"熔断"技术条件。

办赛指南应当包括组织体育赛事活动的基本条件、标准规则以及对体育赛事活动组织者在服务保障方面的基本要求等内容。

参赛指引应当包括参加体育赛事活动的年龄、健康、资质等要求和条件，承诺遵守竞赛规程、服从安排等参与体育赛事活动的基本要求和需要知悉运动风险的基本常识。高危险性体育赛事活动的参赛指引还应当包括参赛运动员专项能力和身体素质要求，如训练年限、技术等级、比赛场次数量和体能测试指标等。

对于专业技术要求强、人身危险性高的项目，应当按照有关规定及时申请组织制定强制性国家标准。

第四十四条　体育协会可以根据体育赛事活动主办方和承办方的需求，提供必要的技术、规则、器材等方面的指导和服务，建立健全赛事指导和服务制度。

第四十五条　全国性单项体育协会应当制定体育赛事活动服务收费标准并向社会公布，依法合规收取相应服务费用，但不得提供强制服务，不得以任何借口违法违规收取费用。

第四十六条　鼓励各级各类志愿服务组织参与体育赛事活动的服务保障工作，提供志愿服务。

第六章　体育赛事活动监管

第四十七条　体育行政部门应当建立健全体育赛事活动监管工作机制，对赛事活动场地实施现场检查，查阅、复制有关合同、票据、账簿，检查赛事活动组织方案、安全应急预案等材料。体育行政部门及其工作人员应当对履行职责中知悉的商业秘密和个人隐私严格保密，不得泄露或者非法向他人提供。

体育行政部门应当综合运用多种监管手段，充分发挥"互联网+监管"的功能，建立赛事活动报告制度，加强对所辖区域内体育赛事活动的信息收集工作，加快实现各有关部门、各层级和各领域监管信息共享和统一应用，实现综合监管、智慧监管、动态监管。

第四十八条　体育行政部门对体育赛事活动举办前或举办中发现涉嫌不符合体育赛事活动条件、标准、规则等情形的，存在重大安全隐患的，或收到有关单位、个人提出相关建议、投诉、举报的，应当及时予以处理，提出整改建议；属于其他部门职责范围的，应当及时移交并积极配合协助处理。

第四十九条　体育协会应当引导行业健康发展，加强对会员举办的体育赛事活动的日常管理，提高其主办、承办、协办体育赛事活动的水平。

第五十条　体育协会可以依照体育赛事活动组织整体水平、人数规模、层次规格、服务保障、社会影响力等因素，对所辖区域内的体育赛事活动实施等级评定或进行评估，对组织规范、运行良好、保障到位、整体水平高的体育赛事活动，及时向社会推介。

第五十一条　全国性单项体育协会应当在协会章程中规定本项目体育赛事活动管理的内容，并制定相关管理办法，出台本项目体育赛事活动组织的团体标准、奖惩措施、信用管理、反兴奋剂工作等规范，加强行业自律。

第五十二条　主办方和承办方应当加强赛风赛纪管理，确保体育赛事活动公平公正开展。体育行政部门、体育协会应当建立工作机制，对赛事活动赛风赛纪实施综合督导检查。

第五十三条　主办方和承办方应当按照国家有关规定履行体育赛事活动反兴奋剂职责，积极配合体育行政部门和反兴奋剂机构开展宣传教育以及检查检测等工作，采取措施防范兴奋剂风险隐患，在管理权限内对兴奋剂违规问题作出处理。

第七章　法律责任

第五十四条　违反本办法规定的行为，有关法律、法规及规章已有处罚规定的，从其规定。

体育赛事活动组织者违反本办法规定，有下列情形之一的，由地方体育行政部门或其委托的综合行政执法部门责令改正，情节恶劣的，处以三万元以下罚款；属于非经营性体育赛事活动的，处以一千元以下罚款。

（一）不符合本办法第七条、第八条对体育赛事活动审批规定的；

（二）不符合本办法第九条对境外非政府组织在中国境内举办体育赛事活动规定的；

（三）不符合本办法第十一条、第十二条对体育赛事活动名称规定的；

（四）造成人身财产伤害事故或重大不良社会影响的；

（五）其他侵犯其他自然人、法人或非法人组织合法权益的。

第五十五条　体育赛事活动组织者违反《体育法》规定，有下列行为之一的，由地方体育行政部门或其委托的综合行政执法部门责令改正，处五万元以上五十万元以下的罚款；有违法所得的，没收违法所得；情节严重的，给予一年以上三年以下禁止组织体育赛事活动的处罚。

（一）未经许可举办高危险性体育赛事活动的；

（二）体育赛事活动因突发事件不具备办赛条件时，未及时中止的；

（三）安全条件不符合要求的；

（四）有违反体育道德和体育赛事规则，弄虚作假、营私舞弊等行为的；

（五）未按要求采取风险防范及应急处置预案等保障措施的。

第五十六条　体育赛事活动组织者及相关人员在体育赛事活动中的行为涉嫌欺诈或造成重大安全责任事故等情形的，体育行政部门应当配合公安、市场监管等行政部门依法依规处理，构成犯罪的依法追究刑事责任。

第五十七条　体育协会在开展体育赛事活动中有变相审批、违法违规收费等行为的，由同级体育行政部门或其委托的综合行政执法部门责令改正，对负有直接责任的主管人员和其他责任人员依法依规依纪给予处分。

第五十八条　国家机关及其工作人员在组织体育赛事活动时，有违反体育道德和体育赛事规则，弄虚作假、营私舞弊等行为的，由其所在单位、主管部门或者上级机关责令改正；对负有责任的领导人员和直接责任人员依法依规依纪给予处分。

第五十九条　运动员、教练员、裁判员在参加体育赛事活动中，违反《体育法》规定，有违反体育道德和体育赛事规则，弄虚作假、营私舞弊等行为的，由体育组织按照有关规定给予处理；情节严重、社会影响恶劣的，由县级以上体育行政部门纳入限制、禁止参加竞技体育活动名单；有违法所得的，没收违法所得，并处一万元以上十万元以下的罚款。

利用体育赛事从事赌博活动的，由公安机关依法查处。

第六十条　运动员在体育赛事活动中违规使用兴奋剂的，由有关体育社会组织、运动员管理单位、体育赛事活动组织者作出取消参赛资格、取消比赛成绩或者禁赛等处理。

第六十一条　体育行政部门应当建立健全体育赛事活动监管问责机制，对在体育赛事活动监管工作中有滥用职权、徇私舞弊、玩忽职守等行为的，或对体育赛事活动监管不力，造成人身伤害、财产损失等安全事故的，依法予以查处，对负有直接责任的主管人员和其他责任人员依法依规依纪给予处分，构成犯罪的依法追究刑事责任。

第六十二条　体育行政部门应当会同相关部门建立体育赛事活动信用制度体系，将信用承诺履行情况纳入信用记录，开展信用评价，实施信用约束、联合惩戒。

第六十三条　对体育社会组织、体育赛事活动组织者作出的取消参赛资格、取消比赛成绩、禁赛等处理决定不服发生纠纷时，当事人可以根据体育组织章程、体育赛事规则或仲裁协议等申请救济。相关机构应当及时、公正解决纠纷，保护体育赛事活动相关人员的合法权益。

第八章　附则

第六十四条　本办法自 2023 年 1 月 1 日起施行。2020 年 1 月 17 日国家体育总局令第 25 号公布的《体育赛事活动管理办法》同时废止。

附录二　关于进一步加强体育赛事活动安全监管服务的意见

各省、自治区、直辖市、新疆生产建设兵团体育、通信管理、公安、自然资源、交通运输、文化和旅游、卫生健康、应急管理、市场监管、气象、银保监行政部门：

近年来，各类体育赛事活动蓬勃发展，为推动全民健身、竞技体育、体育产业发展发挥了重要作用。大型体育赛事活动涉及面广、参与人数多、外部影响因素复杂、社会关注度高，如对安全问题疏于监管，极易引发安全事故。近期发生的 2021（第四届）黄河石林百公里越野赛公共安全事件，造成重大人员伤亡，教训十分惨痛，充分暴露出体育赛事活动管理存在不少薄弱环节和漏洞。为统筹发展和安全，进一步加强体育赛事活动安全监管服务，保护人民群众生命安全和身体健康，经国务院同意，制定本意见。

一、明确监管原则

体育赛事活动安全监管服务工作应当坚持以下原则：

（一）政府监管与行业自律相结合。按照"谁审批（备案）、谁负责"、"谁主办、谁负责"、"谁主管、谁负责"的要求，全面加强体育赛事活动安全监管。

（二）实行分级分类管理。根据不同类别、规模的体育赛事活动，按照有关规定和职责分工进行管理，要符合有关标准。

（三）加强事中事后监管。对各类体育赛事活动的组织、保障、参赛等进行全程监管，确保体育赛事活动平稳安全有序开展。

（四）监管与服务相结合。做好体育赛事活动中可能出现的风险隐患排查，制定应急处置预案，发现问题及时处置，全程做好服务保障工作。

二、夯实监管责任

（一）完善监管责任体系。各级体育部门对所辖区域内的体育赛事活动承担安全监管责任。县级以上人民政府有关部门依照职责对体育赛事活动安全监管承担相应责任。各级运动项目管理中心、单项体育协会对本项目赛事活动安全承担项目管理责任。

（二）加强行业主管部门监管责任。各级体育部门在体育赛事活动举办前或举办中发现不符合规定条件、标准、规则，涉及赛事活动重大安全问题的，应当及时提出整改建议；属于其他部门职责范围的，应当及时移交并积极配合处理。其他涉及通信管理、公安、自然资源、交通运输、文化和旅游、卫生健康、应急管理、市场监管、气象、银保监等方面的有关部门依照职责做好安全监管服务工作。

（三）落实组织者主体责任。主办方、承办方、协办方等组织者对体育赛事活动安全负直接责任，赛前应当签订书面协议明确职责分工。主办方应当建立组委会等赛事组织机制；承办方应当做好各项保障工作，确保体育赛事活动的安全；协办方应当确保其提供的产品、设施或服务符合质量和安全标准。

（四）场地空间提供方负有安全服务保障义务。各类体育活动特别是利用公园、山地、森林、江河湖泊、海洋、空域、公共体育场馆等自然资源或公共资源举办的，场地提供方或管理者应当尽到安全保障义务并在力所能及的范围内协助承担应急救援等救助任务。

三、完善监管标准

（一）建立完善标准体系。体育总局各运动项目管理中心、全国性单项体育协会要加快构建体育赛事活动标准体系，制定办赛指南、参赛指引，明确各类体育赛事活动举办的基本条件、标准、规则和程序，包括医疗、应急救援、消防、气象等安全保障。对于专业技术要求强、人身危险性高的项目，应当及时修订有关法律法规和部门规章，并相应制定强制性标准。

（二）明确组织者的条件和要求。体育总局各运动项目管理中心、全国性单项体育协会要明确体育赛事活动组织者的基本条件，包括对主办方、承办方、协办方的基本要求，加强对有关条件和要求的监督检查。

（三）规范参加者的资格条件。体育总局各运动项目管理中心、全国性单项体育协会要明确体育赛事活动参加者的基本条件，包括年龄、健康状况、运动技能以及知悉运动风险、承诺遵守竞赛规程、服从组委会安排等。

四、加大监管力度

（一）加强对各类赛事活动的评估指导监督。各级体育部门应当加强对本行政区域内体育赛事活动的信息收集工作，制定年度体育赛事活动服务指导目录，加强赛前研判、赛中指导、赛后评估。对参与人数较多、人身危险性较高或专业技术性较强的体育赛事活动，应当重点监管。有重大安全隐患的，应当征求相关单项体育协会等专业机构意见，及时督促主办方整改。

（二）制定完善应急处置预案。各类体育赛事活动一律制定灾害性天气等风险防范及应急处置预案（包括实时风险评估、风险预警、风险防范、比赛中止或延期、及时救援等内容）。

（三）加强行业协会的自律监督服务。全国性单项体育协会应当发挥行业自律作用，依照体育赛事活动组织整体水平、人数规模、层次规格、服务保障、社会影响力等因素，对所辖区域内的体育赛事活动实施等级评定或评估，对组织规范、运行良好、保障到位、整体水平高的赛事活动，及时向社会推介。

五、强化安全保障

（一）建立健全应急保障机制。各级体育部门应当联合通信管理、公安、自然资源、交通运输、文化和旅游、卫生健康、应急管理、市场监管、气象、银保监等部门，建立健全体育赛事活动应急工作机制，加强风险研判和隐患排查，开展综合性应急演练，切实提高服务保障水平。

（二）强化安全教育培训。各级运动项目管理中心、各级单项体育协会要加强对体育赛事活动组织者及相关从业人员项目技能、运动科学及安全风险等方面的培训，主动为体育赛事活动提供指导和服务，不断提高体育赛事活动组织水平。

（三）落实安全措施。体育赛事活动组织者应当配齐具有相应资质的专业技术人员，配置符合相关标准和要求的场地、器材和设施，严格落实通信、安全、交通、卫生、食品、应急救援、消防等安全措施，增加装备检查、保险购买等强制性措施，确保出现紧急情况能够果断处置。实行"熔断机制"，密切关注赛事进程，在办赛条件发生变化时，及时作出相应调整；在不具备继续办赛条件的情况下，及时终止赛事。

（四）做好疫情防控。严格执行党中央、国务院关于疫情防控的各项决策部署和属地防控要求，按照"一赛事一方案"的原则，周密制定防控方案和应急预案，坚决防止各类体育赛事活动成为疫情传播扩散的渠道。

六、严肃追责问责

（一）完善追责问责机制。根据《中华人民共和国突发事件应对法》、《大型群众性活动安全管理条例》等法律法规规定，建立健全体育赛事活动安全事故追责问责机制，厘清责任单位和责任人员，明确处分种类和运用规则。

（二）严肃追究造成安全事故的组织者责任。对违反相关规定，造成人身伤害、财产损失等安全事故的体育赛事活动组织者，各级相关行业主管部门依法视情节轻重给予警告、罚款等行政处罚；各级单项体育协会依据相关行业管理办法给予通报批评、取消赛事认证资格等行业处分；构成犯罪的，依法追究刑事责任。

（三）依法追究监管责任。对体育赛事活动监管不力，造成人身伤害、财产损失等安全事故的责任单位和责任人员，按照管理权限给予相应处分；构成犯罪的，依法追究刑事责任。

体育总局

工业和信息化部

公安部

自然资源部

交通运输部

文化和旅游部

卫生健康委

应急部

市场监管总部

气象局

银保监会

2021年6月25日

附录三　大型群众性活动安全管理条例

第一章　总则

第一条　为了加强对大型群众性活动的安全管理，保护公民生命和财产安全，维护社会治安秩序和公共安全，制定本条例。

第二条　本条例所称大型群众性活动，是指法人或者其他组织面向社会公众举办的每场次预计参加人数达到1000人以上的下列活动：

（一）体育比赛活动；

（二）演唱会、音乐会等文艺演出活动；

（三）展览、展销等活动；

（四）游园、灯会、庙会、花会、焰火晚会等活动；

（五）人才招聘会、现场开奖的彩票销售等活动。

影剧院、音乐厅、公园、娱乐场所等在其日常业务范围内举办的活动，不适用本条例的规定。

第三条　大型群众性活动的安全管理应当遵循安全第一、预防为主的方针，坚持承办者负责、政府监管的原则。

第四条　县级以上人民政府公安机关负责大型群众性活动的安全管理工作。

县级以上人民政府其他有关主管部门按照各自的职责，负责大型群众性活动的有关安全工作。

第二章 安全责任

第五条 大型群众性活动的承办者（以下简称承办者）对其承办活动的安全负责，承办者的主要负责人为大型群众性活动的安全责任人。

第六条 举办大型群众性活动，承办者应当制订大型群众性活动安全工作方案。

大型群众性活动安全工作方案包括下列内容：

（一）活动的时间、地点、内容及组织方式；

（二）安全工作人员的数量、任务分配和识别标志；

（三）活动场所消防安全措施；

（四）活动场所可容纳的人员数量以及活动预计参加人数；

（五）治安缓冲区域的设定及其标识；

（六）入场人员的票证查验和安全检查措施；

（七）车辆停放、疏导措施；

（八）现场秩序维护、人员疏导措施；

（九）应急救援预案。

第七条 承办者具体负责下列安全事项：

（一）落实大型群众性活动安全工作方案和安全责任制度，明确安全措施、安全工作人员岗位职责，开展大型群众性活动安全宣传教育；

（二）保障临时搭建的设施、建筑物的安全，消除安全隐患；

（三）按照负责许可的公安机关的要求，配备必要的安全检查设备，对参加大型群众性活动的人员进行安全检查，对拒不接受安全检查的，承办者有权拒绝其进入；

（四）按照核准的活动场所容纳人员数量、划定的区域发放或者出售门票；

（五）落实医疗救护、灭火、应急疏散等应急救援措施并组织演练；

（六）对妨碍大型群众性活动安全的行为及时予以制止，发现违法犯罪行为及时向公安机关报告；

（七）配备与大型群众性活动安全工作需要相适应的专业保安人员以及其他安全工作人员；

（八）为大型群众性活动的安全工作提供必要的保障。

第八条 大型群众性活动的场所管理者具体负责下列安全事项：

（一）保障活动场所、设施符合国家安全标准和安全规定；

（二）保障疏散通道、安全出口、消防车通道、应急广播、应急照明、疏散指示标志符合法律、法规、技术标准的规定；

（三）保障监控设备和消防设施、器材配置齐全、完好有效；

（四）提供必要的停车场地，并维护安全秩序。

第九条 参加大型群众性活动的人员应当遵守下列规定：

（一）遵守法律、法规和社会公德，不得妨碍社会治安、影响社会秩序；

（二）遵守大型群众性活动场所治安、消防等管理制度，接受安全检查，不得携带爆炸性、易燃性、放射性、毒害性、腐蚀性等危险物质或者非法携带枪支、弹药、管制器具；

（三）服从安全管理，不得展示侮辱性标语、条幅等物品，不得围攻裁判员、运动员或者其他工作人员，不得投掷杂物。

第十条 公安机关应当履行下列职责：
（一）审核承办者提交的大型群众性活动申请材料，实施安全许可；
（二）制订大型群众性活动安全监督方案和突发事件处置预案；
（三）指导对安全工作人员的教育培训；
（四）在大型群众性活动举办前，对活动场所组织安全检查，发现安全隐患及时责令改正；
（五）在大型群众性活动举办过程中，对安全工作的落实情况实施监督检查，发现安全隐患及时责令改正；
（六）依法查处大型群众性活动中的违法犯罪行为，处置危害公共安全的突发事件。

第三章 安全管理

第十一条 公安机关对大型群众性活动实行安全许可制度。《营业性演出管理条例》对演出活动的安全管理另有规定的，从其规定。

举办大型群众性活动应当符合下列条件：
（一）承办者是依照法定程序成立的法人或者其他组织；
（二）大型群众性活动的内容不得违反宪法、法律、法规的规定，不得违反社会公德；
（三）具有符合本条例规定的安全工作方案，安全责任明确、措施有效；
（四）活动场所、设施符合安全要求。

第十二条 大型群众性活动的预计参加人数在1000人以上5000人以下的，由活动所在地县级人民政府公安机关实施安全许可；预计参加人数在5000人以上的，由活动所在地设区的市级人民政府公安机关或者直辖市人民政府公安机关实施安全许可；跨省、自治区、直辖市举办大型群众性活动的，由国务院公安部门实施安全许可。

第十三条 承办者应当在活动举办日的20日前提出安全许可申请，申请时，应当提交下列材料：
（一）承办者合法成立的证明以及安全责任人的身份证明；
（二）大型群众性活动方案及其说明，2个或者2个以上承办者共同承办大型群众性活动的，还应当提交联合承办的协议；
（三）大型群众性活动安全工作方案；
（四）活动场所管理者同意提供活动场所的证明。

依照法律、行政法规的规定，有关主管部门对大型群众性活动的承办者有资质、资格要求的，还应当提交有关资质、资格证明。

第十四条 公安机关收到申请材料应当依法做出受理或者不予受理的决定。对受理的申请，应当自受理之日起7日内进行审查，对活动场所进行查验，对符合安全条件的，做出许可的决定；对不符合安全条件的，做出不予许可的决定，并书面说明理由。

第十五条 对经安全许可的大型群众性活动，承办者不得擅自变更活动的时间、地点、内容或者扩大大型群众性活动的举办规模。

承办者变更大型群众性活动时间的，应当在原定举办活动时间之前向做出许可决定的公安机关申请变更，经公安机关同意方可变更。

承办者变更大型群众性活动地点、内容以及扩大大型群众性活动举办规模的，应当依照本条例的规定重新申请安全许可。

承办者取消举办大型群众性活动的,应当在原定举办活动时间之前书面告知做出安全许可决定的公安机关,并交回公安机关颁发的准予举办大型群众性活动的安全许可证件。

第十六条 对经安全许可的大型群众性活动,公安机关根据安全需要组织相应警力,维持活动现场周边的治安、交通秩序,预防和处置突发治安事件,查处违法犯罪活动。

第十七条 在大型群众性活动现场负责执行安全管理任务的公安机关工作人员,凭值勤证件进入大型群众性活动现场,依法履行安全管理职责。

公安机关和其他有关主管部门及其工作人员不得向承办者索取门票。

第十八条 承办者发现进入活动场所的人员达到核准数量时,应当立即停止验票;发现持有划定区域以外的门票或者持假票的人员,应当拒绝其入场并向活动现场的公安机关工作人员报告。

第十九条 在大型群众性活动举办过程中发生公共安全事故、治安案件的,安全责任人应当立即启动应急救援预案,并立即报告公安机关。

第四章 法律责任

第二十条 承办者擅自变更大型群众性活动的时间、地点、内容或者擅自扩大大型群众性活动的举办规模的,由公安机关处1万元以上5万元以下罚款;有违法所得的,没收违法所得。

未经公安机关安全许可的大型群众性活动由公安机关予以取缔,对承办者处10万元以上30万元以下罚款。

第二十一条 承办者或者大型群众性活动场所管理者违反本条例规定致使发生重大伤亡事故、治安案件或者造成其他严重后果构成犯罪的,依法追究刑事责任;尚不构成犯罪的,对安全责任人和其他直接责任人员依法给予处分、治安管理处罚,对单位处1万元以上5万元以下罚款。

第二十二条 在大型群众性活动举办过程中发生公共安全事故,安全责任人不立即启动应急救援预案或者不立即向公安机关报告的,由公安机关对安全责任人和其他直接责任人员处5000元以上5万元以下罚款。

第二十三条 参加大型群众性活动的人员有违反本条例第九条规定行为的,由公安机关给予批评教育;有危害社会治安秩序、威胁公共安全行为的,公安机关可以将其强行带离现场,依法给予治安管理处罚;构成犯罪的,依法追究刑事责任。

第二十四条 有关主管部门的工作人员和直接负责的主管人员在履行大型群众性活动安全管理职责中,有滥用职权、玩忽职守、徇私舞弊行为的,依法给予处分;构成犯罪的,依法追究刑事责任。

第五章 附则

第二十五条 县级以上各级人民政府、国务院部门直接举办的大型群众性活动的安全保卫工作,由举办活动的人民政府、国务院部门负责,不实行安全许可制度,但应当按照本条例的有关规定,责成或者会同有关公安机关制订更加严格的安全保卫工作方案,并组织实施。

第二十六条 本条例自2007年10月1日起施行。

附录四　江苏省重大体育赛事常见突发事件应急预案

江苏省重大体育赛事常见突发事件应急预案相关内容如附表 4-1～附表 4-61 所示。

附表 4-1　江苏省重大体育赛事常见突发事件应急预案目录

职能	预案编码	预案名称
体育竞赛	01	运动员在场馆内出现任何非法政治企图的举动
	02	赛时竞赛器材故障
	03	观众滋事影响比赛正常进行
	04	露天竞赛突降大雨或遇极端恶劣天气
	05	场内发生影响比赛进程的突发事件
	06	场内发生影响比赛进程的重大恶性事件
	07	颁奖现场秩序混乱
场馆管理	08	场馆发生爆炸、劫持人质、坍塌等恶性突发事件
	09	形象景观物品倒塌、倾覆、砸伤观众
	10	恶劣天气对场馆运行产生严重影响
	11	严重的电力中断
	12	场馆内部临建设施需加固维修
	13	通道规划不合理导致混乱
	14	严重的燃油泄漏
	15	厕所内湿滑导致人员摔伤
	16	保洁人员化学用品使用不当导致中毒
	17	观众区域发现可疑物品
	18	高峰期间入场与退场观众数量巨大，流线交叉
	19	观众突发伤病事件
	20	观众服务人员与观众发生冲突
	21	观众占据通道或走廊观看比赛导致其他观众不满引发冲突
	22	群体性不文明观赛影响比赛进行和转播
	23	由于发泄情绪，观众向场内投掷杂物
	24	票检口大量观众聚集
	25	观众在票检口聚众闹事
	26	场馆公共区域发现高危物品
	27	场馆发生火情
	28	场馆进出口发生骚乱
	29	涉及安保因素的突发事件人员紧急疏散
	30	发生恐怖袭击的情景一
	31	发生恐怖袭击的情景二
	32	志愿者遭受观众等其他群体的人身攻击

续表

职能	预案编码	预案名称
公共卫生	33	场馆突发疑似集体食物中毒事件
	34	食品储存区发生火灾
	35	餐饮储藏区、物流配送车内食物出现腐烂变质的情况
	36	餐饮服务区发生生物灾害
	37	数十人疑似食物或者饮料中毒
	38	客户群中爆发严重的流行性疾病
	39	2人以上5人以下的运动员或群众受伤
	40	5人及以上的大规模运动员或群众受伤
	41	个别运动员受伤（或突然死亡）
	42	高温引发大规模人员中暑
交通服务	43	比赛因交通堵塞延迟
	44	赛事班车发生交通事故
	45	在行驶途中车辆发生故障
	46	大雨、恶劣天气、自然灾害等导致车辆运行受阻
	47	司机在行驶途中突发急性病
驻地管理	48	不同代表队因宗教信仰不同发生冲突
	49	运动员在驻地内为庆祝或娱乐目的进行危险的或非法的活动引发事故
气象和通信	50	空气质量很差或出现污染现象
	51	通信网络性能严重下降
	52	通信机房失火
媒体运行和舆情管控	53	新闻媒体运行工作人员与其他人员发生纠纷或冲突
	54	场馆发生人员疏散事故引发媒体关注
	55	进入场馆的媒体人员太多，致使媒体看台秩序混乱
	56	场馆混合区秩序混乱
	57	群体性示威抗议
	58	涉藏、涉疆、"法轮功"、涉民运人员干扰赛事
	59	境外知名新闻媒体或社交网络出现大量不实传言
	60	新闻发布会遭到恶意攻击、破坏，包括悬挂、发布反对言论等

附表4-2　预案1：运动员在场馆内出现任何非法政治企图的举动

预案编码	01	场馆/团队	通用
主责领域	体育竞赛		
事件描述	运动员在场馆内出现任何非法政治企图的举动		

续表

	序号	应对步骤	主责领域（业务口）	配合领域（业务口）	资源需求
处置流程	1	事发区域的就近工作人员首先取下或覆盖该宣传物并控制住当事人员，同时立即向比赛场区主管报告，场区主管立即向竞赛主任报告。竞赛主任随即向场馆主任通报有关情况	竞赛部	安保部	增援安保人员
	2	在控制事态及当事人员时应尽量不影响比赛。同时，竞赛主任将情况通报场馆主任和技术代表	竞赛部	安保部	
	3	如果有必要，由技术代表、竞赛主任、裁判长商定比赛是否推迟、延期或取消，做出决定后按照比赛日程变更的处理程序执行	指挥组	上级主管机关、主办方、承办方	无
	4	在代表团例会或相关工作群中进行通报	指挥组	无	无
	5	竞赛主任将有关情况报告竞赛指挥组	竞赛部	无	无
备注	如果出现竞赛日程变更，启动竞赛日程变更预案				

附表 4-3 预案 2：赛时竞赛器材故障

预案编码	02		场馆/团队	通用
主责领域	体育竞赛			
事件描述	赛时发现比赛场地器材出现损毁或故障，导致比赛无法正常进行			

	序号	应对步骤	主责领域（业务口）	配合领域（业务口）	资源需求
处置流程	1	比赛场地/竞赛器材组立即报告竞赛技术运行负责人	竞赛部	场馆物流、安保部	无
	2	竞赛技术运行负责人立即报告竞赛主任，同时通知供应商技术人员准备备用的器材	竞赛部	场馆物流、安保部	无
	3	由裁判长和技术代表决定是否启用备用器材，由竞赛主任通知比赛器材主管及时进行更换	竞赛部	场馆物流、安保部	相关人员升级卡
	4	技术代表决定比赛是否继续进行，并及时通报裁判长和竞赛主任	竞赛部	场馆物流、安保部	无

续表

	序号	应对步骤	主责领域（业务口）	配合领域（业务口）	资源需求
处置流程	5	竞赛主任将有关情况报告竞赛指挥组	竞赛部	场馆管理中心	无
	6	通知转播商场地转换信息	转播	无	无
	7	对于有观众的场馆做好观众的协调	观众服务	无	无
备注	（1）各场馆应细化器材应急预案，明确备用场地和备用器材。 （2）安保部做好器材供应商应急维修增补人员的竞赛场地区域放行保障				

附表 4-4　预案 3：观众滋事影响比赛正常进行

预案编码	03		场馆/团队	通用	
主责领域	体育竞赛				
事件描述	比赛期间，观众对比赛结果、运动员表现、裁判判罚不满或其他情况，引起现场观众骚乱、向场内乱扔杂物甚至有观众冲进竞赛区域，或观众不遵守公共秩序，开启闪光灯拍照或大声喧哗，影响比赛的正常进行				
	序号	应对步骤	主责领域（业务口）	配合领域（业务口）	资源需求
处置流程	1	比赛场地主管或竞赛技术运行负责人应立即报告竞赛主任，通知安保、观众服务负责人派人员介入事发区控制和平息事态发展。一旦事件平息，竞赛主任立即通知裁判长恢复比赛	竞赛部	安保部、观众服务	增派安保人员
	2	如果观众向内场乱扔杂物，比赛区域当班的志愿者和安保应注意保护在场运动员与随队官员的安全，必要时护送他们撤出比赛区域到安全区域	安保部、观众服务	场馆管理中心、竞赛	增派医疗和安保人员需要比赛区域临时（应急）出入通行权限
	3	如果观众进入比赛区域，比赛场区主管或竞赛部应立即组织志愿者劝导或围堵控制进场观众，同时比赛区域值班安保介入现场控制事态发展	竞赛部	安保部	
	4	事发时，竞赛主任及时通报场馆主任。事件平息后，将事件情况及处理结果通报竞赛指挥组	竞赛部	场馆运行中心	无
备注	无				

附表4-5 预案4：露天竞赛突降大雨或遇极端恶劣天气

预案编码	04		场馆/团队	通用	
主责领域	体育竞赛				
事件描述	露天竞赛突降大雨或遇极端天气致使比赛中断或出现运动员受伤。例如，天气对马拉松、铁人三项、自行车等户外参赛人员多、安全风险大的赛事产生重大影响				
处置流程	序号	应对步骤	主责领域（业务口）	配合领域（业务口）	资源需求
	1	场馆管理中心的气象代表向场馆管理中心发布恶劣天气预警信息。场馆主任立即通知气象经理或气象专员了解天气情况	气象	竞赛部	无
	2	迅速召开竞赛场地、竞赛主任等相关负责人会议，讨论决定比赛进程（熔断机制是否启动）	竞赛部	指挥组	无
	3	通知相关职能部门按照熔断机制和应急预案做好保障工作	竞赛部	保障组	无
	4	雨势不大的情况： （1）观众服务领域在关键区域部署工作人员密切关注沿途情况，并提示运动员和观众雨天路滑。 （2）比赛临近结束，通过体育展示的公共广播系统提示观众雨天路滑，要求遵循工作人员的引导，有序离场。 （3）向无雨具观众发放一次性雨衣	安保部、观众服务	保障组	应急物资
	5	天降冰雹或者暴雨，竞赛暂停，对观众的观赛造成重大影响的情况，观众服务负责人及时联系竞赛部门，核实比赛是否继续进行下去： （1）如果比赛将在雨势稍减的情况下继续进行，观众服务负责人需要根据赛前确定的可供观众避雨的场所指挥观众服务人员引导观众就近避雨，并向观众发放雨衣。 （2）提前通过赛事公众号、智能平台工作群及时快速地发布相关推送通知，以及现场使用扩音系统等方式对观众避雨和比赛暂停或延期给予提示。 （3）对运动员行程做好对接和及时通知，做好运动队的安全提示、防护准备。 （4）保障运动员和观众有序离场与疏散	竞赛部	医疗	急救设施
	6	如因天气运动员受伤不能继续比赛，裁判长根据有关程序判定该场比赛延期或结束，并由医疗组对受伤运动员进行救治或现场处理后决定是否需送往医院	竞赛部	医疗	急救设施
	7	如需送回驻地，则需要协调交通工具	竞赛部	交通管理部	车辆
	8	竞赛主任将有关情况报告竞赛指挥组	竞赛部	场馆管理中心	无
备注	（1）密切注意天气变化，严控风险，避免伤害事故的发生。 （2）如果比赛中断或延期，涉及竞赛日程更改，则需要启动竞赛日程变更预案				

附表4-6 预案5：场内发生影响比赛进程的突发事件

预案编码		05		场馆/团队		通用
主责领域		体育竞赛				
事件描述		场内发生影响比赛开始、比赛进行等进程的突发事件				
处置流程	序号	应对步骤		主责领域（业务口）	配合领域（业务口）	资源需求
	1	在未接到指令时，根据场内情况进行适度音乐播放和播报，引导观众平缓场内气氛		体育展示	安保部	必要时增派安保人员
	2	竞赛组织、场馆管理中心通知体育展示，必要时提供相关中英播报资料		竞赛组织、场馆管理中心	体育展示	无
	3	如其他业务口有紧急播报需求，应先经场馆管理中心的批准后通知体育展示，并提供相关中英播报资料		场馆管理中心的相关业务口	体育展示	无
	4	体育展示负责人与各相关业务口及时沟通，并再次和竞赛主任确认		体育展示	相关业务口	无
	5	体育展示负责人通知体育展示导演及时调整体育展示的播出内容，由导演指挥其他体育展示工作人员进行		体育展示	宣传组	无
备注	（1）平息场内相关人员的情绪，协助恢复比赛的进行。 （2）必要时安排体育展示活动与观众互动。 （3）根据场馆和项目情况充分准备应急播报脚本及音频内容					

附表4-7 预案6：场内发生影响比赛进程的重大恶性事件

预案编码		06		场馆/团队		通用
主责领域		体育竞赛				
事件描述		场内发生影响比赛进程的重大恶性事件，如火灾、暴动等				
处置流程	序号	应对步骤		主责领域（业务口）	配合领域（业务口）	资源需求
	1	场馆管理中心和安保部统一发出指令		场馆管理中心的安保部	体育展示	安保、消防
	2	场馆管理中心将紧急播报内容通知体育展示		场馆管理中心的相关业务口	体育展示	安保、消防
	3	安保部对相关人员和事态进行有效控制，并及时疏散其他人员（遇暴动时）		安保部	场馆管理中心	增派安保人员
	4	体育展示负责人通知体育展示导演立即调整体育展示的播出内容		体育展示	相关业务口	安保
	5	进行紧急播报后，体育展示业务口按秩序撤离（遇火灾时）		体育展示	相关业务口	安保、消防
备注	根据场馆和项目情况充分准备应急播报脚本及音频内容					

附表 4-8　预案 7：颁奖现场秩序混乱

预案编码		07		场馆/团队	通用	
主责领域		体育竞赛				
事件描述		在颁奖等候区、颁奖仪式现场，人员拥挤、媒体拍摄等因素导致秩序混乱，颁奖仪式正常流程无法进行				
处置流程	序号	应对步骤	主责领域（业务口）	配合领域（业务口）	资源需求	
	1	出现颁奖等候区因工作人员太多造成拥挤混乱的情况时，首先了解人员聚集的原因，及时将其疏散出场地，并向其说明颁奖仪式结束后可返回	安保部	颁奖	增派安保人员	
	2	如果是媒体工作者进行拍摄采访，需向其说明：不得干扰颁奖仪式正常进行，摄影时需与颁奖礼仪志愿者保持一定的距离	安保部、媒体运行	颁奖	无	
	3	在颁奖仪式进行全程，确保摄影摄像人员在颁奖现场红线外工作；如有记者因工作过于投入而误闯，需及时劝阻其后退出场地	安保部	颁奖	无	
	4	升旗仪式结束后，出现官员有与获奖运动员合影要求时，需维护好现场秩序：首先，合影要求要征得获奖运动员（默认）许可；其次，控制合影时间，避免获奖运动员在颁奖仪式现场逗留时间太长而造成场馆比赛的延误	安保部	颁奖	无	
	5	出现获奖运动员因过于兴奋而与现场观众进行互动的情况时，需有安保人员全程陪护；必要时做出手势，并用简短礼貌的语言促使其回归原位	安保部	颁奖	无	
备注		场馆加强安保措施，严格划定人员进出区域，及时阻止干扰颁奖仪式正常进行的因素				

附表 4-9　预案 8：场馆发生爆炸、劫持人质、坍塌等恶性突发事件

预案编码		08		场馆/团队	通用
主责领域		场馆管理			
事件描述		场馆内或附近发生爆炸、劫持人质、坍塌等恶性突发事件，造成观众及工作人员人身伤害和财产损失			
处置流程	序号	应对步骤	主责领域（业务口）	配合领域（业务口）	资源需求
	1	保护现场，通知场馆安保到场处理，同时报告场馆负责人	场馆管理中心	安保部	安保、消防
	2	根据事态将事件上报给场馆分管负责人	场馆管理中心	安保部	安保、消防

续表

	序号	应对步骤	主责领域（业务口）	配合领域（业务口）	资源需求
处置流程	3	协助安保进行疏散，同时进行网格化搜爆	安保部	场馆管理中心	安保、消防
	4	服从安保的统一指挥，安保根据相关政策与程序进行处理	安保部	场馆管理中心	安保、消防
	5	对围观者进行劝导，不要围观事件进展	安保部	志愿者	安保、消防
	6	拟定新闻发言口径	新闻宣传	志愿者	无
备注	（1）每天赛前检查场内设施设备安全情况，排除安全隐患。 （2）关注每日天气预报，如遇恶劣天气，提前联系场馆管理职能部门对相关部位进行加固。 （3）安保人员要密切关注赛场区人员进出及动向				

附表 4-10 预案 9：形象景观物品倒塌、倾覆、砸伤观众

预案编码		09		场馆/团队	通用
主责领域		场馆管理			
事件描述		形象景观倒塌、倾覆、砸伤观众			
	序号	应对步骤	主责领域（业务口）	配合领域（业务口）	资源需求
处置流程	1	场馆巡逻工作人员每天定时对场馆内景观区域进行巡查，一旦发现安全隐患，及时记录，待当天比赛结束后，统一进行修复或者加固	场馆管理中心	物业管理	通信、通行证
	2	场馆后勤人员要在第一时间到达现场，查看形象景观具体情况	场馆管理中心	物业管理	无
	3	将损失程度上报场馆管理部门	场馆管理中心	物业管理	通信、相机
	4	如果无人员伤亡，则按步骤替换物资物品；如果出现人员伤亡情况，则立即通知安保部建立安全区，同时通知场馆医务人员处理伤员	场馆管理中心	安保部、医疗	通信、应急医疗箱
	5	通知风险管理和保险业务口启动保险评估	场馆管理中心	风险管理和保险	事故报告卡

续表

	序号	应对步骤	主责领域（业务口）	配合领域（业务口）	资源需求
处置流程	6	如物品倒塌损坏程度不大，场馆备有替换物品，场馆后勤要立即组织维护人员实施替换；如物品倒塌损坏程度不大，场馆暂无替换物品，应在上报情况时说明，以利于协调支援，先行利用其他物品进行遮盖或替代，物资物品到达后立即组织维护人员实施替换。如物品倒塌损坏程度严重，场馆备有替换物品不足，在实施替换的同时，立即请求场馆领导、相关管理部门、景观合同服务商给予支援、配合。处理完成后，形象景观组须妥善保管被换下的物资物品，与合同服务商共同对出现问题的原因进行初步分析，将双方签字认可的分析报告、处理过程上报场馆领导	场馆管理中心	物业管理	物流、通行证
备注	（1）在执行紧急应急预案过程中，全体人员不得向媒体或系统外部人员谈论相关内容。 （2）在项目实施中确保不对人员安全造成隐患。 （3）场馆景观实际实施项目在实施前需报组委会职能部门审核把控，实施完毕需经场馆团队核实无误，负责人签字确认，最终产生费用由财务部与景观负责公司据实结算				

附表 4-11　预案 10：恶劣天气对场馆运行产生严重影响

预案编码	10		场馆/团队	通用	
主责领域	场馆管理				
事件描述	不同程度的恶劣天气（高温、大风、连续长时间下雨）对场馆运行产生影响。例如，天降小雨，不影响比赛继续进行，个别线路交通受阻；天降持续暴雨，比赛被迫中断/推迟，大部分城市道路交通受阻				
	序号	应对步骤	主责领域（业务口）	配合领域（业务口）	资源需求
处置流程	1	场馆管理中心的气象代表向场馆管理中心发布恶劣天气预警信息	气象专员	场馆管理中心	无
	2	场馆管理中心通知涉及的分指挥中心及各相关业务口	场馆管理中心	竞赛指挥中心	无
	3	场馆管理中心通知相关场馆主任，竞赛指挥中心通知相关竞赛主任	场馆管理中心	竞赛指挥中心	无
	4	场馆主任立即通知气象经理或气象专员，了解天气情况	气象专员	场馆管理中心	无
	5	场馆主任通知全体场馆团队按照本职能领域内的应对恶劣天气预案采取适当措施	场馆管理中心	资源保障部	无
	6	召集主办方、承办方、竞赛主任等相关领导会议	竞赛负责人	竞赛组委会	无

续表

	序号	应对步骤	主责领域（业务口）	配合领域（业务口）	资源需求
	7	在会上讨论比赛延迟的时间节点	竞赛负责人	竞赛组委会	无
	8	通知相关职能部门按照推迟比赛的时间节点做好各项保障工作	保障职能部门（如交通管理部、餐饮部、安保部、竞赛相关职能部门等）	无	无
处置流程	9	雨势不大的情况： (1) 观众服务领域在关键区域部署工作人员监控看台情况，并提示观众雨天路滑。 (2) 如果比赛临近结束，通过体育展示的公共广播系统，提示观众雨天路滑，要求遵循工作人员的引导，有序退场。 (3) 组织工作人员疏导观众有序退场，并在关键区域部署工作人员监控情况，并提示观众注意安全。 (4) 向因无雨具而滞留场馆的观众发放一次性雨衣。 天降冰雹或者暴雨，竞赛暂停，对观众的观赛造成重大影响的情况，观众服务负责人及时联系竞赛部门，核实比赛是否继续进行下去： (1) 如果比赛将在雨势稍减的情况下继续进行，观众服务负责人需要根据赛前确定的可供观众避雨的场所指挥观众服务人员引导观众就近避雨，并向观众发放雨衣。 (2) 提前通过赛事公众号、智能平台工作群及时快速地发布相关推送通知，以及现场使用扩音系统等方式对观众避雨和比赛暂停给予提示	观众服务	交通管理部	无
	10	恶劣天气导致形象景观物品损坏	参见形象景观应急预案	无	无
备注		(1) 紧急情况下可采用视频会议的形式，快速、有效地进行沟通决策。 (2) 场馆管理领域和气象领域保持紧密联系，气象领域在赛时提供气象预报，尤其是在可能出现恶劣天气时，气象领域定时通报恶劣天气发生情况。 (3) 场馆管理领域及时通知各领域做好应对，容易受影响的服务领域密切关注次日天气预报			

附表 4-12 预案 11：严重的电力中断

预案编码		11		场馆/团队	通用	
主责领域		场馆管理				
事件描述		场馆发生电力中断，严重影响比赛进行或观众疏散				
处置流程	序号	应对步骤		主责领域（业务口）	配合领域（业务口）	资源需求
	1	确认事故地点及范围（外电源系统、场馆电力设施、用电设备），并立即汇报		场馆电力	电力	应急备用电源
	2	场馆主任立即启动相关业务口电力故障应急预案		场馆工程经理	所有业务口	无
	3	迅速通知电力抢修，启用备用电源		场馆电力	电力	无
	4	通过相关信息平台向各业务口快速发布通知		竞赛指挥中心	所有业务口	无
	5	协调所有用电户检查设备和电源点，排除故障		场馆电力	所有业务口	无
	6	通知相关职能部门按照推迟比赛等待布置新的时间节点做好各项保障准备工作		保障职能（交通管理部、观众服务、餐饮部、安保部等）	所有业务口	无
	7	请属地电力部门进行配合，优先抢修		竞赛指挥中心	属地电力部门	无
	8	在比赛进行中，体育展示按照预先制定的广播脚本向场馆内人员进行广播，安抚观众情绪		体育展示	安保部、志愿者	无
备注		（1）可以为电力团队全体人员配备通信设备，做到快速及时沟通。 （2）如有需要，为观众服务工作人员、志愿者配置手电筒以便疏散				

附表 4-13 预案 12：场馆内部临建设施需加固维修

预案编码		12		场馆/团队	通用	
主责领域		场馆管理				
事件描述		场馆内部临建设施需要加固维修				
处置流程	序号	应对步骤		主责领域（业务口）	配合领域（业务口）	资源需求
	1	赛前：做好风险的检查，竞赛组做好运动队的安全提示、防护准备；工程部门迅速修复整改		安全风险应急部门	竞赛部、工程部	物资保障
	2	赛前：根据赛事情况，联系安排观众服务、志愿者部注意临时建筑缺陷		综合事务	志愿者、观众服务	无
	3	赛前：场馆管理领域根据赛事要求，落实场馆对临建的合理性、安全性进行确认。及时进行修复、加固工作，联系标识部门注意安全防范提示		综合事务、安全风险应急部门	标识、形象景观	无

续表

	序号	应对步骤	主责领域（业务口）	配合领域（业务口）	资源需求
处置流程	4	赛时：封闭不安全的临建，同步开展检修加固工作，商请安保、志愿者对现场进行看守，难于整改的及时围挡。临建保障人员到位，确保临建的安全性，加大临建的安全巡查力度	工程部门、安全风险应急部门	安保部	无
	5	安排志愿者严格看守，无法修复整改的工程采取硬围挡措施	志愿者、工程部门	安保部	无
备注		对观众做好安全提醒和标识警示的放置			

附表 4-14　预案 13：通道规划不合理导致混乱

预案编码	13		场馆/团队	通用	
主责领域	场馆管理				
事件描述	场馆通道由于空间场地限制规划不合理而产生混乱				
	序号	应对步骤	主责领域（业务口）	配合领域（业务口）	资源需求
处置流程	1	赛前：场馆根据要求设计流线。竞赛部门做好运动队顺利进入场馆的准备	场馆管理中心	竞赛部、安保部	无
	2	赛前：根据赛事情况，安排观众服务，提前疏导观众	观众服务	安保部	无
	3	赛前：与场馆管理领域落实场馆对于通道调整管理举措的政策，缩短通道调整的时间	安保部	志愿者	无
	4	赛时：首先，保证运动员、裁执人员、媒体人员和赛事服务部门人员进入场地；其次，安排观众顺序入场；最后，服务保障人员进入。引导不同人员行走各自的流线通道。必须使用同一个通道时，需要区分各类人群通行的先后顺序	安保部	志愿者	无
	5	提前做好各类人群的通道变化预告，商请体育展示做好调整信息播报	安保部	体育展示	无
备注		提前做好观众告知和警示			

附表 4-15 预案 14：严重的燃油泄漏

预案编码	14		场馆/团队		通用
主责领域	场馆管理				
事件描述	场馆内停放的车辆或比赛使用的船只发生严重的燃油泄漏等突发事件，造成场馆环境污染和发生火灾，需要及时调动专业部门和应急队伍进行处置				
处置流程	序号	应对步骤	主责领域（业务口）	配合领域（业务口）	资源需求
	1	保洁人员第一时间通知场馆清废经理突发事件的详细情况	清洁与垃圾	保障部	船只、吸油泡沫、消防沙
	2	油品泄漏点设立醒目标志，及时通知安保部，禁止吸烟和使用明火，立即设立警戒线	清洁与垃圾	安保部	船只、吸油泡沫、消防沙
	3	场馆经理向场馆主任汇报突发事件详细情况	清洁与垃圾	场馆管理中心	无
	4	场馆经理协调安保采取应急防控措施，疏散公众远离泄漏区域	安保部	赛事服务、清洁与垃圾	无
	5	如果发电机储油罐泄漏，应通知场馆电力	清洁与垃圾	基础设施	消防沙、灭火器
	6	消防做好防火灾措施	安保部	清洁与垃圾	船只、吸油泡沫、消防沙
	7	如果有人吸入油气或其他有毒气体，应将其移至空气清新的地方并联系医疗部门	清洁与垃圾	医疗卫生	无
	8	场馆经理组织保洁团队进行初步应急处置	清洁与垃圾	安保部	无
	9	通知保险部门进行事故调查	风险	基础设施、安保部	无
备注	地面燃料处理： （1）油品泄漏的地点用消防沙覆盖。 （2）使用无火花工具收集运至垃圾暂存区。 水面燃料处理： （1）用吸油泡沫控制燃料扩散并吸附清理燃料。 （2）用无火花工具收集运至垃圾暂存区。 对该事件发生的原因和造成的影响确定是否要进行以下工作： （1）如发现是故意破坏行为导致油品泄漏，联系安保部并由其拨打110报警。 （2）如果水体污染，应通知环境部门				

附表 4-16 预案 15：厕所内湿滑导致人员摔伤

预案编码	15		场馆/团队	通用	
主责领域	场馆管理				
事件描述	保洁人员没有按照操作要求进行保洁或摆放警示牌，导致厕所内湿滑，发生人员摔伤				
处置流程	序号	应对步骤	主责领域（业务口）	配合领域（业务口）	资源需求
	1	保洁人员第一时间通知场馆清废负责人发生事件的详细情况	清洁与垃圾	医疗服务	无
	2	场馆清废负责人向场馆主任汇报	清洁与垃圾	场馆管理中心	无
	3	场馆清废负责人协调场馆观众服务职能志愿者对围观人员进行劝离	观众服务	清洁与垃圾	无
	4	场馆负责人协调医疗职能医护人员对受伤人员进行救治	医疗	清洁与垃圾	无
	5	通知保险风险管理与保险团队，开展保险理赔工作	清洁与垃圾	综合事务部	无
备注	警示牌要摆放至醒目位置				

附表 4-17 预案 16：保洁人员化学用品使用不当导致中毒

预案编码	16		场馆/团队	通用	
主责领域	场馆管理				
事件描述	保洁人员在对设施、物品使用化学药剂消毒的过程中，因防护措施不到位或操作不当而中毒				
处置流程	序号	应对步骤	主责领域（业务口）	配合领域（业务口）	资源需求
	1	清废主管向清废经理汇报，同时对中毒人员进行简单自救	清洁与垃圾	医疗	无
	2	清废负责人协调医疗职能部门对中毒人员进行救治服务，同时向场馆服务副主任上报	医疗	清洁与垃圾	无
	3	清废负责人通知保洁合作商补充人员进场	清洁与垃圾	保洁合作商	无
	4	清废负责人随时了解诊治情况，向场馆服务副主任汇报	清洁与垃圾	医疗	无
备注	（1）场馆内保洁人员严禁使用剧毒或强腐蚀性化学药剂进行清洁或消毒。（2）赛前加强操作规范的培训				

附表 4-18　预案 17：观众区域发现可疑物品

预案编码		17		场馆/团队		通用
主责领域			场馆管理			
事件描述		观众服务工作人员在场馆中发现观众遗留物品或包裹，并判定该物品或包裹为可疑物品				
处置流程	序号	应对步骤		主责领域（业务口）	配合领域（业务口）	资源需求
	1	赛前：在观众服务的观众宣教及公共信息发布工作中，加强对观赛规则的宣传教育，使观众在观赛时不携带与观赛无关的物品		场馆管理中心	安保部	无
	2	赛时：安保工作人员严格执行安检政策和程序，加强对观众随身物品的检查，防止禁限物品带入场馆		安保部	观众服务	无
	3	赛时：观众服务工作人员在场馆中发现观众遗留的包裹等无人看管的物品时，应首先判断是否为可疑物品。 注意：无人看管物品并不一定是可疑物品（观众最容易遗失的物品通常包括太阳镜、手机、照相机、钱包、衣服、雨伞等），可依据以下 3 点进行判断。 （1）其是否被藏匿？ （2）其是否明显值得怀疑？ （3）其在所辖区域是否具有典型特征？ 若上述 3 点有任何疑问，均应视为可疑物品。（评估期间不要触碰该物品）		场馆管理中心	安保部	无
	4	观众服务工作人员一经判定某物品或包裹为可疑物品，应当： （1）立刻就近寻找安保部前来查看。 （2）联络运行主管。运行主管应指派专人在该物品附近监控并禁止他人接触，避免该物品发生倾斜或移动，并报告观众服务负责人。 （3）使周围人员与该物品保持至少 25 米距离。 （4）不能在该物品附近使用手机或集群电话。 （5）报告该物品情况时应准确描述物品的放置地点和基本特征		场馆	安保部	通信设备
	5	安保人员对该物品进行查验： （1）如判定该物品并非可疑物品，则由观众服务工作人员依照拾获物品上缴程序处理。 （2）如判定该物品属于可疑物品，则由安保领域处理，观众服务工作人员积极配合其工作		安保部	场馆管理中心	无
备注		把好第一关，在安检的第一关口严格查验入场人员携带的物品属性				

附表 4-19　预案 18：高峰期间入场与退场观众数量巨大，流线交叉

预案编码		18		场馆/团队	通用
主责领域			场馆管理		
事件描述		在观众入场与退场的高峰期间，观众数量巨大，超过场馆正常的容纳能力，大量观众排队、拥堵，引起观众情绪焦躁			
处置流程	序号	应对步骤	主责领域（业务口）	配合领域（业务口）	资源需求
	1	赛前：在观众宣教及公共信息发布工作中，加强对观赛规则的宣传教育，引导观众有序排队，以免在赛时引起安检口观众人数积压，观众排队时间过长	场馆管理中心	安保部	无
	2	赛前：根据赛事情况，对该场馆或场馆群观众到达人数预先做出评估，落实重点工作区域的人员疏散计划	场馆管理中心	安保部	无
	3	赛前：与场馆管理领域落实场馆对于退场时公共服务设施的管理举措的政策。例如，在某些热门赛事，在观众退场前提前关闭或延长部分售卖点与餐饮点，减轻出入口压力	场馆管理中心	安保部	无
	4	赛时：安检缓冲区运行助理随时监控观众人流情况，并向主管汇报，在观众达到高峰时段，如有困难，可要求支援。在比赛结束后，座席服务员加入引导员行列，引导观众保持良好的秩序，快速离开	场馆管理中心	安保部	无
	5	运行主管在观众入退场期间使用集群电话随时监控观众出入情况，如果出口压力过大的情况出现，可请示观众服务负责人采取一定的分流措施，减轻工作人员压力，观众服务负责人向场馆副主任汇报有关情况。例如，补充引导人员及设置蛇形隔离带，也可以进行现场广播	场馆管理中心	安保部	无
备注		无			

附表 4-20　预案 19：观众突发伤病事件

预案编码		19		场馆/团队	通用
主责领域		场馆管理			
事件描述		观众自感不适，请求服务工作人员予以帮助；或观众突然受伤或病发，情况严重，无法走动			
处置流程	序号	应对步骤	主责领域（业务口）	配合领域（业务口）	资源需求
	1	情形一： （1）工作人员接到观众不适、需要就医的请求，应请就近的运行主管或助理接待观众。 （2）运行主管或助理应首先安抚观众，了解实际情况，并视观众情况处理。如果观众能够自行走动，就立即带领其前往最近的观众医疗站；如果观众不能走动，就需要联络医疗领域，同时尽量安抚伤病观众情绪。当医疗站的医护人员赶到时，听从专业人员的指挥，协助处理伤患	场馆管理中心	医疗	无
	2	情形二： （1）工作人员一旦发现此种情况，立刻设法告知最近配备有集群电话的人员，让其联系医疗领域。同时，尽快告知本区域主管或助理到现场，由主管逐级上报至场馆服务副主任。 （2）现场工作人员要保持冷静和积极的心态，告知观众医疗专业人员将会很快到达。 （3）维持好现场秩序，让观众不要围观、不要随意移动伤患，要保证通风。 注意：如果没有经过急救培训、取得急救资质的工作人员在场，不要对伤患做任何处理。 （4）当医疗站的医护人员赶到时，听从专业人员的指挥，协助处理伤患。 （5）医疗卫生对伤患进行现场诊治，如果需要送往附近医院，启动医疗卫生主责的应急预案	场馆管理中心	医疗	无
	3	做好受理观众提出索赔要求的准备	风险与保险	观众服务	无
备注		无			

附表 4-21　预案 20：观众服务人员与观众发生冲突

预案编码		20		场馆/团队	通用	
主责领域		场馆管理				
事件描述		场馆服务人员在执行场馆观众服务时处置不当，与观众发生冲突				
处置流程	序号	应对步骤		主责领域（业务口）	配合领域（业务口）	资源需求
	1	服务主管迅速控制局面，尽快把涉事双方带离公众和媒体视线，了解情况查明原因，立即报告场馆服务负责人。必要时，通知安保领域介入控制事态发展		场馆管理中心	安保	无
	2	如有人员受伤，观众服务主管立即通知医疗领域对有关伤员进行救治		医疗	场馆管理中心	无
	3	医疗组现场处理后决定是否需要送往医院或送回驻地		医疗	交通管理部	无
	4	场馆观众服务负责人与双方进行沟通，通告处理步骤，安抚双方情绪		场馆管理中心	无	无
备注		在处理过程中，要把涉事双方带离公众视线，尽可能地避免给其他观众带来影响				

附表 4-22　预案 21：观众占据通道或走廊观看比赛导致其他观众不满引发冲突

预案编码		21		场馆/团队	通用	
主责领域		场馆管理				
事件描述		观众占据通道或走廊观看比赛导致其他观众不满引发冲突				
处置流程	序号	应对步骤		主责领域（业务口）	配合领域（业务口）	资源需求
	1	观众服务人员要密切关注通道与走廊的通畅情况，及时请占据通道或走廊的人员尽快离开		场馆管理中心	各客户群主责领域、安保部	无
	2	观众服务主管迅速控制局面，及时把涉事双方带离公众视线，安抚冲突双方情绪，查明原因，立即报告观众服务负责人。必要时，通知安保人员介入，防止事态失控		场馆管理中心	安保部	无
	3	如有人员受伤，观众服务主管立即通知医疗领域对有关伤员进行救治		医疗	观众服务	无
	4	观众服务主管与双方进行沟通，通告处理步骤		场馆管理中心	无	无
备注		在处理过程中，要把涉事双方带离公众视线，尽可能地避免给其他观众带来影响				

附表 4-23　预案 22：群体性不文明观赛影响比赛进行和转播

预案编码	22		场馆/团队	通用	
主责领域	场馆管理				
事件描述	群体性不文明观赛影响比赛进行和转播				
处置流程	序号	应对步骤	主责领域（业务口）	配合领域（业务口）	资源需求
	1	赛前：在观众服务的观众宣教及公共信息发布工作中，加强对观赛规则的宣传教育，协调体育展示，充分利用比赛间隙加强文明观赛的宣传	场馆管理中心	体育展示	宣传脚本
	2	发现群体性不文明观赛苗头，观众服务主管立即报告观众服务负责人，通知安保人员协助加强观赛规则的执行，对于不服从管理的观众，由安保人员负责将其带离场馆	场馆管理中心	安保部、语言服务部	无
	3	对于事件发展已经影响比赛进行和转播的，观众服务领域协助安保领域控制住事态的继续发展，同时听从场馆主任的命令执行下一步观众服务工作计划	安保部	观众服务	无
	4	拟定相关新闻口径	新闻宣传	无	无
备注	无				

附表 4-24　预案 23：由于发泄情绪，观众向场内投掷杂物

预案编码	23		场馆/团队	通用	
主责领域	场馆管理				
事件描述	由于发泄情绪，观众向场内投掷杂物				
处置流程	序号	应对步骤	主责领域（业务口）	配合领域（业务口）	资源需求
	1	赛前：加强对观赛规则的宣传教育，要协调体育展示，充分利用比赛间隙加强文明观赛的宣传	场馆	体育展示	宣传脚本
	2	发现投掷杂物的观众，观众服务主管应立即前往进行制止，并告知观众投诉受理点，以及此行为违反了场馆观赛规则。必要时，通知安保人员将其带离场馆	场馆	安保部	无
	3	拟定相关新闻口径	新闻宣传	志愿者	无
备注	无				

附表 4-25　预案 24：票检口大量观众聚集

预案编码	24		场馆/团队	通用	
主责领域	场馆管理				
事件描述	场馆票检口大量观众聚集，无法及时通过票检				
处置流程	序号	应对步骤	主责领域（业务口）	配合领域（业务口）	资源需求
	1	引导观众排队并维持秩序	场馆管理中心	安保部	无
	2	验票员配合安保部合理调整票检速度，以达到最快速过检	场馆管理中心	志愿者	无
	3	如不能缓解聚集情况，经安保部同意后，验票员将机检改为手工检票（撕副券），并通知验票主管。验票主管记录事件信息，并上报票检控制中心	安保部、观众服务	票务	无
备注	（1）需场馆观众服务考虑临时增派检票员或后备志愿者力量支援。 （2）提前在微信公众号中进行预警，发送及时推送，避免检票扎堆				

附表 4-26　预案 25：观众在票检口聚众闹事

预案编码	25		场馆/团队	通用	
主责领域	场馆管理				
事件描述	场馆票检口大量观众受某些公众事件刺激而引发较大范围的冲突				
处置流程	序号	应对步骤	主责领域（业务口）	配合领域（业务口）	资源需求
	1	验票员立即通知场馆票务经理及安保部负责人	场馆	安保部	无
	2	临时关闭票检通道	场馆	票务	无
	3	安保部组织并调派警力，验票员撤离到安全范围内	安保部	场馆	无
	4	场馆票务经理上报组委会市场部与安保部联络岗	票务	安保部	无
	5	冲突事件合理解决后，重新开放票检通道	场馆	无	无
备注	以平息事态为第一要务，做好舆论导向				

附表 4-27　预案 26：场馆公共区域发现高危物品

预案编码	26	场馆/团队	通用
主责领域	场馆管理		
事件描述	场馆公共区域发现可疑物品，经专业人员初步判断属于爆炸物、放射物、剧毒化学品等高危物品，可能对场馆人群、设施造成严重影响		

续表

	序号	应对步骤	主责领域（业务口）	配合领域（业务口）	资源需求
处置流程	1	场馆人员发现可疑物品，不要翻动物品，立即通知安保人员。安保人员立即报告安保部经理，并保护现场。安保部经理立即报告场馆安保部主任、赛事安保指挥中心，并通知专业人员到现场判明情况	安保部	事故现场目击人	无
	2	安保经理现场组织安保人员根据实际情况设立警戒范围，禁止无关人员接近物品，等待专业人员进场处理	安保部	无	无
	3	客户询问时，尽量委婉地回避问题并劝其绕行，避免引起恐慌	安保部	客户群对口联络职能领域	无
	4	场馆紧急疏散出口全部打开，由安保人员控制，准备应急疏散，确保所有通道可以正常通行。消防人员做好救援准备	安保部	场馆管理中心	无
	5	通知医护人员、救护车做好救护准备；通知体育展示做好视频、语音引导疏散准备；其他职能部门做好客户群紧急疏散的准备	场馆	医疗、体育展示、观众服务等其他职能领域负责人	无
	6	专业人员在现场判明情况后，根据现场风险等级，由场馆安保部主任决定是否启动《突发事件人员紧急疏散应急预案》	安保部	志愿者	无
	7	不需启动《突发事件人员紧急疏散应急预案》的，专业人员移出可疑物品，场馆恢复正常运行	安保部	各职能部门	无
备注	无				

附表 4-28 预案 27：场馆发生火情

预案编码	27		场馆/团队	通用	
主责领域	场馆管理				
事件描述	场馆发现冒烟、燃烧等各类火情				
	序号	应对步骤	主责领域（业务口）	配合领域（业务口）	资源需求
处置流程	1	如属于局部小范围发生火情，在保证安全的前提下，现场工作人员迅速转移易燃物，使用灭火器先期扑救，控制火情，避免火情扩大。同时向安保人员报告，安保人员立即向安保经理报告，安保经理迅速通知消防灭火岗位人员前往处置	发现火情的业务口	安保部	消防设施

续表

	序号	应对步骤	主责领域（业务口）	配合领域（业务口）	资源需求
处置流程	2	如属于范围较大、火势较猛的火情，立即向安保人员报告。安保人员立即向安保经理报告。安保经理迅速通知消防灭火人员前往灭火，并向场馆主任、赛事安保指挥中心报告	安保部	属地消防	消防设施
	3	火情严重时，场馆全部紧急疏散出口打开，安保人员控制出入口，做好紧急疏散准备，确保疏散通道畅通	安保部	场馆管理、观众服务等职能	无
	4	通知医护人员、救护车做好救护准备；通知体育展示做好视频、语音引导疏散准备；其他职能部门做好客户群紧急疏散的准备	场馆主任	医疗、体育展示、观众服务等职能	无
	5	根据现场情况，场馆安保部主任决定是否疏散馆内人员。如需紧急疏散，则启动《突发事件人员紧急疏散应急预案》	安保部	各职能部门	无
	6	不需启动《突发事件人员紧急疏散应急预案》的，由消防人员进行灭火，在消防专业人员确认彻底扑灭火情后，场馆恢复正常运行	安保部	各职能部门	无
	7	新闻与媒体做好新闻应对工作	场馆主任	新闻宣传	无
备注	无				

附表 4-29 预案 28：场馆进出口发生骚乱

预案编码	28		场馆/团队	通用	
主责领域	场馆管理				
事件描述	在场馆进出口，某种因素造成人群密集，出现推搡、投掷物品、呼喊口号等行为				
	序号	应对步骤	主责领域（业务口）	配合领域（业务口）	资源需求
处置流程	1	由安保人员在场馆出入口对上述人群进行劝导，平息情绪，并通知安保经理；场馆内部安保人员、观众服务人员对已经进入前场的观众进行疏导	安保部	赛事服务	扩音器
	2	安保人员注意观察领头人特征，有条件进行取证	安保部	外围治安	无
	3	安保经理向场馆主任、赛事所属区域公安分局、赛事安保指挥中心报告情况。根据情况严重程度，由场馆安保主任决定是否动用外围应急机动和专业处置队	安保部	属地公安分局、赛事安保指挥中心	无

续表

	序号	应对步骤	主责领域（业务口）	配合领域（业务口）	资源需求
处置流程	4	需要场馆外围警力支援的，由场馆安保主任协调属地公安分局派支援警力到场馆入口处置	场馆安保主任	属地公安分局	无
	5	不需要场馆外围警力支援的，由场馆安保部经理组织安保人员迅速恢复场馆出入口正常秩序	安保经理	无	无
	6	清洁人员迅速清理现场投掷物	清废	无	无
	7	新闻与媒体做好新闻应对工作	场馆主任	安保部、新闻宣传	无
备注	无				

附表4-30 预案29：涉及安保因素的突发事件人员紧急疏散

预案编码	29		场馆/团队	通用	
主责领域	场馆管理				
事件描述	涉及安保因素，场馆发生突发事件，馆内人员需要紧急疏散				
	序号	应对步骤	主责领域（业务口）	配合领域（业务口）	资源需求
处置流程	1	涉及安保因素，场馆发生突发事件，需要紧急疏散，由场馆安保主任决定，并迅速向赛事安保指挥中心报告情况	场馆安保主任	志愿者	无
	2	安保经理组织安保人员隔离危险区域，打开场馆全部紧急疏散出口，安保人员控制出入口，确保所有应急通道、出入口畅通	安保部	志愿者	无
	3	体育展示通过广播、视频引导各客户群绕过危险区域，从最近的紧急出口离开场馆	体育展示	各职能部门	无
	4	根据"先人后车"原则，所有疏散出口先保证人群撤离使用，最后安排车辆疏散	安保部	交通管理部	无
	5	需要支援警力的，场馆安保主任向赛事安保指挥中心请求支援	安保部	赛事安保指挥中心	无
	6	新闻与媒体做好新闻应对工作	场馆主任	新闻与媒体	无
备注	非安保因素造成场馆需要紧急疏散的，由场馆主任按照相关程序执行（向组委会汇报）				

附表 4-31　预案 30：发生恐怖袭击的情景一

预案编码	30		场馆/团队	通用	
主责领域	场馆管理				
事件描述	在竞赛场馆发生恐怖袭击，造成场馆人员伤亡或场馆设施设备严重损失。 情景一：发生核与辐射恐怖袭击、化学恐怖袭击、生物恐怖袭击				
	序号	应对步骤	主责领域 （业务口）	配合领域 （业务口）	资源需求
情景一处置流程	1	遇到核与辐射恐怖袭击、化学恐怖袭击、生物恐怖袭击，安保经理立即报告场馆主任、赛事安保指挥中心	安保部	场馆管理中心、竞赛指挥中心	防辐射、防生化设施
	2	启动《××市大规模恐怖袭击处置预案》	赛事举办属地市反恐工作协调小组	场馆管理中心、竞赛指挥中心	无
	3	场馆所有人员撤离中心现场，远离已知危险源，人员撤离至场馆指定紧急疏散控制区域，所有人员不要离开场馆安保封闭区，等待专业队伍救援与洗消残留危险物质	安保部	各职能部门	无
	4	安保人员控制出入口，准备引导专业救援力量进入场馆现场开展工作	安保部	志愿者	无
	5	场馆医护人员开展人员救治	医疗	属地医疗	无
	6	按照所在市反恐工作协调小组指令开展后续工作	赛事举办属地市反恐工作协调小组	各职能部门	无
备注	《××市大规模恐怖袭击处置预案》				

附表 4-32　预案 31：发生恐怖袭击的情景二

预案编码	31		场馆/团队	通用	
主责领域	场馆管理				
事件描述	在赛事场馆发生恐怖袭击，造成场馆人员伤亡或场馆设施设备严重损失。 情景二：发生爆炸恐怖袭击、大规模劫持人质恐怖袭击				
	序号	应对步骤	主责领域 （业务口）	配合领域 （业务口）	资源需求
情景二处置流程	1	遇到爆炸恐怖袭击、大规模劫持人质恐怖袭击，安保经理立即报告场馆主任、赛事安保指挥中心	安保部	场馆管理中心	无
	2	启动《××市大规模恐怖袭击处置预案》	赛事举办属地市反恐工作协调小组	无	无
	3	安保经理组织安保人员隔离危险区域，打开场馆全部紧急疏散出口，安保人员控制出入口，确保所有应急通道、出入口畅通	安保部	志愿者	无

续表

	序号	应对步骤	主责领域（业务口）	配合领域（业务口）	资源需求
情景二处置流程	4	体育展示通过广播、视频指引各客户群绕过危险区域，从最近的紧急出口离开场馆	体育展示	各职能部门	无
	5	如果出现人员受伤，医疗人员在确保自身安全的前提下，开展医疗救护	医疗	安保部	无
	6	如果发生火情，消防人员在确保自身安全的前提下，开展灭火	安保部	消防	无
	7	根据"先人后车"原则，所有疏散出口先保证人群撤离使用，最后安排车辆疏散	安保部	交通管理部	无
	8	按照地市反恐工作协调小组指令开展后续工作	赛事举办属地市反恐工作协调小组	各职能部门	无
备注	《××市大规模恐怖袭击处置预案》				

附表4-33　预案32：志愿者遭受观众等其他群体的人身攻击

预案编码	32		场馆/团队	通用
主责领域	场馆管理			
事件描述	志愿者遭受观众等其他群体的人身攻击，导致志愿者不能正常进行工作			

	序号	应对步骤	主责领域（业务口）	配合领域（业务口）	资源需求
处置流程	1	事件发现人将事件报告给所在小组的组长、队长，队长报告志愿者负责人	组长、队长	志愿者主任	无
	2	志愿者经理、志愿者之家主任赶往事件现场，平复当事人情绪，分开矛盾各方，防止形成更大的群体性事件	志愿者主任	志愿者	无
	3	志愿者经理上报场馆副主任（志愿者），若发生人员伤亡，场馆副主任（志愿者）立即通知在现场的医疗经理，组织调派医疗专业人员到达现场，进行初期处置	场馆副主任（志愿者）	医疗经理	无
	4	医疗部门到达现场，成立现场处置小组，进行应急处理。若伤亡较为严重，则需调集救护车辆，交通管理部协调沿途交警予以通行便利（如有必要采用警车开道，并由交警部门对路面交通情况进行实时监控），医疗部门联系定点医院，启动医疗应急预案	医疗经理、安保经理、交通管理部经理	志愿者经理	无
	5	及时通知风险管理和保险经理，做好事故记录和后续保险理赔工作	志愿者经理	风险管理和保险经理	无
	6	若缺岗，应安排人员顶替或兼任。如果人员不足，应及时通知志愿者管理中心进行调配	志愿者经理	志愿者管理中心	无

续表

	序号	应对步骤	主责领域（业务口）	配合领域（业务口）	资源需求
处置流程	7	场馆副主任（志愿者）会同志愿者经理、志愿者之家主任共同调查事件，确定责任，处理责任人，处理结果上报志愿者管理中心	场馆副主任（志愿者）	志愿者经理、志愿者之家主任、观众服务等肇事人员所在客户群联络职能	无
处置流程	8	对外统一宣传口径，由新闻发言人对媒体公布事件情况和处理结果，尽量减小或消除该事件的负面影响	新闻发言人	无	无
处置流程	9	在当日服务结束后，志愿者经理、志愿者之家主任对志愿者进行纪律教育，并对参与打架斗殴的志愿者进行处罚，避免发生类似事件	志愿者经理、志愿者之家主任	志愿者	无
备注	无				

附表 4-34　预案 33：场馆突发疑似集体食物中毒事件

预案编码	33		场馆/团队	通用	
主责领域	公共卫生				
事件描述	场馆发生疑似集体食物中毒事件，有头晕、呕吐、腹泻、休克等症状				
	序号	应对步骤	主责领域（业务口）	配合领域（业务口）	资源需求
处置流程	1	迅速通知餐饮部经理，由餐饮部经理向主管主任报属地保障中心	餐饮部	发现问题的各相关业务口	无
处置流程	2	由属地保障中心迅速通知医疗、疾控、食药监部门	属地保障中心	医疗、疾控、食药监	急救设施
处置流程	3	医疗、疾控、食药监部门进行应急处理	医疗、疾控、食药监	餐饮部经理交通保障	急救设施
处置流程	4	保护中毒者现场，不要让任何人触摸有毒或可疑有毒的物品（如药物、容器、饮品及食物、呕吐物等），并通知餐饮服务商将食物留样封存	餐饮部	餐饮服务商	无
处置流程	5	维持秩序，安抚现场相关人员，避免出现大面积恐慌	安保部	发现问题的各相关业务口	无
处置流程	6	餐饮部经理与媒体运行部沟通，统一口径，控制舆论导向，拟定相关新闻口径	新闻宣传	餐饮部	无
处置流程	7	调查事故原因，上报组委会，形成书面的事故报告	属地保障中心	餐饮部	无
备注	无				

附表 4-35 预案 34：食品储存区发生火灾

预案编码	34		场馆/团队	通用	
主责领域	公共卫生				
事件描述	食品储存区发生火灾，场面混乱，有可能造成人员伤亡和财务损失				
处置流程	序号	应对步骤	主责领域（业务口）	配合领域（业务口）	资源需求
	1	控制火情，火情较小则立即扑救	餐饮部	安保部、消防	消防设备
	2	迅速通知餐饮部经理、主管主任、消防业务口、安保业务口具体起火地点、燃烧物、火势大小、报警人姓名、身份、所属部门	餐饮部	消防	消防设备
	3	组织引导人员从安全出口疏散	安保部	餐饮部	无
	4	消防业务口灭火，维持现场秩序	消防、安保部	餐饮部	消防车
	5	对受伤人员进行紧急处理并送医院救治	医疗	餐饮部、交通管理部	无
	6	餐饮部经理与媒体运行部沟通，统一口径，控制舆论导向	媒体宣传	餐饮部	无
	7	火情排除后清理现场，清点损失上报主管主任	餐饮部	场馆财务	无
	8	如有设备损失，则补充或者更换餐饮设备	餐饮部	物流	无
备注	赛前：针对消防安排消防专题培训，并进行现场实地演习				

附表 4-36 预案 35：餐饮储藏区、物流配送车内食物出现腐烂变质的情况

预案编码	35		场馆/团队	通用	
主责领域	公共卫生				
事件描述	餐饮储藏区、物流配送车内食物出现大面积腐烂变质，无法食用，并且怪味四溢、病菌滋生				
处置流程	序号	应对步骤	主责领域（业务口）	配合领域（业务口）	资源需求
	1	迅速通知餐饮部经理，并由餐饮部经理向主管主任汇报。主管主任向驻点食品安全部门报告	餐饮部	驻点食品安全部门	无
	2	餐饮部经理通知餐饮服务商根据损坏食物数量补充食物储备	餐饮服务商	餐饮部	无
	3	通知环保部门进行垃圾处理、环境清洁。食品安全部门监督服务商进行销毁处理	餐饮部	清洁与垃圾、餐饮服务商	无
	4	环保部门进行垃圾处理、环境清洁、消杀处理	清洁与垃圾	餐饮部	垃圾车、消杀工具
	5	检查变质原因，追究相关责任。通知食品安全指挥中心	食品安全监管部门	无	无
备注	严把食品安全关，尤其赛事安排在天气较为炎热的季节时				

附表 4-37 预案 36：餐饮服务区发生生物灾害

预案编码	36		场馆/团队	通用	
主责领域	公共卫生				
事件描述	餐饮服务区出现老鼠、蟑螂等生物吞食食物，影响食品安全，并可能引发疫情				
处置流程	序号	应对步骤	主责领域（业务口）	配合领域（业务口）	资源需求
	1	迅速通知餐饮部经理	餐饮部	医疗	急救设施
	2	餐饮部经理向主管主任汇报并通知垃圾清运部门和食品安全部门	餐饮部	清洁与垃圾	无
	3	垃圾清运部门进行垃圾处理、环境清洁	清洁与垃圾	餐饮部	垃圾车
	4	疾控部门进行消杀处理	疾控	餐饮部	消杀工具
	5	通知餐饮服务商根据损失食品数量进行补货	餐饮服务商	餐饮部	无
	6	事后食品安全部门检查发生生物灾害的原因，并追究相关责任	食品安全监管部门	无	无
备注	无				

附表 4-38 预案 37：数十人疑似食物或者饮料中毒

预案编码	37		场馆/团队	通用	
主责领域	公共卫生				
事件描述	不明原因导致运动员或工作人员疑似食物或者饮料中毒				
处置流程	序号	应对步骤	主责领域（业务口）	配合领域（业务口）	资源需求
	1	相关客户群主责部门通知餐饮部经理、医疗经理和食品安全保障中心、食品安全监督部门	相关客户群主责部门	医疗、食品	急救设施
	2	启动医疗救护应急预案，对疑似中毒人员进行救治，并存留病人的吐泻物。对于病情危重的人员，应立即转运至定点医院救治	医疗	志愿者、交通管理部、急救中心	通信设备、急救车辆
	3	定点医院和急救中心在医疗指挥中心的指挥下，做好转运和收治病人的准备	医疗指挥中心	医疗	通信设备、急救车辆
	4	食品安全监管人员封锁现场并调查食物生产人、制作人、销售人，必要时请求公安分局派出警力支援	食品安全保障中心	食品、饮料	无
	5	食品安全保障中心派出人员进行毒物调查和检验	食品安全保障中心	餐饮部、物流	无
	6	注册和安保要确保医疗监督及调查团队有合适的证件进入场馆	注册、安保	场馆管理中心	无

续表

	序号	应对步骤	主责领域（业务口）	配合领域（业务口）	资源需求
处置流程	7	餐饮部与合同商研究确定备选食品（或者饮料）	餐饮部	无	无
备注	（1）报告程序：在一定时间内或某一相对固定的区域内出现3例以上症状相类似的病人时，场馆医疗站、场边医疗点、援助点立即通报给场馆食品安全经理和公共卫生主管，并由医疗经理向场馆主任和医疗指挥中心报告，必要时各环节均可越级上报，然后向直接领导做补充汇报。 （2）报告内容：事件发生的时间、地点、性质、伤员情况、伤亡人数、伤亡人员的队名和国籍及个人资料、目前采取的施救措施及伤员去向，以及场馆医疗资源情况			

附表4-39　预案38：客户群中爆发严重的流行性疾病

预案编码	38			场馆/团队	通用
主责领域	公共卫生				
事件描述	客户群中爆发严重的流行性疾病，特别警惕出现新冠疫情的症状及大规模传染的可能性				
处置流程	序号	应对步骤	主责领域（业务口）	配合领域（业务口）	资源需求
	1	医疗指挥中心根据事态迅速定性事件级别，然后迅速进行必要的隔离，转送病人和密切接触者	医疗指挥中心	城市保障中心、安保部、省市疾控中心、检验检疫局	急救设施
	2	医疗指挥中心（根据场馆报告判断）协调专家组最后确诊	医疗指挥中心	综合事务部	无
	3	医疗指挥中心、城市保障中心、公安部门配合疾病控制中心人员做好对疫情点和场所的隔离控制	医疗指挥中心	城市保障中心、安保部、省市疾控中心、检验检疫局	无
	4	医疗指挥中心上报竞赛指挥中心，视病种设立联合检查组，实施防疫检查	医疗指挥中心	竞赛指挥中心	无
	5	视病种和上级通知启用体温测温仪	医疗指挥中心	竞赛指挥中心	无
	6	视病种各部门实施相应消毒措施	医疗指挥中心	竞赛指挥中心	无
	7	对媒体主动做出反应	新闻宣传	医疗指挥中心	无
	8	宣传预防疾病措施	医疗指挥中心	无	无
备注	（1）严格做好新冠疫情防控各项事宜，从严从细，不留任何盲区和死角。 （2）如有新冠感染，应立即中断比赛，并有效控制人员接触和流动。 （3）如有运动员被一般流行性疾病感染，需要进行竞赛日程变更。 （4）需要提前研究确定转运至哪几家传染病医院				

附表4-40　预案39：2人以上5人以下的运动员或群众受伤

预案编码		39		场馆/团队	通用	
主责领域		公共卫生				
事件描述		赛时竞赛场馆内因各种突发状况导致2人以上5人以下的运动员或群众受伤				
处置流程	序号	应对步骤		主责领域（业务口）	配合领域（业务口）	资源需求
	1	医疗经理接到汇报后立即通知场馆主任和医疗指挥中心，场馆主任立即报告场馆管理中心		医疗经理	场馆经理	翻译
	2	场地医护人员现场初步处理，并且进行伤情的初步判断，明确是否需要转出场馆及转出人数		医疗经理	语言服务、场馆经理	翻译
	3	需转出场馆的由场馆主任通知120和医疗指挥中心		场馆主任	语言服务、120指挥中心、医疗指挥中心	翻译
	4	医疗指挥中心通知120启动转运流程，按伤情轻重进行分类转运，并与定点接收医院联系对接		医疗指挥中心	语言服务、120指挥中心、接收定点医院	翻译
备注		（1）有境外运动员参赛时，需提供语言翻译。 （2）调查事故原因，统一舆论口径。 （3）对事件进行评估，决定赛事暂停、推延或取消				

附表4-41　预案40：5人及以上的大规模运动员或群众受伤

预案编码		40		场馆/团队	通用	
主责领域		公共卫生				
事件描述		赛时竞赛场馆内因各种突发状况导致5人及以上的大规模运动员或群众受伤				
处置流程	序号	应对步骤		主责领域（业务口）	配合领域（业务口）	资源需求
	1	医疗经理通知场馆主任和医疗指挥中心，场馆主任立即报告场馆管理中心		医疗、场馆	语言服务	翻译
	2	场地医护人员现场初步处理，并进行初步分类，明确是否需要转出场馆及转出人数，按照伤情甄别排序		医疗	语言服务、志愿者服务部	翻译
	3	需转出场馆的由场馆主任通知120和医疗指挥中心		场馆	语言服务	翻译
	4	医疗指挥中心通知120启动转运流程，120救护车及增补车辆到位，同时城市保障中心根据具体情况启动应急预案		医疗指挥中心	语言服务、120指挥中心	翻译

续表

	序号	应对步骤	主责领域（业务口）	配合领域（业务口）	资源需求
处置流程	5	医疗指挥中心与接收定点医院联系对接，明确第一批接受医院的床位数，同时通知第二批接受医院做好接收准备	医疗指挥中心	语言服务、定点医院	翻译
	6	医疗指挥中心和场馆管理中心做好应对社会媒体的准备	赛事组委	赛事相关部门、市政府有关部门	无
备注	（1）安保部配合其他职能部门调查事故原因。 （2）应协调多个业务口共同确认行动步骤。 （3）有境外运动员参赛时，需提供语言翻译				

附表4-42 预案41：个别运动员受伤（或突然死亡）

预案编码	41		场馆/团队		通用	
主责领域	公共卫生					
事件描述	赛时竞赛场馆内各种突发状况导致个别运动员突然死亡					
	序号	应对步骤	主责领域（业务口）	配合领域（业务口）	资源需求	
处置流程	1	场地医护人员现场判断心跳呼吸是否停止，做心肺急救并通知场馆主任和医疗指挥中心	医疗	语言服务	翻译	
	2	由场馆主任通知120和医疗指挥中心	场馆	语言服务、120和医疗指挥中心	翻译	
	3	医疗指挥中心与场管管理中心取得联系，由场管管理中心与其他需要沟通的部门或人员联系，包括国家奥委会、国际奥委会或其他国际体育组织，以及负责与死亡运动员配偶或亲属联系的部门	医疗指挥中心	语言服务	翻译	
	4	国际事务部与代表团团长沟通以取得其配偶或亲属的联系方式	国际事务部	语言服务	翻译	
	5	医疗指挥中心通知120启动转运流程，并与定点接收医院联系对接	医疗指挥中心	语言服务、医疗指挥中心、定点医院	翻译	
	6	医院确认死亡后，开具死亡证明，医疗指挥中心立即通知联系国际SOS[①]	医疗指挥中心	语言服务、国际SOS、外办	翻译	
	7	拟定新闻口径，准备召开新闻发布会	新闻宣传	医疗服务	翻译	
	8	竞赛或者安保主责对引起死亡的原因进行调查	医疗指挥中心	医疗服务	翻译	
	9	启动保险理赔工作	风险管理和保险	综合事务部	翻译	
备注	（1）应协调多个业务口共同确认行动步骤。 （2）有国外队伍参赛时，要注意与国际SOS的联系					

[①] SOS 是国际上公认的紧急求救信号。

附表 4-43　预案 42：高温引发大规模人员中暑

预案编码		42		场馆/团队	通用	
主责领域		公共卫生				
事件描述		由于天气炎热引发大规模人员中暑，出现头晕恶心、四肢无力等症状				
处置流程	序号	应对步骤		主责领域（业务口）	配合领域（业务口）	资源需求
	1	在相关部门配合下，迅速将病员转移到安全区域		医疗	志愿者	担架等运输工具
	2	如在室内，则应尽快采取降温措施		场馆管理中心	志愿者	空调、风扇
	3	由志愿者配合将伤员进行分类，找出生命受到严重威胁的危重伤病员并对其进行紧急处置		医疗	志愿者	急救设备
	4	保持危重伤病员的气道通畅、供氧，维持血液循环，满足基本生命需要		医疗	志愿者	急救设备
	5	与附近医院、急救转运医院和急救中心及时沟通相关信息，做好转运和收治病人的准备		医疗、医疗指挥中心	由医疗指挥中心指挥急救转运医院和急救中心	通信设备、急救车辆
	6	迅速安全地将所有伤员疏散，并转运到定点医院		医疗指挥中心	由医疗指挥中心指挥急救转运医院和急救中心	通信设备、急救车辆
备注	（1）报告程序：场馆医疗站、场边医疗点、援助点向医疗经理报告，并由医疗经理向场馆主任和医疗指挥中心报告，必要时各环节均可越级上报，然后向直接领导做补充汇报。 （2）报告内容：事件发生的时间、地点、性质、伤员情况、伤亡人数、伤亡人员的队名和国籍及个人资料、目前采取的施救措施及伤员去向，以及场馆医疗资源情况					

附表 4-44　预案 43：比赛因交通堵塞延迟

预案编码		43	场馆/团队	通用	
主责领域		交通服务			
事件描述		在赛事期间，车辆在行驶过程中因各种原因出现道路堵塞，超过20分钟			
处置流程	序号	应对步骤	主责领域（业务口）	配合领域（业务口）	资源需求
	1	驾驶员立即上报所属交通团队负责人，团队负责人报请交通指挥中心协调交警到现场疏导交通	交通管理部	交警部门	通信
	2	现场交警做好疏导（有必要采用警车开道，并由交警部门对路面交通情况进行实时监控），确保交通服务车辆尽快通过拥堵路段或绕行到达	交警部门	交通管理部	急救车辆
	3	如客户群受交通堵塞影响无法正常参加比赛或相关活动，则由交通指挥中心立即上报场馆管理中心，场馆管理中心综合组通知体育、礼宾、媒体、人力资源、赞助商等所涉及的客户群代表	交通指挥中心及场馆管理中心综合组	场馆管理中心相关职能	通信

续表

	序号	应对步骤	主责领域（业务口）	配合领域（业务口）	资源需求
处置流程	4	如涉及运动员、技术官员代表团无法按时到达场馆比赛，则进行竞赛日程变更	竞赛部	交通管理部	通信
	5	如交通拥堵情况不能解决，则交通指挥中心下达指令通知后续车辆立即启用后备路线	交通管理部	交警部门	通信
	6	所属交通团队做好事件总结和上报	交通管理部	通信	无
	7	拟定相关新闻口径	新闻宣传	无	无
备注	无				

附表 4-45　预案 44：赛事班车发生交通事故

预案编码	44		场馆/团队		通用
主责领域	交通服务				
事件描述	发生与交通运输保障相关的重大事故，主要客户群车辆无法正常运行或到达，导致主要客户群可能错过赛事				

	序号	应对步骤	主责领域（业务口）	配合领域（业务口）	资源需求
处置流程	1	现场志愿者做好乘客的解释、安抚工作，维持现场秩序，确认人员数量	交通管理部	志愿者	翻译
	2	驾驶员或现场交通主管根据事故类型报请相关部门（如交警部门）到现场处理事故，并立即向所属团队负责人和交通指挥中心经理报告。如有人员伤亡，还需报卫生医疗部门到场处理	交通管理部	安保、交警、卫生医疗	通信
	3	如车辆可以运行，则继续执行工作任务；如车辆不能运行，则提出运力需求报请指挥中心调派后备运力	交通管理部	场馆管理中心	通信
	4	如客户群受事故影响无法正常参加比赛或相关活动，由交通指挥中心立即上报场馆管理中心，场馆管理中心综合组通知体育、礼宾、媒体、人力资源、赞助商等所涉及的客户群代表	交通指挥中心及场馆管理中心综合组	场馆管理中心相关职能	通信
	5	涉及运动员代表团无法按时到达场馆比赛而引起的竞赛日程变更及时进行通知	竞赛部	场馆管理中心	通信
	6	交通指挥中心经理组织调派应急运力，确保应急运力尽快到达现场，执行运输任务	交通管理部	安保、交警	通信
	7	交通指挥中心经理组织监控应急运力运行，协调沿途交警予以通行便利，交通指挥中心经理告知场馆交通经理提前做好人员进入场馆的准备	交通管理部	安保、交警、信息技术	通信

	序号	应对步骤	主责领域（业务口）	配合领域（业务口）	资源需求
处置流程	8	所属交通团队做好事故总结和上报，并跟进事故的后续处理	交通管理部	无	无
	9	拟定相关新闻口径	新闻宣传	无	无
备注	无				

附表 4-46　预案 45：在行驶途中车辆发生故障

预案编码	45		场馆/团队	通用	
主责领域	交通服务				
事件描述	在接送客户途中发现车辆故障，无法正常行驶，可能造成客户无法按时到达目的地				
	序号	应对步骤	主责领域（业务口）	配合领域（业务口）	资源需求
处置流程	1	驾驶员及随车语言志愿者做好乘客情绪安抚工作，下车了解情况，首先自行检修，确认能否继续正常行驶	驾驶员	语言服务	翻译
	2	如无法继续行驶，则上报所属团队，相关技术人员到现场检查并维修，上报调度中心	调度中心	志愿者	通信
	3	调度中心调度备用车辆前往替班	调度中心	调度中心	通信
备注	无				

附表 4-47　预案 46：大雨、恶劣天气、自然灾害等导致车辆运行受阻

预案编码	46		场馆/团队	通用	
主责领域	交通服务				
事件描述	由于天气恶劣或突变，自然灾害的发生导致车辆无法通行或通行不畅，可能造成该车辆无法按时到达目的地				
	序号	应对步骤	主责领域（业务口）	配合领域（业务口）	资源需求
处置流程	1	驾驶员告知所属团队现场具体情况，团队上报中心调度组	调度中心	驾驶员	通信
	2	调度中心根据具体情况协调市交警等相关部门到现场进行管理和疏导	调度中心	交警	通信
	3	交警等部门到现场组织相关人员和车辆，寻求可行的解决方案	交警	志愿者	通信
备注	无				

附表 4-48　预案 47：司机在行驶途中突发急性病

预案编码	47		场馆/团队	通用	
主责领域	交通服务				
事件描述	在车辆运行期间，司机在行驶过程中突发急性病，不能正常运行				
处置流程	序号	应对步骤	主责领域（业务口）	配合领域（业务口）	资源需求
	1	司机在确保安全的情况下先靠边停车，随车安保使用医疗包对司机进行治疗，并拨打120	交通管理部	安保部	通信
	2	随车安保将情况上报调度中心，如不影响比赛，则调度中心安排备用车辆到达现场，接驳乘客；如影响正常的比赛，则启动赛时日程变更应急预案	调度中心	志愿者	通信
	3	120将司机送医院进行进一步治疗	交通管理部	医疗	无
备注	无				

附表 4-49　预案 48：不同代表队因宗教信仰不同发生冲突

预案编码	48		场馆/团队	代表队驻地	
主责领域	驻地管理				
事件描述	在运动员驻地、宗教服务中心外，不同代表队因宗教信仰不同发生冲突				
处置流程	序号	应对步骤	主责领域（业务口）	配合领域（业务口）	资源需求
	1	宗教服务中心工作人员和宗教教职人员第一时间赶到现场做好劝阻、解释工作	宗教服务中心	语言服务	翻译
	2	及时向驻地报告并通知驻地安保工作人员	宗教服务中心	安保部	无
	3	对严重影响运动员驻地生活秩序的，通过赛事组委国际部与当事人或当事人所在国代表团进行交涉，协助解决问题	宗教服务中心	国际联络部	翻译
	4	对于一般突发事件信息，及时上报驻地负责人办公室、运行团队、市民宗局、赛事民族宗教工作领导小组办公室	宗教服务中心	翻译	翻译
	5	对于较大或可能演化为重大、特别重大的突发事件的信息，要立即上报运动员驻地办、市应急办、赛事民族宗教工作领导小组办公室	宗教服务中心	翻译	翻译
备注	建议进一步明确事件上报的信息流线				

附表 4-50　预案 49：运动员在驻地内为庆祝或娱乐目的进行危险的或非法的活动引发事故

预案编码	49		场馆/团队	代表队驻地	
主责领域	驻地管理				
事件描述	在代表队驻地运行期间，运动员在驻地内为庆祝或娱乐目的进行危险的或非法的活动引发事故，影响代表队驻地运行管理				
处置流程	序号	应对步骤	主责领域（业务口）	配合领域（业务口）	资源需求
	1	由国联部服务人员在事故现场掌握情况，对涉事人员进行劝导，并通知安保团队；安保主任现场组织安保人员根据实际情况设立警戒范围，禁止无关人员接近，并对已经进入现场的人员进行疏导，法务部提供现场法律服务	安保部	驻地办、法务	无
	2	安保人员注意观察涉事人特征，进行现场取证	安保部	驻地办	无
	3	准备应急疏散，确保所有通道可以正常通行。医疗人员做好救援准备	安保部	驻地办、医疗服务	无
	4	安保主任向安保负责人、赛事安保指挥中心报告情况。根据情况严重程度，由安保负责人决定是否动用外围应急机动和专业处置队	安保部	驻地办	无
	5	需要代表队驻地外围警力支援的，由安保负责人协调属地公安分局派支援警力到场馆入口处置	安保部	驻地办	无
	6	不需要外围警力支援的，由安保主任组织安保人员迅速恢复驻地内正常秩序	安保部	驻地办	无
	7	做好新闻媒体应对工作	安保部	驻地办、新闻宣传	无
备注	统计是否有运动员受伤影响后续比赛，并对后续赛事能否正常进行评估				

附表 4-51　预案 50：空气质量很差或出现污染现象

预案编码	50		场馆/团队	通用	
主责领域	气象				
事件描述	赛时空气质量很差或出现污染现象影响赛会运行				
处置流程	序号	应对步骤	主责领域（业务口）	配合领域（业务口）	资源需求
	1	预测空气质量临近国家二级标准上限值，启动环境专家会商评估达到应急响应标准，提出预警意见，报指挥长和组委会决策	环境保障中心（可持续发展）	气象指挥中心	无
	2	当空气污染非常严重时，将对人体健康有危害，可能影响户外赛会活动。经过专家会商后，提出停止户外活动意见报组委会决策	环境保障中心（可持续发展）	气象指挥中心	无

续表

	序号	应对步骤	主责领域（业务口）	配合领域（业务口）	资源需求
处置流程	3	组委会同意预警意见后，保障中心按照应急工作方案启动各项应急措施，根据预警级别不同启动空气质量相应的应急预案	环境保障中心（可持续发展）	环境保障中心各成员单位、周边各市和各区保障中心	无
	4	如果影响赛事正常进行，启动竞赛日程变更应急预案	体育	场馆管理中心	无
	5	如果影响户外文化教育活动正常进行，采取相应的应急措施	文化教育	无	无
	6	如果出现媒体负面报道，协助新闻宣传拟定新闻口径应对媒体	环境保障中心（可持续发展）	新闻宣传	无
	7	协助客户群联络部门做好相关客户群的说明解释工作	环境保障中心（可持续发展）	客户群联络部门	无
	8	当空气质量指数回落，并预测未来达标后，提出解除预警意见报指挥长和组委会。同意后，保障中心向各成员单位及周边各市发预警解除信息	环境保障中心（可持续发展）	气象指挥中心、保障中心，各成员单位，周边各市和各区保障中心	无
备注	无				

附表 4-52 预案 51：通信网络性能严重下降

预案编码	51		场馆/团队	通用
主责领域	通信			
事件描述	比赛或者非比赛时间，核心交换机或者汇聚交换机 CPU（Central Processing Unit，中央处理器）使用率过高、链路流量异常，进而导致场馆/用户丢包率和误码率过高、应用超时等错误，场馆上网或访问应用系统缓慢			

	序号	应对步骤	主责领域（业务口）	配合领域（业务口）	资源需求
处置流程	1	场馆现场发现专网内应用系统缓慢、网络及安全设备保障工程师通过监控发现核心交换机或者汇聚交换机 CPU 使用率长时间过高（持续 5 分钟以上超过 80%），或者通过监控发现单一链路上（或下）行数据异常（上或下行流量持续 5 分钟以上超过 80%），由场馆技术经理汇报给场馆秘书长和场馆技术值班经理，同时，由场馆技术经理汇报给通信与网络主管，通信与网络主管汇报给通信与网络经理	信息技术	场馆管理中心	无

	序号	应对步骤	主责领域（业务口）	配合领域（业务口）	资源需求
处置流程	2	网络及安全设备保障工程师确认端口状态与交换机的运行状态，排除因端口硬件故障、内部线路问题而导致流量异常或CPU过高，若是设备硬件问题，则通知硬件提供商并协助替换	信息技术	物资保障部	无
	3	检查交换机的配置，确认出现问题的交换机近期没有更新配置或者配置属正常配置。若是增加SNMP（Simple Network Management Protocol，简单网络管理协议）或者Syslog服务而导致的CPU使用率过高，则应确认SNMP配置是否合理、Syslog的级别是否过高	信息技术	通信技术专家	无
	4	端口的上行或者下行流量异常，若怀疑是病毒导致的，则通知信息安全工程师，并协助信息安全工程师处理	信息技术	通信技术专家	无
	5	确认交换机CPU使用率过高是交换机软件本身Bug导致的，首先重启设备恢复业务，后通知设备提供商提供软件更新，并适时更替现有设备的软件	信息技术	物资保障部	无
	6	确认交换机硬件存在问题，通知厂家调拨设备替换	信息技术	交通管理部、物流	无
	7	确认病毒导致端口流量异常或者交换机CPU利用率过高，通知安全小组并协助其处理问题	信息技术	软件工程师	无
	8	如果上述步骤仍无法解决问题，迅速通知厂家工程师到现场进行故障排查	信息技术	厂家工程师	无
	9	待修复后，与客户确认，关闭事件	信息技术	无	无
备注	无				

附表4-53　预案52：通信机房失火

预案编码	52		场馆/团队	通用	
主责领域	通信				
事件描述	设备机房内可能发生火灾，烟雾较大，预警系统已告警				
	序号	应对步骤	主责领域（业务口）	配合领域（业务口）	资源需求
处置流程	1	现场人员迅速撤离火灾区，在条件许可下启动灭火系统，并通知场馆技术经理	通信	消防	无
	2	场馆技术经理将事件汇报给场馆秘书长并通知安保经理，同时将事件通过技术帮助台向场馆技术值班经理报故障并向场馆秘书长进行汇报，场馆通信与网络主管向通信与网络主管汇报故障，通信与网络主管向通信与网络经理进行汇报	通信	信息技术	无

续表

	序号	应对步骤	主责领域（业务口）	配合领域（业务口）	资源需求
处置流程	3	安保消防职能人员进行灭火	安保部	信息技术	无
	4	火灭后，场馆技术经理组织技术团队人员检测设备受损情况，将具体情况上报给场馆技术值班经理和场馆秘书长，场馆通信与网络主管向通信与网络主管进行汇报，通信与网络主管向通信与网络经理进行汇报	通信	信息技术	无
	5	场馆技术经理协调场馆内相关专业人员进行抢修。在场馆技术团队没有能力修复的情况下，场馆技术经理将情况上报给场馆技术值班经理，场馆技术值班经理协调相关经理组织应急团队进场馆进行抢修，恢复系统	通信	信息技术	无
	6	协助有关部门调查起火原因，形成报告，并关闭事件	安保部	通信	无
备注	确保人员安全撤离，避免事故进一步扩大				

附表4-54 预案53：新闻媒体运行工作人员与其他人员发生纠纷或冲突

预案编码	53		场馆/团队	主媒体中心/场馆媒体中心	
主责领域	媒体运行				
事件描述	新闻媒体运行工作人员与其他人员发生纠纷或冲突				
	序号	应对步骤	主责领域（业务口）	配合领域（业务口）	资源需求
处置流程	1	竞赛场馆迅速汇报场馆媒体经理、新闻宣传经理；主媒体中心报场馆与摄影服务经理	媒体运行	新闻宣传	无
	2	场馆媒体经理、新闻宣传经理立刻到达事发现场，劝阻冲突行为，安抚当事人员，了解缘由	媒体运行	新闻宣传	无
	3	根据协调结果解决问题，并向相关人员致歉	媒体运行、新闻宣传	无	无
	4	视事态严重程度决定是否上报竞赛场馆媒体副主任或主媒体中心副主任	媒体运行、新闻宣传负责人	无	无
	5	必要时请安保介入协调解决事态	媒体运行、新闻宣传负责人	安保部	无
	6	如涉及观众，则做好观众的安抚工作	赛事服务	媒体运行、安保部	无
	7	新闻宣传负责人对舆情进行监控，如有必要，则通过官方渠道发表声明	新闻宣传	媒体运行、安保部	无
备注	区分纠纷的原因，媒体运行负责做好媒体的协调和劝导，赛事服务负责做好观众的沟通工作，新闻宣传做好舆情的监控和事态的跟进，安保要做好事态稳定和协调。在场馆层面，媒体经理要对场馆人员做好培训，告知媒体的工作特点和行为模式				

附表 4-55　预案 54：场馆发生人员疏散事故引发媒体关注

预案编码		54		场馆/团队	场馆媒体中心	
主责领域		媒体运行				
事件描述		因疏散不力，场馆发生观众踩踏事故，引起媒体关注				
处置流程	序号	应对步骤		主责领域（业务口）	配合领域（业务口）	资源需求
	1	相关主管汇报给场馆媒体负责人、新闻宣传负责人；媒体负责人上报给媒体副主任		媒体运行	新闻宣传	无
	2	媒体负责人、新闻宣传负责人与场馆其他相关业务口负责人核实观众踩踏事件情况细节后，立刻上报主媒体中心，主媒体中心上报场馆管理中心，由场馆管理中心决定处理方案		媒体运行、新闻宣传	安保、观众服务	无
	3	由场馆管理中心决定是否有必要根据此事件召开紧急新闻发布会，就事故原因及最新伤亡情况、抢救情况进行通报		新闻宣传	安保部、观众服务	无
备注		（1）场馆、安保部做好人员离场的疏散，对踩踏事故进行有效处理。 （2）必要时调集地方警力或志愿者建立人墙进行区域有效分流。 （3）场馆层面要做好赛前的疏散演练，同时建立高效快速的沟通和汇报机制，第一时间向媒体发布官方信息				

附表 4-56　预案 55：进入场馆的媒体人员太多，致使媒体看台秩序混乱

预案编码		55		场馆/团队	场馆媒体中心	
主责领域		媒体运行				
事件描述		进入场馆的媒体人员数量较多，导致原有的媒体看台人员过多，无法满足需求，秩序混乱				
处置流程	序号	应对步骤		主责领域（业务口）	配合领域（业务口）	资源需求
	1	媒体运行看台席主管立刻向媒体负责人汇报，媒体运行负责人协调安保经理、观众服务经理派相关人员前往现场支援，维护秩序		媒体运行	安保部、观众服务	无
	2	看台席主管与安保人员一起将过剩的媒体安顿在就近的观众席位，安抚媒体情绪		媒体运行	安保部、观众服务	无
备注		（1）赛前媒体经理应根据场馆运行设计优化媒体座席的位置。 （2）与场馆票务和赛事服务协商预留部分机动座席，做好高峰阶段的预案				

附表 4-57　预案 56：场馆混合区秩序混乱

预案编码	56	场馆/团队	场馆媒体中心
主责领域	媒体运行		
事件描述	场馆混合区混乱，有观众或其他无关人员进入混合区，干扰媒体正常采访		

续表

	序号	应对步骤	主责领域（业务口）	配合领域（业务口）	资源需求
处置流程	1	混合区主管立刻向媒体经理汇报，媒体运行经理协调安保经理派相关人员前往现场支援	媒体运行	安保部	无
	2	混合区主管与安保人员一起疏散混合区的观众或无关人员	媒体运行	安保部	无
	3	安抚现场媒体并尽快恢复混合区采访正常运行	媒体运行	安保部	无
备注	赛前应协同其他业务口做好混合区的演练，特别是要制定好各类客户区的流线				

附表4-58 预案57：群体性示威抗议

预案编码	57		场馆/团队	通用	
主责职能	媒体运行				
事件描述	赛事期间，在竞赛场馆、非竞赛场馆内发生抗议和示威活动，引起媒体关注				
	序号	应对步骤	主责领域（业务口）	配合领域（业务口）	资源需求
处置流程	1	相关场馆和单位主要负责人或新闻发言人立即按程序上报情况	场馆管理中心	指挥中心、宣传工作领导小组	无
	2	拟定新闻发布会的应答口径	宣传	安保部	无
	3	2小时内，安保部召开新闻发布会进行回应，建议口径如下："今天×时在×场馆发生了未经批准的游行示威活动，大约×名×组织成员参加活动。接到报告后，安保部依据《中华人民共和国集会游行示威法》和《中华人民共和国集会游行示威法实施条例》对游行示威者进行了劝阻和制止。这一示威抗议行为违反了中国的相关法律，我们反对将体育赛事政治化的错误做法。"	宣传	安保部	无
	4	根据事件处置需要，可通过舆情应急处置工作组与新闻部门沟通，对外发布新闻通稿	宣传	工作组	无
	5	持续跟踪媒体对此事的反应	宣传	无	无
备注	（1）第一时间控制事态的发展，确保人员等安全。 （2）有境外人员参与抗议和示威非法活动的尤其注意舆情处理，避免引起政治争端				

附表4-59 预案58：涉藏、涉疆、"法轮功"、涉民运人员干扰赛事

预案编码	58	场馆/团队	通用
主责领域	媒体运行		
事件描述	赛事期间，发生"藏独""疆独""法轮功"，以及民运分子等人员在竞赛场馆、非竞赛场馆内举行抗议活动，呼喊口号、散发传单或发生极端行为		

续表

	序号	应对步骤	主责领域（业务口）	配合领域（业务口）	资源需求
处置流程	1	相关场馆和单位主要负责人或新闻发言人立即按程序上报情况，并第一时间制止事态发展	场馆管理中心	指挥中心、宣传工作领导小组	无
	2	拟定新闻发布的应答口径	宣传	安保部	无
	3	2小时内，安保部召开新闻发布会进行回应，建议口径如下："×月×日×时，在×场馆发生了×组织成员呼喊口号和散发传单活动。安保部依据《中华人民共和国集会游行示威法》和《中华人民共和国集会游行示威法实施条例》对示威者进行了及时制止。我们反对将政治与体育赛事挂钩，不允许以极端手段干扰赛会的正常秩序。"	宣传	安保部	无
	4	根据事件处置需要，可通过舆情应急处置工作组与新闻部门沟通，对外发布新闻通稿	宣传	工作组	无
	5	持续跟踪媒体对此事的反应	宣传	无	无
备注	（1）第一时间控制事态的发展，确保人员安全。 （2）做好舆情处理				

附表4-60 预案59：境外知名新闻媒体或社交网络出现大量不实传言

预案编码		59		场馆/团队	通用	
主责职能		舆情管控				
事件描述		赛事期间，境外某知名媒体出现大量失实报道，部分文字和内容造成舆论轰动，给重大赛事造成恶劣影响				
	序号	应对步骤		主责领域（业务口）	配合领域（业务口）	资源需求
处置流程	1	国际公关公司及时监测舆情，发现情况第一时间上报，并通知场馆新闻发言人		场馆	国际公关公司、指挥中心、宣传工作领导小组	舆情监测
	2	由国际公关公司深入了解情况（报道是否属实？是刻意捏造子虚乌有，还是文字夸大？这中间涉及的利益相关者包括哪些？）并拟定应答口径报宣传领导工作小组		宣传	国际公关公司	舆情监测
	3	2小时内通过官方境外媒体平台对事件进行回应		宣传	国际公关公司	舆情监测
	4	由国际公关公司联系发表不实言论的媒体，沟通了解详情。组织主流媒体进行报道，澄清事实真相		宣传	国际公关公司	舆情监测
	5	持续跟踪媒体对此事的反应		宣传	国际公共公司	舆情监测
备注	无					

附表 4-61　预案 60：新闻发布会遭到恶意攻击、破坏，包括悬挂、发布反对言论等

预案编码	60		场馆/团队	通用	
主责职能	舆情管控				
事件描述	赛事期间，新闻发布会上有不明人士恶意攻击、破坏，悬挂、发布反对言论，导致新闻发布会无法正常召开				
处置流程	序号	应对步骤	主责领域（业务口）	配合领域（业务口）	资源需求
	1	场馆新闻发言人立即按程序上报情况	场馆	指挥中心、宣传工作领导小组	舆情监测
	2	安保部介入调查此事，了解事件详细情况，属个人行为还是有组织有预谋机构行为，整个事件的参与者中是否涉及赛事员工和其他利益相关者；在详细了解事件进展后，与宣传工作小组协商应对口径，报应急工作组，就此事件形成口径	安保部	宣传、外事	舆情监测
	3	2 小时内通过官网发布口径	宣传	安保部、国际公关	舆情监测
	4	安保等部门继续介入调查，待深入了解事情原委后再报相关领导小组，等领导小组决定后再定夺下一步工作计划。必要时，第二次对外召开新闻发布会或提供新闻通稿对外发布调查细节	安保部	宣传	舆情监测
	5	持续跟踪媒体对此事的反应	宣传	国际公关	舆情监测
备注	无				

参 考 文 献

[1] 佚名. 从洪门谈"公司"一词的来历[EB/OL]. （2023-06-20）[2023-09-01]. https://news.hongmen.tv/news/2023/06/20/13521.html.

[2] 马斯特曼·G. 体育赛事的组织管理与营销[M]. 孙小珂，吴立新，金鑫，译. 沈阳：辽宁科学技术出版社，2006.

[3] 任海. 中国古代体育[M]. 北京：商务印书馆，1996.

[4] 谭华，刘春燕. 体育史[M]. 2版. 北京：高等教育出版社，2017.

[5] 李强. 体育知识通[M]. 北京：北京工业大学出版社，2009.

[6] GRAHAM S, GOLDBLATT J J, DELPY N L. The ultimate guide to sport event management and marketing[M]. US Burr Ridge IL: Irwin Professional Publishing Company Profile, 1995: 262-280.

[7] 杨桦，任海. 转变体育发展方式由"赶超型"走向"可持续发展型"[J]. 北京体育大学学报，2013，36（1）：1-9.

[8] 余守文. 体育赛事产业与城市竞争力：产业关联·影响机制·实证模型[M]. 上海：复旦大学出版社，2008.

[9] 李南筑，袁刚. 体育赛事经济学[M]. 上海：复旦大学出版社，2006.

[10] 黄海燕. 体育赛事综合影响的事前评估研究[D]. 上海：上海体育学院，2009.

[11] 肖林鹏，叶庆晖. 体育赛事项目管理[M]. 北京：北京体育大学出版社，2005.

[12] 王守恒. 体育赛事运作之研究[M]. 北京：北京体育大学出版社，2016.

[13] 周旭. 体育竞赛指南[M]. 北京：人民体育出版社，2014.

[14] 张林，李南筑，姚芹，等. 上海市体育赛事发展定位研究[J]. 上海体育学院学报，2010，34（2）：11-15，27.

[15] CHRISTOPHER C H. The tools of government[M]. London: Macmillan Press LTD, 1983.

[16] STEPHEN B. Breaking the vicious circle: Toward effective risk regulation[J]. Politics and the life sciences, 1993, 14(2)291-302.

[17] FRIBERG R. A theoretical perspective on risk management[M]. Swiss: Palgrave Macmillan, 2017.

[18] MICHAEL P. The risk management of everything: Rethinking the politics of uncertainty[M]. London: Demos, 2004: 24-37.

[19] WILL J. The Olympic polity and the management of risk: Principals, agents and networks[C]. Potsdam Germany:European Consortium for Political Research General Conference, 2009.

[20] WILL J, MARTIN L. Tools of security risk management for the London 2012 Olympic Games and FIFA 2006 World Cup in Germany[J]. Political Science, 2009, 11, 1-12.

[21] ESPY R. The politics of the Olympic Games[M]. California: University of California Press, 2018.

[22] HOBERMAN J. The Olympic crisis: Sport, politics, and the moral order[M]. New York: Aristide D. Caratzas, 1986.

[23] VYV S, ANDREW J. The Lord of the Rings: power, money and drugs in the modern Olympics[M]. Toronto: Stoddart, 1992.

[24] CHRISTOPHER R H. Olympic politics: Athens to Atlanta 1896—1996[M]. Manchester: Manchester University Press, 1997.

[25] DAVID C Y. The modern Olympics: A struggle for revival[M]. Baltimore: John Hopkins University Press, 2003.

[26] ALFRED S. Power, politics, and the Olympic Games: A history of the power brokers, events, and controversies that shaped the games[M]. Champaign, IL: Human Kinetics, 1999.

[27] HELEN J L. The Olympic Games: A critical approach[J].European journal for sport and society, 2021, 18(1): 98-101.

[28] CONRADO D C. Principles of the Olympic Movement[J].Journal of human sport and exercise, 2010, 5(1), 4-13.

[29] ALLISON L, BRUCE B. CFTC and SEC jointly adopt final swap entity definition rules [J]. Journal of investment compliance, 2012, 13 (3): 51-59.

[30] EMILIE R F. Corporate strategy: Past, present, and future[J]. Strategic management review, 2020, 1: 179-206.

[31] CHAPMAN P, CHRISTOPHER M, JUTTNER U, et al. Identifying and managing supply chain vulnerability[J]. Logistics and transport focus, 2002, 4 (4): 59-64.

[32] FRANK C, BRIAN T. HAZOP: Guide to Best Practice Guidelines to Best Practice for the Process and Chemical Industries Third Edition[M].London : Elsevier Ltd, 2015.

[33] CRAWLEY F, PRESTON M, TYLER B. HAZOP: Guide to best practice: guidelines to best practice for the process and chemical industries[M]. Amsterdam: Elsevier, 2015.

[34] VERNON L G. Risk management from a technological perspective[J]. The Geneva papers on risk and insurance, 1992, 17 (64), 335-342.

[35] HAROLD D. S. International risk and insurance: An environmental-managerial approach [M]. New York: Irwin McGraw-Hill, 1998.

[36] EMERY P R. Bidding to host a major sports event: The local organizing committee perspective[J]. International journal public sector management, 2002, 15(4): 316-335.

[37] SCOTT W K, TURLEY L W. Consumer perceptions of service quality attributes at sporting events[J].Journal of business research, 2001, 54(2): 161-166.

[38] SEBASTIAN M. Project and sports events managament[J]. Review of International comparative management, 2011(1): 441-446.

[39] MUNTEANU S M. Project and sports events management[J]. Revista de management comparat International/review of international comparative management, 2011, 12: 441-446.

[40] ALFARIS F, JUAIDI A, MANZANO-AGUGLIARO F. Improvement of efficiency through an energy management program as a sustainable practice in schools[J]. Journal of cleaner production, 2016, 135: 794-805.

[41] STEPHEN L S, LAMMR R, KEVIN K. Is it worth the price? The role of perceived financial risk, identification, and perceived value in purchasing pay-per-view broadcasts of combat sports[J]. Sport management review, 2019, 22(2): 235-246.

[42] NATHAN R A, GLEN R W. Performance and risk taking under threat of elimination[J]. Journal of economic behavior and organization, 2018, 156:41-54.

[43] ALEXANDER W O, BONNIE L B. Exploring the association between adolescent sports participation and externalising behaviours: The moderating role of prosocial and risky peers[J]. Australian journal of psychology, 2018, 70(4): 361-368.

[44] WILLIAMS C A，HEINS R M. 风险管理与保险[M]. 陈伟，张清寿，王铁，等译. 北京：中国商业出版社，1990：168-211.

[45] WILLETT A H. The economic theory of risk and insurance[M], Philadelphia: University of Pennsylvania Press, 1951.

[46] SERFOZO R. Basics of applied stochastic processes[M]. Berlin: Springer Berlin Heidelberg, 2009.

[47] 刘东波，姜立嘉，吕丹. 大型体育赛事风险管理研究[J]. 体育文化导刊，2009（3）：8-12.

[48] 董杰，刘新立. 体育赛事的风险管理研究[J]. 武汉体育学院学报，2007，41（5）：29-32.

[49] 哈林顿,尼豪斯. 风险管理与保险[M]. 陈秉正,王珺,周伏平,译. 北京:清华大学出版社,2005.

[50] 亨利·明茨伯格,布鲁斯·阿尔斯特兰德,约瑟夫·兰佩尔. 战略历程:纵览战略管理学派[M]. 刘瑞红,徐佳宾,郭武文,译. 北京:机械工业出版社,2001.

[51] 郑子云,司徒永富. 企业风险管理[M]. 北京:商务印书馆,2002.

[52] 金登贵. 证券公司治理结构与风险防范研究[J]. 企业经济,2005(2):189-190.

[53] 许谨良. 风险管理[M]. 3版. 北京:中国金融出版社,2003.

[54] 朱志忠,彭喜锋. 保险学概论[M]. 北京:学苑出版社,2000.

[55] 陈仕亮. 风险管理[M]. 成都:西南财经大学出版社,1994.

[56] 富兰克·H.奈特. 风险、不确定性和利润[M]. 王宇,王文玉,译. 北京:中国人民大学出版社,2005.

[57] 特瑞普·普雷切特. 风险管理与保险[M]. 孙祁祥,译. 北京:中国社会科学出版社,1998.

[58] 陈朝先. 保险学[M]. 成都:西南财经大学出版社,2000.

[59] 刘金章. 保险学教程[M]. 北京:中国金融出版社,1997.

[60] 佚名. 无人机航拍切尔诺贝利核难遗址:寂静似鬼城[EB/OL]. (2014-12-03)[2023-01-11]. http//news.ifeng.com/a/2014 1203 / 42629804_0.shtml.

[61] 尼克·皮金,罗杰·E.卡斯帕森,保罗·斯洛维奇. 风险的社会放大[M]. 北京:中国劳动社会保障出版社,2010.

[62] 樊启荣. 论定值保险之合法性及其边界——以《中华人民共和国保险法》第55条第1、2款为中心[J]. 法商研究,2013,30(6):52-60.

[63] 刘欣. 奥运场馆通信保障项目的风险管理研究[D]. 北京:北京邮电大学,2009.

[64] 张文俊. 我国大型体育赛事法律风险研究[D]. 西安:西安体育学院,2010.

[65] 宋玉芳. 奥运会志愿者管理研究[D]. 北京:北京体育大学,2004.

[66] 任海. 国际奥委会演进的历史逻辑——从自治到善治[M]. 北京:北京体育大学出版社,2013.

[67] 段菊芳. 大型体育赛事风险管理[D]. 北京:北京体育大学,2004.

[68] 陈德明,李晓亮,李红娟. 学校体育运动风险管理研究述评[J]. 北京体育大学学报,2012,35(9):102-108.

[69] 徐卫华,谢军. 厦门国际马拉松赛风险管理研究[J]. 北京体育大学学报,2010,33(2),38-41.

[70] 李万虎,钟霞. 学校体育风险管理研究追溯与风险应对反思[J]. 南京体育学院学报(社会科学版),2013,27(1):95-100.

[71] 梁月红,温彦. 风险管理在学校体育中的应用[J]. 山东体育科技,2016,38(5):75-80.

[72] 郝世煜,何秋华. 国外体育风险管理理论应用于我国高校体育课中风险防控的探讨[J]. 四川体育科学,2018,37(3):108-110.

[73] 高雅. 高校技巧啦啦操教学风险的识别与评估[D]. 南京:南京师范大学,2017.

[74] 王远坤,王栋,黄国如,等. 城市洪涝灾情评估与风险管理初探[J]. 水利水运工程学报,2019(6):139-142.

[75] 刘松. 我国地方政府债务风险及防范研究[D]. 武汉:中南财经政法大学,2019.

[76] 周威皓. 中国商业银行利率衍生品风险管理研究[D]. 沈阳:辽宁大学,2019.

[77] 姜宇. 北京马拉松赛风险管理研究[D]. 北京:北京体育大学,2017.

[78] 李晓亮. 黑龙江省青少年学生学校体育冰雪运动风险评估及运动安全策略研究[D]. 哈尔滨:哈尔滨体育学院,2012.

[79] 刘华荣. 我国高校户外运动风险管理研究[D]. 北京:北京体育大学,2017.

[80] 罗雪. 体育赛事风险及其识别与应对[J]. 当代体育科技,2014,4(19):181,183.

[81] 彭英. 政府购买公共体育服务风险管理研究[D]. 北京:北京体育大学,2018.

[82] 姜鑫. 中国马拉松参赛者参赛风险评估与控制路径研究[D]. 长春:东北师范大学,2019.

[83] 李亚兵，夏月．新冠肺炎疫情下零售企业商业模式创新风险识别与评价[J]．统计与决策，2021，37（2）：163-167．

[84] 赵钢，雷厉．体育场馆经营管理概论[M]．北京：北京体育大学出版社，2007．

[85] 张力．大型体育赛事期间运动场馆的风险管理研究[J]．企业家天地下半月刊（理论版），2008（4）：11-12．

[86] 古维秋．体育场馆运营风险管理探析[J]．河北体育学院学报，2009，23（1）：24-26，30．

[87] 张艳杰．我国大型田径赛事赛场风险及应对策略的研究[D]．北京：北京体育大学，2009．

[88] 倪晓茹．大型奥运体育场馆活动风险管理研究——以G高校奥运体育馆为例[J]．北京工业大学学报（社会科学版），2016，16（3）：49-56．

[89] 陈琳．东风日产文体中心运营风险管理研究[D]．北京：北京体育大学，2017．

[90] 吴志民．北京体育大学场馆运行风险管理研究[D]．北京：北京体育大学，2017．

[91] 李微，李凯，袁红，等．大型体育场馆运营风险管理体系构建研究[J]．哈尔滨体育学院学报，2015，33（4）：44-48．

[92] 傅宇．北京奥运会皮划艇激流回旋比赛突发事件应对研究[D]．北京：北京体育大学，2009．

[93] 习近平．充分发挥我国应急管理体系特色和优势 积极推进我国应急管理体系和能力现代化[EB/OL]．（2019-12-01）[2023-09-01]．https://baijiahao.baidu.com/s?id=1651677683975616911&wfr=spider&for=pc．

[94] 小罗宾·阿蒙，理查德·M.索撒尔，大卫·A.巴利尔．体育场馆赛事筹办与风险管理[M]．沈阳：辽宁科学技术出版社，2005．

[95] 国家体育总局体育经济司．2019全国体育场地统计调查数据[EB/OL]．（2020-11-02）[2023-01-11]．http://www.sport.gov.cn/jjs/n5043/c968164/content.html．

[96] 刘京，刘应民．均衡与重构：城市社区体育风险治理的破壁之道[J]．武汉体育学院学报，2019，53（3）：18-24，44．

[97] 刘东波．我国承办大型体育赛事风险管理机制研究[D]．长春：东北师范大学，2010．

[98] 陈路．公司金融视角下的风险管理理论发展及未来趋势[J]．未来与发展，2019，43（2）：21-24．

[99] 吴晓磊．XY文体产业"双创"孵化基地项目风险评价与防范研究[D]．青岛：青岛科技大学，2018．

[100] 马肇国，席亚健，薛浩，等．体育与城市文化品牌建设的互动效应和风险管理[J]．北京体育大学学报，2018，41（12）：64-72．

[101] 国家体育总局．改革开放30年的中国体育[M]．北京：人民体育出版社，2008．

[102] 田雨普．新中国60年体育发展战略重点的转移的回眸与思索[J]．体育科学，2010，30（1）：3-9，50．

[103] 易剑东，任慧涛，朱亚坤．中国体育发展方式历史沿革研究[J]．北京体育大学学报，2014，37（11）：1-8．

[104] 龚正伟，肖焕禹，盖洋．美国体育政策的演进[J]．上海体育学院学报，2014，38（1）：18-24．

[105] 李雪红．北京奥运会运行中的财务管理研究[D]．北京：首都经济贸易大学，2008．

[106] 刘建，高岩．体育赛事风险特征及分类研究[J]．成都体育学院学报，2011，37（4）：5-8．

[107] 莱斯特·M.萨拉蒙．政府工具：新治理指南[M]．北京：北京大学出版社，2016．